智慧財產權導論與專利實務

王世仁　編著

全華圖書股份有限公司

序　言

　　本書是台灣第一本非法條式介紹專利的書籍之再版，配合法條、時事與相關規定等再次改版，也更新了美國專利局的專利檢索網頁和加入台灣的全球專利檢索系統 (GPSS)，非常適合大專院校大學部或研究所的通識課程，對於科技業甚至是廣大的社會大眾，亦可用來建構智慧財產權的基本概念和專利實務。

　　在知識經濟時代中，智慧財產權扮演著舉足輕重的角色，而教育紮根的工作就是根本的因應之道。很可惜的是，此議題普遍不受到學研界的重視！雖然各學研單位都有技轉的專責單位，但大都只負責收案和發案的庶務文書工作，也難怪會發生有國外大藥廠希望技轉某位教授的研發成果，而該所謂的頂尖大學卻決定只申請台灣的專利，而導致整個技轉案無疾而終！

　　尤其，我們不斷地鼓吹優良研發規範的觀念，在做研究之前／際一定要做先前技藝檢索，正是紐約大學孫同天院士所經常強調的，做研究要有風險管理的觀念，如果失敗是不可接受的選項之一，就必須致力於預防。尤其是要投入高額經費的研究計畫，更是要做好風險管控。如果研發前沒有檢索專利的先前技藝，很可能就會做出已經是他人專利權利範圍的研發成果，使得研發成果沒有絲毫的價值性，更不可能把研發的創新擴散到業界。但是，負責審查此建議案的學者專家們卻都不屑一顧。慘痛的代價就像是 2012 年 7 月媒體報導台灣政府和企業每年投資三千億研發經費都做白工，企業界每年還是要支付國外廠商高達三千億元的權利金。事實上，台灣的技術貿易比值 (技術出口產值 / 進口值) 是長期來都持續低迷，根本就不是新聞！漠視「專利資訊」與欠缺「優良研發規範」的觀念很可能就是台灣科研成效不彰的主要原因之一，很可惜的是，有影響力者都視而不見。

　　筆者資質平庸對於智慧財產權之涉獵不免有囫圇吞棗之虞，然之所以挺身而出投入教育推廣工作，實因為深感於智慧財產權相關常識的重要性，普及相關教育已是刻不容緩。而從事專利教育多年來最感欣慰的是，縱使此課程不被列入畢業學分，還是有許多同學願意多花學分費來學習，也顯示出同學比教授們更有眼光，也讓人看到台灣未來的希望。筆者才疏學淺又倉促成書無異是在班門弄斧，但是多從國外文獻 (如史丹佛大學 Zenios 教授等人出版的 Biodesign 一書) 與知名實驗室 (如美國麻省理工學院 Langer 教授) 的作法，都讓人深信本書中所傳播的專利觀念是正確的。當然，本書中若有任何的謬誤之處，則期望先進本著提攜後進的心不吝惠賜指導；而讀者若有任何的建議與回饋，筆者也是誠摯地歡迎與感激。

王世仁

於榮總陽明校區

目 錄

第一章
著作權導論

第一節　認識智慧財產權

英文字「intellectual」通常翻譯成「智力的」和「使用腦力的」，所以「intellectual property」應該可翻譯成「使用智力所產出的財產」，泛指發明或創作人憑著腦力所創造的結晶，而依法可支配和保護其財產的權利。台灣稱為智慧財產權（Intellectual Property Rights，簡稱 IPR），在中國則稱為知識產權。至於是稱為「智慧」還是「知識」較為適當？恐是見人見智，因為根據台灣教育部修編的國語辭典，對於「智慧」一辭，引用孟子‧公孫丑上：「雖有智慧，不如乘勢。」解釋為分析、判斷、創造、思考的能力；而墨子‧尚賢中也提到：「若此之使治國家，則此使不智慧者治國家也，國家之亂，既可得而知己。」句中智慧指的是聰明才智；還有，佛教用語如維摩詰所說經‧卷中：「雖行七覺分，而分別佛之智慧。」或稱為「般若」，把智慧說成證悟一切現象之真實性的智力。而「知識」一辭在辭典中則被解釋成認識的人、朋友；或是學問、所知道的事理。

根據世界貿易組織（World Trade Organization，簡稱 WTO）的「與貿易有關之智慧財產權協定」（Agreement on Trade-Related Aspects of Intellectual Property Rights，簡稱 TRIPS）的定義，智慧財產權（intellectual property right，簡稱 IPR）包括著作權（copyright）及其鄰接權（neighboring rights）、商標（trademark）、專利（patent）、地理標示、工業設計、積體電路佈局、未公開資訊（undisclosed information）等。其中，如圖 1-1-1 所示的專利、著作權、商標與屬於「未公開資訊」的營業秘密（trade secret），在知識經濟的時代中，更是扮演著極為吃重的角色。

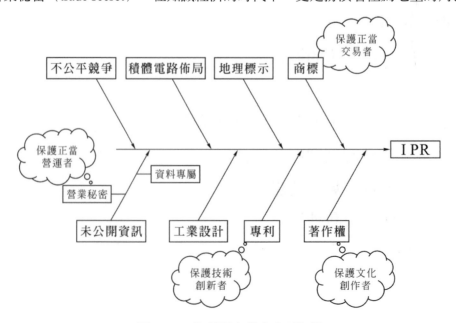

圖 1-1-1　智慧財產權之主要架構

　　智慧財產權是要依法產生和受到保護，所以智慧財產權相關法律就是在規定涉及智力活動的相關領域，包括文學、藝術、科學、技術、工業生產和商業經營等，而以法律規定申請、取得、行使和保護的範疇。例如在台灣就有著作權法、專利法、營業秘密法、積體電路佈局法和商標法等。但是要注意的是，智慧財產權是個集合名詞的統稱或可視為一種開放的權利群，其範疇還可能隨著科學技術和／或社會經濟的發展而擴展，而實際上並沒有智慧財產權法條。

　　IPR 的知識可說是所有現代人不可或缺的常識！從而可以學會尊重他人保護自己，在消極方面可以避免因為應當知道而未知，導致觸犯相關法規而吃上官司外，積極方面則可以透過對 IPR 的了解，將來可運用在自己的專業領域甚至是日常生活中，從而無形資產的產出，轉而為公司、單位或自己創造出有形的經濟價值。

　　值得一提的是，IPR 是無形的資產，與一般有形財產的定義與觀念還是有所差異，也難怪有智慧財產權法律領域的學者，並不是完全同意把 IPR 冠上「財產」的標籤。例如使用和排除他人使用是有形資產的顯著特徵，但有些 IPR 如專利，只賦予專利權人排他權並不一定就能夠使用；而著作權中合法取得的電腦程式與錄音著作權，未經著作財產權人同意，也是不能夠出租的！再則，無形資產的範圍和存續時間與有形資產也是有很大的差異性，例如專利是以申請專利範圍來定義其權利範圍，不像土地或房屋的面積是可丈量的。另無形資產的授權模式可多樣化，則是有形資產所望塵莫及的，例如專利可同時授權給不同的單位或個人使用，這對於有形財產像是汽車的租用根本是不可能的。

第二節　認識著作權

　　著作係指文學、科學、藝術或其他學術範圍之創作。換句話說，因為文學、科學、藝術的創作是文明資產的一部分，為保護創作者的權益，公權力就制定著作權法予以保護。1971 年的伯恩公約（Berne Convention）、1994 年 WTO 的 TRIPS 以及 1996 年世界智慧財產權組織（The World Intellectual Property Organization，簡稱 WIPO）的著作權條約（WIPO Copyright Treaty，簡稱 WCT）都是對於著作權保護的重要規定。

　　著作權（copyright）最初是要禁止他人未經許可進行複製（copy）的權利，目前指的是著作依法所取得的權利，包括著作人格權和著作財產權，以及著作傳播者的相關權利（學理上稱為著作的鄰接權）。著作權也就是一般俗稱的「版權」，中國的著作權法亦明文規定：著作權即版權。

　　著作的鄰接權指的是在傳播作品中所產生的權利，而成為與著作權鄰近的權利。作品，傳播者在向公眾傳播的作品中有其創造性，亦應受到法律保護。換句話說，傳播者傳播作品而產生的權利就是著作權的鄰接權。鄰接權與著作權密切相關，但又是獨立於著作權之外的一種權利。鄰接權通常是指表演者、錄音製作者（也稱唱片製作者）和廣播電視組織（也稱廣播組織）對其表演活動、錄音製品和廣播電視節目所享有的一種類似著作權的權利。在英美法系國家，著作權法很少引入鄰接權的概念。只有在大陸法系的國家，才嚴格區分著作權與鄰接權。

　　在著作權中很重要的觀念，就是其所保護的內容僅及於該著作之表達（expression of the idea），而無法保護其所表達的思想、程序、製程、系統、操作方法、概念、原理及發現等，還有著作權也無法主張權利涵蓋到沒有抄襲的雷同或近似。1954 年美國最高法院在 Mazer v. Stein 案中就明確指出：不像是專利權，著作權的保護對於所揭示的作品並沒有排他權，著作權的保護僅及於對想法的呈現，而不是想法本身，所以 1979 年美國最高法院的 Baker v. Selden 案中，兩本類似的書採用類似的計畫也達成類似的結果，但是被控侵權者使用了不同的編排和不一樣的標題，就判決認定為不侵權。最高法院也曾提過兩個人個別地對相同的地區繪製地圖，儘管地圖是相同的，這兩人還是分別取得著作權的保護，他人不可擅自複製，但是也不會侵害到彼此的著作權。著作權保護的是原創性（originality），而不是新穎性或發明，賦予的只是多重複製的專用權（the sole right of multiplying copies），因此沒有複製就不會有著作權的侵權。Mazer v. Stein 案中被告採用類似於有著作權保護的雕像來作為燈座販售，美國最高法院就確認為沒有著作權侵權。

　　簡言之，著作權法就是一部保護人類精神與文化創作的法律，如台灣《著作權法》的開宗明義說：為保障著作人著作權益，調和社會公共利益，促進國家文化發展，特制定本法。中國《著作權法》第一條亦提到：為保護文學、藝術和科學作品作者的著作權，以及與著作權有關的權益，鼓勵有益於社會主義精神文明、物質文明建設的作品的創作和傳播，促進社會主義文化和科學事業的發展與繁榮，根據憲法制定本法。以下將其保護的標的、權利的內容、財產所有人、存續時間以及限制等做整理。

第三節　著作權保護的標的

　　大多數的國家對於著作權的保護，係採用著作完成而以有形的方式呈現後立即生效（under copyright protection at the moment created and fixed in a tangible form），台灣的著作權法亦規定：著作人於著作完成時享有著作權；中國的著作權法則規定：中國公民、法人或者其他組織的作品，不論是否發表，依照本法享有著作權。這與商標和專利需要向主管機關提出申請，甚至是經過審查的程序有很大的不同。而可著作權保護（copyrightable）的標的基本上應符合表 1-3-1 之規定。

表 1-3-1　可著作權保護標的之三要件

要　件	說　明	舉　例
最小程度的創造性（a minimal degree of creativity）	可著作權保護的標的應該是人類心智的創作，但所要求的創造性是非常低。有法律學者譬喻說「推陳出新」即可滿足著作權所要求的原創性。	美國最高法院曾判決，傳統的方式以字母的順序來排列人名、地址和電話號碼的電話簿，無法主張著作權侵權，因為此傳統的方式不符合最小程度的創造性。
原著性（original）	此著作必須是著作人自己所創作出來，而不是複製他人著作所得到。	
呈現性（fixed in any tangible medium of expression）	著作必須呈現在有形的媒介，例如表現在紙張、錄音錄影帶、光碟（DVD、VCD）、磁片、雕塑、油畫等。	

　　台灣著作權法中則例示出包括：語文、音樂、戲劇與舞蹈、美術、攝影、圖形、視聽、錄音、建築與電腦程式十項著作。而中國著作權法中所稱的作品，則包括 (1) 文字、(2) 口述、(3) 音樂、戲劇、曲藝、舞蹈、雜技藝術、(4) 美術、建築、(5) 攝影、(6) 電影作品和以類似攝制電影的方法創作、(7) 工程設計圖、產品設計圖、地圖、示意圖等圖形和模型、(8) 計算機軟件、(9) 法律、行政法規規定形式創作的文學、藝術和自然科學、社會科學、工程技術等作品。

其中，比較特別的是於街道、公園、建築物之外壁或其他向公眾開放之戶外場所長期展示之美術著作或建築著作，只有限制不可 (1) 以建築方式重建築物、(2) 以雕塑方式重製雕塑物、(3) 長期展示目的所爲之重製和 (4) 專門以販賣美術著作重製物爲目的所爲之重製，除此之外，都是可加以利用的，像是與建築物合照而以相片或是影像的方式呈現，都不會侵害到該建築著作，而所拍攝的相片或影像亦受到著作權保護。中國則在著作權法中甚至還規定：對設置或者陳列在室外公共場所的藝術作品進行臨摹、繪畫、攝影、拍照，是可以不經著作權人許可，不向其支付報酬。

還有，TRIPS 規定電腦程式不管是用高階語言，如 Pascal、C++、Java 等所撰寫的原始碼（source code），或是用組合語言寫成或編譯而成的標的碼（object code，或稱爲機器碼（machine code）），都受到著作權保護，未經著作權人同意不得重製。但是，著作權無法保護其所表達的想法、程序、作業方法或數學概念等，達成相同目的之電腦程式可有很多種原始碼或機器碼，單用著作權無法得到適當的保護，也因而演變成電腦程式也申請專利保護。

值得一提的是，TRIPS 規定對於電腦程式或電影著作須由著作人或其合法的繼承人來決定其著作物的原版或合法的重製物之出租權利。而台灣著作權法則明文規定：「著作原件或其合法著作重製物之所有人，得出租該原件或重製物。但錄音及電腦程式著作，不適用之。」換言之，在台灣縱使是取得有版權的錄音及電腦程式著作，也是不能夠出租的，就像是市面上，只有出租電影卻沒有出租音樂的商家。

中國著作權法中列示著作權侵權的項目中，亦包括：未經電影作品和以類似攝制電影的方法創作的作品、計算機軟件、錄音錄像製品的著作權人或者與著作權有關的權利人許可，出租其作品或者錄音錄像製品。不過美國的著作權法則未禁止電影錄影帶的租用和轉售（renting or reselling），而仍遵守第一次銷售（first sale）的原則，只要是合法取得就擁有該著作物的權利。

除了著作權法中所列出的十大種類之外，還有所謂的衍生著作（derivative work）與編輯著作（compilation）。衍生著作是就原著作加以改作之創作，其方式包括改造（recast）、轉變（transformed）或改作（adapted）。而編輯著作則是將資料做有創作性地選擇及編排。常見的衍生與編輯著作如表 1-3-2。

表 1-3-2　常見的衍生與編輯著作

種　類	常見形式
衍生著作	1. 翻譯：Steve Jobs 書翻譯成賈伯斯傳。 2. 電影或電視劇：根據倚天屠龍記拍成的電影或電視劇。 3. 電腦程式：以不同語言所撰寫的電腦程式。 4. 濃縮版或簡潔版：如《讀者文摘》上的文章經常是原著作的修剪版。 5. 註釋或註解：如學習輔導手冊等。 6. 將流行歌曲改成爵士調、老歌新唱。
編輯著作	1. 最常見的是錄音著作，如「最愛情歌」精選輯中收錄國語歌曲中大家耳熟能詳的情歌。 2. 將報紙中的漫畫加以收集、分類編輯成書。

　　衍生與編輯著作的本身也受到著作權保護，但是，改作與編輯也是原著作人專有的權利。因此，像是翻譯或是把暢銷書改作成電腦動畫等，都必須事先取得原著作人的授權。中國的《著作權法》就明文規定：改編、翻譯、注釋、整理已有作品而產生的作品，其著作權由改編、翻譯、注釋、整理人享有，但行使著作權時不得侵犯原作品的著作權。甚至規定出版或演出改編、翻譯、注釋、整理、匯編已有作品而產生的作品，應當取得改編、翻譯、注釋、整理、匯編作品的著作權人和原作品的著作權人許可，並支付報酬。

　　然而，不可諱言的，由於著作權只是保護其表達的形式，不及於其所表達的思想，也無法禁止不抄襲之雷同。之後所發表的著作是否為先前著作之衍生著作而侵害到著作權？就必須從其相似的程度、之後所發表的著作人是否曾接觸過先前之著作和之後所發表的著作人獨立產出相似著作的可能性等來做認定。

　　台灣某歌星在 2000 年初推出的國語歌曲影片（music video，簡稱 MV），遭到繪本作家控告，指出 MV 中的「雨中那段」涉嫌抄襲其畫本。一審時，法官判決 MV 導演必須賠償 100 萬元，不過高等法院審理之後，合議庭認為表現的意念或許有類似，但描述男女互動的關係並不相同，因而改判不侵權定讞。縱使如此，還是會建議要發揮些創意，避免不必要的官司。

　　2004 年，日本漫畫《灌籃高手》的著作人認為台灣某公司出版的漫畫《SD2》，不但公司名稱與著作人姓名相仿，在人物設定上也有抄襲之嫌，而跨海提出民事侵權告訴。地院判決被告的台灣公司敗訴，除停止發行《SD2》一書及與原作有關的產品之外，同時應共同賠償新台幣 460 萬餘元給原著作人。然，本案上訴到高等法

院，審理之法官認爲被告之書名爲《Sweet Dream Two》（簡稱 SD2），不同於原著之書名《Slam dunk》；原著是以手繪方式完成作品，被告侵權書則以 3D 電腦繪圖完成，作品於繪畫筆觸與線條畫風之表達上不同；原著主角爲「流川楓」而被告則爲「流川」。縱使被告於底面封頁載有「灌籃二部」字樣，惟「灌籃」二字本爲籃球運動常用語，該字樣並不會使得著作產生混淆。再則，被告雖並不否認曾看過著作人之漫畫著作，但不能夠就直接認定系爭著作即爲抄襲之作品。

由這兩件判決來看，是否構成著作之侵害，主要以系爭著作有無實質相似以及曾接觸過主張權利之著作等來認定，像是有所差異就很難被認定爲著作權侵權。這正是著作權保護薄弱之處，也正因爲如此，電腦程式從而就另尋專利的保護。如台灣專利審查基準電腦軟體相關發明章節提到：凡申請專利之發明中電腦軟體爲必要者，爲電腦軟體相關發明。電腦軟體相關發明可區分爲方法及物兩種範疇之請求項，其中物之請求項包括：裝置請求項、系統請求項、電腦可讀取記錄媒體請求項及電腦程式產品請求項等。電腦軟體相關發明與保護電腦程式原始碼或目的碼之電腦程式著作不同，電腦程式著作爲著作權法保護之標的。

中國大陸最高人民法院於 2015 年 9 月發佈 14 起北京、上海、廣州知識產權法院審結的典型案例，其中也有一筆類似的著作權侵權訴訟。A 公司是行動裝置遊戲《我叫 MT on line》、《我叫 MT 2》的著作權人，控告 B 公司等未經其許可，在《超級 MT》遊戲中使用與《我叫 MT》遊戲名稱、人物名稱、人物形象相近的名稱和人物，侵犯了其著作權；以及在遊戲的宣傳過程中使用與《我叫 MT》遊戲相關的宣傳用語，構成不正當競爭行爲。北京知識產權法院審理認爲，A 公司的遊戲及其人物未構成著作權法保護的文字作品，被訴遊戲中人物形象與樂動卓越公司遊戲中的形象不構成實質性相似，B 公司等的行爲未侵犯樂動卓越公司的著作權。但是，A 公司的遊戲先上線並具有一定知名度，同爲手機遊戲經營者的 B 公司等對 A 公司的上述遊戲和人物名稱不但未合理避讓，反而採用相關聯的表述方式，並進行了違背事實的宣傳，構成擅自使用他人知名服務特有名稱及虛假宣傳的不正當競爭行爲。遂判決 B 公司等要停止不正當競爭行爲，並賠償 A 公司經濟損失 50 萬元以及合理支出 3.5 萬元。

[備註] 中國的反不當競爭法第五條規定：經營者不得採用下列不正當手段從事市場交易，損害競爭對手：

（一）假冒他人的註冊商標；

（二）擅自使用知名商品特有的名稱、包裝、裝潢，或者使用與知名商品近似的名稱、包裝、裝潢，造成和他人的知名商品相混淆，使購買者誤認爲是該知名商品；

（三）擅自使用他人的企業名稱或者姓名，引人誤認爲是他人的商品；

（四）在商品上僞造或者冒用認證標誌、名優標誌等質量標誌，僞造產地，對商品質量作引人誤解的虛假表示。

臺灣的公平交易法第 22 條對於仿冒亦有相關的規定，事業就其營業所提供之商品或服務，不得有下列行爲：

（一）以著名之他人姓名、商號或公司名稱、商標、商品容器、包裝、外觀或其他顯示他人商品之表徵，於同一或類似之商品，爲相同或近似之使用，致與他人商品混淆，或販賣、運送、輸出或輸入使用該項表徵之商品者。

（二）以著名之他人姓名、商號或公司名稱、標章或其他表示他人營業、服務之表徵，於同一或類似之服務爲相同或近似之使用，致與他人營業或服務之設施或活動混淆者。前項姓名、商號或公司名稱、商標、商品容器、包裝、外觀或其他顯示他人商品或服務之表徵，依法註冊取得商標權者，不適用之。

著作權僅保護理念之外在表現形式，而不及於理念之具體實施步驟，而專利法及著作權法所保護之客體不同，彼此間並不衝突，亦即「電腦程式著作」（以著作權保護）與「電腦軟體相關發明」（以專利權保護）各有其保護目的而可共存。

事實上，類似的案件層出不窮，例如 2016 年 8 月 30 日台灣的自由時報就有新聞指出，LINE 的貼圖「妙可大王」系列創作者指控「臭賤貓愛嗆人」系列創作者，疑似多次抄襲其 LINE 的貼圖內容，並將之上傳至 LINE 的貼圖小舖牟利，而同年 9 月 6 日則又傳出「宅貓妙可」本身也涉嫌抄襲「愛蜜莉的異想世界」的貓咪「波奇」。

楊貴智先生在法律白話文中就曾指出 (plainlaw.me/2014/10/24/idea_expression_dichotomy/)，被指控抄襲的著作若只是觀念、思想的模仿，模仿其他作品想要傳遞的觀念或是抄襲人家的點子，並不會違反《著作權法》；但是，如果抄襲的方式使得「關鍵表達方式」一樣而被認定是「實質近似」，就會構成改作或重製，而可能違反《著作權法》的規定。不過，觀念或思想的模仿雖然不違反《著作權法》，但

不代表在道德上站的住腳。常常聽到的「山寨」、「致敬」等用詞，或是在創作比賽及學術文獻發表的場合中，涉及「抄襲人家的點子或研究成果」，雖然觀念與思想的模仿不違反《著作權法》，但在高度注重觀念原創性的場合，仍然會被視爲不道德的行爲而遭到非議。

是的，問題就出在什麼是關鍵表達方式和實質近似？又該以誰的眼光來認定？別人創作出貓的圖案在先，後來的人就不能夠再以貓來創作嗎？對於創作敏感度高的藝術家而言，或許些微近似就會覺得雷同，但是一般人卻可能覺得還是有差異性，尤其當創作靈感是來自日常生活常見的案例，像是打籃球和貓等，實在很難做出明確的認定！

台灣的商標審查基準中有所謂的「異時異地，隔離觀察」原則，是在提醒審查人員去設想一般實際購買行爲態樣，指的是一般消費者都是憑著對商標未必清晰完整的印象，在不同的時間或地點，來作重覆選購的行爲，也就是要從商標整體的外觀、觀念或讀音等來觀察，是否已達到可能誤認的近似程度？可是著作權與商標保護的客體是有區別的，若只是導入近似的要求，那到底是會保護著作還是會扼殺著作？後來的著作創作者豈不是就要疲於檢索類似的創作，以避免落入近似的道德標準？

然而，在著作權的電腦程式撰寫有所謂潔淨室 (clean room) 的程序，當著作權侵害指控成立之後，舉證責任在被指控的一方，被指控者要證明他沒有抄襲某程式。然而，要證明清白並不是容易的事，但是，被指控者若有建立潔淨室系統的紀錄文件，則舉證的責任就轉移到對方。大家都知道舉證之所在，敗訴之所在！所以有潔淨室的系統與文件，對手通常就會知難而退。而潔淨室的法律基礎就是被控侵權著作人是否有接觸 (access) 到提告的著作！潔淨室的作用就是來否決接觸機會，若能證明沒有接觸機會，就無抄襲的可能，就比較容易被認定爲無著作權的侵害。

如同上述，必須從其相似的程度、之後所發表的著作人是否曾接觸過先前之著作，以及之後所發表的著作人獨立產出相似著作的可能性等來做著作權侵權的認定。從而看來，不管是「妙可大王」系列原創者指控「臭跩貓愛嗆人」系列創作者，或者是抄襲「愛蜜莉的異想世界」的貓咪「波奇」創作者提告是「妙可大王」，應該都需要指證出其接觸的機會，像是在工作室中以其作爲創作的標竿，才會容易被認定爲著作權侵權，反之，若能夠有類似潔淨室的記錄文件，證明其創作係根據眞實貓咪圖片爲藍本，那就比較不容易構成著作權侵權。

　　一般而言，不能夠以著作權保護的標的包括：想法、方法或系統；有用的物質；標題、姓名、片語、口號、慣用的符號或設計、組成物質的表列；一般財產；官方文件；屬於公共財的著作（例如已超過著作權保護的年限）與事實等。在台灣著作權法中規定不得為著作權之標的計有：

1. 憲法、法律、命令或公文，所稱公文，包括公務員於職務上草擬之文告、講稿、新聞稿及其他文書。
2. 中央或地方機關為法律或命令著作所作成之翻譯物或編輯物。
3. 標語及通用之符號、名詞、公式、數表、表格、簿冊或時曆。
4. 單純為傳達事實之新聞報導所作成之語文著作。
5. 依法令舉行之各類考試試題及其備用試題。

　　其中為傳達事實之新聞報導所作成之語文著作，不得作為著作權保護之標的，若是報導中的攝影、圖形和視聽著作則會受保護。而中國的著作權法則不適用於：

1. 法律、法規，國家機關的決議、決定、命令和其他具有立法、行政、司法性質的文件，及其官方正式譯文。
2. 時事新聞。
3. 歷法、通用數表、通用表格和公式。

　　另，由於在美國法律規定著作一定呈現在有形的媒介，像是編舞者所創作的舞蹈或系列性的動作，若沒有拍攝或用有形的符號紀錄，就無法以著作權來保護。值得一提的是，除了用電腦程式所設計的字體（typeface），一般的字體雖然有呈現性，但由於發展歷史與其具有功能性，在美國也無法取得著作財產權保護。

第四節　著作權之權利內容

　　一般而言，著作財產權人（copyright owner）所擁有的 5 項基本的排他權，包括：複製（reproduce）、改作（adapt）、散布（distribute）、表演（perform）與展示（display）權。在美國，對於錄音著作則還有以數位傳輸演出權（Digital transmission performance right）。其中散布、表演、展示與數位傳輸演出權，都必須是向公眾（不特定人或特定之多數人）的方式進行，不包括對家人或正常社交之多數人之演出或展示；而複製與改作則不管是公開或私下，都會侵害原著作之著作權。

　　數位傳輸演出權是美國國會在 1995 年通過的「錄音著作數位演出權法案（Digital Performance Right in Sound Recordings Act of 1995, DPRA）」，所賦予錄音著作權人的「數位錄音傳輸演出權」，透過互動點歌並藉此收費的數位廣播電台，依「數位錄音傳輸演出權」的規定，需要獲得錄音著作權人的授權；至於，雖不能互動點歌但有向訂戶收費的數位廣播電台，則依「法定授權」（statutory license）的制度，亦應向錄音著作權人支付報酬後播出。而不能互動點歌也不收費的傳統廣播電台播放錄音著作，仍不必經著作權人授權。

　　台灣的著作權法中則規定了著作人格權與著作財產權兩部分，其中著作人格權是用來保護著作人的名譽、聲望與人格；而著作財產權則是對著作財產的權利，俾使著作人得以因而獲得經濟上實質的利益，以鼓勵著作人從事創作工作。著作人格權包括了公開發表、姓名表示與禁止不當改作之權利。而著作財產權則包括了重製、公開口述、公開播送、公開上映、公開演出、公開傳輸、公開展示、改作、編輯、散布與出租之權利。其中電腦程式與錄音著作縱使是合法取得，未經著作財產權人同意還是不能夠出租。

　　要注意的是，台灣著作權法中所定義的重製，指的是以印刷、複印、錄音、錄影、攝影、筆錄或其他方法直接、間接、永久或暫時之重複製作。對於劇本、音樂著作或其他類似著作演出或播送時予以錄音或錄影；或是依建築設計圖或建築模型建造建築物者，也都是屬於重製。所以錄音研討會演講者係屬於重製的行為，應該事先取得演講者和主辦單位的許可。

　　而公開上映指的是以單一或多數視聽機或其他傳送影像之方法於同一時間向現場或現場以外一定場所之公眾傳達著作內容，其中現場或現場以外一定場所，係包含電影院、俱樂部、錄影帶或碟影片播映場所、旅館房間、供公眾使用之交通工具或其他供不特定人進出之場所。從而看來，我們畢業旅行在遊覽車上或教室內播放影片，都是屬於公開上映之行為。

　　中國的著作權也包括了人身權和財產權，著作人身權指的是發表、署名、修改與保護作品完整之權利；而著作財產權則包括了複製、發行、出租、展覽、表演、放映、廣播、網絡傳播、攝影、改編、翻譯、匯編以及應當由著作權人享有的其他權利。在中國著作財產權的出租權則是排除電影和電腦程式著作。

2008 年 10 月在台灣有位公車司機在車上聽廣播，節目中有播放音樂，隨後就收到音樂著作權人聯合會的存證信函，指稱其涉及著作權侵權。事實上，不僅公車上不行，小吃攤、診所等公共場所，只要接了擴音設備播放音樂讓公眾收聽，很可能就會侵害到錄音著作人之公開播送權。先前也有平面媒體報導有同學作系上網頁等，下載網路上的照片而被告，甚至是被要求賠償。

第五節　著作財產權所有人與存續時間

台灣著作權法規定，除非是另有契約，否則一般受雇人於職務上完成之著作，是以該受雇人為著作人，而著作財產權歸屬則是歸於雇用人。不過，台灣某行政機構曾有公文指出：是否為職務上完成之著作係屬於事實認定的問題，須以工作性質做實質判斷，通常考慮的因素包括是否在機構指示和企劃下，以及利用機構經費與資源所完成之著作。

中國的著作權法上對於職務上完成的著作稱之為「職務作品」，定義是為完成法人或者其他組織（雇主）工作任務所創作的作品。而只有主要是利用雇主的物質技術條件來創作，並由雇主承擔責任的工程設計圖、產品設計圖、地圖、電腦軟體等職務作品；或是法律、行政法規規定或者合同約定著作權由雇主享有的職務作品，才將著作權歸屬於雇主。除此之外，著作權由作者享有，但雇主有權在其業務範圍內優先使用。還有，作品完成兩年內，未經單位同意，作者不得許可第三人以外單位使用的相同方式使用該作品。

美國的著作權法上定義的職務上之著作（work made for hire）為 (1) 受雇人在其受聘範圍內所完成之著作；或 (2) 經特殊派令或委任所完成作為編輯著作之著作，像是動畫或影音著作的一部分、翻譯、編輯、說明用文書、考試、考試的解答或地圖集等。1989 年 6 月 5 日美國最高法院的 Community for Creative Non-Violence v. Reid 案則進一步定義著作權法中的職務上之著作是要：(1) 雇主掌控著作，雇主決定制定著作的方式，在雇傭場所完成，以及提供設備或其他方式來產出著作；(2) 雇主管控員工來完成，像是雇主規劃員工產出著作的進度，有權指示員工執行其他的工作、支付酬勞的方式，和 / 或有權雇用員工的助理；(3) 雇主狀態和行為，像是雇主係從事與著作相關之行業，提供員工津貼等。

　　從以上台灣行政公文、美國法律與最高法院的判決和中國法律的規定來看，職務上著作之認定，應從工作性質做實質判斷，考慮的因素包括是否在機構指示和企劃下，通常係為達成其工作而利用機構經費與資源所完成的著作。因此，比較會認定是職務所完成的著作，例如：電腦軟體公司員工因職務所完成的程式、報社記者所撰寫報導稿件、音樂公司聘用員工所完成的詞曲、聲音製作公司聘雇員工所製作的聲音檔等。

　　老師受聘於學校，依其教學內容所寫成的書算不算是職務上完成的著作？一般而言，老師的職責包括：教學、研究與服務，寫書通常是不屬於其職務範疇，試想，如果老師寫的書之著作財產權係屬於學校，那沒有寫書的人豈不是怠忽職守？走一趟書局，看中華民國境內有幾本書的著作財產權是屬於學校的，答案不就很容易明瞭了嗎？當然其中還包括法律系學者專家們的著作。美國 Thomas Jefferson 大學技轉辦公室主任 Katherine 周於 2013 年 8 月 7 日回台灣演講技術移轉的實務，中場休息時間向其請教此美國大學對於教授撰寫教科書著作權歸屬的問題，幾乎是不加思索地就回答歸屬於教授！

　　隨著網際網路的蓬勃發展，網路教學可能存在著經濟上的商機，著作財產權歸屬問題的爭議可能會隨之而起。事實上，能夠在市場上大賣的著作，像是英國作家 JK 羅琳的《哈利波特》；而一般科學理工醫農類著作的收益則是很有限，根本不值得動用學校或機構龐大的行政資源來授權印製。更何況學研單位的技轉人力資源有限，把資源放在效益非常不顯著的著作權部分，真的是本末倒置！因此，熱衷於書本授權的單位不是無事可做就是人力過多吧？

　　檢索台灣智慧財產權法院對於職務上完成著作的判決，也可證明大多數訴訟案都是與電腦程式相關的著作。一般理工醫農相關著作的版稅，恐根本就不值得爭訟。從此觀點來看，中國的著作權法對於職務上完成著作限制在工程設計圖、產品設計圖、地圖、電腦軟體等，比較有實質的意義。

　　順帶一提，2012 年 2 月號的《遠見雜誌》報導中國版稅收入最高的作家，其 2008 年版稅收入為 1300 萬元人民幣，而該位作家提到「酒香不怕巷子深」的作法已經是過去式，現在巷子太多了，重要的是，要把酒罈搬到巷子口叫賣。換句話說，縱使是好作品或好研究也要懂得行銷！

　　還有要注意的是，出錢聘請他人完成之著作，像是請軟體公司幫忙撰寫程式或是請人設計圖案等，一定要考慮是否要有契約之約訂，若沒有契約，根據著作權法的規定著作財產權是屬於受聘人的！

　　至於著作財產權的存續時間，絕大多數的國家對於一般著作人是到其死亡後50年；法人的著作則是公開發表後50年，若未公開則是創作完成後50年；著作於著作人死亡後40年至50年間首次公開發表者，著作財產權之期間則是自公開發表時起存續十年。而攝影、視聽、錄音及表演之著作財產權存續至著作公開發表後50年。

　　由澳、汶萊、加、智利、日、馬來西亞、墨、紐、祕魯、新、美和越南所擬定的跨太平洋夥伴關係協定（Trans-Pacific Partnership Agreement，簡稱TPP），第18章規定智慧財產權相關事宜，其中18.63節規範著作權的存續時間，自然人是到死亡後70年，同於美國和歐洲的規定。非自然人的著作是從授權後不少於70年、若在25年內沒有授權，則是不少於創作後70年；美國法人著作的存續期間是從首次發表後95年或是創作後120年，以兩年限中先到期者為準。

　　著作人格權與著作財產權很大的差異就是，著作人死亡或消滅者，其著作人格權之保護，視同生存或存續，任何人還是不得侵害，而且著作人格權專屬於著作人本身，不得讓與或繼承。

　　2014年7月10日美國紐約時報等媒體報導，Journal of Vibration and Control（2103年JCR IF=4.355，聲學排名=2/29、機械工程排名3/126、力學排名3/138）因台灣某位學者破壞了同儕審查的程序而撤銷60篇文章，當時的教育部長列名其中5篇文章的共同作者，也導致其因而辭職下台。此事件也引發出了著作人（作者）與共同作者的議題，台灣有位熱心著作權的法學老師就在媒體上投書說：執筆寫論文的人才是作者，其他人不管對這篇論文多麼有貢獻，例如計畫主持人、指導教授、實驗室主任、參與討論或提點，都不能稱為「作者」，至多僅能在論文中列為感謝對象；其甚至引用著作權法規定：「二人以上共同完成之著作，其各人之創作，不能分離利用者，為共同著作。」，從而認為要成為共同著作在主觀上著作人間要有一同創作之合意，客觀上各著作人之創作不能分離利用，才是共同著作。

　　此觀點對於創作性高的語文和藝術類的著作如小說，應該沒有什麼爭議，但恐怕不適用於學術研究成果的著作？因為學術相關著作的重要之處是在於著作物的內涵本身，學術論文的作者與共同作者要肩負著該研究真實性的學術責任，其重點並不在於其表達的形式，筆者淺見認為並不適合用一般著作的觀點來討論，否則到底是做研究的執行者還是其指導者才能夠執筆撰寫論文呢？

2018 年 5 月 29 日國際知名期刊《Nature》(www.nature.com/articles/d41586-018-05280-0) 就有篇報導探討誰應該被列為作者的議題 (Who gets credit? Survey digs into the thorny question of authorship)，其根據近六千位研究人員的調查報告，在文章的開頭就開門見山地指出：對於研究貢獻的程度以至於能列名於學術著作的作者群，在不同的科學領域中，就有顯著不同的意見，例如在回答調查的研究人員中有超過三分之二的人說，他們會把解讀資料 (interpreted data) 或文章撰寫 (drafted the manuscript) 者列為同作者，但是將近有一半的研究人員，幾乎不會或只是偶而會把確認其發現 (secured their funding) 的人列為共同作者。從而看來，這位熱心著作權的法學老師似乎是需要多看看國際間的資訊，才能夠合乎國際間的普遍的看法。

美國國家衛生研究院 (US National Institutes of Health，簡稱 NIH) 也擬定出作者貢獻的一般性指引 (General Guidelines for Authorship Contributions)(2010 年 8 月 11 日建立，2015 年 12 月 11 日最新修正)，該指引分別從研究設計與結果的解讀、監督者的角色、行政與技術支援、資料取得和撰稿等面向來評估貢獻度，NIH 所提出的指引如下。

面向		列名作者之傾向	說明
研究設計與結果的解讀	原創想法、規劃和投入	83%	若只是提出想法可能無法保證列名於作者，除非是高度的原創性和有特色性。
	其他智力的貢獻	66%	如果是積極地參與，可列名作者。
監督者的角色	計畫的管理	66%	如果是積極地參與，可列名作者。
	教育訓練	0%	
	第一作者的導師	10%	除非是對研究有實質的貢獻。
行政與技術支援	資源：經費	0%	可致謝，但不列名作者。
	資源：動物、試劑	27%	如果是創新的可列名作者，但是若已經發表過的，則不列作者。
	資源：病人	27%	可能，視情況而定。

（續下表）

（承上表）

面向		列名作者之傾向	說明
資料取得	原創性的實驗	100%	
	技術性的實驗	27%	如果是例行性的，不列名作者；但若是創新的方法或是特定角色，像是統計或影像等，則可列名作者。
	資料分析 (檢驗)	58%	可列名作者，除非是很基本的。
	資料分析 (統計)	58%	可列名作者，除非是很基本的，像是 t-test。
撰稿等	論文撰稿	100%	應列為第一作者。
	研讀和評論文稿	0%	有實質的回饋可以致謝。
	都沒有參與	0%	包括榮譽性的掛名實驗室領導或名人等。

　　除此之外，國際醫學期刊編輯委員會 (International Committee of Medical Journal Editors) 對於是否列名於作者也提出了四項準則：(http://www.icmje.org/recommendations/browse/roles-and-responsibilities/defining-the-role-of-authors-and-contributors.html)

1. 對於研究的概念 (conception) 或研究設計有實質的貢獻，或者是取得、分析或解讀研究的資料；
2. 撰稿或對於文稿重要內容提出重大的修正；
3. 確認要發表的文章的最終版本；以及
4. 同意對文章的所有內容負責，確保研究工作是合適地進行和解決問題，而有其精確性和完整性。

　　另外，2014 年 7 月 28 日台灣的媒體還報導說：台灣有幾所大學與業界簽約，合作開發學位論文提交暨典藏系統，將學位論文轉換為付費商品，下載一篇論文 200 元台幣，研究生真正能得到的回饋金只有 5%，學校拿走 20%，其他 75% 被廠商拿走。而這位熱心著作權的老師也投書媒體以「博碩士論文強制公開智慧有價」為標題說：「應把注意力集中在幾個關鍵點，一是博、碩士生在二百元中只得到 5% 是不是合理？資料庫業者以專屬授權壟斷博、碩士論文及一般學者的學術論文，是否合理？」此論點又忽略了博碩士論文真正的價值在於其內涵，而不是在所寫成的論文，一件博碩士論文怎可能值 200 元台幣而已？

第六節　著作權的侵權與合理使用

當未合法取得或未經授權而違反到著作財產權人所擁有的排他權，像是複製、改作、散布、表演與展示等權利，不管是故意或無心過失，就是侵權行為。由於著作權無法禁止不抄襲之雷同，因此，著作權侵權成立的先決要件就是被控侵權的著作，必須是從有著作權保護的著作所得到的。

因為很難發現直接的證據來證明著作權的侵權行為，像是有目擊證人看到複製的動作。所以，若能夠舉出被控侵權者有接觸過受著作權保護的著作，而且被控侵權的著作與該著作有實質的相似（substantially similar），法院的審理時就傾向於認定為著作權侵權。當相似度愈高時，是否有接觸過的要件之重要性就愈低。例如兩篇文章的錯字、漏字甚至連標點符號都一樣，當然很可能就是抄襲，因為兩個作者獨自完成而且出現相同錯漏字的機會幾乎是不可能的。在美國曾經有地圖的繪製者，為防止他人複製其所辛苦完成的著作，就刻意在地圖上製造些小錯誤，就很容易抓到存在這些小錯誤的地圖侵權。

著作權侵權指的是被控侵權的著作與受著作權保護的著作間有實質的相似性。盜拷光碟、電影或電腦程式，複製品與原著作是完全一樣，是很明顯的侵權行為，但是，若不是完整地複製或抄襲，也可能會構成著作權侵權。經常有人會問到底「取」多少才會構成侵權？有人甚至還錯誤地以為影印教科書只要不超過 1/3 就不會侵權！但這完全都沒有法理的支持。在美國，法院審理是否構成實質的相似性時，會審查兩件著作，而從一般觀察者的角度來看，以確認被控侵權的著作之核心是否取自受著作權保護的著作？這也是經常聽到的，當把所抄錄的部分去除後，若作品就已經不完整而沒有可讀性，則就會被認為是抄襲。

不過，著作財產權的權利主張還是有所限制的，像是台灣著作權法中規定的中央或地方機關為了立法、行政或各種考試的需求；司法機關因為司法程序；各級學校及其老師因授課需要等在合理範圍內得重製他人之著作，但是從著作之種類、用途及其重製物之數量與方法來看，不能有害於著作財產權人之利益。教育行政機關為了編製教科用書在合理範圍內，得重製、改作或編輯他人已公開發表之著作，但是，需要將利用情形通知著作財產權人並支付使用報酬。還有，以廣播、攝影、錄影、新聞紙、網路或其他方法為時事報導者，在報導之必要範圍內，得利用其報導過程中所接觸之著作；為報導、評論、教學、研究或其他正當目的之必要，在合理範圍內，得引用已公開發表之著作。

中國的著作權法也有類似的規定，像是

1. 學習、研究或者欣賞，使用他人已經發表的作品；
2. 爲介紹、評論某一作品或者說明某一問題，在作品中適當引用他人已經發表的作品；
3. 爲報道時事新聞，在報紙、期刊、廣播電臺、電視臺等媒體中不可避免地再現或者引用已經發表的作品；
4. 報紙、期刊、廣播電臺、電視臺等媒體刊登或者播放其他報紙、期刊、廣播電臺、電視臺等媒體已經發表的關於政治、經濟、宗教問題的時事性文章，但作者聲明不許刊登、播放的除外；
5. 爲學校課堂教學或者科學研究，翻譯或者少量複製已經發表的作品，供教學或者科研人員使用，但不得出版發行；
6. 國家機關爲執行公務在合理範圍內使用已經發表的作品；
7. 圖書館、檔案館、紀念館、博物館、美術館等爲陳列或者保存版本的需要，複製收藏的作品；
8. 免費表演已經發表的作品，該表演未向公眾收取費用，也未向表演者支付報酬；
9. 對設置或者陳列在室外公共場所的藝術作品進行臨摹、繪畫、攝影、錄像；
10. 將中國公民、法人或者其他組織已經發表的以漢語言文字創作的作品翻譯成少數民族語言文字作品在國內出版發行；
11. 將已經發表的作品改成盲文出版。

這些都可以不經著作權人許可，不向其支付報酬，但應當指明作者姓名與作品名稱，並且不得侵犯著作權法中所規定的其他權利。

除了排除條款之外，最常見著作權侵權的抗辯就是「合理使用」（fair use），台灣的著作權法中規定：著作之合理使用，不構成著作財產權之侵害。而其判斷的標準包括：

1. 性質，包括係爲商業目的或非營利教育目的。
2. 著作之性質。
3. 所利用之質量及其在整個著作所占之比例。
4. 利用結果對著作潛在市場與現在價值之影響。

而合理使用也是著作權領域很受歡迎的研究，有興趣的讀者不妨上網查詢。例如 2012 年 6 月 18 日以「"fair use", copyright」在 www.google.com 就可以找到 5740 萬筆的資料，2013 年底就增加到了 8360 萬筆。表 1-6-1 整理出是否為合理使用的傾向比較表。像是僅供個人或家庭使用沒有營利之目的，在合理範圍內，就可以利用圖書館及非供公眾使用之機器重製已公開發表之著作。

表 1-6-1　著作權合理使用的傾向比較表

判斷項目	傾向於合理使用	傾向於不是合理使用
目的	教學、研究、學術、非營利教育機構、評論、註釋。新聞報導、打油詩（詼諧的改編詩）。	商業活動、從使用中獲利、演藝、不誠信行為、不註明出處、否定原創作者的貢獻。
性質	已出版、事實或非小說類散文文學、對教育目標具重要性。	尚未出版、創造性高（藝術、音樂、小說、影片、戲劇、劇本）。
數量	少量、使用的部分對整體而言並非核心或顯著的部分、數量是合適於教育的目的。	大部分或全部、使用的是核心或要點部分、複製多份。
效應	使用者擁有或取得合法的授權、複製一份或少數幾份、不會顯著影響市場或潛在的市場、缺乏授權機制、有限制的取得、市場上沒有類似的著作。	顯著地損害市場或潛在的市場、會變更著作權物的銷售、已有合理的授權機制或授權費、廣開大門（透過網路或其他公眾皆可取得）、反覆或長期使用。

除了合理使用之外，還有所謂的第一次銷售原則（first sale doctrine）或是權利耗盡原則（exhaustion rule），著作權物合法的重製物的擁有者，是可自由處分其所購買的重製物，或者是說著作權人已經出售該重製物，就不能夠再針對該重製物主張權利。換句話說，所購買的合法著作權物是可以丟棄、出售、贈送或者是出租。但是，一定注意的是錄音與電腦程式兩項著作在台灣是不可出租的，所以在台灣街道上有下檔電影 DVD 出租的影城，也有漫畫書或小說的出租商店，但是，就沒有錄音光碟的出租行。而一般購買的電腦軟體更是只有使用權，例如微軟公司的產品使用權利書中就指出：貴用戶僅得使用在此所述產品使用權利中明確允許之軟體與線上服務。

還有要注意的是，台灣著作權法就規定在台灣境內取得著作原件或其合法重製物所有權之人，得以移轉所有權之方式散布之。但是，如果沒有經過著作權人同意而輸入著作原件或其重製物，還是會被視為侵害著作權或版權。只有像是為了供輸入者個人非散布之利用或屬入境人員行李之一部分而輸入著作原件或一定數量重製物者，才不致於構成侵權。

第七節　著作權常見的迷思

台灣著作權法就明文規定侵害著作權會有罰則，像是擅自以重製之方法侵害他人之著作財產權者，處三年以下有期徒刑、拘役，或科或併科新臺幣七十五萬元以下罰金；而意圖銷售或出租而擅自以重製之方法侵害他人之著作財產權者，處六月以上五年以下有期徒刑，得併科新臺幣二十萬元以上二百萬元以下罰金；若是重製光碟來銷售或出租更是會被處六月以上五年以下有期徒刑，得併科新臺幣五十萬元以上五百萬元以下罰金。所以大家一定要了解著作權法的相關規定，除了尊重他人的著作權之外，亦可保護自己免於受罰。

以下就列出常見關於著作權似是而非的迷思供大家參考。事實上，台灣智慧財產局網站（www.tipo.gov.tw）亦有著作權 Q&A 以及小題庫，期望大家都能夠撥空上網查閱，更可強化對於著作權的認識與觀念。

1. 只要標示出原著者，就不會產生著作權侵權：著作權法授與著作財產權人未經其同意或授權而複製、改作、公開散布、展示和演出等權利，違反相關的規定就很可能構成侵權行為，標示出原著者只能顯示出沒有故意侵權，卻不能避開侵權行為，所以使用他人的著作應該取得許可或授權。有侵權行為當然就不是排除條款中所列舉的項目或是合理的使用，像是引用或評論都不會侵害到著作權。

2. 在網站上公開的資料是可任意使用：一般常被誤解的就是網站上的資料是可任意供人使用或散布的！事實上卻不是如此，曾經有同學做系上的網頁，卻從網路上未經著作財產權人同意或授權而下載照片，也因此被控告著作權侵權而請求損害賠償。

3. 如果改寫（paraphrase）就不會侵害到著作權：逐字或非逐字的抄襲，都有可能被法院認定為著作權侵權。但是，畢竟著作權保護的只是表達的形式，如上所述的「雨中那段」案子，只要 MV 的動作有所不同；灌籃漫畫的案子，縱使被控侵權公司名稱與原作者相似、主角名稱相仿等，法院對於事實上存在有其他的不同點，似乎都傾向於不侵權的認定。

4. 只要取一小部分就不會構成侵權：當然法院審理著作權侵權時會檢視侵權的量，可是有時只是取用一小部分，如核心的部分，經常也會被法院認定為侵權。

5. 在營業場所可任意地播放收音機或電視：公車司機收到存證信函的例子，已明顯告訴大家公開播送音樂是會構成侵權的行為。在美國，只有 3750 平方英尺（105 坪）以下的小吃店或是 2000 平方英尺（56 坪）以下的其他商店，才能夠不用經過授權播放收音機、電視或 CD 音樂等。

6. 若是合法取得的著作權物，就可任意處置：根據權利耗盡的原則，合法著作權物的擁有者，只要不侵害原著作權人的著作權的前提下，是可自由處分其所擁有的重製物。但是要注意電腦程式和錄音著作在台灣是不可出租的。尤其，購買的電腦軟體通常只是被軟體公司授權得以使用，而不是購買軟體本身，因此除了備份供自己使用之外，當然不可再重製或散布。

7. 只要是非營利的使用就不會侵權：非商業行為的使用或許只能證明沒有侵權的故意，但是，還是會構成侵權行為。尤其是會對著作權物的市場造成影響時，更是要小心。

8. 只是個人使用就沒有問題：自行用 DVD 錄製節目在有空時來看，是可被允許的時間移轉（time shifting），但是，拷貝租來的 DVD 電影卻是侵權的行為，不管有無商業的行為。

9. 不知者無罪：不管是故意還是過失都會構成侵權行為，不知者無罪，根本就沒有這種事，台灣的刑法明文規定，「不得因不知法律而免除刑事責任。但按其情節，得減輕其刑。」

10. 不是行為人就沒有責任：事實上則不然，如影印店因為提供影印機給學生影印，因而可能會被控協助侵害到原著作權人之重製權，所以需要在影印機旁加註標示，以善盡告知之義務。

第八節　抄襲與自我抄襲

在著作權的保護僅及於該著作之表達，而無法保護其所表達的思想、原理及發現等，著作權也無法涵蓋到沒有抄襲的雷同或近似。而台灣 2022 年底縣市長與議員的選舉，候選人的學位或研究報告是否涉及抄襲竟然成為選戰的攻防重點！有人就開玩笑地說，要檢視自己的論文是否有抄襲，去登記參選後馬上就會知道。

美國衛生與民眾服務部 (Department of Health and Human Services，簡稱 DHHS) 的研究誠信辦公室 (Office of Research Integrity，簡稱 ORI)，為了協助學生和專家們辨識和預防抄襲、自我抄襲和其他的實務問題，以及發展出符合倫理寫作的意識，ORI 補助紐約 St. Johns 大學的 Miguel Roig 教授完成了符合倫理寫作的指引，可到網站 (ori.hhs.gov/avoiding-plagiarism-self-plagiarism-and-other-questionable-writing-practices-guide-ethical-writing) 參考全文。尤其，除了大家常聽到的抄襲 (plagiarism) 之外，還有所謂的自我抄襲 (self-plagiarism)，更是會讓人膽戰心驚，深恐一不小心就落入抄襲的泥沼中沾了一身腥，以下整理美國 DHHS ORI 的寫作指引供大家參考。

美國大學教授協會在 1989 年 9 月曾將抄襲定義為：沒有致謝就占據 (taking over) 他人的想法、方法或撰寫的文字，並且有意圖將其當作是詐欺者的作品。1999 年美國聯邦科學與技術政策辦公室則將抄襲定義為：沒有給予適當的貢獻 (credit) 就挪用 (appropriation) 他人的想法、程序、結果或文字，包含以機密性審查其他人的研究計畫和論文稿。Roig 教授的指引中引用其他學者的研究有提到，雖然只是小規模的想法抄襲，卻可能導致很負面的結果。

從抄襲通常會被視為剽竊的觀點來看，自我抄襲似乎就會顯得沒有道理？難道還可能自己偷自己嗎？有文獻指出像是挪用公款或是詐領保險費就是典型的自己偷自己！在研究和學術領域，作者再次使用自己先前發表的作品，卻沒有告知讀者先前的發表，讓讀者容易誤以為是新作品，就是不符合倫理寫作的規範。英文 "text recycle" 有學者翻譯成「文字再利用」，在強調資源再利用的現代社會，翻譯成文字再利用幾乎沒有負面的意涵，甚至還有鼓勵的味道！但這卻可能是不符合倫理寫作的規範，所以筆者建議翻成「已發表文字的重複使用」或簡稱「文字重複使用」，雖然有冗長些，但是筆者覺得應該比較會提醒大家的注意。

　　所謂「自我抄襲」的最根本問題，就是涉及有欺騙讀者之意圖，因為符合倫理寫作的基本概念，就是除非有所註明，否則作者所發表的內容就是新的，以及作者能力所及的最佳內容。自我抄襲就會誤導讀者所發表內容的新穎性，經常被提到的自我抄襲像是先前發表中的一部分或全部的元件 (如：內容、資料和圖片)，再次被用於新的發表中，卻沒有清楚地告知或完全沒有告知先前的公開。最為明目張膽的自我抄襲則是一稿兩 (多) 投，將先前已經發表的文章，幾乎沒有修改或完全沒有修改就再次發表。

　　除了一稿兩投之外，Roig 教授還提醒要注意冗餘發表 (redundancy)、重疊發表 (publication overlap) 和其他形式的複製，像是資料擴增、資料刪減、資料分割、相同資料重新分析和相同資料不同結論等。其中資料擴增指的是有些資料先前已經發表過，再增加一部份新的資料，導致概念上符合原本的資料，但是卻有不同數值如平均值或標準差、圖式和表格等，如果作者沒有清楚地指出有部分資料先前已經發表過，就容易誤導讀者以為整個資料與先前的發表沒有相互關係，而無法辨別出資料的本質。相類似地，如果把先前已經發表的資料加以刪減而再次發表，也是會誤導讀者以為是新收集的資料。

　　資料分割發表雖然也經常被歸類為自我抄襲，但是卻沒有重疊或冗餘的情形，NEJM 先前的主編就曾指出有一生殖中心的介入性研究，把母親與嬰兒的結果分開投到兩個期刊，但是母親與嬰兒的結果應該是放一起會比較合適；再則，針對相同病理檢體所研發出不同的癌症診斷的分子標記，也是將不同分子標記合併撰寫才會比較有意義。當然，有時候是因為隨著研究的進展，是前後不同的時間點的研發成果，符合倫理寫作所強調的是要完全透明化，要在後面的發表中交代資料與先前發表的關係。有作者曾經解釋說其之所以沒有說明相關論文之間的關係，或是發表文章間有其他形式的重疊，是因為這些論文幾乎是同時間撰寫和分別投到不同的期刊，因此沒有揭露研究之間的重疊關係。但是從寫作倫理的觀點來看，這並不是很好的藉口，作者應完全知悉所發表的內容，更是會清楚其所發表的資料與其他計畫之間的關聯，所以務必要在稿件中標註出，有其他部分的資料在準備發表中或已投到其他期刊。很重要的就是要告訴讀者目前所發表的資料是大研究中的一部份，因為莎樂美腸式的切割發表 (salami slicing)，就很可能誤導讀者以為每篇文章的資料都是各自收集的不同資料。

　　其他形式的冗餘發表像是相同資料的再分析或相同資料不同結論，資料再分析有可能是後續有研發出新分析方法，想檢查先前所發表過的資料，相同地，一定要完全透明化，指出所分析的資料先前已經分析和發表過。至於相同資料不同結論方面，有些作者使用相同資料來發表，只是在文稿中採用不同文字，含糊地或隻字不提先前的發表，有些冗餘的文章則是包含些微不同的資料解讀，或者是以某種不同理論、試驗或主題內容來介紹；有的冗餘文章則是把先前已經發表的資料添加些資料或不同的分析。大多數的科學寫作指引都反對重複發表和各種的冗餘發表，除了上述會誤導讀者之外，也可能影響到後續的研究，像是統合分析 (meta analysis) 時的重複計算而導致結論的偏差。

　　研究人員從事領域的研究工作，通常會持續地進行著，所以可能採用相同或類似的方法發表出兩篇或多篇不同的文章，研究人員在發表的壓力下，加上文書處理軟體複製貼上的便利性，產生了先前發表文字重複使用的問題。尤其像我們英文不是母語卻要投稿英文期刊的人，更是難以抗拒去複製貼上先前已經撰寫完整的英文句子，有人甚至還可能把先前發表不相關的句子也複製貼上！有學者指出有文章因為自我抄襲被撤銷，就是因為相同的作者在後面發表的文章中，一字不漏抄襲先前自己所發表的文章。

　　Roig 教授指出，至今在學術界、期刊主編們或官方指引間並沒有共識，到底文字需要如何修改才會合宜？又能夠重複使用多少個先前發表文字？尤其，各家期刊主編們在評估抄襲與自我抄襲時，彼此間也沒有共識，有些期刊允許文獻回顧與方法章節中重複使用先前發表的文字；有的期刊只同意在方法章節中有文字重複使用；但也有的期刊是完全不允許有文字重複使用。但是很明顯的，從讀者與作者契約的觀點來看，如果不註明清楚，重複使用先前已發表過的文字是不符合倫理寫作的基本原則。不過，Roig 教授指出還是有些情況，文字重複使用是可以被接受的，像是 IRB 或動物實驗的申請文件，以及樣板文字 (boilerplate language) 等，事實上，經費補助單位如國科會都會要求送審的計畫題目要與 IRB 通過的題目完全相同，而送審 IRB 文件中的計畫書或中文摘要等，主要讀者只有 IRB 委員和承辦人員，所以文字重複使用應該比較沒有問題。

　　比較容易有爭議的就是在後續發表文章中的方法或其他部分，重複使用到先前所發表過文章的字詞，對於實驗相關的文章在撰寫方法時，就是希望在有限的篇幅中讓讀者了解，進而可重複其實驗，所以通常是要能夠清楚和精確地描述實驗的技術性內容，因此，後續發表的文章全部或大部分需要 (或不得不) 重複使用方法章節的文字，這就是為何要重複使用先前所發表方法章節文字的主要論點！只是，若按照正規的倫理寫作規範，逐字引用先前已發表的文字就必須使用引號 (quotation marks) 和標示出資料的來源，但是實際上卻很少看到有人這麼做！筆者則是強烈建議在不改變原文含意下，進行字句的改寫，避免因為採用複製貼上模式而惹上一身腥，尤其，現在還有網站 (如 quillbot.com) 在一定字數下可免費提供改寫、文法檢查、抄襲檢查和摘要等服務。2007 年 1 月某大醫院的醫師參考期刊所發表之文章，針對台灣人口群進行相同的研究，在引言和方法章節就複製貼上別人的文字，被眼尖的期刊編輯發現內容有抄襲之嫌而退稿，並且還要求該醫院要加以懲處！

　　事實上，直接把方法章節直接複製貼上，可能產生的問題就是放入不相關的材料或步驟，因為作者先前有相類似的發表，就順理成章地把方法章節發展成模板，然後繼續沿用，完全複製模板就是典型的自我抄襲，而且如果沒有按現有的文章作相對應的修改，還有可能會因而誤導讀者。更不用說，有學者就指出病例書寫時，採用複製貼上的方式導致錯誤，其中還可能對患者有潛在的不安全性！類似的情況，複製貼上自己先前的發表或是其他的文章，也是會產生問題，例如前後發表文章的期刊分別隸屬不同的出版社，作者很可能就會違反著作權的規定。尤其，許多作者在文章投稿之際，簽署著作權協議時，不會仔細去看每一條款，或者根本就不了解條款的意涵，有的期刊的著作權協議是將文章的所有權和其內容轉給出版社，作者後續的發表就要非常小心，複製貼上先前的發表內容，很可能就會構成著作權侵權。再則，如果是多位共同作者所發表的文章，若作者間彼此沒有相關協議，也是會把文字重複使用的問題變得更為複雜化，其他的作者是否會去主張後續發表中的複製貼上構成抄襲呢？

　　自我抄襲在不同場景的考量，像是研討會、專書章節、學位論文、研究計畫等，提出以下幾點供大家參考。

1. 會議或研討會：

　　領域的專家受邀到大學或學會等演講、引言或座談，聽眾所期望的其先前的發表成果和 / 或所累積的知識，並不會假設領域的專家會呈現其還沒有發表的創

新，所以文字重複使用也就沒有問題。但是，若是到學術會議去報告研究成果，參與的聽眾是希望得到主題的最新想法和資料，而報告者則可從聽眾獲得回饋，從而進一步精煉其想法，將來就很可能被同儕審查的期刊接受發表，這時就要注意考慮會議舉辦方的規定，是否只接受原創性的發表？雖然認定發表是否屬於原創性並不容易，因為研究就是不斷地累積和進步，發表中可能就包含先前所呈現過的資料、文字和 / 或圖形等，試想如果我們去參加學術研討會，看到先前研討會曾經聽過相同作者和標題的報告，若其報告摘要中沒有勾勒出不同點，還會有人想去再聽一次嗎？如果在學術會議的報告被視為研究產出之一，在不同會議的相同報告或者是會議後發表在期刊，就應該避免重複計算，以避免一魚兩 (多) 吃的瓜田李下。

2. 從研討會到期刊發表或專書的章節

   傳統的學術實務，就是先到學術會議去報告研究成果以及取得聽眾的回饋，接著，大多數的作者就會準備正式的文稿投到期刊或者是有編輯的專書。但是研討會論文集出版的最近趨勢，就是要注意會議舉辦方對於研討會論文集的著作權擁有和後續投到期刊發表的態度，如果會議舉辦方同意後續的發表，在投稿時也是要告知期刊先前已在會議中揭露部分的數據或資料，再則，也要以像是備註的方式，來通知讀者先前在會議中的揭露。尤其要注意的是，不同期刊對於先前會議發表有不同的認定標準，曾經有期刊主編認定後續期刊所發表文章，是先前發表的會議論文或長篇的研究摘要的重複發表，因而把期刊文章撤銷！

3. 期刊文章到期刊文章或期刊文章到專書的章節

   評論性文章（review articles，或稱文獻綜述）會針對特定的主題來回顧過去的文獻，從而總結出主題的研究現狀。若是直接引用過去文獻中的句子，則是要加上引號，以及提供文獻的出處等，以免造成抄襲。如果是引用到作者自己先前所發表的文章，也一樣要恪守用引號標註直接引用和出處的寫作倫理原則，關鍵點就是要指出先前發表的出處！要注意的是，有的出版社甚至有指引嚴格地限制引號標註直接引用的比例，美國心理學會 (American Psychological Association，APA) 的出版手冊就規定，除非是例外情況，從期刊文章或專書章節最多是三張圖或表格；若單篇文字摘出少於 400 字或系列性文字摘出少於 800 字，就不需要取得 APA 許可。Roig 教授則是強調要去查閱出版社或著作權人，對於引用相關的特殊要求。

4. 學位論文與期刊文章或專書章節：

   學位論文尤其是博士論文，後續整理成論文格式發表在期刊或專書章節，是很傳統的學術運作模式，縱使現在有些學位論文的公開全文電子檔或是紙本上架在圖書館。Roig 教授在其擬定的寫作倫理指引中，還是提醒學位論文後續發表到期刊，一定注意期刊或出版社的相關規定，若被接受刊登時，也要在文章中標註說是根據碩士或博士論文之研究成果，如果是博士論文後續發表兩篇以上的文章，則是要在每篇期刊文章中提到是某研究成果中的一部份！當然也要有學位論文分成多篇期刊發表的理由，以免落入莎樂美腸式的切割發表之嫌。類似的問題，期刊文章或專書章節是否可重複使用學位論文中的一小部份？如同上述，就是要恪守用引號標註直接的引用和出處之寫作倫理原則。值得一提的是，有些研究所的傳統是讓博士班學生先發表論文，再根據期刊論文來寫成學位論文，這時就要注意博士生在發表文章中的貢獻，以及在博士論文中揭露先前所發表的文章。

5. 研究經費申請計畫書

   做研究需要人力與經費的資源，所以研究人員撰寫計畫書來申請研究經費補助，已經是其職業生活中不可或缺的工作之一，如果是延續性的研究，計畫書在文獻回顧和方法和材料部分就很可能就會有文字重複使用！若是合作的研究計畫，主持人與共同主持人又是誰可重複使用計畫書中的文字呢？Roig 教授從讀者與作者間契約的觀點來看，計畫書本身沒有公開發表，而且公開的對象主要也只是審查委員，因此文字重複使用應該是可接受的！不過 Roig 教授也提醒說，計畫補助單位可能會規定研究計畫書中可重複文字使用的比例，而且是不管計畫有無通過。Roig 教授舉例說申請美國國家衛生研究院 (National Institutes of Health，NIH) 的計畫申請書，如果第一次沒有獲得補助，可以修正後再去申請，第二次申請的計畫書重複使用第一次計畫書的內容，並不會有問題；但是如果第二次的計畫書還是沒有獲得補助，就不能夠再向 NIH 提出申請！

   接著的問題是，是否能夠重複使用沒有獲得補助的計畫書之部分內容，再次提出新的計畫呢？Roig 教授建議只要讓計畫書實質是新的，像是採用不同的方法等，讓研究的重點是不同於先前沒有獲得補助的計畫，而在文獻回顧或是有些方法部分有文字重複使用，就會比較沒有問題。但如果是提出相關想法的計畫書，卻重複使用先前沒有獲得補助的計畫書或是有獲得補助相關的計畫書，

Roig 教授則是建議要查詢經費補助單位的指引或相關規定。不可否認的，在現今資訊爆炸的時代，明確地區分出新的或是修改過後的計畫書恐也不是容易的事！但是若恪守讀者作者契約的精神，在計畫書中提示說所有重複使用文字的部分，這對於審查委員也是種尊重，尤其還可能遇到先前審過計畫書的相同委員呢！

至於重複使用計畫書中的文字到期刊發表，因為研究計畫書只有很少數的讀者，所以並不會違反讀者作者間契約的精神，類似的情況，重複使用非發表性文件中的文字，像是送審 IRB 的計畫書，也是比較沒有爭議性的。但是要注意的是，重複文字使用是否會違反著作權的問題。

對於避免抄襲，Roig 教授建議以下的的指引。

指引 1：一位符合倫理的作者總是在作品中致謝他人的貢獻；

指引 2：從其他文獻引用的逐字文須以引號標記，以及指出出處；

指引 3：摘要其他人的作品時，以原作品的簡潔版的方式，採用自己的語詞來濃縮和表達出他人的貢獻；

指引 4：在解讀他人作品時，須採用自己的語詞以及語句結構；

指引 5：不管是在解讀或摘要，都必須要指出資料的出處；

指引 6：在解讀和／或摘要他人作品時，必須採用自己的語詞以及語句結構，以及確保再製作出與他人想法或事實的精確意涵；

指引 7：為了能夠對原文做出實質修改而且正確地解讀，就必須要徹底了解遣辭用句，以及深入知悉其想法和所採用的術語；

指引 8：無法確認一觀念或事實是否為一般知識時，提供引證出處；

指引 9：若研究成果能夠寫成單篇論文發表，就不要分成幾篇來發表，尤其所投稿期刊的資料只是整個大計畫中的一部分，就應該要揭露說有其他的資料已經發表和／或投稿中；

指引 10：投稿的文章若包含先前所發表過的資料、評論或結論等，就必須清楚地向期刊編輯和讀者們指出，尤其資料的出處要絕對不含糊；

指引 11：雖然有些情況下，重複文字使用是可接受的，但是作者還是要恪守符合倫理的寫作規範，避免重複使用先前已經發表過的文字，若要重複使用就是要使用引號加以標註，以及指明引用的出處；

指引 12：到會議去報告研究成果，也應該遵守相關規定地對聽眾揭露清楚；

指引 13：除了要恪守倫理寫作規範之外，作者更要把讀者對文章的期望以及著作權法規放在心上，尤其在重複使用材料時，更要完全透明地加以揭露。

綜合上述，符合倫理寫作的規範就是要指出引用的出處、致謝他人的貢獻和用自己的語詞與語法構句來描述，若要引用逐字稿則要加上引號標註和指明出處，以及要念茲在茲讀者的期望和著作權法規，所發表的內容要完全透明化。台灣國科會對研究人員學術倫理規範的第七點自我抄襲的制約，也是規定：「研究計畫或論文均不應抄襲自己已發表之著作。研究計畫中不應將已發表之成果當作將要進行之研究。論文中不應隱瞞自己曾發表之相似研究成果，而誤導審查人對其貢獻與創見之判斷。自我抄襲是否嚴重，應視抄襲內容是否為著作中創新核心部分，亦即是否有誤導誇大創新貢獻之嫌而定。」

第九節　結語

隨著資訊硬體和網際網路的普及，上網找資料、看新聞、email、Instagram、facebook 等幾乎已經成為日常生活中不可或缺的一部分。正因為其「複製與貼上」（copy and paste）的方便性，無形中很容易就觸犯了著作權人的權利，如上所述，著作權是在著作完成後就發生，所以隨隨便便轉寄別人的文件，很可能就侵害到著作財產的散布權！

知道著作權相關的常識就是要去尊重別人和保護自己。像是影印教科書、借 copy 別人的軟體和 CD、剪貼網路上的資料來當作報告等，都很可能會侵害到著作權！尤其，2010 與 2011 年美國與外國貿易障礙的評估報告中竟然指出，台灣在大學校園內和附近有店家非法的影印教科書，在美國的壓力下，台灣政府勢必會加強查緝的動作。老祖宗不是告誡過我們「天下沒有白吃的午餐」嗎？使用者付費應該是公平的！

最後，則是要再次提醒大家，著作權所保護的內容僅及於表達之形式，而無法保護其所表達的思想、程序、製程、系統、操作方法、概念、原理及發現等，還有著作權也無法禁止沒有抄襲的雷同或近似。從而看來，台灣許多的科研決策者，都過於強調發表被收錄在科學引文索引（Science Citation Index，簡稱 SCI）的文章，作為學術升等和獎勵的依據，這種只在意文章發表在哪一個影響係數高的期刊，卻不重視研究成果本身是否有價值，怎能期望台灣的學研界扮演著科技火車頭的角色？事實上，好的研究有機會被刊登在高影響係數的期刊，但是，登在高影響係數的文章不見得就是好的研究，南韓黃禹錫博士的幹細胞研究不就是最好的例子嗎？

　　清華大學電機系曾孝明教授經常在《科技報導》中發表的諸多論述，也提出了相同的觀點，科學研究的目的絕不是單純地為了發表論文，能夠解決有價值的問題與衍生出知識，進而富國民生像是提昇產業術技術層次和經濟效益與生活品質等，才是學術研究的目的，也才值得被尊敬與重視之處。難道不是嗎？

　　多年來這個聲音根本不被重視，終於在 2012 年的台灣全國科技會議中，才聽到中研院翁啓惠院長說：「發表論文與獎牌應是研究過程的表現、不是目標，但台灣學研機構把發表論文和發明獎牌當做最重要目標，沒有思考往後怎麼創造經濟價值。」相同的道理，台灣號稱所謂的頂尖大學，若還是汲汲於所謂的世界百大的虛名，不能夠為台灣產業而努力，怎對得起台灣社會？事實上，不能扮演著知識火車頭的角色、解決有價值的問題、提昇產業的技術層次和培育社會所需的人才，奢談卓越呢！

動動腦

1. 什麼是智慧財產權？
2. 目前對於智慧財產保護的法律有哪些？所保護的標的有何不同？何以需要不同的法律？
3. 何謂著作權？
4. 著作權能夠保護什麼？又無法保護什麼？
5. 著作財產權的歸屬如何認定？何謂職務上的著作？台灣、中國與美國相關的規定為何？
6. 實驗室須要請軟體公司來幫忙撰寫程式，試從著作權法的歸屬來討論應注意之事項，軟體的著作權之歸屬為何？
7. 何謂合理使用？怎樣是傾向於合理使用？怎樣就比較會認為是傾向於非合理使用？
8. 同學影印教科書給自己用，也不是販賣給其他同學來謀取利潤，又是為了教育學習之目的，是否屬於合理使用的範疇，試分析之。
9. 上課或聽演講時作筆記是否會侵害到演講者的著作權？如果加以錄音或錄影其演講的內容呢？理由為何？

10. 臨摹字帖練習寫硬體字或毛筆字是否會構成著作權的重製？試分析之。

11. 將所購買書上的圖掃描下來，然後印製在領帶上來出售，是否會侵害到原著者的著作財產權？理由為何？

12. 何謂抄襲和自我抄襲？又如何避免落入抄襲的泥沼？

13. 試從著作權的觀點來討論台灣強調論文發表的科技政策。因為發表在高影響係數的文章與升等、申請研究計畫與獎勵等息息相關，所以許多學者也只重視文章發表，而未能夠將研發用於提昇產業術技術層次、經濟效益與生活品質等。有人認為這是因為政策上研究 business model 錯誤，而導致台灣國民平均所得以及產業技術無法提升的關鍵因素，您的看法？

第二章
營業秘密導論

第一節　認識營業秘密

凡是非一般人所知悉，具有經濟價值，且秘密所有人已採取合理的保密措施之資訊，就是所謂的營業秘密（trade secret）。簡言之，營業秘密就是保有秘密而有經濟價值的資訊。常見用營業秘密保護的資訊像是：客戶名單、製程方法、化學配方、電腦程式碼、市場資料與策略與設計的藍圖等。最有名的例子就是商標非常有價值的可口可樂公司，其可樂的配方就是以營業秘密來加以保護。

如第 1 章圖 1-1-1 主要 IPR 之架構所示，相較於其他的 IPR，像是專利、著作權和商標係授予排他權，而營業秘密只是保障權利。如專利權擁有人排除他人未經其同意而製造、為販賣之要約、販賣、使用或為上述目的而進口該物品之權；著作財產權人則有排除他人未合法取得或未經授權而複製、改作、散布、表演與展示等之權利；商標權人亦擁有排除他人未經其同意，於同一商品或服務，使用相同或近似於其所註冊之商標。而營業秘密的保護則不是授予排他權，而是在防止非法地取得其所保護的資訊。只要秘密所有人採取了合理的保密措施，就可能請求回復被不正當的揭露、取得或使用之營業秘密，或依法請求損害賠償。

台灣的營業秘密法部分條文於 2013 年 1 月 11 日經立法院三讀通過，像是意圖為自己或第三人不法之利益，或損害營業秘密所有人之利益，會處五年以下有期徒刑或拘役，得併科新臺幣一百萬元以上一千萬元以下罰金；而若意圖在外國、大陸地區、香港或澳門使用，侵害營業秘密者，會處一年以上十年以下有期徒刑，得併科新臺幣三百萬元以上五千萬元以下之罰金。2020 年台灣營業秘密法也增訂條文，引進「偵查保密令」制度，強化偵查中營業秘密之保護，來避免二次洩密；以及強化對外國人營業秘密之保護及互惠原則等。

第二節　營業秘密的定義與要件

TRIPS 第 39 條：為落實 1967 年巴黎公約第 10 條之 2 的規定，確保有效的保護來防止不公平競爭，會員國須依本條第 2 項所規定之未公開資訊，以及依第 3 項規定所提交政府或政府相關機構之資料，予以保護。而 TRIPS 第 39 條第 2 項規定：自然人及法人對於其合法掌控之資訊，須可防止他人未經其同意而以違背誠實商業規範（honest commercial practices）的行為，而揭露、取得或使用，只要該資料符合：

1. 具有秘密性，不論是整體或其組成的詳細結構和組合，只要該資訊不爲一般處理同類資訊之人所知悉或易於取得者；
2. 該秘密性具有商業價值；
3. 合法掌控資訊的人已依情況採取合理步驟來保持其祕密性。

　　而 TRIPS 第 39 條第 2 項中所謂違背誠實商業規範的行爲至少包括：違約、背信和誘使違約或背信，以及包含併購第三者所知悉或因重大疏失而不知其爲營業秘密的未揭露之資訊。

　　台灣的營業秘密法明文指出，所謂的營業秘密指的是方法、技術、製程、配方、程式、設計或其他可用於生產、銷售或經營之資訊，而成爲營業秘密的要件包括：
1. 非一般涉及該類資訊之人所知者；
2. 因其秘密性而具有實際或潛在之經濟價值者；
3. 所有人已採取合理之保密措施者。

　　在中國與台灣營業秘密相當的就是「商業秘密」，於 1993 年 9 月所通過的「反不正當競爭法」第 10 條中，明文規定商業秘密是：
1. 不爲公眾所知悉；
2. 能爲權利人帶來經濟利益、具有實用性；
3. 經權利人採取保密措施的技術信息和經營信息。

　　而中國的工商行政管理總局並依「反不正當競爭法」，於 1995 年 11 月發布「禁止侵害商業秘密行爲的若干規定」，做爲其執行的依據。而中國其他與營業秘密相關的規定，還包括《勞動部關於企業職工流動若干問題的通知》（勞部發 [1996]355 號）第 2 條、《關於禁止侵犯商業秘密行爲的若干規定（修正）》（國家工商局公第 41 號）、《國家工商局關於商業秘密構成要件問題的答覆》（工商公字 [1998]109 號），以及國家科委《關於加強科技人員流動中技術秘密管理的若幹意見》（國科發政字 [1997]317 號）等。

　　在美國方面，營業秘密係屬於各州法律的範疇，統一州法委員會（National Conference of Commissioners on Uniform State Laws）則於 1985 年修訂了美國統一的營業秘密法（Uniform Trade Secrete Act，簡稱 UTSA），不過目前還是有的州沒有採用。UTSA 的序言中就清楚地提到：由於有相當數量的專利被法院認定爲無效，因而許多公司就選擇依據營業秘密的州法律來保護其商業上有價值的資訊。UTSA 所指的營業秘密包括：配方、圖案（pattern）、編輯（compilation）、程式、裝置、方法、技術或程序，只要是：

1. 獨自研發而具有實際或潛在經濟價值的資訊。
2. 該資訊不是一般人所知悉或可經正當方法取得。
3. 秘密所有人採取了合理的保密措施。

　　而美國國會於 1996 年所通過的經濟間諜法案（Economic Espionage Act，簡稱 EEA），成為美國聯邦法中的編號第 18 號法典，對於不正當方法（misappropriation）取得營業秘密者，聯邦法律會課以民刑事責任，像是盜用財產的沒收、罰款或監禁，用以防治美國國內跨州或國際間的經濟間諜；而當美國企業發現他人侵害其營業秘密時，可向聯邦政府的聯邦調查局反應，而以國家資源來進行追緝。EEA 的首宗案例的被告居然是台灣製造膠帶的廠商，在美國公司任職的一研究人員提供機密資料給台灣的企業，被美國聯邦調查局人員拍攝錄影帶蒐證到，錄影帶中顯示，台灣企業的人員把美國公司文件上的「機密」字樣剪下。美國地院也判決該台灣企業罰鍰 500 萬美元。

　　綜合上述，將營業秘密整理成表 2-2-1。

表 2-2-1　營業秘密保護的客體與構成要件

項　目	說　明
保護的客體	方法、技術、製程、配方、程式、設計或其他可用於生產、銷售或經營之資訊。
要件	1. 非一般涉及該類資訊之人所知者。 2. 其秘密性具有實際或潛在之經濟價值。 3. 秘密所有人已採合理之保密措施。

　　經常聽到與「營業秘密」相關或類似的術語，如國際保護工業財產權協會（International Association for the Protection of Intellectual Property，簡稱 AIPPI，網址：www.aippi.org） 在 1969 年布達佩斯會議中，定義的「工業技術訣竅」，其係為：「是有限範圍專家所知道未曾公開過其完整內容的，有一定價值而可利用的技術知識、經驗、數據、方法或者是其組合」。而國際商業會（International Chamber of Commerce，簡稱 ICC，網址：www. iccwbo.org） 所定義「工業技術訣竅」係為了解和實施工業目的所需要的技術性的知識、方法和資料；另「商業技術訣竅」則指的是管理與市場方面相關的技術。

　　一般而言，工業秘密（industrial secret）指的是偏重於技術、技藝、科學或是機械相關的，像是製程的秘密、配方、製造技術或方法、特殊未公開的機器或裝置等。還有一般譯做「技術訣竅」的「know-how」，指的是完成一件工作所需要的特定種類的技術知識。像是中國琺瑯器的景泰藍和浙江金華火腿等傳統的製造工藝，就是屬於所謂的技術訣竅。

第三節　營業秘密常見的爭訟

　　營業秘密保護的標的包括：配方、圖案、編輯、程式、裝置、方法、技術或程序等，其中常見的配方有化學配方、食譜（recipe）和演算法（algorithm）；圖案如製造機器的零件圖；編輯則包括把有用的資訊編輯成資料庫、客戶名單、市場資料和地質資訊；縱使是有商業授權的電腦軟體，也可將其原始碼以營業秘密保護；裝置之設計與製造的撇步（特殊技巧）可用營業秘密保護，但是要注意的是營業秘密禁止不了獨立研發出相同的裝置，甚至用還原工程（reverse engineering）（或稱為逆向工程）的方法，如拆解裝置來知悉其內部的構件，也不會構成營業秘密侵權。

　　製造物品的方式當然是有價值的資訊，如製造程序、商業方法或是材料處理的技術等程序，都是很常見的營業秘密，所以方法、技術或程序都可能包括有「技術訣竅」（know-how），也就是運作特定程序或機器所累積的經驗和知識，雇主向員工揭示的可辨識的資訊會是技術訣竅，但是，一般專業的技巧與知識則不會被認定是技術訣竅，而員工受聘期間所提升的知識水準，也是無法用營業秘密來保護。在美國曾經有判決就指出，員工在受聘其間所養成的態度、技巧、熟練度（dexterity）、操作和心智的能力以及其他個人的知識等，都不屬於雇主，員工擁有使用和擴展這些能力的權利。

　　所謂「不正當方法」取得營業秘密，包括以竊盜、詐欺、脅迫、賄賂、擅自重製、違反保密義務、引誘他人違反其保密義務或其他類似之方法。而典型的營業秘密爭訟態樣如下，其中絕大多數的案子都是由工商業所提出。

1. 爭訟態樣：雇主控告其員工或員工所跳槽的公司

提告	控告員工使用其營業秘密，像是客戶名單、製造程序、商業計畫或方法等。
爭論	1.該資訊係屬一般人所知悉。 2.雇主並未採取合理的保密措施。 3.員工之職位不會接觸到該營業秘密。
案例	1.蘋果全球供應部門經理因涉嫌收受亞洲 6 家供應商的回扣，以交換公司機密情報，而被美國法警局逮捕拘留。 2.微軟於 2005 年 7 月 20 日控告 Google 聘用其副總。 3.HP 於 2010 年 9 月 7 日向加州高等法院控告甲骨文的總裁，因聘用其前執行長將不可能避免使用或揭露 HP 的商業機密和敏感資訊。 4.2006 年中國比亞迪公司挖走富士康四百名員工，只花了不到一年時間，迅速通過諾基亞、摩托羅拉兩家公司的供應鏈認證，之後自摩托羅拉方面傳出，比亞迪送交的文件竟出現有富士康的字樣，至少有四名跳槽員工涉嫌竊取機密，其中大陸籍幹部在富士康任職期間，即擁有比亞迪員工電郵帳號，電郵甚至直通比亞迪最高層。鴻海在大陸對竊取機密的員工提告、控告比亞迪「單位犯罪」。
延伸思考	A 公司以特殊設計葉片的攪拌機來提升濃縮果汁製作的效率，並以營業秘密來保護該設計。公司的 B 員工趁著維修的機會，將偷走的一個葉片賣給 C 公司，於是 A 公司控告 B 員工及 C 公司以不正當的手段取得其營業秘密，試問一片鐵片是否會構成營業秘密侵權？

2. 爭訟態樣：公司控告其先前的夥伴

提告	在結束商業關係之後，公司常常會控告其先前的供應商、創投、投資者或者先前有意願來收購的公司等，因為供應商知道其所生產的原料、創投握有其計畫的部分資訊、投資者熟悉該公司的價值、而想併購的公司則了解公司下一步的計畫。
爭論	1.該資訊係屬一般人所知悉。 2.並未揭露或使用該公司的營業秘密。

3. 爭訟態樣：員工控告其公司

提告	員工向公司揭露其想法，像是製程的改善方法，該提案被採用，公司卻沒有提供合理的報酬，進而控告其東家不當使用其營業秘密。
爭論	1.公司並未實際使用該資訊。 2.該資訊係屬一般人所知悉或是公司所研發。 3.公司未不當使用該資訊，秘密所有人並沒有表示該資訊係屬機密或要求合理的報酬。
延伸思考	A 君在受聘於 B 公司之前已研發出某製程技術，受聘期間同意 B 公司使用該技術，A 君離職之後就主張公司不得再繼續使用該技術，若 B 公司繼續使用，是否會構成營業秘密侵權？ A 君如何舉證？可參考美國 CAFC 與最高法院對於 Madey v. Duke University 案的專利訴訟判決。

4. 爭訟態樣：公司控告其競爭公司

爭訟	公司常會控告其競爭公司，以不正當手段取得其營業秘密，像是行賄其員工、竊取文件、非法入侵公司的電腦網路、以詐欺的手段（佯裝成可能的投資者或員工）來取得資訊，廣義而言，還可能包括從空中照相，或是古老的方式從垃圾堆搜尋文件。
案例	美國 Winne v. Palmer 案中，Winne 控告 Palmer 涉嫌從其垃圾收集其營業秘密，賓州法院判決書中考慮的重點就是負責幫忙 Winne 收集垃圾的單位是否只專門爲其服務？該收集垃圾的單位還有替其他公司服務嗎？另 Winne 的廢紙是否有採碎紙的處理？換句話說，就是在考量秘密所有人是否已採取了合理的保護措施？ 註：有人批評賓州法院對 Winne v. Palmer 案的判決，沒有考量到最低的商業倫理標準，但目前只有美國康乃迪克州曾有判決說垃圾堆搜尋營業秘密是非法的。

5. 爭訟態樣：公司控告將其營業秘密公開的人員

提告	公司會控告將其敏感性資訊公開的員工或其他取得資訊的人員。所謂敏感性資訊包括像是公司交易的詳細內容、電腦程式原始碼、公司投資失敗的案例，或者將只向客戶展示的文件加以公開發表等。
爭論	1. 該資訊是否構成營業秘密？還是可用其他機密資訊的方式來保護？台灣已於 2010 年 4 月 30 日通過「個人資料保護法」，個資法第 5 條就明文規定：個人資料之蒐集、處理或利用，應尊重當事人之權益，依誠實及信用方法爲之，不得逾越特定目的之必要範圍，並應與蒐集之目的具有正當合理之關聯。 2. 公開資訊的人員是否以不正當手段而取得或揭露該資訊？

那以教學、研究和傳授知識爲主要任務的學校是否會有營業秘密呢？若以「秘密所有人已採合理之保密措施」的要件來看，會產生的問題如下：

1. 學校的老師如何採取合理的保密措施？
2. 老師是否可能將其研究成果不公開發表或是不向學生講授？
3. 若向學生講授又如何規範學生保密呢？
4. 爲何學校老師不申請專利保護，而非得用營業秘密保護？
5. 爲什麼其研究內容是別人所無法破解的？
6. 怎麼會有學生想學不能夠公開或使用的營業秘密？

如果無法很有理由地回答這一連串的問題，台灣許多學研單位的研究成果管理辦法就應該刪除營業秘密，才是比較恰當的。讀者您怎麼想呢？

第四節　營業秘密的合理保密措施

　　根據法律的規定，營業秘密成立的要件，就是秘密所有人要採取合理之保密措施。先前討論的案例中，秘密所有人是否採取了合理的保護措施，就是法院裁量的重要因素。再則，營業秘密是工商業運作重要的資產，一旦被公開或被競爭者知悉，很可能就會喪失在市場上的優勢，甚至是毀滅性的傷害，所以當然要採取必要的防範措施；因此，工商業對於其營業秘密的資訊都會採取實體的保護措施（表 2-4-1）與書面的保密切結。

表 2-4-1　常見的實體保護措施

實體保護措施	舉例
限制取得	1. 只提供機密性資料給被授權的人。 2. 機密檔案櫃要上鎖、檔案室要有門禁管制。 3. 取閱機密資料要登錄姓名和時間。
標示	1. 將機密文件標示出醒目的「機密」或是註明：本資料為公司的財產未經許可不可複製等。 2. 千萬不要把所有的文件都標示成機密，否則易演變成都不是機密。
電腦資料	1. 機密檔案系統需要有帳號和密碼。 2. 透過電子方式傳送機密資料要有加密保護措施。 3. 機密檔案的存取要有嚴格限制。 4. 電腦外送維修或報廢處理時，一定要先確認機密資料完全移除。
外賓參訪	1. 有外賓參訪須登記與佩戴參訪證。 2. 嚴格限制參訪的路徑。 3. 要有人全程陪同。
安全管理	1. 確保公司有完善的警報、保全系統和可靠的安全人員。 2. 不在公司外部討論涉及機密的議題。 3. 嚴格限制照相與錄影。 4. 在影印機和傳真機旁加警示標語，要求保護公司的資料財產。 5. 在公司管控下銷毀或碎紙有機密性的文件或樣品。

　　而常見的書面保密切結就是員工保密切結書（employee confidentiality agreement）與不揭露協定（nondisclosure agreements，簡稱 NDA）。理論上，不管有無簽署保密切結書，所有的員工都有義務保護公司的機密資料，不管是在職期間或離職後都不應揭露或不當使用公司的機密資料，而合作的夥伴或委任的人員或單位也應有遵守同樣的義務。而實務上，還是應要求員工簽署保密切結書如表 2-4-2 的範例，一則可讓員工了解公司的資料具有機密性，再來亦可教育員工要遵守保密的義務。可在新進員工訓練時，透過說明來請員工簽署，並且將相關規定印製在員工手冊上。

　　與員工保密切結息息相關的就是競業禁止同意書（non-competition agreement）（如表 2-4-3 的範例），競業禁止指的是受聘的員工於終止僱傭關係之後，在一定的時間內不會受雇於原公司的競爭公司，也不會自起爐灶與原東家車拼。至於時間的長短則要視行業別而定。一般而言，1 年的競業禁止時間大概是會被法院認可，若是長達 5 年則很可能就會判決無效。然而，技術發展快速的行業，像是軟體業和網際網路領域，已經有判決認定 1 年太長，有的法院則是裁定為半年。

表 2-4-2　員工保密切結書範例

員工保密切結書

　　為保護客戶、員工以及公司本身的權益，＿＿ 公司（以下簡稱公司）的政策是要嚴格地保護公司機密性的資訊。相同地，員工亦應保護受聘前所知悉其他公司或單位之機密資訊，且不應在受聘於公司期間使用。

　　員工必須致力於：
1. 保護和確保機密資訊被沒有授權地使用或揭露。
2. 不可將機密資訊讓他人容易取閱。
3. 除了工作的需要，不討論涉及機密資訊。
4. 除了工作的需要，不影印、重製或散布機密資料。
5. 有何資訊的遺失，要立即向主管呈報。

　　本切結書適用於受聘期間，而離職後亦應遵守保密規定。

　　　　切結人：＿＿＿＿＿＿＿＿　（員工簽名）日期：＿＿＿＿＿＿＿＿

表 2-4-3　競業禁止協議書範例

競業禁止協議書

立協議書人：＿＿＿＿＿＿（以下簡稱甲方）

　　　　　○○○股份有限公司（以下簡稱乙方）

甲方任職乙方期間，因知悉的乙方之營業秘密具有重要影響，為保護雙方之合法權益，根據相關法律法規，本著平等、自願和誠信的原則，雙方同意訂立條款如下，約定共同遵守：

一、甲方義務

　　未經乙方同意，在職期間以及不論因何種原因從乙方離職，離職後 1 年內不得直接或間接在○○○區域內，受聘、任職、承包、指導、諮詢、擁有、涉及、有財務關係、聯繫或接觸於，與乙方本質上相同的的行業。

二、乙方義務

　　甲方離職後的 1 年內的競業禁止期間，若因遵守本契約規定而失業，將由乙方支付競業禁止補償金，補償費的金額為甲方離開乙方前 1 年的基本工資 [不包括獎金與勞健保等]，補償金按季支付。

三、違約責任

1. 甲方不履行規定的義務，應當承擔違約責任，一次性向乙方支付違約金，金額為甲方離開乙方單位前 1 年的基本工資的 10 倍。同時，甲方因違約行為所獲得的收益應當還乙方。若不當使用或揭露乙方之機密資訊，使乙方遭受財務之損失，須負損害賠償之責。

2. 乙方不履行義務，拒絕支付甲方的競業禁止補償金，乙方應當一次性支付甲方違約金，金額為甲方離開乙方單位前 1 年的基本工資的 100 倍。

四、爭議解決

　　因本協議引起的糾紛，由雙方協商解決。如協商不成，同意以乙方所在地之地方法院為第一審管轄法院。

五、合同效力

　　本契約自雙方簽章之日起生效。本契約的修改，必須經雙方同意，以書面形式修訂。

　　本契約書 1 式 2 份，經雙方仔細審閱並確認內容，已完全瞭解契約中各條款的涵義，雙方各執 1 份為憑。

立協議書人

甲　方：○○○　　　　　　　　　　　乙　方：○○○股份有限公司

　　　　　　　　　　　　　　　　　　代表人：○○○

地　址：○○○○○○○○○○　　　　地　址：○○○○○○○○○○

　　　　　　　　　　　　　　　　　　統一編號：○○○○○○

　　台灣行政院勞工委員會（簡稱勞委會）於 2000 年 8 月 21 日曾發文解釋簽定競業禁止條款是否有效之相關事宜，文中指出現行法令並未禁止勞資雙方於勞動契約中約定競業禁止條款，但依民法第 247 條之一的規定，契約條款內容之約定，其情形如顯失公平者，該部分無效。

　　另，勞委會爲使勞資雙方均能瞭解競業禁止之約定及合理限制，並爲衡平雇主財產權之保障，及保護勞工之工作權及職業自由，蒐集若干台灣各級法院的相關判決，研擬出「簽訂競業禁止參考手冊」（www.cla.gov.tw/site/business/414ea820/4899118b/files/data.pdf），內容包括競業禁止之意義，簽訂之目的，及勞資雙方簽訂競業禁止條款時應注意事項等，可供勞資雙方簽訂競業禁止約定時之參考。有興趣的讀者可上網查閱。

　　事實上，法院就競業禁止條款是否有效所衡量原則包括：
1. 企業或雇主須有依競業禁止特約之保護利益存在。
2. 勞工在原雇主之事業應有一定之職務或地位。
3. 對勞工就業之對象、期間、區域或職業活動範圍，應有合理之範疇。
4. 應有補償勞工因競業禁止損失之措施。
5. 離職勞工之競業行爲，是否具有背信或違反誠信原則之事實。

　　而權益被侵害不是中樂透，漫天要價的違反競業禁止的違約金，當然也不會被法院所接受。例如 2010 年 7 月間就有報導指出 H 公司手機部門的資深經理，離職後前往大陸某電子公司擔任副總裁，遭公司以違反競業禁止條款爲由，要求給付 100 多萬元的違約金；台北地院審理認爲，H 公司要求員工簽訂的僱傭契約過於苛刻，尤其競業禁止條款中，禁止員工離職後，不得從事與公司登記營業項目有關的工作共 45 項，但 H 公司登記的營業事項範圍過大，就連房屋仲介、垃圾車司機都不能做，已不當限制員工的工作權。而以違反公序良俗，判決 H 公司敗訴。

　　台灣桃園有家醫院就要求其主治醫師職務以上的人員，在離職的一年內要遵守競業禁止，不可跳槽到桃園縣內的醫療院或自行開業，其目的就是要保有其競爭力。但是，卻有家公司容許其退休的副執行長，到隔壁的競爭公司當執行長，也放任其公司的重要幹部，到競爭公司任職或是到離公司不遠之處自行開業，這樣的公司眞的還能夠長期保有其競爭力嗎？其優勢難道不會被減弱嗎？

　　臺灣的立法院於 2015 年 11 月 27 日三讀通過「勞基法」的修正案，增訂第 9 條之 1 規定：雇主與勞工約定「離職後競業禁止」，應符合下列要件：（1）雇主有應受保護之正當營業利益：（2）勞工須擔任之職務能接觸或使用雇主營業秘密；（3）競業禁止之期間、區域、職業活動範圍及就業對象，不得逾合理範圍；（4）

雇主對勞工因不從事競業行為所受損失有合理補償，且合理補償不包括勞工於工作期間所受領之給付。雇主未符合上述規定中任何一項規定，其與勞工所約定之條款無效；另明訂合理有效競業禁止條款，最長競業禁止期間不得逾 2 年，凡超過 2 年者，縮短為 2 年。

中國勞動部《關於企業職工流動若干問題的通知》第 2 項中規定：用人單位與掌握商業秘密的職工在勞動合同中約定保守商業秘密的有關事項時，可約定在勞動合同終止前或該職工提出解除勞動合同後的一定時間內（不超過 6 個月），調整其工作崗位，變更勞動合同相關內容。這就是所謂的「脫密措施」，意即將接觸到公司重要機密的員工調離本職一段時間，繼續支付其原本的薪資，來避免其離職帶走公司關鍵的技術或機密資料。勞動契約中約定競業禁止條款或是脫密措施，應擇一來保護公司關鍵的技術或機密資料。

另一個重要的書面保密切結就是不揭露同意書（NDA），工商業甚至是發明人有時不可避免地，必須向可能的顧客或投資者等揭露有價值的資訊，這種揭露千萬不要忽略營業秘密成立的要件，也就是要有合理的保密措施，來保護該資訊的使用和機密性。換句話說，在招商或向未來的顧客展示最新的研發成果前，更是要請相關人員或公司簽署 NDA，把所揭露的資訊視為其營業秘密，在未經授權不得向他人揭露；若營業秘密因而被洩漏，就可提起訴訟請求法院禁止使用，以及相關的損害賠償，以確保所揭露資訊的機密性。表 2-4-4 為 NDA 的範例。

表 2-4-4　不揭露同意書範例

不揭露協議書

立協議書人：○○○　　　（以下簡稱揭露方）

　　　　　　○○○　　　（以下簡稱收受方）

　　雙方為合作事宜，揭露方會揭示機密資訊給收受方，基於有益與價值之考量，雙方同意訂立條款如下，約定共同遵守，以保護機密資訊：

一、保護之機密資訊

　　　　本協議所稱之機密資料，係指商業或技術的資訊，不論是否儲存於有形的媒體，凡是揭露方於交付或揭露時已標明「機密」或類似用語，或是一般所公認為屬於機密之資訊，包括但不限於設備、軟體、設計、技術、技術文件、產品、說明書、策略、市場計畫、價格資訊、財務資訊、供應商資訊、顧客、合約、發明、申請案、方法與技術訣竅等，而機密資訊除了包括揭露方所提供的原始資訊之外，亦涵蓋到所有的複製或重製物和含有該資訊的報告、分析和產品等。

二、收受方之義務

1. 收受方同意機密資訊係屬揭露方之財產，承諾以如同保護自己機密資訊的方式來保護其機密性，做到合理善良之管理。

2. 收受方承諾在本契約有效期間，不得作為達成合作事宜以外目的之使用或揭露，且不得作為第三人利益之使用或揭露。收受方若有為達成本合作事宜之合約商，須符合本契約之條款以書面方式來約定。

3. 除了為促進本合作事宜之必要外，收受方承諾不複製或重製揭露方所揭示機密資訊。若有複製或重製務須清楚標示出機密以及屬於揭露方之財產或類似用語。

4. 收受方承諾將揭露方所揭示機密資訊，只提供給必要之人員，以及只做為評估雙方之合作事宜，而不會以此資訊來做為競爭、迴避、拆解、解碼和逆向工程等之用途。

5. 收受方因過失而揭露或交付機密資訊之全部或一部，或知悉他人有揭露或不當使用機密資料時，應立即通知揭露方，並為必要之處置。

三、揭露方之義務

1. 揭露方於交付或揭露機密資訊時，應於首頁處標明「機密」或類似用語。

2. 揭露方可宣稱所揭示之資訊皆為機密資訊，而於揭示後 30 天內以書面摘要出所揭示的機密資訊。

3. 揭露方無法保證所揭示機密資訊的精確性與完整性。

四、除外規定

收受方對揭露方所揭示之機密資料負有保密之義務，但下列情形者，不在此限：

1. 非違反本協議，而成為或已經為公開之資訊。

2. 接受方於本協議簽署日之前已知悉，或於未違反本協議之第三人處所取得或知悉。

3. 收受方未違反本協議，而獨自研發出。

4. 資訊被未違反本協議且與本協議無關之第三人或單位所揭示。

5. 因政府法令強制規定或法院命令所必須揭露，惟收受方於揭露前須先行以書面通知揭露方前述情事，並為必要之措施，以維護揭露方之權益。

6. 經揭露方同意揭露。

五、保密義務期間

本協議於雙方簽署後生效，持續至簽署日起或結束合作事宜後第 2 年止（以時間較長者為準）。於保密義務期間，收受方應恪守本協議之保密和盡合理善良管理之義務。

六、資料之返還與銷毀

揭露方所提供之一切機密資訊，均屬揭露方所有之資產。於雙方所約訂之保密義務期間內或雙方無法成立合作事宜時，收受方應依揭露方要求，無條件將其所持有機密資訊之原本交還予揭露方或其指定人，所複製、重製或記錄有該等機密資料之文件與媒體則應予銷毀。

七、損害賠償

收受方如違反本協議，致揭露方有任何實際損失或受第三人之訴追或請求者，收受方同意就揭露方之損失負一切之損害賠償責任，包括但不限於揭露方所受之損失、對第三人之賠償、律師費用、訴訟費用及其他費用或損害。收受方並應以其自己之費用就該第三人對揭露方所提之請求或訴訟，為揭露方之利益為必要之答辯及協助。

八、管轄法院

　　雙方同意就此協議所生之任何爭議，以揭露方所在地之地方法院為第一審管轄法院。

本協議書正本一式兩份，經雙方簽署後，由雙方各執一份存執。

立協議書人

揭露方：○○○　　　　　　　　　　　收受方：○○○

　　　　　　　　　　　　　　　　　　代 表 人：○○○

地　址：○○○○○○○○○　　　　　地　址：○○○○○○○○○

　　　　　　　　　　　　　　　　　　統一編號：○○○○○○

　　雖然在招商、找金主或向未來的顧客展示時，可透過 NDA 來保護機密的資訊。但一般還是會建議先申請專利或是向美國的暫時專利申請案（詳見第 4 章），才能夠有較妥善的保護。至於是要以營業秘密還是要申請專利，也是值得討論的議題。

第五節　營業秘密 vs 專利保護

　　如同上述，只要符合有經濟價值、非一般人所知悉且採取了合理的保密措施的營業秘密要件，就可防止他人以不正當方法取得其所保護的資訊，請求回復被不正當的揭露、取得或使用之營業秘密，或是依法請求損害賠償。尤其，營業秘密無須提出申請，也沒有年限，還有相當數量的專利被法院認定為無效，因而會讓人趨之若鶩，選擇營業秘密來保護其商業上有價值的資訊。

　　然而，營業秘密既禁止不了獨立的研發，用逆向工程的方法，如拆解裝置來知悉其內部的構件，也不會構成營業秘密侵權。因此，到底是要選擇用營業秘密或是申請專利來保護所研發的資訊呢？是蠻值得企業經營管理者和研發人員等多加考量的議題，表 2-5-1 比較以營業秘密和專利保護的差異性。

表 2-5-1　營業秘密與專利保護之對照

判斷項目	營業秘密	專利
保護標的	方法、技術、製程、配方、程式、設計或其他可用於生產、銷售或經營之資訊。	• 發明專利：凡可供產業上利用之發明。 • 新型專利：對物品之形狀、構造或裝置之創作。 • 設計專利：對物品之全部或部分形狀、花紋、色彩或其結合，透過視覺訴求之創作。
申請	無需提出申請	必須向主管機關提出且經過審查，惟新型專利只採形式審查。
要件	• 有實際或潛在的經濟價值。 • 非相關人士所普遍知悉。 • 已採取相當的保護機制。	• 非法定不授予專利之標的。 • 產業可利用性。 • 新穎性。 • 非顯而易知性。 • 相當地揭露。
年限	沒有限制	自申請日算起，台灣發明 20 年、新型 10 年、設計專利 15 年；美國實用專利 20 年、設計專利 15 年；中國發明 20 年、新型 10 年、外觀設計 15 年。
特點	禁止不了獨立而相同的研發	獨立而相同的研發，只要落入專利權利範圍就有被法院認定為侵權的可能性。

　　因而，表 2-5-2 列舉出考量用營業秘密或專利保護的主要因子，包括：他人獨立研製的可能性、保有秘密的可能性、主張專利權的可能性和被迴避設計的可能性。除此之外，還要搭配考慮產品或技術的生命週期、創新的程度和市場的接受度等。

表 2-5-2　以營業秘密或專利保護的考量因子

考量因子 1：他人獨立研製的可能性。	
可能性	可能性高：專利。 可能性低：營業秘密。
說明	營業秘密保護不了獨立而相同的研發，如果能夠確信他人無法破解，就能夠以營業秘密保護，否則就應該考慮申請專利取得一定年限的保護。
舉例	可口可樂公司自 1886 年創立，其配方就是採營業秘密保護至今。
考量因子 2：保有秘密的可能性。	
可能性	可能性高：營業秘密。 可能性低：考慮申請專利。
說明	營業秘密成立的要件是要擁有人要採取合理的保密措施，若此無法建立保密的機制，根本無法以營業秘密來保護。
舉例	可口可樂公司的配方採取嚴格的保密措施。
考量因子 3：主張專利權的可能性。	
可能性	可能性高：專利。 可能性低：營業秘密。
說明	專利侵權的認定是需要比對侵權物與申請專利範圍，如果無法明確建構權利範圍，或是無法查到他人使用該專利，進而得以主張權利，根本就不適合用專利保護。
舉例	1990 年 CAFC 的 Amgen v. US International Trade Commission 案，Amgen 公司想要阻止一家公司在日本製造 rEPO 而進口到美國，但進口物品中已經完全看不到該專利權範圍，根本無法論及專利侵權。
考量因子 4：被迴避設計的可能性。	
可能性	可能性高：營業秘密。（因不用公開就比較沒有被迴避設計的問題） 可能性低：申請專利。（申請專利就會做相當的揭露，資訊公開就可能被競爭對手加以迴避）
說明	申請專利保護是要將技術內容做相當的揭露，以取得專利年限內的排他權，如果沒有審慎地規劃，甚至是建構出專利布局，就把「武功秘笈」公諸於世，很可能就會被他人以迴避設計的方式來規避專利權的主張，而導致賠了夫人又折兵！
舉例	2007 年 CAFC 的 Safetcase Manufacturing v. Tele-Made 案，專利說明書和申請專利範圍都明確指出用推力，採用拉力的迴避設計就不會構成侵權。

專利從申請到獲准領證是需要有一定的時間，若生命週期太短根本很難用專利保護。而專利有一定年限，想要長期擁有就必須以營業秘密的方式，如可口可樂的配方。而技術的創新若不是很高，也許就以營業秘密來保護；但若是關鍵性或基礎性技術以專利保護，則可授權而有權利金等效益，像是製程技術的創新，一般通常會以營業秘密來保護，實際所發生的爭訟案例也都是與製程相關。另從市場的接受度來看，專利是有一定的年限，若市場尚未成熟就申請專利，也許尚未實施，專利就已經要到期，因此，若市場尚未成熟可考慮先以營業秘密保護。

第六節　結語

大多數的專利還可能只是一種新的技術構思，可能還需要再投入相當程度的研發，才能達成實用階段或商品化。但是營業秘密則很可能是已經在實施中的資訊，相較之下似乎顯得更有實際的經濟價值。因此，公司當然要致力保護其營業秘密，以防止營業秘密落入其競爭者的手中，而喪失在市場上領先的地位，甚至導致毀滅性的傷害。

從而，工商業應採取實體的保護措施，像是限制機密資訊的取得、標註「機密」的提示、妥善管理電腦的資訊以及建立安全管理等，還要有書面的保密切結，例如員工保密切結書與競業禁止協訂，以及在招商、找金主或向未來的顧客展示時，要用 NDA 來保護機密的資訊。相信採取必要的保密措施等，絕對是有其必要性的！

最後要強調的是，營業秘密的保護是在防止非法地取得其所保護的資訊，因此他人獨立研發出相同的裝置，甚至用還原工程的方法來知悉其內部的構件，都不會構成營業秘密侵權，因此，從產品端無法看出技術特徵像是製程或配方等，才比較可能採用營業秘密保護。

動動腦

1. 營業秘密可保護什麼？又不能保護什麼？

2. 根據法律的規定，營業秘密成立的要件為何？

3. 營業秘密與著作權有何異同？

4. 營業秘密與專利權有何異同？

5. 直接將番茄打汁並不好喝，若有人研發出好喝的番茄汁的製程，試問其應該申請專利或是以營業秘密保護？

6. 一農場研發出從種子播種到收成的自動化製程，試問其製程和獨門配方肥料應申請專利或以營業秘密保護？

7. 試探討學術機構是否有營業秘密？

8. 試討論競業禁止協定與憲法所保障的工作權之衝突。

9. 何為 NDA（不揭露協定）？使用時機為何？

第三章
專利導論

第一節　認識專利

台灣專利法開宗明義指出「為鼓勵、保護、利用發明、新型與設計之創作，以促進產業發展，特制定本法」，就是說明公權力授予專利的目的，是為了鼓勵發明、新型與設計三種類型的創作，而使專利權人取得排他權保護其創新的同時，也要負起揭露其所發明與創作的技術內容與創作理念之義務，讓公眾能了解其內容並據以實施，而更深一層意義是期望大家能利用公開之技術內容，再推陳出新加以創作或發明，而達成促進產業技術提昇之目的。專利可整理成如表 3-1-1 所列的特性，包括：排他性、揭露性、期限性、專一性、申請制、維持制與屬地主義等。

表 3-1-1　專利的特性

特性	說明
排他性	排除他人未經其同意而製造、為販賣之要約、販賣、使用或為上述目的而進口該物品之權利。 註：專利權係屬於排他性，而非允許專利權人就可實施其發明或創作，例如擁有藥物專利權，沒有經過食品藥物管理局的審查通過，也是不能夠在市場上販賣。
經濟價值可能性	專利權人有排除他人未經其同意而製造、為販賣之要約、販賣、使用或為上述目的而進口該物品之權利，可能因而產出經濟價值。
揭露性	專利權人為享有法律上保護其創作或發明，就必需將其創新的內容公開讓公眾得悉。
期限性	專利權是有期限的，一般是從申請日算起 20 年，在法律規定的期限屆滿之後，任何人都可使用其保護的客體，與商標權的可展延、營業秘密無年限以及著作權到著作人死後或公開發表後 50 年是有很大不同的。
專一性	相同的發明只能授予一次專利權。
申請制	需要向主管機關提出申請，通常還需要經過審查，雖然如台灣、中國、日本、南韓和蘇聯等國有只採形式審查的新型專利（utility model）。
維持制	須持續繳交年費，專利權才會持續有效。
屬地主義	只有在核准或登記專利權屬的領土才有效，因此，根本就不會有廣告或產品型錄上標榜所謂的「世界專利」或「國際專利」。

值得一提的是，歐洲議會在 2012 年 12 月 10 日通過了歷經數十年討論的單一專利權法案，建立一個超國家（supranational）的專利保護制度，允許申請人使用單一語言向歐洲專利局申請專利，並得到大部分歐洲國家的保護。原先向歐洲專利局（EPO）提出的申請案，獲證的專利會送到申請人所指定國的專利局，稱為進入國家階段，效力等同於當國的專利，但該國可要求該獲准的歐洲專利必須翻譯成該國文字才得生效。

此外，歐洲各國的法院可以逕自對其專利做成裁決，也就是說，相同的專利在不同國家可能享有不同的保護。但是新制度將建置歐盟層級的法院系統，其管轄權將可以跨越國界到不同的會員國，歐洲專利法院將依主題分布在三個不同地點（巴黎、倫敦及慕尼黑），其中倫敦主要負責生命科學及製藥專利，慕尼黑則以機械工程專利為主。然由於義大利與西班牙因對專利權的語言機制（英文、德語和法文）有所質疑，而未加入此項決議。

第二節　專利的種類與年限

台灣的專利法將專利分成：發明專利、新型專利和設計專利（原稱新式樣）三種；中國方面則有發明、實用新型與外觀設計；美國則有實用專利（utility patent）、設計專利（design patent）和植物專利（plant patent），日本方面則分成發明特許、實用新案和意匠特許。其專利年限如表 3-2-1。

關於植物方面，在台灣除了微生物學之生產方法外，動、植物及生產動、植物之主要生物學方法是不能給予發明專利保護的，另外則訂定有《植物種苗法》以「實施植物種苗管理，保護新品種之權利，促進品種改良，以利農業生產，增進農民利益，台灣於 2011 年 11 月 29 日立法院三讀通過而在 12 月 21 日公告的專利法修正案，原本草案擬全面開放動、植物專利，但因無法取得各界共識，目前仍暫緩開放植物專利，新修正的專利法施行日由台灣行政院訂定。中國在專利法中亦明文規定動物和植物品種不授與專利權。但是，美國與日本的專利法則可保護有性或無性生殖的植物、動植物新品種的育種方法。

表 3-2-1　台灣、美國、日本、中國與歐盟之專利種類與年限

台灣	發明	新型	設計（新式樣）
年限	20 年	10 年	15 年
中國	發明	實用新型	外觀設計
年限	20 年	10 年	15 年
日本	發明特許	實用新案	意匠特許
年限	20 年	10 年	25 年
美國	實用專利		設計專利
年限	20 年		15 年
歐盟	歐盟專利		歐盟設計
年限	20 年		最長 25 年

註：專利年限都是從申請日起算，與主張優先權日無關，但是優先權日則會關係到可專利性（專利要件）的審查。例如台灣某申請案的申請日為 2005 年 3 月 30 日，主張美國優先權日為 2004 年 4 月 29 日（審查委員引用先前技藝的基準日），該案於 2013 年 8 月 28 日獲准，並於 2013 年 12 月 1 日公告，其專利證書上就會載明專利期間為 2013 年 12 月 1 日至 2025/3 月 29 日。（台灣專利權係經審定後公告之日起給予發明專利權）

　　台灣發明專利原本是定義為「利用自然法則之技術思想之高度創作」，被認為與新型專利有層次高低的區別，但是，多高層次才是屬於發明，根本無從定義，還好在 2003 年修法之後已將「高度」兩字拿掉，目前台灣發明與新型專利則只有標的、年限、審查等之不同（表 3-2-2）。

表 3-2-2　台灣發明、新型與設計專利之區別

	發明	新型	設計
定義	利用自然法則之技術思想之創作。	利用自然法則之技術思想，對物品之形狀、構造或組合之創作。	指對物品之全部或部分之形狀、花紋、色彩或其結合，透過視覺訴求之創作。

（續下表）

（承上表）

	發明	新型	設計
標的[註]	沒有限制	物品	物品
審查	申請日起十八個月後早期公開，必須在申請日起三年內，申請實體審查，否則視爲撤回。	只有形式審查，但行使新型專利權時，應提示新型專利技術報告（向主管機關提出申請）進行警告。。	提出申請後即自動實體審查。
舉例一：觸控技術	• 觸控裝置。 • 使用觸控裝置的手勢方法。	• 觸控裝置。	• 觸控裝置之外殼。
舉例二：通訊技術	• 手機結構。 • 無線通訊的方法。 • 提升視訊與通話流暢度的方法。	• 手機結構。	• 手機外觀流線型設計、增加色彩等視覺外觀。
舉例三：LED 燈	• LED 燈泡裝置。 • 提升 LED 壽命的方法。	• LED 燈泡裝置。	• 燈座的外型、色彩。
註：其標的當然不能是法定不予專利的項目 　　設計專利包括：應用於物品之電腦圖像及圖形化使用者介面。			

第三節　專利權的範疇與權利歸屬

　　台灣專利法規定：「物品專利權人，除本法另有規定者外，專有排除他人未經其同意而製造、爲販賣之要約、販賣、使用或爲上述目的而進口該物品之權。方法專利權人，除本法另有規定者外，專有排除他人未經其同意而使用該方法及使用、爲販賣之要約、販賣或爲上述目的而進口該方法直接製成物品之權。」

　　中國專利法則規定：「發明和實用新型專利權被授予後，除本法另有規定以外，任何單位或者個人未經專利權人許可，都不得實施其專利，即不得爲生產經營目的製造、使用、許諾銷售、銷售、進口其專利產品，或者使用其專利方法以及使用、許諾銷售、銷售、進口依照該專利方法直接獲得的產品。」美國專利法 §271 亦規定：除本法另有規定之外，在專利期限內，任何人不得在美國境內未專利權人同意而製造、使用、供爲銷售或銷售有專利保護的發明，或者是將專利保護的發明輸入至美國境內。

　　根據上述台灣、中國與美國法律的規定，專利的排他權已經含括所有對物品或方法的處置，不管是否爲自行獨立的發明或創作，只要落入申請專利範圍就是會侵害專利權。因此，從事研發工作的個人或單位，在有研發產出之際，都會考慮申請專利來保護其辛苦的成果。如圖 3-3-1 中近年來獲證美國專利數量較多的公司，包括 IBM、微軟、Apple、Intel、Google、南韓的三星與 LG，日本的 Canon，台灣的台積電和中國的華爲，都是大家耳熟能詳的跨國大企業。

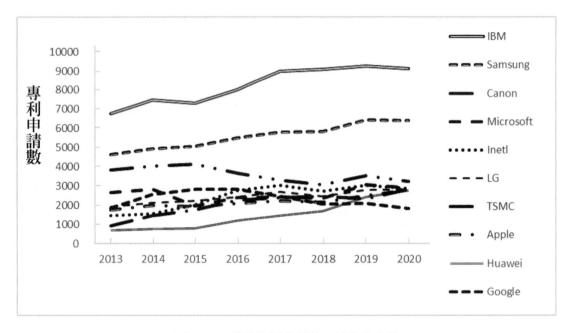

圖 3-3-1　獲證美國專利數量較多的公司

【註：圖 3-3-1 上的統計數字可上 USPTO 網站，輸入 static 即可查到各年歷年的專利統計資料（calendar year patent statistics）】

　　台灣於 2003 年修法納入 TRIPs 所規定的「offering for sell」的權利，專利法條稱成「爲販賣之要約」，專利實務界的前輩羅炳榮先生則譯作「供爲銷售」；中國專利法則稱爲「許諾銷售」。雖然看似簡單，但是怎樣的要約行爲、在什麼時間點才會構成專利侵權？當「爲販賣之要約」侵權時，其損害賠償又如何計算？不過，可參考台灣《民法》的規定：契約的成立必須當事人互相表示意思一致者（無論其爲明示或默示），其中提供者一方的表示意思就是「要約」，而接受者一方表示意思則爲「承諾」。還有，《民法》也明文規定：「貨物標定賣價陳列者，視爲要約。但價目表之寄送，不視爲要約。」；而拒絕、非立時承諾、不爲承諾、非於其期限內爲承諾，都會使要約失其拘束力。

在中國方面，其最高人民法院在 2001 年公告的《關於審理專利糾紛案件適用法律問題的若干規定》，對於許諾銷售解讀爲以做廣告、在商店櫥窗中陳列或在展銷會上展出等，而做出銷售商品的意思表示。意即許諾銷售被解釋成包括要約銷售和要約邀請，甚至是只要表明銷售意願即構成。

對於專利權的歸屬，台灣專利法規定：「受雇人於職務上所完成之發明、新型或設計，其專利申請權及專利權屬於雇用人，雇用人應支付受雇人適當之報酬。但契約另有約定者，從其約定。前項所稱職務上之發明、新型或設計，指受雇人於雇傭關係中之工作所完成之發明、新型或設計。一方出資聘請他人從事研究開發者，其專利申請權及專利權之歸屬依雙方契約約定；契約未約定者，屬於發明人、新型創作人或設計人。但出資人得實施其發明、新型或設計。」「受雇人於非職務上所完成之發明、新型或設計，其專利申請權及專利權屬於受雇人。但其發明、新型或設計係利用雇用人資源或經驗者，雇用人得於支付合理報酬後，於該事業實施其發明、新型或設計。受雇人完成非職務上之發明、新型或設計，應即以書面通知雇用人，如有必要並應告知創作之過程。」台灣專利法對於職務上所完成之發明，就很明確地定義爲是受雇人於雇傭關係中之工作所完成，很可惜的是著作權法中對於職務上完成之著作卻沒有明確定義，主管機關應於修法時考量納入，以免引起不必要的爭訟。

中國專利法對於職務上發明權利歸屬則規定：「執行本單位的任務或者主要是利用本單位的物質技術條件所完成的發明創造爲職務發明創造。職務發明創造申請專利的權利屬於該單位；申請被批准後，該單位爲專利權人。非職務發明創造，申請專利的權利屬於發明人或者設計人；申請被批准後，該發明人或者設計人爲專利權人。利用本單位的物質技術條件所完成的發明創造，單位與發明人或者設計人訂有合同，對申請專利的權利和專利權的歸屬作出約定的，從其約定。」「兩個以上單位或者個人合作完成的發明創造、一個單位或者個人接受其他單位或者個人委託所完成的發明創造，除另有協議的以外，申請專利的權利屬於完成或者共同完成的單位或者個人；申請被批准後，申請的單位或者個人爲專利權人。」

根據台灣與中國專利法的職務發明之規定，整理如表 3-3-1。

表 3-3-1　專利權利之歸屬

		台　灣	中　國
職務上之發明	定義	於雇傭關係中之工作所完成	執行本單位的任務或者主要是利用本單位的物質技術條件所完成
	有契約	按約定	按約定
	無契約	雇用人，應支付受雇人適當之報酬。	單位
非職務上之發明		受雇人	發明人或設計人
		若利用雇用人資源或經驗者，雇用人得於支付合理報酬後，於該事業實施。受雇人完成非職務上之發明，應即以書面通知雇用人。	無特殊規定
委託他人完成	有契約	按約定	按協議
	無契約	發明人或創作人，但出資人得實施。	完成的單位或個人

再則是，台灣專利法中亦有列舉出專利權效力不及的情事，意即專利是有如表 3-3-2 所列之排除條款。

表 3-3-2　台灣專利權效力所不及之各條款

	2011 年 11 月 29 日修正之條文
第 59 條第一款	非出於商業目的之未公開行為 [註：修正條文對照表中的說明，提到個人非公開之行為或於家庭中自用之行為係屬專利排除條款]
第 59 條第二款	以研究或實驗為目的實施發明之必要行為。
第 59 條第三款	申請前已在國內實施，或已完成必須之準備者。但於專利申請人處得知其發明後未滿六個月，並經專利申請人聲明保留其專利權者，不在此限。 註：此款為學說上所稱「先使用權」或「先用權」之規定
第 59 條第四款	僅由國境經過之交通工具或其裝置
第 59 條第五款	非專利申請權人所得專利權，因專利權人舉發而撤銷時，其被授權人在舉發前，以善意在國內實施或已完成必須之準備者。 註：新修正的專利法把物之發明之實施，指製造、為販賣之要約、販賣、使用或為上述目的而進口該物之行為。而方法發明之實施，指的是使用該方法、使用、為販賣之要約、販賣或為上述目的而進口該方法直接製成之物之行為。

（續下表）

（承上表）

	2011 年 11 月 29 日修正之條文
第 59 條第六款	專利權人所製造或經其同意製造之專利物販賣後，使用或再販賣該物者。上述製造、販賣，不以國內為限。註：新修正的專利法把「物」定義為包括「物品」與「物質」。
第 59 條第七款	專利權依第七十條第一項第三款規定消滅後，至專利權人依第七十條第二項回復專利權效力並經公告前，以善意實施或已完成必須之準備者。 註：配合修正的專利權回復而添加此排除條款 前項第三款、第五款及第七款之實施人，限於在其原有事業目的範圍內繼續利用。
第 60 條	新增條文註： 發明專利權之效力，不及於以取得藥事法所定藥物查驗登記許可或國外藥物上市許可為目的，而從事之研究、試驗及其必要行為。
第 61 條	混合二種以上醫藥品而製造之醫藥品或方法，其發明專利權效力不及於依醫師處方箋調劑之行為及所調劑之醫藥品

註：目前世界各國的發明專利權都是從申請日起 20 年，但是創新專利藥到期後的學名藥還是需要進行生物等效性試驗以及向主管機關申請上市許可。如果在專利到期之前，學名藥廠不能進行相關試驗，勢必就無法在專利到期後立即上市，就會無形地把原專利期限延長，換句話說，若無查驗登記前實施專利之免責權，勢必就會變相延長專利期限。日本最高法院 1999/4/16 的 One Pharmaceuticals. Co. v. Kyoto Pharmaceutical Indus. 案中就提到，為取得上市許可的臨床試驗若不能適用日本專利法第 69 條的實驗使用例外，專利期限會被有限地延長（effectively extend）；美國最高法院 2005 年 Merk KGAA v. Integra Lifescience 案，也說所有臨床前或臨床試驗使用有專利權之發明，只要有合理的基礎相信該實驗係為產生關於 IND 或 NDA 的資訊，都是屬於實驗使用免責之範疇。台灣於 2006 年 5 月 30 日所修訂的「藥事法」第 40-1 條以及 2011 年 11 月 29 日修正專利法亦有類似之規定。

　　專利權人在出售其有專利權的事物之後，對此事物的權利就已經耗盡，意即合法購買人是可銷售或租借該事物，也可以維修置換損壞的零件。台灣專利法中權利不及條款中就規定：專利權人所製造或經其同意製造之專利物品販賣後，使用或再販賣該物品者，上述製造、販賣不以國內為限（國際耗盡）。中國專利法中不視為侵犯專利權條款中也有類似的規定：由專利權人或者經其許可的單位、個人售出後，使用、許諾銷售、銷售、進口該產品。

　　2008 年的 Quanta Computer, Inc. v. L.G. Electronics,Inc. 案中，美國最高法院首度對於第一次銷售或專利權耗盡原則（"first sale" or "patent exhaustion" doctrine）做出了判決，兩造中的專利權人 LG 電子擁有三件電腦系統的相關專利，包括元件和方法，LG 將專利授權給 Intel，根據授權合約 Intel 得以製造和銷售 LG 專利所涵蓋的為處理器與晶片組，但合約中限制其不授權給任何第三方將該受權的產品與其他來源的元件結合，合約中亦陳述說其並未改變專利權利耗盡原則。被告廣達公司從 Intel 購買微處理器和晶片組，雖然 Intel 有提及合約的內容，但是廣達還是結合 Intel 的產品與非 Intel 產品來製造電腦，所以 LG 就控告廣達專利侵權。

　　美國地院原本授予廣達即決判決的請求，LG 授權給 Intel 就權利耗盡而不能夠控告 Intel 的顧客，但是經再考量後，卻否決了即決判決，裁定專利權利耗盡不適用於方法的請求項，美國 CAFC 也確認了地院的判決，支持專利權利耗盡原則不適用於方法的請求項。美國最高法院雖然同意方法不像產品一樣會銷售出去，但是方法卻在產品上具體化，因此會隨著銷售而權利耗盡。美國最高法院也解釋說權利耗盡原則若不適用於方法請求項，將會使得此原則毫無用處！因為專利權人一定會在每個專利中都包含有方法請求項，使得其專利權保護的產品，在銷售後仍然保有其專利權。從而，美國最高法院就改判 CAFC 的判決。

　　2012 年 8 月 30 日 CAFC 的 Laserdynamics, Inc. v. Quanta Computer, Inc. 案，雖然 CAFC 法官沒有實際討論到專利權利耗盡的爭論，但由於廣達是替飛利浦、Sony 和 NEC 等代工組裝電腦，由旗下的廣明公司製造光碟機，而飛利浦和 Sony 等公司已經獲得 LaserDynamics 公司授權使用第 5,587,981 專利，所以 CAFC 法官就認定廣明公司製造光碟機係為配合飛利浦和 Sony 等公司的需求，因而廣達取得該專利的默許授權（implied license）。值得一提的是，台灣媒體在報導此判決時，居然用「廣達專利勝訴 15 億賠償降為 145 萬」的標題，事實上，廣達專利不侵權的主張在 CAFC 還是敗訴，尤其該判決書中還提到台灣的 BenQ's 和 Asus 等公司支付給 LaserDynamics 公司的一次付款式的授權（lump sum license），真的是值得警覺。

　　另在美國則有不被允許的重構（impermissible reconstruction）之判例規定，因為重構指的是在耗竭後賦予此專利權標的新的壽命，會侵害到專利權。1997 年 Sandvik Aktiebolag v. E.J. Co. 案中，因為把鑽頭做包覆層需要經過諸多步驟處理，也沒有證據顯示有許多其他客戶用相同的方法來修護，因此，CAFC 法官就認定以包覆層來修護無法再磨利使用的鑽頭係屬於不被允許的重構。1997 年的 Hewlett-

Packard Co. v. Repeat-O-Type 案，美國 CAFC 法官同意地院的認定，被告合法地購買新的墨水匣並加裝墨水填充器，然後再加以販售，使其顧客能夠後續填充墨水使用，係屬類似於修護（more akin to permissible repair）而非不被允許重構，因為加裝墨水填充器係屬於合法取得墨水匣的默許授權，而被告亦並未重構墨水匣的本體，因此不侵權。

對於具有繁殖特性之動、植物專利權利，販售後的權利耗盡，也有類似不能賦予新生命的觀念。歐盟生物技術發明的指令（directive）98/44/EC 第 8 條規定：

1. 具特殊性質之生物材料的專利權效力須及於用直接或不同形式經由繁殖或增殖（propagation or multiplication）而衍生出具有該相同特徵之生物材料。

2. 製造具有特殊性質之生物材料的方法專利權效力須及於以該方法直接獲得之生物材料，以及用直接或不同形式經由繁殖或增殖而衍生出具有該相同特徵之生物材料。

歐盟指令第 10 條則規定：第 8 條與第 9 條的保護須不及於專利權人或經其同意而販售經繁殖或增殖所得之生物材料，而該繁殖或增殖係為取得該生物材料上市所必要，但所取得之材料則不得後續使用於繁殖或增殖之用途。

舉例來說，一基因改造的木瓜，其申請專利範圍包括經基改的木瓜種子、木瓜植物與木瓜，若從市場上購買經專利權人授權的木瓜種子，經種植後的木瓜植物與木瓜果實都是專利權效力所不及；但是若從市場上所購買的基改木瓜，將其種子再拿來種植，則該木瓜植物與木瓜果實都會落入專利權利範圍。而農民把種植後基改種子留種，理論上一會構成侵權行為，但是，台灣擬出的植物專利則規定依植物品種及種苗法第 26 條公告之植物物種，專利權效力不及於農民為繁殖目的留種自用之行為，但以主管機關公告之植物物種為限。

植物品種及種苗法第 26 條規定，品種權之效力不及於下列各款行為：1. 以個人非營利目的之行為；2. 以實驗、研究目的之行為；3. 以育成其他品種為目的之行為，但不包括育成前條第一項之從屬品種為目的之行為；4. 農民對種植該具品種權之品種或前條第一項第一款、第二款從屬品種之種苗取得之收穫物，留種自用之行為；5. 受農民委託，以提供農民繁殖材料為目的，對該具品種權之品種或其從屬品種之繁殖材料取得之收穫物，從事調製育苗之行為；6. 針對已由品種權人自行或經其同意在國內銷售或以其他方式流通之該具品種權之品種或其從屬品種之任何材料所為之行為。但不包括將該品種作進一步繁殖之行為；7. 針對衍生自前款所列材料

之任何材料所爲之行爲，但不包括將該品種作進一步繁殖之行爲。台灣農業委員會於 2010 年 8 月 29 日以農糧字第 1001050080 號公告「玉米、落花生、綠豆、紅豆、蔬菜用毛豆以外之大豆等爲適用植物品種及種苗法第 26 條第 1 項第 4 款規定之植物物種」。專利法明文規定排除個人或家庭無營利行爲的侵權、若又不限制農民的資格或經濟規模，會不會造成基改作物只能有出售一批的情況？

中國方面也有不視爲侵犯專利權的規定：

1. 專利產品或者依照專利方法直接獲得的產品，由專利權人或者經其許可的單位、個人售出後，使用、許諾銷售、銷售、進口該產品；
2. 在專利申請日前已經製造相同產品、使用相同方法或者已經作好製造、使用的必要準備，並且僅在原有範圍內繼續製造、使用；
3. 臨時通過中國領陸、領水、領空的外國運輸工具，依照其所屬國同中國簽訂的協議或者共同參加的國際條約，或者依照互惠原則，爲運輸工具自身需要而在其裝置和設備中使用有關的專利；
4. 專爲科學研究和實驗而使用有關的專利；
5. 爲提供行政審批所需要的信息，製造、使用、進口專利藥品或者專利醫療器械的，以及專門爲其製造、進口專利藥品或者專利醫療器械。

值得一提的是，「以研究或實驗爲目的實施發明之必要行爲」的專利排除條款，經常被從事研究的人員或學者拿來當作護身符或藉口，但是，若研究的內容已經是別人的專利範圍，也許過程中有教育訓練的學習意義之外，研究成果本身根本毫無價值可言！因此，在從事研究工作之初的文獻回顧，除了傳統的搜尋技術文獻和雜誌外，檢索專利文獻絕對是必要的動作。還有，美國 CAFC 於 2002 年 10 月 3 日在 Madey v. Duke 的判決中，更是明確地指出在專利侵權訴訟中以「實驗使用（experimental use）」的防禦主張，並不是賦予大學研究實驗室在執行有商業目的之計畫時，也能夠使用具有專利保護之技術，包含教育和教導計畫中的學生和教職員。

第四節　專利的價值

　　專利權可排除他人未經專利權人同意而製造、爲販賣之要約、販賣、使用或爲上述目的而進口該物品之權利，這種權利幾乎已含括所有對物品或方法的處置，也因此擁有專利就可能有價值連城的經濟產出。不過，在此要特別強調的是，專利的價值是源於其內涵的技術本身，而研發正是其產出的唯一途徑，換句話說，積極投入研發將有用的成果去申請專利保護，才有可能會產出經濟價值，當然，空喊「專利就是競爭力」的口號、爲專利而專利或是沒有紮實研發而去申請的專利就不足論矣。

　　美國在 1980 年通過 Bayh-Dole Act，讓美國學術機構可將聯邦資助的研究計畫結果申請專利與授權，從而，學術機構的發明揭露、專利申請、授權協定與權利金收入就大幅的成長。例如在 1980 年之前美國所有大學每年申請專利的數量可能不會超過 150 筆，但是，圖 3-4-1 所示美國著名的大學如加州大學、麻省理工、加州理工和史丹福大學等每年都有近百件的專利獲證，美國專利局官網大學專利相關資料更新到 2012 年（developer.uspto.gov/visualization/university-patent-count-expenditures）。有學者（書名：Statistics of Patents of the World's Most Innovative Universities；網址 link.springer.com/chapter/10.1007/978-3-030-59694-1_7）從 Web of Science 資料庫撈出 2011 年到 2016 年間發表學術論文最多的學研機構，交叉比對其 Derwent World Patents Index 和 the Derwent Innovations Index，再根據專利數、專利通過率、專利家族布局、專利被引證、專利引證影響性（patent citation impact）、被引證專利比例、專利引證論文的影響性、業界論文引證的影響性、業界合作論文的比例、Web of Science 核心收錄論文等，評比出 2018 年全世界最具創新的大學，其中前五大分別是：Stanford、Massachusetts Institute of Technology (MIT)、Harvard University、University of Pennsylvania 和 University of Washington。

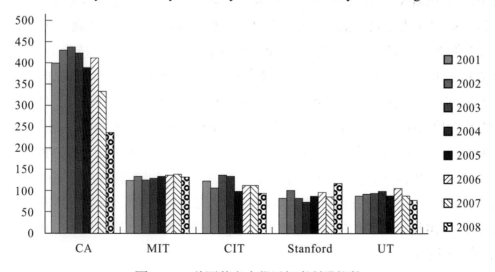

圖 3-4-1　美國著名大學近年專利獲證數

　　學研界的研究成果因取得專利而產出經濟價值者，其中最有代表性的，就是專利權人為史丹福大學在 1980 年 12 月 2 日所授證的美國第 4,237,224 號專利，因該技術是現代生物科技基因工程所不可或缺的基礎發明，在 1997 年 12 月 2 日期限屆滿之前，係收取每年每人一萬美元的授權金，商業產品則再加上 1% 售價的權利金，保守估計此專利就產出了至少 2 億美元的授權金！值得一提的是，此技術最早在 1974 年 11 月 4 日提出專利申請之前，就已經在 1973 年 11 月的《Proc. Nat. Acad. Sci.》期刊發表，還好美國有一年的寬限期（grace period），所以只能申請到美國專利。當初若沒有先做學術發表而是先申請專利，而又申請取得歐洲和日本專利，相信其所產出的經濟價值絕對不只是 2 億美元而已！

　　另一個有代表性的專利，就是在 1970 年代末期哥倫比亞大學由 Richard Axel 所領導的團隊，研發出以基因工程動物細胞來生產干擾素之類的生技藥物，可用來治療多重性的硬化症，並在 1980 年 2 月 25 日提出專利申請而於 1983 年 8 月 16 日取得美國 4399216 號專利，在此專利期限的最後一年中就賺取了 1 億美元的授權金，而估計此專利的授權金收入高達 3 億美元。許多生物科技公司好不容易等到該專利在 2000 年 8 月要到期，誰知道哥倫比亞大學早已「善用」美國專利制度，以延續案（continuation application）來布局，並且在美國制度改變的最後一天提出申請。

　　美國實用專利原本的到期日是從授證日起算 17 年，但是從 1995 年在 6 月 7 日以後提出的申請案，則是從申請日算起 20 年。哥倫比亞大學的延續案已於 2002 年 9 月 24 日獲證 6455275 號專利，因此有部分的權利會延長到 2019 年 9 月。2004 年 3 月號的《Scientific American》就以「To continue milking an intellectual-property cash cow」為標題，再畫上一隻帶著學士帽的乳牛，表示文章中的主角 -- 美國 Columbia 大學將繼續受惠於「智慧財產權的金錢牛」，而金錢牛在 2019 年 9 月專利到期之前都還會持續擠出大筆的鈔票！也難怪美國兩大生技公司—Amgen 和 Genetech，以及 Biogen、Genzyme 和 Abbott Laboratories 等公司都要向法院提出 Columbia 大學濫用專利制度之訴訟！台灣方面，成功大學醫學院生化所張明熙教授研發出阻斷 Interleukin-20 的單株抗體，可治療骨質疏鬆和關節骨流失，而以 1330 萬美元授權給歐洲 Novo Nordisk 藥廠。台灣真的需要更多這種成功的案例！因為這是台灣屹立於國際社會唯一的途徑，尤其在競爭的國際社會，學研究就是要扮演著知識的火車頭，在創新和技術發展中擔任重要的角色，也就是說學研界的知識程序，要開始於知識的挖掘與產出，透過教學和推廣來加以擴散，最後轉化到商業和經濟的發展。

　　雖然，學研界有研發成果申請專利，而成功產出經濟價值的案例，但是專利絕對不等同於鈔票！取得專利很可能只是邁向商業化的一小步而已。例如根據美國大學技術經理人協會（Association of University Technology Managers，簡稱 AUTM）的調查報告，在 2000 年 156 所美國大學的所有權利金的收入為 12 億 4000 萬美元，產出只有全部投入研究經費的 4.7%，平均每校的授權金收入為 8 百萬美元，其中近八成美國大學的授權金收入是少於 5 百萬美元，甚至有一半的學校是低於 82 萬 4 仟美元。

　　另一個對照的案例，台灣每年在美國專利獲證的數量，從 1993 年起就超越瑞士、1999 年贏過英國、2000 年起更是追上法國排名第四，僅次於美國、日本和德國，而 2007 年起則被南韓超越，目前還是高居第 5 名。但是，在台灣有令人稱羨的專利授權紀錄卻是屈指可數。反之，只有如光碟產業支付權利金、大公司被控侵權或是簽訂技術授權合約的訊息等。還有，面對 DRAM 廠呈現高額負債、財報不佳的雙重夾擊，生死戰輪流上演，有某公司董事長認為，對台灣廠商來說，景氣好不好是其次，主要問題在於台灣廠商沒有自己的專利，產業無法往前走。但是檢索美國專利資料庫卻發現國內的 DRAM 廠是有專利的，像南科、華邦電和茂德都有好幾百筆美國受證專利，但可能不是核心或有價值的專利。

　　所以，專利絕對不是等同於競爭力，事實上，專利說穿了只是替研發成果買保險，或者是購置到法院提起訴訟的門票。尤其，英法兩國已是舉世公認的先進國家，英國更是獲得諾貝爾科學類獎最多的國家之一，單從專利數量而推論說台灣的科技競爭力勝過瑞士、英國和法國，根本是以管窺天沒有人會相信的。因此，唯有落實研發，把有用的成果去申請專利保護，才有可能會發光發熱！相信這也是我們一直在強調如圖 3-6-2 優良研發規範（Good Research Practice, GRP）觀念的原因。

　　相反地，沒有或漠視專利的觀念，國際間著名的案例就是英國劍橋大學 Cesar Milstein 和 Georges J.F.Köher 教授的單株抗體技術，因為沒有申請專利來保護此重要的發明，縱使有 1984 年生醫諾貝爾桂冠的榮譽，但是，研究成果本身並沒有為劍橋大學或英國產生經濟上實質的利益，於是，當初資助其研究的英國科學院也頗有微詞。又如，美國德州大學休士頓醫學院 Ferid Murad 教授等人，因為揭露了一氧化氮在心血管系統所扮演的訊號分子而得到了 1998 年的生醫諾貝爾獎，而該研究是造就「威而剛」問世的重要原理。台灣 2003 年 5 月 5 日《工商時報》刊登 Ferid Murad 教授第五度訪台的專訪說「……過去我的研究從來沒有去申請專利，威而剛在全世界熱賣，真要追究起來，我早已是億萬富翁了，但實際上，我一毛錢都沒拿到。」

　　由此看來，因漠視或不懂得專利使得原本價值連城的研究成果，因沒有申請取得專利保護，以致於無法產出經濟價值，應只能用「煮熟的鴨子飛了」來自娛或苦笑。

第五節　專利的要件

專利要件指的是要取得專利授予所須具備的條件，世界貿易組織（World Trade Organization 簡稱 WTO）在 TRIPs 中規定「任何技術領域的所有發明，只要是具有新穎性（novelty）、有發明步距（inventive step）和工業上的用途，不管是產品（product）或程序（process），都應該受到專利保護」，其中產品應包含機械裝置、機器、物質組成等；而程序則涵蓋製作、使用和測試等方法。而 TRIPS 所規定的新穎性、發明步距和工業上的用途就是專利三要件。

台灣的專利三要件就是：產業可利用性、新穎性和進步性，其中「進步性」就相當於 TRIPs 的「發明步距」或是美國的「非顯而易知性」（non-obviousness）。台灣模仿日本稱為「進步性」的專利要件，事實上並不貼切，因為進步通常表示好還要更好的意思，如經常聽到的「百呎竿頭，更進一步」，但實際上台灣專利法則規定「為其所屬技術領域中具有通常知識者依申請前之先前技術所能輕易完成時，仍不得取得發明專利」，應該用美國的「非顯而易知性」較為貼切。

中國方面授予專利權的條件則包括：新穎性、創造性和實用性，其中創造性相當於非顯而易知性，但是中國專利法則規定與現有技術相比，該發明具有突出的實質性特點和顯著的進步，該實用新型具有實質性特點和進步。實用性的要求則是要該發明或者實用新型能夠製造或者使用，並且能夠產生積極效果。

而能夠提出專利申請而取得保護者，其申請專利之標的必須符合法律的規定，以及不能夠是法律所規定不予專利的項目，統稱為「適格之標的」。如台灣專利法規定：「發明，指利用自然法則之技術思想之創作」、「新型，指利用自然法則之技術思想，對物品之形狀、構造或組合之創作。」而「設計，指對物品之全部或部分之形狀、花紋、色彩或其結合，透過視覺訴求之創作。」中國方面，「發明，是指對產品、方法或者其改進所提出的新技術方案。實用新型，是指對產品的形狀、構造或者其結合所提出的適於實用的新技術方案。外觀設計，是指對產品的形狀、圖案或者其結合以及色彩與形狀、圖案的結合所作出的富有美感並適於工業應用的新設計。」美國專利法 §101 對於可專利的發明（invention patentable）定義為：任何新且有用的程序、機器、製造或物質的組成，或者是上述之任何新且有用的改良。

專利制度的設計，就是公權力授予專利權人取得排他權之時，發明人也要負起揭露其所發明與創作的技術內容與創作理念之義務。因此申請專利時，在說明書中一定要有相當地揭露發明或創作的技術內容，才能夠獲取其所請求的申請專利範圍。從而，可將適格標的、實用性、新穎性、非顯而易知性和相當的揭露合稱為專利五要件（表 3-5-1）。

表 3-5-1　專利五要件

要　件		說　明
五要件	適格標的	符合可申請專利之標的，且非法定不予專利之標的。
	三要件　實用性（產業可利用性、工業用途）	有一用途或功能即可，強調再現性。
	新穎性	沒有早於其申請日完全相同的先前技藝
	非顯而易知性（進步性、發明步距、創造性）	不是該項技術具有通常技藝者所能輕易完成的
	相當地揭露	專利申請說明書中所揭露的技術內容 ≦ 申請專利範圍，而且申請專利範圍的定義要明確、說明書要讓有該項技術具有通常技藝者可據以實施。

註：專利的新穎性強調的是「前所未見」或「史無前例」與著作權中的原創性中所提到的「推陳出新」是有所差異。

一、申請專利之適格標的

申請專利之適格標的是決定可專利性的先決條件，像是創新的方法，並不是物品的形狀、構造或組合，就只能夠申請發明專利，而不可提出新型專利申請。再則，專利法規中有規定不予專利的標的，只要是法定不予專利的對象物，根本無需論及其他的專利要件。

台灣《專利法》規定：「下列各款不予發明專利：一、動、植物及生產動、植物之主要生物學方法。但微生物學之生產方法，不在此限。二、人體或動物疾病之診斷、治療或外科手術方法。三、妨害公共秩序、善良風俗或衛生者。」；「下列物品不予新型專利：新型有妨害公共秩序、善良風俗或衛生者，不予新型專利」；「下列各款，不予設計專利：一、純功能性設計之物品造形。二、純藝術創作或美

術工藝品。三、積體電路電路布局及電子電路布局。四、物品妨害公共秩序、善良風俗或衛生者。五、物品相同或近似於黨旗、國旗、國父遺像、國徽、軍旗、印信、勳章者。」意即，這些法律上所列出的不能夠申請專利的標的，如人體或動物疾病之診斷、治療或外科手術方法，就是不能夠去申請專利，既使申請了也一定很快地會被駁回。不過要注意的是此法條係採用「負面表列」的方式，只有明列於其上的才不准予專利。有關公序良俗方面，郵件炸彈、吸食毒品之用具就會被認定法定不予專利之項目，但是棋具或牌具則非法定不予專利之項目。

專利所保護的是發明（invention）而不是單純的發現（discovery），例如找到新礦石或新植物，因為礦石或植物都是已經存在於自然界中，縱使從前都沒有被人發現過，找到只是發現並不是專利保護的範疇，但上述的發現透過人為的操控（manipulation），像是從新發現的新礦石或植物萃取出可治療癌症化合物，就是可專利保護的範圍。換句話說，發現的自然現象不是專利保護的標的，就像是太陽的光與熱、電、金屬的特性等，甚至是愛因斯坦的質能轉換公式或是牛頓的運動定律等，都是屬於人類所共有的自然表徵或定律，是不能夠授予專利來剝奪他人的使用等權利。

台灣的專利審查基準也規範出非屬發明之類型，包括自然法則本身、單純之發現、違反自然法則、非利用自然法則與非技術思想，表 3-5-2 就舉例非屬於發明之類型。

表 3-5-2　非屬於發明之類型

類　型	舉例說明
自然法則本身	能量不滅定律或萬有引力定律等自然界固有的規律，其本身沒有技術性。
單純之發現	野生植物或天然礦物，縱使該物先前並非已知，單純發現該物的行為並非利用自然法則之技術思想之創作。
違反自然法則	永動機違反能量守恆原理而不符合發明之定義，且因為無法實施此類型之發明，也是非可供產業利用之發明。
非利用自然法則	數學方法、遊戲或運動之規則或方法等人為之規則、方法或計畫，或其他必須藉助人類推理力、記憶力等心智活動始能執行之規則、方法或計畫，由於其發明本身不具有技術性，不符合發明之定義。
非技術思想	1.技能：指叉球的投球方法。 2.單純之資訊揭示：視聽訊號、語言、手語、記錄於如紙張、磁片、光碟等上之資訊，而其特徵在於所載之文字、音樂、資料等。 3.單純之美術創作：繪畫、雕刻等物品係屬美術創作，其特徵在於主題、布局、造形或色彩規劃等之美感效果。

　　但是要注意的是，若申請專利之發明中有一部分非利用自然法則，就不能夠直接從而斷定其不符合發明之定義，如單純的電腦程式雖不符合發明之定義，若電腦程式相關之發明整體對於先前技術的貢獻具有技術性時，就不能夠因其含有電腦程式即認定不符合發明之定義；又如電腦程式控制之機器發明或電腦程式控制之製造方法發明，雖然有含括電腦程式，只要若該發明整體具有技術性，仍應被認定符合發明之定義。

　　在台灣申請新型專利必須是利用自然法則之技術思想，有一定空間的物品實體，而具體表現於物品上之形狀、構造或組合的創作。當然，各種方法、用途、動物、植物、微生物、其他生物材料及不具確定形狀的物質，就不會是新型專利之標的。台灣專利審查基準中解釋「物品」係指經過工業方法製造，有一定空間者，當然把多數獨立物品加以組合裝設而成之裝置，也是屬於新型專利之物品。另「形狀」指的是物品外觀之空間輪廓或形態，新型物品須具有確定之形狀。「構造」係指物品內部或其整體之構成，實務上大多為各組成元件間的安排、配置及相互關係，且此構造之各組成元件並非以其本身原有的機能獨立運作。「組合」指的是為達到某一特定目的，將原具有單獨使用機能之多數獨立物品予以組合裝設。表 3-5-3 則舉例說明新型之各類型。

表 3-5-3　新型類型之舉例

類型	台灣專利審查基準中之舉例	不屬於新型之舉例
形狀	以特殊牙形為技術特徵之「虎牙形狀扳手」；具特殊外形為技術特徵之「十字形螺絲起子」。	利用垃圾製造肥料之方法；由碳粉、燃料及氧化劑混合而成的粉粒狀物。
構造	具有可摺傘骨之雨傘構造；對號鎖之改良構造；物品之鍍膜層、滲碳層、氧化層；電路構造。	物質之分子結構或其成分；不涉及物品之結構之食物、藥品或飲料。
組合	具有殺菌燈的逆滲透供水裝置	

　　要注意的是新型所定義物品須具有確定之形狀，但是如果物品在具備確定形狀的外殼之內又包含無確定形狀的物質，例如申請新型專利的「溫度計」，雖然其內包含不具確定形狀之感熱物質，但是由於其具有確定形狀之外殼，係屬於新型專利之標的。另在特定情形下才具有確定形狀者，例如以冰塊製作的冰杯，在特定範圍的溫度與壓力下，具有固定之形狀，也是屬於新型專利之標的。

值得一提的是，2013 年起實施的台灣專利審查基準在新型形式審查部分舉例說：請求項已描述物品之形狀、構造或組合之技術特徵，雖其說明書或申請專利範圍亦涉及以視覺美感的訴求者；以二段式撰寫之請求項，其特徵在於材料或方法者；同時涉及物品之形狀、構造或組合之技術特徵及材料之技術特徵者；申請標的涉及軟體與硬體資源協同運作者，都符合物品之形狀、構造或組合的規定。除非是非屬物品者，或者是技術特徵單純為材料成分者，才會被認定為不符合物品之形狀、構造或組合的規定。

表 3-5-4　台灣新型專利標的之例示

符合新型標的之申請專利範圍	不符合新型標的之申請專利範圍
一種花瓶，其瓶口係呈橢圓形，瓶底為內凹封閉之圓形，瓶身呈螺旋狀。	一種骨填充材料，其係由 x wt% 之羥氧基磷灰石及 y wt% 之 β-磷酸三鈣所組成。
一種可過濾及搜尋郵件之裝置，包含：一快閃記憶體及一安全數位記憶卡形成之儲存單元；一液晶面板顯示單元；及一數位處理單元，與該液晶面板顯示單元連接；其中，藉由該數位處理單元將該儲存單元中所儲存之郵件，依所設定之郵件過濾規則，過濾出適當郵件並顯示在該液晶面板顯示單元。	一種絕緣安全鞋，其係由一乙烯酸乙烯酯共聚物、一聚烯烴彈性體、一天然橡膠及一軟化劑所組成，其中，該乙烯酸乙烯酯共聚物的含量為 A wt%，該聚烯烴彈性體的含量為 B wt%，該天然橡膠的含量為 C wt%，及該軟化劑的含量為 D wt%，經由加熱混合軟化後，再予以壓製成型。
一種竹筷，其形狀呈細長圓柱狀，該竹筷之一端部為圓錐形且其周緣呈螺紋狀，其特徵在於：竹筷加工成形後，浸泡於殺菌劑中 10 至 25 分鐘，浸泡後置入烤箱中烘乾。	一種控制點膠機的方法，係包含下列步驟：首先，移動裝設於點膠機上之一感測元件，以判斷點膠機的噴嘴是否與基材接觸；再由判斷結果，移動安裝於該感測元件的驅動支架而進行點膠。
一種茶杯，具有一杯體及一結合於該杯體上之握把，握把內側係呈波浪狀，該杯體係以鋁合金為材料壓鑄而成。	
一種茶杯，具有一杯體及一結合於該杯體上之握把，握把內側係呈波浪狀，其特徵在於：該杯體係以鋁合金為材料壓鑄而成。	

　　中國方面不授予專利權的項目包括：科學發現；智力活動的規則和方法；疾病的診斷和治療方法；動物和植物品種；用原子核變換方法獲得的物質；對平面印刷品的圖案、色彩或者二者結合作出的主要起標識作用的設計。

　　美國方面，專利適格之標的係爲：任何新且有用的程序、機器、製造或物質的組成，或者是上述之任何新且有用的改良。美國最高法院在 1980 年的 Diamond v. Chakrabarty 案例中認定微生物係一種可專利性的組成物質、1985 年 Ex parte Hibberd 授與植物專利、1987 年 Ex parte Allen 多細胞生物牡蠣亦具有可專利性、到 1988 年 4 月 12 日獲證專利的基因轉殖動物哈佛鼠，當年美國專利局長 Donald Quigg 亦於 1987 年發表聲明：非自然發生的非人類多細胞有機體都可以視爲專利的標的，從而看來美國眞的是實現了「任何太陽底下的人爲事物」（include anything under the sun that is made by man）都可以是專利標的之名言。

　　美國 1948 年最高法院的 Funk Brothers Seed Co. v. Kalo Inoculant Co. 案也是值得參考的適格標的之案例。根瘤菌（Rhizobium）屬的細菌可使得豆科（leguminous）植物從空氣中的氮轉變成有機含氮化合物，根瘤菌屬至少有 6 種，各有其特定之功效，而選用強菌株和加以培養再植入土壤中，已是沿用多年農業技術。但是，從前都是以製造和販售單一種的根瘤菌，因多種相互混合會產生抑制的作用，導致功能的減弱。有一家公司的研究發現根瘤菌種中都各有特定的菌株，在相混合後不會有抑制現象產生，於是提出專利申請並且在 1940 年 5 月獲證美國第 2,200,532 號專利，而其申請專利範圍就寫成：

> 一種豆科植物的接種體（inoculant）
> 其包含：根瘤菌屬的細菌種之多個不相互抑制的細菌株，其中細菌株係指其於豆科植物內吸固氮氣的功能不會相互影響者。

　　問題就在於其請求「多個不相互抑制的細菌株」的權利範圍是本來就存在的，係屬於發現而不是發明。從事後諸葛亮的角度來看，其申請專利範圍應改成：

> 一種豆科植物的接種體，其包括一種以上之菌株，該菌株係選自根瘤菌屬 A 之菌株甲，B 之菌株乙，C 之菌株丙，D 之菌株丁，E 之菌株戊以及 F 之菌株己之組成，而達成於豆科植物內吸固氮氣的功能不會相互影響者。

2012 年 3 月 20 日美國最高法院 Mayo v. Prometheus 案中，系爭 6,355,623 號專利的申請專利範圍為：一種腸胃道免疫媒介性疾病最佳劑量投藥的方法，其包括：(a) 服用藥物……；(b) 確認服藥後人體中……的濃度，其中當濃度少於……表示要後續的服藥要增加藥量，而當濃度高於……表示要後續的服藥要減少藥量。美國最高法院法官認定，此申請專利範圍只是描述特定的自然定律，所有的步驟都是科學社群中所由廣為人知、例行性和傳統的步驟，整體來看，其組合並沒有比個別實施產生顯著的效果，因此系爭專利的方法並不足以將不可專利的自然相關性轉換成可專利性的申請案。

2013 年 6 月 13 日美國最高法院 Myraid 案中，9 位法官全體無異議地決定分離出來的 DNA 本身是無法取得專利保護的！有位法官就直言說：分離出 DNA 並沒有創造出任何事物，Myraid 公司雖然找到一重要且有用的基因，但是將該基因從其周圍的物質分離出來，並不是發明的行為。另一位大法官也說：Myraid 公司發現 BRCA1 和 BRCA2 基因的位置和序列，但自然發生的 DNA 片段是自然的產物，不能因為被分離出來就可受專利保護，毫無爭議的就是 Myraid 公司並沒有創造或改變解碼 BRCA1 和 BRCA2 的基因資訊。尤其，此美國最高法院的判決書中更是指出：「重大突破（groundbreaking）、創新（innovative）或優秀（brilliant）的發現（discovery）本身並不是專利適格標的之準則。」

對於法定不予專利的標的，有機會透過標的之轉換或具體化來申請專利（如表 3-5-5），不過提醒大家一定要知道專利的意義與申請的目的，千萬不要只是為了有張專利證書。

表 3-5-5　可專利標的之轉化

不可專利之標的	可能取得專利之標的
手術的方法	手術的裝置
把脈的方法	偵測脈搏動波形的方法與裝置
數學方法	資料探勘的方法、量測的方法
遊戲的方法	線上遊戲之方法與裝置
做生意的方法	線上交易的資訊系統

二、產業可利用性或實用性

　　專利制度巧妙地調整了發明（或創作）人和公眾之間的權益關係，專利權人為享有法律上保護其創作或發明，就必需將其所取得權利之技術內容加以公開使得公眾知悉，其目的就是為了使公眾能夠從而推陳出新而促進產業的發展，進而提高人民生活水平和增進公共利益，如果一發明或創作沒有其用途，自然就無法達成專利制度的目的，也就不能取得專利的保護。所以，發明或創作需要有其「用途」（useful），也就是經常聽到的「實用性」（utility），或是在台灣稱為「產業可利用性」。

　　台灣專利法規定「凡可供產業上利用之發明」，而此產業是指廣義的產業包含工、礦、農、林、漁、水產、畜牧、輔助產業之運輸、交通等等。台灣專利審查基準中舉出像是未完成、非可供營業上利用和實際上顯然無法實施之發明，就會被認定為無產業可利用性而不可專利性，否則幾乎研究成果都應有產業可利用性而具有可專利性。發明在產業上具有技術特徵之技術手段而能被製造或使用，一般就會認定該發明可供產業上利用，而具產業利用性。換句話說，只要該發明能加以實際利用，而有被製造或使用之可能性即符合產業利用性，並不要求該發明已經被製造或使用。

　　但是，理論上可行之發明，若其實際上顯然不能被製造或使用者，則也會認定為不具產業利用性，如「以吸收紫外線之塑膠膜包覆整個地球表面的方法，用以防止臭氧層減少而導致紫外線增加」，就是顯然無法實施的方法。

　　對於未完成之發明，像是欠缺達成目的之技術手段的發明，或是雖然有技術手段但顯然無法達成目的之發明，若其本質上並未違反自然法則，只是形式上未明確或未充分記載對照先前技術之貢獻，使發明之揭露內容無法達到該發明所屬技術領域中具有通常知識者可據以實施之程度，亦會被專利法條中「發明說明應明確且充分揭露，使該發明所屬技術領域中具有通常知識者，能瞭解其內容，並可據以實施。」之條款核駁。台灣專利審查基準將「產業利用性」與「可據以實施」解釋成「二者在判斷順序或層次上有先後、高低之差異。」

　　可專利性要件中的「實用性」並沒有要求發明或創作必須是同一領域中最佳功能的產品，也不可要求必須完美無缺。事實上，只要發明或創作具備一定的功能（function）或用途（purpose）即可。

　　台灣行政法院於民國 68 年 8 月 16 日作出的第 499 號判決，係爭專利為一警報瓦斯爐，當滿水煮沸時溢出水會流到創作人所設計之 U 型槽，從而導通電路啟動電磁閥來關閉瓦斯爐，並且會發出警報聲來通知使用者，藉以規避爐火熄滅致瓦斯外洩之危險性。此創作被當時台灣專利機關的審查委員以不具產業利用性來核駁，因為當鍋內未裝滿水時，從沸騰到乾涸不會有水溢出，就不會作動該警報裝置且仍會發生危險，再則，爐火若是意外熄滅瓦斯會外洩，而此裝置亦無法發揮警告功能，尤其，當時市面上已有溫度控制開關的瓦斯爐更具安全保障等。但是，行政法院最後是推翻當時主管機關之認定，判定係爭申請案為可專利，判決書中就提到「既較一般使用無此裝置之瓦斯爐有其特殊之新作用，並能增進其防止瓦斯溢出發生危險之功效，自難為其不合新型專利之新穎性與產業利用性」。

　　中國對於實用性的規定是指「該發明或者實用新型能夠製造或者使用，並且能夠產生積極效果。」其專利審查指南（www.sipo.gov.cn/sipo/zlsc/）第 2 部分第 5 章則進一步說明：如果申請的是一種產品（包括發明和實用新型），那麼該產品必須在產業中能夠製造，並且能夠解決技術問題；如果申請的是一種方法（僅限發明），那麼這種方法必須在產業中能夠使用，並且能夠解決技術問題。只有滿足上述條件的產品或者方法專利申請才可能被授予專利權。而所謂產業，它包括工業、農業、林業、水產業、畜牧業、交通運輸業以及文化體育、生活用品和醫療器械等行業。在產業上能夠製造或者使用的技術方案，是指符合自然規律、具有技術特徵的任何可實施的技術方案。這些方案並不一定意味著使用機器設備，或者製造一種物品，還可以包括例如驅霧的方法，或者將能量由一種形式轉換成另一種形式的方法。而所謂能夠產生積極效果，是指發明或者實用新型專利申請在提出申請之日，其產生的經濟、技術和社會的效果是所屬技術領域的技術人員可以預料到的。這些效果應當是積極和有益的。

　　美國 CAFC 在 1988 年的 Demaco Corp. v. F. Von Langsdorff Licensing Ltd. 判決中，也明確地指出：專利法並未要求一定要優於先前技藝的裝置才可成為可專利的發明。由此看來，專利要件中進步性的稱呼，確有其不妥之處。從而，可專利性要件中的「實用性」沒有要求是絕對的最佳設計，只要有一定功能或用途的設計即可。還有，美國審查委員對於實用性的要求是要從發明的特徵立即領悟到該發明的有用性，而且實用性是具體的、實質的和可信的。（詳見第 4 章）

三、新穎性

　　專利制度係授予專利權人之排他權，以鼓勵其公開發明，使公眾能利用該發明再推陳出新，以促進產業之進步，因此，對於申請前已將公開而能為公眾所得知或已揭露於另一先申請案中，公權力就沒有再授予其專利之必要。因此，可專利性要件中的「新穎性」就是要求發明或創作必須是要絕對是新的。只要是找不到前案或其他書面記錄等便暫時推定申請案的發明或創作是屬於新的，或者是說申請案的申請專利範圍中所載之發明不是先前技術的一部分時，就稱該發明具新穎性。

　　畢竟無法上窮碧落下黃泉來翻遍全世界的所有文獻。專利審查委員在考慮新穎性時，必須是基於單一篇早於申請日（不包括申請日當天）的先前技藝（prior art）所揭露的內容，與該申請專利的發明技藝的申請專利範圍完全一樣，才可以用「不具新穎性」的理由來核駁專利申請案。從而看來，專利要件中的新穎性的判斷是客觀的，是「有」或「無」新穎性二選一的單選題。新穎性係取得發明專利的要件之一，申請專利之發明是否具新穎性，通常是在認定申請案具有產業利用性之後，才進一步審查新穎性。

　　台灣的專利審查基準提到，新穎性之審查應以每一請求項中所載之發明為對象，從而判斷該發明之技術特徵與引證文件所揭露先前技術是否有差異性，判斷時得參酌說明書、圖式及申請時（申請日，主張優先權者為優先權日）的通常知識。像是完全相同、差異僅在於文字的記載形式能直接且無歧異得知之技術特徵、差異僅在於相對應之技術特徵的上、下位概念或者是差異僅在於參酌引證文件即能直接置換的技術特徵，就會被認定為不具新穎性。

　　如先前技術為「用銅製成的產物 A」，會使申請專利案之發明「用金屬製成的產物 A」喪失新穎性；但是，先前技術為「用金屬製成的產物 A」，不會使申請專利案之發明「用銅製成的產物 A」喪失新穎性。又如引證文件中揭露固定元件為螺釘，而揭露出螺釘具備緊固及鬆脫之技術手段的功能，若申請專利案之發明中僅將該螺釘置換為螺栓，就會被認定為參酌引證文件的直接置換，而不具新穎性。

　　要注意的是可專利性要件中的新穎性有寬限期（grace period）或稱為「優惠期」）【註：寬限的解釋是延緩期限；而優惠則是優待施惠，似乎翻譯成寬限較為貼切】的規定，像是研究成果發表於期刊上，在一年內仍可以提出美國專利申請而不至於喪失新穎性，台灣的專利申請原本只有半年寬限期，而且應於專利申請時敘

明事實。但是 2016 年底修法於 2017 年 5 月 1 日實施，也改成一年並且取消敘明的規定。在中國方面若在中國政府主辦或者承認的國際展覽會上首次展出；在規定的學術會議或者技術會議上首次發表；他人未經申請人同意而洩露其內容者，於六個月內提出申請，也不會喪失新穎性。日本的寬限期原本是六個月，現在也改成 1 年的寬限期；在南韓和加拿大寬限期也是一年；歐洲專利公約只允許在經認可的國際展覽會或是由於秘密被侵害不得不的發表，至於起算是從優先權日、EPO 或各國的申請日則各有其規定。若以寬限期的方式申請專利，由於先發表公開的內容會構成先前技藝，就無法再取得其他國家的專利保護，相信這也是我們在本章結語優良研發規範（Good Research Practice）觀念中，要強調先提出專利申請後再發表論文（patent first, paper later）的原因之一。

除此之外，還有所謂「擬制喪失新穎性」的觀念，台灣專利法將發明或新型專利先申請案所附說明書或圖式載明之內容以法律擬制（legal fiction）為先前技術，若後申請案申請專利範圍中所載之發明與先申請案所附說明書、圖式或申請專利範圍中所載之技術相同時，則擬制喪失新穎性。例如申請在先但是在「後申請案」申請日之後才公開或公告之發明或新型專利「先申請案」，其原本並不構成先前技術的一部分，但是根據「擬制喪失新穎性」的觀念，若「後申請案」申請專利範圍中所載之發明與「先申請案」所附說明書、圖式或申請專利範圍中所載之技術相同時，亦會喪失新穎性。要注意的是，台灣專利審查基準有提到擬制喪失新穎性之概念並不適用於進步性之審查。

中國專利法規定新穎性，是指該發明或者實用新型不屬於現有技術；也沒有任何單位或者個人就同樣的發明或者實用新型在申請日以前向國務院專利行政部門提出過申請，並記載在申請日以後公佈的專利申請文件或者公告的專利檔中。其中「在申請日以前……申請，並記載在申請日以後公佈……或公告的專利檔中」，就是台灣審查基準中所謂的「擬制喪失新穎性」的觀念。

美國 CAFC 法官在 2008 年 Cohesive Tech. Inc. v. Waters Corp. 案中，引用先前的判決強調，從先前技藝可預見（anticipation）到專利申請案而不具新穎性，也就是象徵著顯而易知，但是，新穎性與非顯而易知性是分別由 35 U.S.C. § 102 和 § 103 所規定不同的專利要件，在侵權訴訟中也是屬於不同的抗辯。其中預見的認定是要有單一筆引證文獻揭露申請專利範圍的所有元件，或者是說單一文獻教示（teach）所申請專利範圍的所有限制條件（all limitation），才是屬於預見。

在學研界，經常會因為發表論文而使得專利申請案被新穎性核駁。美國 2004 年的 In Re Carl F. Klopenstein and John L. Brent, Jr. 案就是很典型的例子。Klopenstein 等人於 2000/10/30 揭露食物備製的方法，其包括萃取大豆子葉纖維（SCF），而哺乳類動物食物中若含有 SCF，將可助於降低其血清膽固醇和提升 HDL 膽固醇。當時熟悉該項技藝者已知 SCF 萃取物可降低膽固醇，但並不知道用雙重的萃取方式使增加其功效而得到更強的結果。申請人與其合著者於 1998 年 10 月在美國穀類化學協會（AACC）的會議中作報告，有列印出 14 張報告的投影片和張貼壁報。另 1998 年 11 月在美國 Kansas 大學的農業實驗站（AES），又報告相同的投影片。申請人承認在 AACC 與 AES 報告的內容已揭露出其專利申請案的所有限制，雖然報告沒有重製流通，也沒有被收錄在圖書館或資料庫，但兩次的報告都沒有要求聽眾作不揭露協定。

該雙重萃取技術提出美國專利申請，審查委員就以該申請案係為上述報告所預見的，或者是從上述報告和其他引證資料所顯而易知的來核駁。申請人試著修正申請專利範圍，並以沒有重製物流通，引證資料沒有拍照存證，來主張其會議報告並非公開的發行。但審查委員仍予以核駁。美國專利上訴委員會也確認審查委員的核駁，說申請案於先前的會議報告中就已經使得熟悉該項技藝者可公開的取得，其係以公開的展示來呈現其係屬於公開的發行。美國 CAFC 法官也根據該申請案總共展示了三天、聽眾都是領域專家、沒有不揭露協定、14 張投影片，其中只有幾張提到含已知的 SCF 和其雙重萃取的效用，因此聽眾易於抓住該發明之資訊，因此認定為已構成公開而不具新穎性。

四、非顯而易知性

專利要件中的「非顯而易知性」就是在台灣或日本經常聽到的「進步性」，中國方面的「創造性」，或是 TRIPs 或歐洲方面的具有「發明步距」。指的是發明或創作必須是該項技藝具有通常知識者不是從先前技藝就易於推得而知的，換句話說，所申請發明或創作係運用申請日之前的既有之技術或知識來完成者，如果該發明為該技術具有通常知識者所能夠輕易完成者，即表示不具非顯而易知。從法條上看來，所謂非顯而易知性的判斷是比較主觀的，尤其是在台灣「能輕易完成」之斷定更是取決於審查委員的自由心政，記得曾經有位專利主管機關的科長表示，該局對於以進步性為理由的核駁都不會有行政的管控，因為這是見仁見智的問題。也難怪有時候會看到真的很離譜的審定。

　　記得曾經有兩件台灣專利申請案，被同一個審查人員引用毫不相關的專利核駁，當時就直接向智慧財產局主管的科長表示，既然該審查人員以顯而易知來核駁，就請其由引證案重新設計出此 2 件的申請案，若其能夠達成就會讓人心服口服，可是該名科長卻說其不能夠如此做，而再審查的結果也都證明原審查之謬誤。只是這種審查人員的謬誤，卻要申請人出錢提出再審查來教育審查人員，難免有所不甘心。

　　事實上，專利法上對於可專利性並不嚴苛，如台灣專利法明文規定「所屬技術領域中具有通常知識者依申請前之先前技術所能輕易完成時」，才不能取得專利。一般而言，凸顯非顯而易知性的最佳方式，就是能夠在該領域中提出比前案或先前技藝更為新穎、意想不到、出人意外的或是功能更佳的結果，而其他是否有轉用技術、新用途、構成要件變更、組合、數值限定等都是作非顯而易知判斷時應加以考慮的。

　　台灣專利審查基準有列出發明專利申請案「進步性」的判斷步驟，包括：(1) 確定申請專利之發明的範圍；(2) 確定相關先前技術所揭露的內容；(3) 確定申請專利之發明所屬技術領域中具有通常知識者之技術水準；(4) 確認申請專利之發明與相關先前技術之間的差異；(5) 該發明所屬技術領域中具有通常知識者參酌相關先前技術所揭露之內容及申請時的通常知識，判斷是否能輕易完成申請專利之發明的整體。而判斷進步性時，應注意：(1) 相關先前技術所揭露的內容，包含形式上明確記載的內容及形式上雖然未記載但實質上隱含的內容；(2) 申請專利案與先前技術在技術領域、所欲解決之問題、功能或特性的關聯性，以及可預測專利申請案之發明的合理程度。一個專利申請案與引證案之差異性，若是由某一先前技術之轉用、置換、改變或組合，且未產生無法預期的功效，就容易被審查委員以不具進步性來核駁。

　　台灣專利審查基準還列出進步性的輔助性判斷因素（secondary consideration），包括：(1) 具有無法預期的功效；(2) 解決長期存在的問題；(3) 克服技術偏見；(4) 獲得商業上的成功。甚至還強調進步性之審查不得以專利申請案的說明書中循序漸進、由淺入深的內容，而以「後見之明」來作出能輕易完成的判斷，直接認定申請案不具進步性；而是應該將申請專利之發明的整體與相關先前技術進行比對，以該發明所屬技術領域中具有通常知識者參酌申請時的通常知識之觀點，作成客觀的判斷。

中國專利法中的創造性，在法條上有明文規定，指的是與申請日之前既有的技術相比，該發明有突出的實質性特點和顯著的進步，而實用新型則是實質性特點和進步。也就是說中國的實用新型除了法條中規定，是指對產品的形狀、構造或者其結合所提出的適於實用的新的技術方案，在審查創造性上也還少了「突出」和「顯著」的程度。而其中有突出的實質性特點，是指對所屬技術領域的技術人員在現有技術的基礎上不是僅僅從合乎邏輯的分析、推理或者有限的試驗就可以得到的。顯著的進步是指發明與現有技術相比能夠產生有益的技術效果，像是克服了現有技術中存在的缺點和不足，或者為解決某一技術問題提供了一種不同構思的技術方案，或者是發展出新的技術。

中國的專利審查指南中列出發明專利申請案是否為顯而易見的判斷步驟，包括：(1) 確定最接近的現有技術；(2) 確定發明的區別特徵和發明實際解決的技術問題；(3) 判斷要求保護的發明對本領域的技術人員來說是否顯而易見。而在判斷過程的步驟 3 中就是要確定現有技術中是否有將上述區別特徵應用到該最接近的現有技術以解決其存在的技術問題（即發明實際解決的技術問題）的啟示，即這種啟示會使得該領域的技術人員在面對所述技術問題時，有動機改進最接近的現有技術並獲得所要求保護的發明，如果現有技術存在這種技術啟示，則發明是顯而易見的，不具有突出的實質性特點。

中國的專利審查指南中進一步指出，有下列 3 款的態樣，先前技藝中就是存在著專利申請案的技術啟示，而是屬於顯而易見的，包括 (1) 所述區別特徵為公知常識，像是該技術領域慣用手段，或已描述於教科書或工具書中；(2) 所述區別特徵為與最接近的現有相關的技術手段，係存在於同一份引證案中所揭露的其他部分之技術手段，而該技術手段與所要求保護的發明中為解決該技術問題的作用相同；(3) 所述區別特徵為另一份先前技藝中揭露的相關技術手段，該技術手段在對先前技藝中所起的作用與該區別特徵在要求保護的發明中為解決該重新確定的技術問題所起的作用相同。

在中國會被認為具有顯著的進步，包括：(1) 發明與現有技術相比具有更好的技術效果，例如，質量改善、產量提高、節約能源、防治環境污染等；(2) 發明提供了一種技術構思不同的技術方案，其技術效果能夠基本上達到現有技術的水平；(3) 發明代表某種新技術發展趨勢；(4) 儘管發明在某些方面有負面效果，但在其他方面具有明顯積極的技術效果。

　　美國在審查專利要件中的非顯而易知性，有從 CAFC 的前身 CCPA（United States Court of Customs and Patent Appeals）發展出顯而易知初步證據（prima facie obviousness）審查的程序工具之法律觀念，由審查委員負責建立支持顯而易知結論的舉證責任，也就是說申請人不用舉證其申請案係屬非顯而易知。但是當審查委員舉證而推論申請案是顯而易知時，舉證責任就會逆轉到申請人，申請人就必須提出該申請案是非顯而易知的證據（additional evidence），像是以比較的檢測資料（comparative test data）來證明所請求保護的發明是擁有從先前技藝無法預期的性能提升。

　　美國的專利審查手冊（Manual of Patent Examining Procedure，簡稱 MPEP）強調正確的 35 U.S.C. 103 非顯而易知性的審定，審查委員必須回溯到當申請案尚未揭露且剛完成的時間點，並且以該技術領域具有通常技藝人士的觀點來檢視所有的事實資訊，從而審定該請求專利保護發明的整體在該時間點是否為顯而易知，審查時要先擱置申請案所揭露的知識，但卻要將其存在心中以便確認其與先前技藝之差異性、進行檢索和評估申請案發明標的的整體。由於審查程序中會根據申請說明書的揭露，所以很難避免「事後諸葛亮」（hindsight）的傾向，然而美國的專利審查手冊要求審查委員必須避免不被容許的後見之明，審定必須根據從先前技藝所蒐集到的事實為基礎。

　　美國 CAFC 的判決也強調：法院不能支持只是結論式陳述（conclusory statements）的顯而易知之核駁，2007 年美國最高法院 KSR 判決書中也提到：支持 35 U.S.C. 103 核駁的關鍵就是要解釋清楚所請專利保護發明之所以顯而易知的理由。另 KSR 案也強調：根據已知方法來結合已知元件，若其只是得到可預期的結果，則此種結合很可能就是顯而易知的。美國審查委員審查時，經常會依據 1966 年最高法院的 Graham v. John Deere Co. 案來認定 (a) 先前技藝的範圍和內容；(b) 請求專利保護發明和先前技藝間的差異性；(c) 該技術領域具有通常技藝人士的程度，然後審定申請案對於該技術領域具有通常技藝人士是否為顯而易知。美國專利審查手冊中所列舉的可預期結果以及有合理成功的期待性等，都是會被認定為顯而易知（詳見第 4 章）。

　　當美國審查委員建立了 Graham 事實的認定，而結論是申請專利保護的發明是顯而易知的，這時舉證責任就會落到申請人，申請人必須證明審查委員對於事實的認定有誤或是提出申請案是非顯而易知之證據。美國法規要求申請人答辯 35 U.S.C.

103 的核駁時，要清楚且明確地指出審定謬誤之處和答辯官方審定中所有不予專利以及核駁的理由，答辯中要指出明確的特性（specific distinction），讓人相信所請求的申請專利範圍是可專利的。若申請人不同意審查委員對於事實的認定，就必須提出理由指出審定的謬誤，不能只是陳述或答辯說審查委員並未建立顯而易知的初步證據或審定書中所根據的一般知識是沒有文件證據的支持。

　　1997 年美國 CAFC 的 Arkie Lures, Inc. v. Gene Larew Tackle, Inc. 案是關於非顯而易知性的有趣案例。先前技藝中有文獻揭露出魚在吃餌之前會先品嘗餌味；也有書籍提到可用鹽醃漬豬肉當餌；另有多筆美國專利分別揭露把松鼠毛以酵母加鹽烘焙製成釣魚用假蠅；包含有機誘魚物質之塑膠假餌，但此專利說明書中提到不可添加不溶解之物質；以及魚餌之添加物以具天然魚餌之味道為佳。有發明人研發出具有鹹味的塑膠假餌，其申請專利範圍：一釣魚用假餌，其包括一本體部分連結至少一釣鉤部分，其改良處在於本體部分由樹脂與有機溶劑形成塑膠，其中塑膠滲入足夠的鹽，使本體部分散發出鹽味。

　　美國地院以該專利與先前技藝沒有足夠的差異而是顯而易知的，因此認定專利無效。CAFC 則認為此專利案之各單獨元件雖然分別存在於先前技藝，但是，沒有任何的引導與建議將其結合，多年來鹽味與塑膠魚餌分別使用，尤其，熟悉塑膠魚餌技藝之人士認為塑膠加鹽會影響其表面、質感及強度；再則從第二層考量即對此技術有興趣的大眾看待該發明之確切證據，如該專利產品推出之後在市場上大賣，甚至有公司仿傚，從而 CAFC 認定地院顯而易知的判決有誤，應予撤銷而發回更審。

　　要注意的是，2007 年 4 月 30 日美國最高法院的 KSR International Co. v. Teleflex Inc. 案（詳見第 4 章），美國最高法院撤銷 CAFC 所發展出對於顯而易知性的教示（teaching）、建議（suggestion）或動機（motivation）的硬性與強制性檢查方法（簡稱 TSM 檢查法）。美國最高法院指出若研究成果是一般程序所可以預期的，這種一般性的創新結果就不屬於專利法要保護而授與其排他權的標的。像是結合已知元件的發明，如果其結合的結果只是得到可預期的結果，對於該技術領域具有一般技藝人士就是顯而易知的，而不能夠授予專利保護。

　　歐洲專利局（簡稱 EPO）對於發明步距的審查，係採用問題 / 解決方式的方法（problem/solution approach），會根據申請案找出最為相關的先前技藝，然後確認申請案在先前技藝中所沒有的特徵，再擬定出該特徵所要解決之技術問題，接著問該技術問題是否出現在其他的先前技藝，若是，就要決定該技術領域的技藝人士是否能夠從該先前技藝達成申請案的標的，如果是一連串的是，就傾向於被認定是沒有發明步距，而不可取得專利保護。可簡單地把 EPO 的發明步距的審查描述成圖 3-5-1 的流程圖。

　　舉例來說，有一申請案請求三隻腳的褲襪，其所多出的一隻腳就是為了備用，而與此申請案最為相關的先前技藝就是一般兩隻腳的褲襪，申請案中在先前技藝中所沒有的特徵就是多出的一隻腳，接著擬定出該特徵所要解決之技術問題是「備用」的特徵，然後檢索先前技藝，如果先前技藝中只有更替式的褲襪，則此申請案就會被認定為具有發明步距；但是，若先前技藝中有 6 根手指頭的手套，則就要決定該技術領域的技藝人士是否能夠從 6 根手指頭的手套達成申請案的三隻腳的褲襪？由於手套和褲襪的領域相近，而且採用相同的技術特徵，因此會被認定為不具有發明步距。

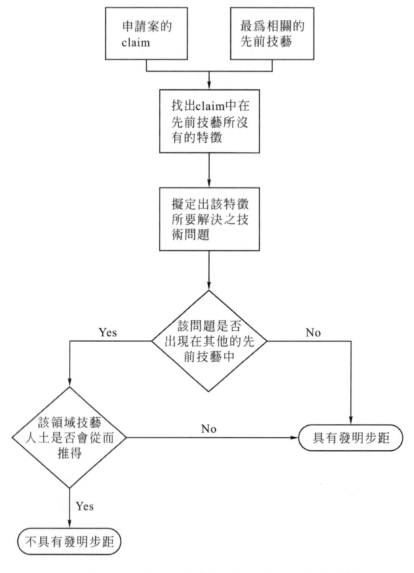

圖 3-5-1　歐洲專利局審查發明步距的參考流程圖

綜合上述，把非顯而易知性整理如表 3-5-6。

表 3-5-6　各國對非顯而易知性的認定

國家	台灣	中國	美國	歐洲專利局
稱呼	進步性	創造性	非顯而易知	發明步距
易被認定為顯而易知	由某一先前技術之轉用、置換、改變或組合，且未產生無法預期的功效。	與先前技藝之差異為：公知常識、為最接近的技術手段、發揮相同之作用。	一般程序可預期的、結合已知元件產生可預期的結果。	有其他先前技藝揭露出申請案與先前技藝之差異所要解決的問題，且易於推得。
具有非顯而易知性	全新的技術、不可預期的結果、具備「臨界性」（critical character）的意義。	具有更好的技術效果、不同的技術方案、新技術發展趨勢、有明顯積極的技術效果。	不可預期的效果、他人反向教示、結合困難度。	該技術領域人士不易推知。

專利三要件：產業可利用性、新穎性和非顯而易知性之間，是有層次的關係。美國專利律師所出版的《Patent It Yourself》書中提到的「可專利性山」的觀念如圖 3-5-2 就是很貼切的描述。只有當申請專利的發明或創作具有產業可利用性時，才接著考慮其是否有新穎性；而發明或創作需具有產業可利用性和新穎性時，才去評估其是否有非顯而易知性。換句話說，若一專利申請案已不具新穎性，就會被核駁，根本不需再去討論其是否具有非顯而易知性，否則這時所探討的非顯而易知性就是在針對先前技術，而非此申請案。不過，如果專利申請案被審查委員以新穎性核駁時，在答辯時除了說明申請案與引證案不同之處，應該還要強調申請案不可預期之功效，以避免被審查委員接著用顯而易知來核駁。

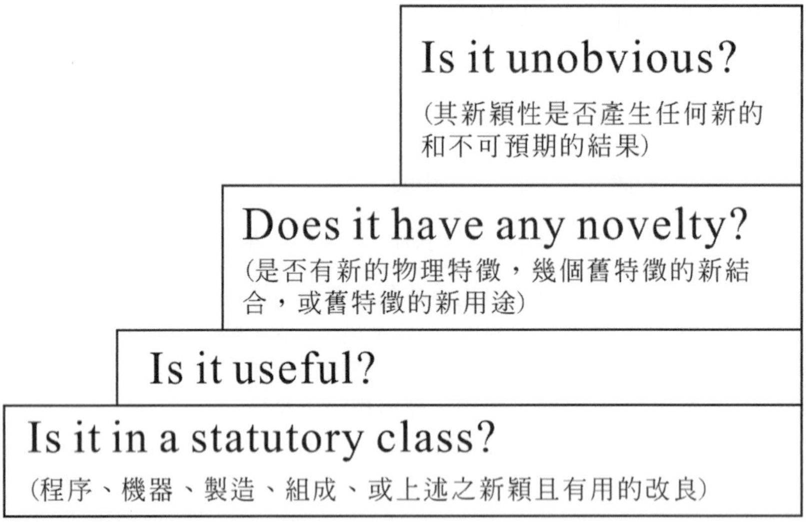

圖 3-5-2　專利要件的層次關係

五、適當的揭露

專利制度的設計，就是在於使專利權人取得排他權之時，也要負起揭露其所發明與創作的技術內容與創作理念之義務，讓公眾能了解其內容並據以實施，而更深一層意義是期望大家能利用公開之技術內容，再推陳出新加以創作或發明，而達成促進產業技術提昇之目的。因此，申請專利範圍根本不可能大於專利申請說明書中所揭露的技術內容，縱使在申請時被獲准了，將來還是可能會被舉發或被法院判決無效。一個不是基礎性的專利，卻想靠專利來投機，而想擁有「包山包海」申請專利範圍，根本是緣木求魚！2013 年 9 月美國 CAFC 的 Bayer Cropscience AG v. Dow Agrosciences LLC 案，專利權人定序出一種酵素的基因，卻以該酵素的特定功能來申請寬廣的權利範圍，並採用有科學意義的術語來定義其權利範圍，CAFC 確認地院的判決，認定不能以功能性的方式來解讀其權利範圍，且做出不侵權的判決。「專利品質」（patent quality）也是一樣，如果沒有好的研究支持，而在專利說明書中有相當的揭露，根本也就不會有所謂的專利品質。

專利的申請範圍（claim）要有明確的界定（definiteness），以定義出其所擁有的權利範圍，如台灣專利法所規定：「申請專利範圍應明確記載申請專利之發明，各請求項應以簡潔之方式記載，且必須為發明說明及圖式所支持」。而且，申請專利的說明書還要有致能性（enablement），如台灣專利法所規定：「發明說明應明確且充分揭露，使該發明所屬技術領域中具有通常知識者，能瞭解其內容，並可據以實施。」

　　專利法規中「發明說明應明確」的規定，台灣專利審查基準說明中就指出申請專利之發明應明確，而且記載之用語也要應明確。也就是說申請專利的說明書，要記載所欲解決之問題、解決問題之技術手段及以該技術手段解決問題而產生之功效，而問題、技術手段及功效之間應有相對應的關係，使該發明所屬技術領域中具有通常知識者能瞭解申請專利之發明。還有記載的用語應以發明所屬技術領域中之技術用語，應以清楚、易懂的方式來界定其涵義，不可用模糊不清或模稜兩可的方式來記載。另發明名稱、摘要、發明說明及申請專利範圍之用語應一致，當然說明書中所使用之元件符號也要前後一致。

　　「充分揭露」指的是發明說明應包含專利法施行細則中所規定的事項及內容，包括：(1) 發明或新型所屬之技術領域；(2) 先前技術，就申請人所知之先前技術加以記載，並得檢送該先前技術之相關資料；(3) 發明或新型內容，發明或新型所欲解決之問題、解決問題之技術手段及對照先前技術之功效；(4) 實施方式，就一個以上發明或新型之實施方式加以記載，必要時得以實施例說明，有圖式者，應參照圖式加以說明；(5) 圖式簡單說明，其有圖式者要以簡明之文字依圖式之圖號順序說明圖式及其主要元件符號。而當從先前技術無法直接且無歧異得知有關申請專利之發明的內容者，都要在發明說明中記載。

　　「可據以實施」指的是發明說明之記載，要使得該發明所屬技術領域中具有通常知識者在發明說明、申請專利範圍及圖式三者整體之基礎上，參酌申請時的通常知識，無須過度實驗，就能夠瞭解其內容，而製造或使用該申請專利之發明來解決問題，並且產生預期的功效。反之，若需要大量的嘗試錯誤或複雜實驗，才能夠從而實施該發明之方法，就會被認定為不符合充分揭露而可據以實施之要件。

　　其中，該發明所屬技術領域中具有通常知識者，係一虛擬之人，具有該發明所屬技術領域中之通常知識及執行例行工作、實驗的普通能力，而能理解、利用申請日（主張優先權者為優先權日）之前的先前技術。而通常知識（general knowledge），指該發明所屬技術領域中已知的普通知識，包括習知或普遍使用的資訊以及教科書或工具書內所載之資訊，或從經驗法則所瞭解的事項。

中國的專利法規定：說明書和權利要求書是記載發明或者實用新型及確定其保護範圍的法律檔。說明書及附圖主要用於清楚、完整地描述發明或者實用新型，使所屬技術領域的技術人員能夠理解和實施該發明或者實用新型。審查基準更是強調：說明書對發明或者實用新型作出的清楚、完整的說明，應當達到所屬技術領域的技術人員能夠實現的程度。也就是說，說明書應當滿足充分公開發明或者實用新型的要求。其中「清楚」要具體滿足主題明確和表述精確；「完整」是要求幫助理解發明或者實用新型不可缺少的內容、確定發明或者實用新型具有新穎性、創造性和實用性所需的內容以及實現發明或者實用新型所需的內容；而「能夠實踐」指的是所屬技術領域的技術人員按照說明書記載的內容，就能夠實現該發明或者實用新型的技術方案，解決其技術問題，並且產生預期的技術效果。

美國專利法則規定在說明書部分是要有書面敘述（written description），且對於其製造和使用需要有完整、清楚、簡明和嚴謹的用語加以描述，使得熟習該項技藝者（skilled in the art）能夠製造與使用；再則是必須提出發明人實施其發明的最佳模式（best mode）。2010 年 CAFC 全院審理的 Ariad Pharmaceuticals, Inc. v. Eli Lilly 案，也再次確認了專利說明書要符合書面敘述、致能和最佳模式的三個要求。有關於專利說明書中的揭露規定，整理如表 3-5-7。

表 3-5-7　各國或機構對於專利說明書中揭露的規定

	說明書部分			Claim 部分		
	致能性	書面敘述	最佳實施例	明確記載	簡潔	說明書所支持
台灣	✓	✓		✓	✓	✓
	專利法規定：發明說明應明確且充分揭露，使該發明所屬技術領域中具有通常知識者，能瞭解其內容，並可據以實施。			專利法規定：申請專利範圍應明確記載申請專利之發明，各請求項應以簡潔之方式記載，且必須為發明說明及圖式所支持。		

（續下表）

（承上表）

	說明書部分			Claim 部分		
	✓	✓	✓	✓	✓	✓
美國	35USC§112 第 1 段：說明書須包括發明及其製造與使用的程序和方法之書面敘述，要以完整、清晰及精簡、正確之術語，使得該技術領域具有技藝之人士或最具關聯人員，得以製造和使用，且說明書應記載發明人實施其發明之最佳模式。 註：美國於 2011 年 9 月 16 日起修正實施的專利法，已經無法再用「最佳模式」來挑戰專利的有效性。			35USC§112 第 2 段：說明書須以單項或多項請求項特定地指出和明確地請求申請人所要保護發明之主題標的。 MPEP§1.75(d) (1)　申請專利範圍必須與說明書中其他部分相一致，申請專利範圍中所用的術語和字詞必須在說明書中有清楚的支持或有前述基礎，使得申請專利範圍中的術語可參照到說明書部分而確認。		
	✓	✓		✓	✓	✓
歐洲專利公約	Article 83：歐洲專利申請書須足夠清楚和完整地揭露其發明，使得該技術具有技藝人士得以實施。			Article 84：申請專利範圍須定義出所請求保護的標的，須清楚、簡潔和被說明書部分所支持。		
	✓	✓		✓	✓	✓
中國	說明書應當對發明或者實用新型作出清楚、完整的說明，以所屬技術領域的技術人員能夠實現爲準；必要的時候，應當有附圖。			權利要求書應當以說明書爲依據，清楚、簡要地限定要求專利保護的範圍。		

第六節　專利的申請

　　專利的特性之一就是申請制，有發明或創作想取得專利保護時，須由專利申請權人備具申請書、說明書、必要圖式及規費等，向主管機關如台灣的的經濟部智慧財產局、中國的知識產權局或美國的專利商標局提出申請。至於申請須知及作業要點，乃至於詳細的撰寫格式、所需份數和申請規費等，可上所要申請國家主管機關的網站查詢。專利要件中新穎性和非顯而易知性的判定是以申請日爲基準，所以專利申請日的取得在整個申請過程中有其重要性。

　　圖 3-6-1 係台灣發明與新型專利的申請與相關行政救濟流程。圖中的「程序審查」指的是主管機關審查人員檢視申請人所遞件的申請文件是否合於專利法及專利法施行細則之規定。因此，「程序審查」的範圍會涵蓋到專利的申請、申請資料之變更、專利說明書或圖式之補充、修正、申請權之讓與（繼承）登記、再審查和舉發申請等程序完備之審核，甚至包括專利權的取得、讓與、授權、質權、特許實施及繳交維持年費等。

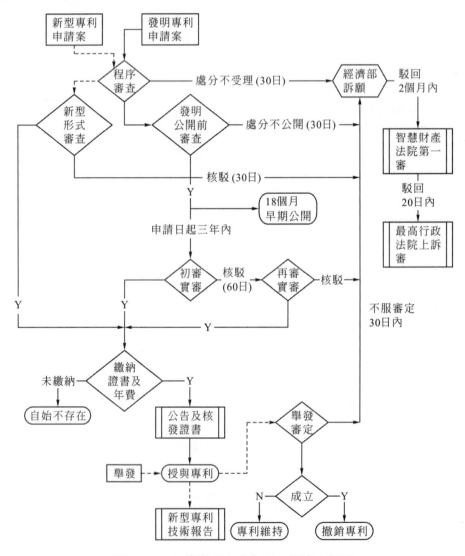

圖 3-6-1　台灣專利申請與行政救濟流程圖

發明專利則有「公開前審查」，係指主管機關會審查專利申請案有無涉及國防機密或其他國家安全之機密或妨害公序良俗之情事者。若有，將會先函請申請人提出申復，若經申復或補充、修正有理由者，則會予以公開；若經申復或補充、修正仍無理由者，就不會將其公開。當然，不服主管機關的處分，申請人可依法向其上級機關（如台灣的經濟部）提起訴願。

現行台灣的新型專利係採「形式審查」，只審查包含程序及形式要件，並沒有像發明專利有實質審查包括：產業可利用性、新穎性和非顯而易知性的專利三要件。而中國方面把實質審查前的所有程序，都稱為「初步審查」，所以中國的實用新型「初步審查」則是與台灣的新型「形式審查」相當，而中國的發明專利「初步審查」則是與台灣的發明「程序審查」相當。

表 3-6-1　專利申請的各種審查

程序審查	審查事項包括申請書、說明書、必要圖式、規費、申請權明文件等，審查基準中提到，有無發明名稱、發明摘要、發明說明、說明圖式及其主要元件符號、申請專利範圍主張新穎性優惠期、主張國內優先權或國際優先權、寄存證明文件等為程序審查之項目。專利法規定「以申請書、說明書及必要圖式齊備之日為申請日」，專利局會通知申請人申請案號及申請日，如有缺漏會通知限期補正。
實質審查	審查委員會就申請案的技術內容及申請專利範圍，審查是否具有產業利用性、再檢索與比對先前技藝，判斷新穎性及非顯易知性，來做出核准或核駁之處分。
公開前審查	台灣公開前審查係指審查專利申請案有無涉及國防機密或其他國家安全之機密或妨害公序良俗之情事者。若有上述之情形，專利局將先函請申請人提出申復，若經申復或補充、修正有理由者，則予公開；若經申復或補充、修正仍無理由者，將不予公開。
形式審查	係指專利專責機關對於新型專利申請案之審查，依據新型專利說明書及圖式判斷是否滿足形式要件，而不進行須耗費大量時間之前案檢索以及是否滿足專利要件之實體審查。 判斷新型專利申請案是否滿足形式要件，包括：是否屬於對物品之形狀、構造或裝置之創作；是否有妨害公共秩序、善良風俗或衛生；說明書是否載明新型名稱、新型說明、摘要及申請專利範圍；新型說明、申請專利範圍及圖式之揭露方式是否合於規定；是否符合單一性；說明書及圖式是否已揭露必要事項且其揭露有無明顯不清楚之情事。

　　新型專利的形式審查就是針對說明書中各項進行審查，包括法定不予專利的妨害公共秩序、善良風俗或衛生者；適格標的之屬於物品形狀、構造或組合者；申請案是否為單一的創作；說明書及圖式是否未揭露必要事項或其揭露明顯不清楚，以及是否有載明創作名稱、創作說明、摘要及申請專利範圍之格式等。經過形式審查之後，如果有發現有不符合程序規定或／及形式要件者，主管機關則會一併通知限期補正、陳述意見或補充、修正說明書或圖式，若屆期仍然未補正、未陳述意見或補充、修正說明書或圖式，則會被指明不予專利之事由而處分不予受理。

　　根據台灣的專利法，採形式審查的新型專利，其專利權人在行使新型專利權時，應該要提示新型專利技術報告來進行警告。而且若是基於新型專利技術報告來行使新型專利權，並且已盡相當之注意，則若因行使專利權所致他人之損害，依法就不用負起賠償之責任。惟台灣的新型技術報告僅是供作參考，不是行政處分，因此無法對新型技術報告提起行政救濟。

　　以往，世界主要國家中只有美國採「先發明主義」，如今美國也修法改成「先申請主義」（詳見第 4 章），意即當不同發明人有相同發明或創作，由先提出申請的一方獲得專利權。在台灣若不同人於同一天提出申請者，需要由申請人相互協議，如果協議不成則都不授與專利；若是同一個申請人同一天「一稿兩投」，台灣主管機關會通知申請人限期擇一申請，否則會不予以專利。「一稿兩投」在美國稱為 double patenting（雙胞），會落得兩專利都無效的下場。

　　取得專利係採「先申請主義」，理論上應愈早提出專利申請愈好，但是如台語所說的「吃緊損破碗」，草率地提出專利申請，很可能沒有較為完整實驗的配合，就無法取得完整或權利寬廣的專利。尤其，專利申請案提出申請之後，就不能夠導入新事物（new matter），這是為了平衡申請人及社會公眾的利益，並兼顧先申請原則及未來取得權利的安定性，所以專利申請案的補充、修正只能限定在原說明書及圖式所揭露之範圍內。如台灣專利法規定：「所為之補充、修正，不得超出申請時原說明書或圖式所揭露之範圍」。中國專利法也規定：「申請人可以對其專利申請檔進行修改，但是，對發明和實用新型專利申請檔的修改不得超出原說明書和權利要求書記載的範圍，對外觀設計專利申請檔的修改不得超出原圖片或者照片表示的範圍。」所以提出專利申請時，一定要做好妥善的規劃，以免只是空有一張專利獎狀，而無法主張權利。

　　還有，專利的保護是有年限的，例如台灣發明和新型專利各是從申請日算起20和10年，如果太早申請專利，市場或整個大環境都還來不及接受，卻又面臨著專利到期的命運。但反過來說，如不搶先申請專利，卻又怕相關的文獻出爐而喪失新穎性，或者被競爭對手捷足先登，在兩難之下，應在何時提出專利申請還是門學問呢！（有興趣的讀者可參考全華書局出版的《生物科技專利導論》一書）

　　專利合作公約（Patent Cooperation Treaty，簡稱 PCT）第 21 條規定：專利申請案須於其所主張優先權日起 18 個月後公開。早期公開制度的目的，可避免他人對於同一技術的重複研究或投資。台灣的專利法規定：「專利專責機關接到發明專利申請文件後，經審查認為無不合規定程式，且無應不予公開之情事者，自申請日後經過 18 個月，應將該申請案公開之」；中國專利法也規定：「國務院專利行政部門收到發明專利申請後，經初步審查認為符合本法要求的，自申請日起滿 18 個月，即行公佈。」換句話說，若提出專利申請就必須抱著要公開技術內容之決心，因為若沒有及早撤回申請案（台灣從申請日起 15 個月內、美國則是在預定早期公開前至少 4 個星期），所申請的內容將會被主管機關公開，而且不論將來是否能夠獲准專利；這與從前只有獲准的專利才會公開是有很大的不同。

　　最後要提的是專利申請的優先權（right of priority）規定，巴黎公約（Paris Convention）第 4 條規定，會員國國民或準國民在某會員國申請專利後，再到其他會員國提出相同發明之專利申請時，得依專利種類之差異分別給予 1 年或 6 個月的優先權期間。此制度主要的目的在於保障發明人不致於在某一會員國申請專利後，公開、實施或被他人搶先在其他會員國申請該發明，以致相同發明不符合專利要件，無法取得其他會員國之專利保護。

　　台灣專利法規定，在外國第一次依法申請專利後 12 個月內，就相同發明向台灣申請專利時可主張該國際優先權；而在台灣先前提出申請之發明或新型專利案再提出專利之申請者，得就先申請之說明書或圖式所載之發明或新型主張國內優先權。而在優先權期間內就相同發明提出申請專利並主張優先權者，申請案是否符合專利要件的審查就是以優先權日為準，並不會因為在優先權日至申請日之間有已見於刊物、已公開使用、已為公眾所知悉、申請在先而在申請後始公開或公告之申請案或有二件以上同一發明之申請案等不符專利要件之事由而被核駁。

表 3-6-2　專利申請的優先權

		國際優先權	國內優先權
適用時機		申請人在 WTO 會員國或與台灣相互承認優先權之外國第一次申請專利，以該申請專利之發明為基礎，於 12 個月期間內在台灣就相同發明申請專利。	以一件或多件的本國申請案為基礎，使申請人得將該等申請案彙整成一件，並加入新穎事項再提出申請，使申請人之先申請案之發明或創作能夠確保享受與國際優先權相同的利益。 一申請案主張國內優先權後，先申請案將自申請日之次日起算滿 15 個月時，視為撤回，以避免重複公開、重複審查。
形式要件	申請人	所屬之國家必須為 WTO 會員或互惠國，或在 WTO 會員或互惠國境內有住所或營業所者，申請人為複數者，每一申請人均須符合以上所述條件之一。	須為能夠在臺灣申請專利之申請人；主張國內優先權申請案之申請人於申請時須與先申請案之申請人為同一人，如申請人不一致時，則最遲應在提出申請案時，同時辦理申請權讓與，但申請權讓與證明文件可後補。
	基礎案	在外國第一次申請相同發明之專利申請案，形式上具備法定申請要件之專利申請案，並經受理且能確定提出申請專利之申請日者。	為在臺灣申請且取得申請日之發明或新型申請案。但是先申請案申請日之次日起算已逾 12 個月；曾經主張國際優先權或國內優先權（禁止累積主張優先權）；先申請案已為分割後之子案或改請案時，不能再被另一申請案主張國內優先權；先申請案已經撤回，或經處分不受理，或初審審定，則不能主張國內優先權。
	主張之聲明	應於後申請案申請專利同時提出聲明，並於申請書中載明所有優先權基礎案在外國之申請日及受理該申請之國家。	於申請專利同時提出聲明，並於申請書中載明先申請案之申請日及申請案號數。
	證明文件	應於後申請案申請日之次日起算 4 個月內，檢送經外國政府證明受理優先權基礎案之申請文件正本。以及應檢具該證明文件之首頁影本及首頁中文譯本。	無

第七節　結語

　　專利制度巧妙地協調專利權人和公眾之間的利益關係，專利權人為享有法律上保護其創作或發明，指的是排除他人未經其同意而製造、為販賣之要約、販賣、使用或為上述目的而進口該物品之權利，就必需將其內容公開讓公眾得悉。而專利權的排他權已大到含括所有對物品或方法的處置。有用的研究成果在申請取得專利權保護之後，就可能會有價值連城的經濟價值產出，所以，除了先進國家的企業界與學研界，在積極研發之後，都會考慮把有用的成果拿去申請專利，以保護其所辛苦投入的研發成果。

　　不過，要提醒大家的是，專利絕對不是等同於鈔票，專利本身也不是競爭力，專利說穿了只是為研發成果買保險，或者是購置到法院提起訴訟的門票。所以，千萬不要迷信於專利的數量，把沒用的技術也申請一大堆專利，取得的專利證書當然只能拿來當作獎狀。因為專利數量高絕對不等於科技實力堅強，而國內的媒體與政客經常會引用瑞士世界經濟論壇競爭力排名，來標榜科技創新是全球第幾名如何這種吹噓的數字排名，正是因為台灣獲證美國專利數多所惹的禍，以致造成一連串的誤導與迷失，專利數量不能夠代表科技實力，當然也就不能夠以擁有高額的專利數來吹噓或自豪。

　　專利本身不會有競爭力，就像專利界前輩羅炳榮先生所言：「專利本身沒有技術」的道理一樣。相信唯有積極地投入研發，把有用的研發成果拿去申請專利保護，才有可能會產出實質的經濟價值！而所謂的積極投入研發，就是要如圖 3-7-1 優良研發規範（Good Research Practice, GRP）的觀念，簡言之就是要研發之前一定要做先前技藝檢索（尤其是專利檢索），不能漠視別人的專利，研發成果一旦落入別人的權利範圍，那其本身就毫無價值可言；而有研發成果產出之際，在發表學術論文之前，則會先考慮將有用的成果申請專利保護，以便為研發成果購買保險或是取得將來到法院提起侵權訴訟的門票。當然，研發過程中是絕對不能夠閉門造車，或只查學術論文而已，從而看的懂專利說明書、會作專利檢索就是研發人員不可卻缺的技能！而這亦是本書後續第 5 與第 6 章所要探討的重點之所在。

　　至於想要讓研發成果產出經濟價值，則一定要積極地做創新的擴散，畢竟如第 1 章曾提過的，「酒香不怕巷子深」的作法已經是過去式，好的研究成果也是要懂得行銷。尤其如 Rogers 教授在《Diffusion of innovations》書中所提到：一個新觀念、

方案或產品，縱使有顯著的好處，但是要他人接納卻還是很困難，所以做好創新的擴散絕對是必要的！ 2013 年 8 月 7 日美國 Thomas Jefferson 大學技轉辦公室的主任 Katherine Chou 回台灣演講技轉實務，就明確指出做技轉就是要像做 business 一樣來經營，真的是一針見血的寫照。

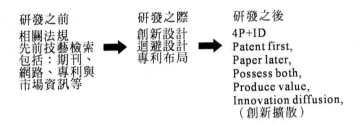

圖 3-7-1　優良研發規範示意圖

最後，將著作權、營業秘密、商標與專利，分別就申請、年限、揭露與保護範圍等做一比較表，以加深大家對於 IPR 的認識。

表 3-7-1　四大 IPR 的比較

	著作權	營業秘密	商　標	專　利
提出申請	無	無	是	是
保護年限	死後 50 年	無限期	可持續展延	申請日算起 20 年
揭露規定	無	須採取合理的保密措施	無	須與權利範圍有相當的揭露、可據以實施。
保護範圍	僅及於表達的形式、禁止不了未抄襲的雷同。	只能保護用不正當手段取得營業秘密、禁止不了獨立的研發。	於同一或類似商品或服務，使用相同或近似於其註冊商標之商標者，有致相關消費者混淆誤認。	以申請專利範圍界定

動動腦

1. 專利制度可保護什麼？

2. 有人認為專利制度會阻礙科技進步，您的看法？

3. 專利的排他權包含哪些內容？

4. 什麼是專利權效力所不及？

5. 試分析透過專利、營業秘密與著作權來保護智慧財產之異同？

6. 某甲的研發成果只有申請和取得台灣專利權，某乙將某甲的專利權技術委託大陸廠商製造，完成之後即運往美國銷售，試討論某乙是否會侵害到某甲的專利權？

7. 某甲從資源回收場收購乙公司製造的廢棄手機，隨後加以拼湊組裝後販賣，假設乙公司的手機是有專利保護，試問某甲是否會侵害到乙公司的專利權？

8. 請研讀美國 CAFC 1997 年 Sandvik Aktiebolag v. E.J. Co. 案或 / 與 1997 年的 Hewlett-Packard Co. v. Repeat-O-Type 案，並寫出感想。

9. 怎樣技術申請專利保護才能夠產出實質的經濟價值？

10. 專利真的就是競爭力嗎？

11. 請到台灣、中國、美國與歐洲等專利局的網站，找出申請發明專利所需的書表、份數以及說明書之格式。

12. 申請專利過程中，取得專利申請日有何重要性？

13. 何謂優先權？其相關規定為何？

14. 何為專利要件？包含哪些要件？有何用途？

15. 如何判斷一發明或創作有無實用性？

16. 如何判斷一發明或創作有無新穎性？

17. 如何判斷一發明或創作有無非顯而易知性？

18. 何謂擬制喪失新穎性？擬制喪失新穎性可否用於非顯而易知性的審查？

19. 試述歐洲專利局如何用問題／解決方式的方法來審查發明步距？

20. 爲何專利說明書需要有相當的揭露之規定？

21. 專利師表示其可透過經驗與技巧幫你的發明取得包山包海的申請專利範圍，你會相信嗎？

22. 何謂優良研發規範？

第四章
美國與中國之專利制度

第一節　美國與中國專利的重要性

　　根據 WIPO 經濟與統計部（Economics and Statistics Division）所發布的 2010 年世界智慧財產指標，專利申請數量較多的主要地區包括美國、日本、中國、南韓、歐洲專利局和德國，從當時的趨勢圖，我們就預測中國的專利申請數遲早會超過日本，而 WIPO 於 2011 年所發布的 IPR 指標，中國的專利申請數果真在 2010 年就比日本多出 4 萬 6 千多件，如圖 4-1-1。聯合國世界智慧財產產權組織（WIPO）的統計（https://www3.wipo.int/ipstats/index.htm?tab=patent）指出，大陸國家知識產權局 2011 年共計收到 52.6 萬件專利申請，高於美、日的 50 萬與 34 萬件，已經躍升為全球第 1；而 2012 年中國、美國與日本的專利申請數則分別為：65.27、54.28 和 34.27 萬件；2013 年中美日的專利申請數分別為：82.51、57.16 和 34.84 萬件；然而 2021 年中國、美國與日本的專利申請數則分別為：185.5、59.1 和 28.9 萬件，數量的差距已經非常大。

　　從而可看出世界上專利申請最主要的國家包括美國、日本、大陸和歐洲專利局（指定法、德、英）。進一步比預估專利申請費用與申請國家之人口數（可能的市場）如表 4-1-1。從而看來，申請中國與美國的專利應該是比較經濟有效率的選擇。尤其如圖 4-1-1 的趨勢和世界經濟的發展現況來看，中國積極地建構相關法治的配套與提升大陸同胞尊重 IPR 的觀念等，舉例來說，2017 北京智慧財產權法院的西電捷通 vs 索尼的判決，中國最高法院庭長和科技部長都親臨聽審，相信申請中國專利已經儼然是世界的潮流。

　　縱使在台灣擁有專利權也只是可能收自己同胞的錢，好像沒有太值得驕傲之處，再加上台灣市場小，除非是量大的消耗性商品，實在很難找出申請台灣專利的理由！還有，台灣學研界更應該帶頭去賺美金、人民幣與歐元，才能讓台灣科研投資產出發光發熱的成效，也才是學研界能夠讓人尊重之處。

　　最後要強調的是，美國是世界上保護智慧財產權的大國，可謂是執其牛耳！另一方面其市場廣大、科技研發力強而且專利審查的水準高，於是申請美國專利幾乎是世界各國的兵家必爭之地。而申請中國的專利亦已經成為趨勢，再加上台灣與中國有語言和文字上的便利性，因此了解美國與中國的專利是有其必要性。

　　很可惜的是，台灣申請美國專利大都透過美國的複代理人來進行，專利訴訟更是完全仰賴美國律師，沒有自己培養人才怎能建構完整的專利布局和深入了解贏的策略？正如德國哲學家歌德的名言：任何事，不去瞭解它，就別想掌握它！難道台灣眞的只能靠代工賺點蠅頭小利？2012 年 1 月 18 日的經濟日報就報導說「雙 i 利潤蘋果吃肉，台廠喝清湯」，報導指出替 iPhone 與 iPad 代工的台灣廠商只能拿到微薄的辛苦錢；或是像 2011 年底台灣某大公司被美國國際貿易委員會判決侵害美國 Apple 公司的專利權，卻還以「小輸爲贏」而自滿？

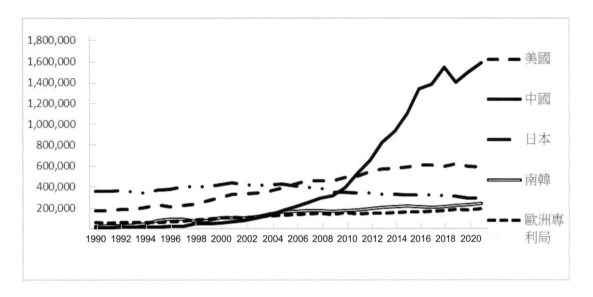

圖 4-1-1　世界前 5 大專利申請數的專利局

表 4-1-1　專利申請費用[註]與申請國家之人口數

	TW	JP	US	EU	CN
新型 $（NT）	20K	85K			34K
發明 $（NT）	31K	95K	75K	106K	42K
cost 倍數	1	3.06	2.42	5.16	1.35
人口數	0.23 億	1.274 億	3.01 億	4.95 億	13.2 億
人口倍數	1	5.5	13.1	21.5	57.3
註：台灣某事務所預估的專利申請費用，實際費用會取決於申請案本身、複雜程度頁數和權利項數等。					

2012 年 7 月 17 日台灣的媒體以「科技業專利戰以質取勝」的標題報導，有美國的專利律師建議說：台灣科技廠商想要有機會勝出，就必須了解美國專利法的主要趨勢與變遷，以及加強本身在專利建構上的防護，取得高品質的專利布局。當然我們還是要強調，高品質的專利布局是要以紮實的研發爲基礎，只想透過專利技巧來取得無異是緣木求魚。不過此報導指出：台灣企業對專利的觀念往往是衝量，但漂亮的數字背後卻大多只是在台灣的或是較不重要的專利權，在重要技術或重大工業國家的專利權卻較少，由於台灣市場小，台灣專利對競爭對手在賠償上並無太大嚇阻性；加上這些專利申請，也多數屬於製造或設計的部分，對手也很容易規避，因此無太大價值。這則報導眞的值得參考與更進一步地思考，與我們上述「台灣專利無用論」更有不謀而合之處。

第二節　美國專利相關法規

一、法源

美國在 1787 年所制定的憲法中就明定：「爲促進科學暨有用技術的進步，國會有權使得作者和發明人在一定期限內就其著作和發現享有獨佔（monopoly）的權利」，根據此規定，美國於 1790 年頒布了專利法來授與發明人使用其創作的壟斷權利，從 1836 年起也開放允許外國國民申請美國專利，現行的專利法是在 1952 年頒布、1980 年修訂的美國法典第 35 篇（35U.S.C.）；美國在法典下則制定有聯邦條例 （the Code of Federal Regulations，簡稱 CFR），其中第 37 章就是與美國專利業務相關，因而又稱之爲專利條例（Patent Regulations）。

另外，專利權也從早期的專有獨佔的觀念演變成排他權（exclusive right），正如台灣專利法所述：「發明專利權人，除本法另有規定外，專有排除他人未經其同意而實施該發明之權。物之發明之實施，指製造、爲販賣之要約、販賣、使用或爲上述目的而進口該物之行爲。」中國專利法也有類似的規定：「任何單位或者個人未經專利權人許可，都不得實施其專利，即不得爲生產經營目的製造、使用、許諾銷售、銷售、進口其專利產品，或者使用其專利方法以及使用、許諾銷售、銷售、進口依照該專利方法直接獲得的產品。」

二、可專利性（patentability）與常見的核駁理由

目前世界大多數國家在 TRIPs 的規定下，「任何技術領域的所有發明，只要是具有新穎性、有發明步距和工業上的用途，不管是產品或程序，都應該受到專利保護」，美國的實用專利（utility patent）相當於台灣的發明和新型專利，亦需符合法定標的、實用性、新穎性和非顯而易知性的可專利性。

事實上，可專利性也就是美國審查委員經常用來核駁申請專利範圍的根據，其他還包括說明書揭露的適切性等，像是雙胞（double patenting）、致能性（enablement）、書面敘述（written description）和不確性（indefiniteness）。美國專利實務常會以法條編號來簡稱以上核駁，如 102 與 103 分別表示新穎性與顯而易知性的核駁；112（a）或從前修法之前的 112 first paragraph 表示書面敘述和致能性的核駁；112（b）或從前修法之前的 112 second paragraph 表示不確性的核駁，以下會逐一介紹美國案常見的核駁理由。

我們先前的研究發現，某一生物科技領域的技術從 2001 年到 2011 年間共有 1194 件美國申請案，還在申請中、授證與拋棄案件分別有 752、108 和 334 件。而授證的 108 件美國專利中，只有 10 件申請案完全沒有接到過核駁的審定（office action，簡稱 OA），57 件申請案曾被 3 種形式以上的理由核駁，32 件有被最終核駁（final rejection），另外有 16 件申請案還被最終核駁超過兩次，當然這 48 件申請案為了繼續申請，申請人就必須提出延續審查（Request for Continued Examination，簡稱 RCE），甚至還有 6 件申請案曾提上訴（appeal）到美國專利上訴委員會（Board of Patent Appeals and Interferences）。

（一）法定標的

美國可專利的法定標的為製程（process）、機械（machine）、製品或物質組成（composition of matter）[35USC§101]，意即一發明或創作無論是多麼地有創意、空前或價值，只要不能夠被歸類於此四項類別中，就無法取得專利的保護。再則，抽象觀念、自然現象、自然法則、心智步驟、數學公式、印刷品、商業經營方法等也都不是專利可以涵蓋的範圍。

2013 年 5 月 10 日 CAFC 全院審理（en banc）的 CLS Bank v. Alice Corp 案，更是確認了自然定律（natural law）、自然現象（natural phenomenon）和抽象觀念

（abstract idea）都不是專利適格的標的。尤其判決書中討論的就是針對電腦軟體，以往只要結合到電腦硬體就不會被認定為抽象觀念，但是現在判決認定要看申請專利範圍是否會造成對基本原理（fundamental principles）或基本觀念（elemental concept）的先佔（preemption）。也就是說，專利是可使用到數學公式或方程式，但是申請專利範圍不能夠撰寫成只要使用到該公式就會侵權，換句話說，申請專利範圍中要配合其有他實質的限制條件。CAFC 法官引用 2012 年 3 月 20 日美國最高法院的 Mayo v. Prometheus 案，將這些限制條件稱為發明觀念（inventive concept）。

如本書第三章中討論專利要件所述，美國最高法院 2012 與 2013 年的 Mayo 和 Myraid 兩案中，豎立起美國專利對於適格標的之門檻，我們後續追蹤 CAFC 的判決，也看到了專利之適格（patent eligible）儼然成為了專利訴訟中的重要抗辯的手段！而與自然存在的事物沒有顯著的差異（not markedly different from nature）、申請專利範圍中沒有實質的限制條件（without substantive limitations），或者是申請專利範圍的限制條件是技藝中先前所廣為人知、例行或傳統的步驟（with limitations that are well-understood, routine or conventional activities previously engaged in with the technology），都很可能會被核駁或被認定為無效。

例如一預估乳癌預後方法的美國專利申請案，其申請專利範圍寫成：

A method for classifying an individual having breast cancer as having a good prognosis or a poor prognosis, comprising:

exposing nucleic acid molecules from the individual to at least one means for distinguishing a breast cancer patient with a good prognosis from a breast cancer patient with a poor prognosis; and

classifying the individual as having a good prognosis or a poor prognosis;

wherein the means for distinguishing a breast cancer patient with a good prognosis from a breast cancer patient with a poor prognosis are probes with the range of in the range of 20-200 nucleotides that specifically hybridize to a nucleic acid molecule selected from the group consisting of SEQ ID…（以下省略序號）

審查委員就以特定基因的表現與疾病的相關性係屬於自然現象，申請人所請求的權利範圍就只是自然現象的相關性，而且此相關性是屬於例行和傳統的步驟，因此以非專利之適格來核駁。

我們 2019 年 11 月刊登於《Human Vaccines & Immunotherapeutics》期刊 (SCI 2021 IF=4.526) 的文章，統計 CAFC 從 2001 到 2018 年的 3254 件與專利相關的判決，發現其中 100 件與適格性相關的判決，在 2011 年之前只有 11 件，而 2016~2018 年間就顯著增加到 20、22 和 22 件，可見美國最高法院的適格性判決所造成的衝擊力道！我們 2022 年 5 月刊登於《Nature Biotechnology》期刊 (SCI, 2021 IF=68.164) 的文章，調查 CAFC 從 2019 到 2021 年的 838 件與專利相關的判決，發現其中 99 件與適格性相關的判決，我們提出了製備或治療方法 (preparation or treatment method)，來避開生物科技領域非專利適格之泥沼。

值得一提的是，美國與其他國家專利法很大不同的地方就是，其他的國家都是採用負面表列的方式來規定專利適格的標的，例如中國專利法規定：對違反法律、社會公德或者妨害公共利益的發明創造，不授予專利權。對違反法律、行政法規的規定獲取或者利用遺傳資源，並依賴該遺傳資源完成的發明創造，不授予專利權。歐洲專利合作條約第 52 條規定不符合發明的各款，包括：(a) 發現（discoveries）、科學理論和數學方法；(b) 美學創作（aesthetic creations）；(c) 執行心智動作（mental acts）、遊戲或經營商業的企劃（schemes）、規則和方法，以及電腦程式；(d) 資訊的呈現。

（二）實用性

發明或創作需要有其用途（useful）[35USC§101]，也就是經常聽到的實用性。美國專利審查基準§2107 規定：可專利性的實用性是要具體的（specific）、實質的（substantial）和可信的（credible）。

美國審查委員在審查實用性時，會先讀申請專利範圍和其所支持的說明書部分，決定出其權利範圍和其發明的實施例，確認其權利範圍係符合法定標的，若具有通常技藝人士能夠從發明的特徵立即領悟到該發明的有用性，而且實用性是具體的、實質的和可信的，則該發明就是有廣為接受的實用性。接著，審查委員會再次回顧申請專利範圍和其所支持的說明書部分，確認申請人所主張的具體與實質的實用性是否可信？

對於生物科技（基因）相關專利更是要特別注意。所謂具體的就是要在說明書中說明申請保護的主題標的之有具體用途，不可含糊地說可運用於某大領域，例如研發出新的類固醇物質，說其具有可用的生物性質且有治療效果，但是並沒有明確

地揭露出適用的疾病，就比較會被認定為沒有具體性而不符合具體的實用性。又如表現序列標幟（expressed sequence tag，簡稱 EST），請求保護所訂序的序列，但是說明書中只說可用作染色體的配對（mapping），這對於該序列的 EST 就沒有具體性，也因而會被認定為不符合具體的實用性。

實質的用途則是要求立即對公眾的效益（immediate real world benefit to the public），無需進一步的研究來找出其用途，例如找出化合物的藥理性質而主張其藥理使用，就是具有實質用途，但是，若說研究化合物本身的性質或作用機轉可辨識出藥理或其他的用途，則比較會被認定為無實質用途。可信的用途則是對於該技術領域具有通常知識者可從說明書的證據和解釋來相信其用途，例如基本邏輯有問題或者是主張用途的理由與事實不符，就會使得主張的用途不可信。

2005 年 CAFC 的 In re Fisher 案中，專利申請人請求 EST 的申請專利範圍（claim），在說明書中雖然揭露 7 個用途包括：染色體配對分子的標記、基因擴增引子（primers）、偵測多型性（polymorphisms）的標記與基因表現的調控等，但是 CAFC 認定皆不符合實用性的規定，因為申請案中有 5 組 EST 與其他 32000 多 ESTs 沒有不同，所以沒有具體性，再則是其未揭露出所申請專利範圍之功能，也就沒有實質用途。

要注意的是，由於專利提出申請之後，除了錯誤之外，幾乎是不能夠修改說明書，否則就會構成添加新事物（new matter），是專利法理所不允許的，因此撰寫專利說明書時一定要注意。申請美國時，如果被審查委員用實用性核駁，可考慮引用先前技藝文獻、提出宣言書（declaration）或是強調說明書中所揭露的部分來說明發明的實用性。

（三）新穎性

可專利的發明或創作必須是新的 (new) [35USC§102]，美國 2011 年新修正的專利法 (Leahy–Smith America Invents Act，簡稱 AIA) 把會構成先前技藝的兩款訂為：35USC102(a)(1) 規定在有效申請日之前已取得專利、描述於公開文件 (printed publication)、公開使用、公開販售或以其他方式為公眾可取得 (導入一網打盡 (catch-all) 條款)；以及 35USC102(a)(2) 規定已被描述於核准的專利，或是根據早期公開制度已經被公開或視為公開 (deemed published)(註：指的是根據 WIPO PCT 指定國家為美國的申請案) 的專利申請案，其中核准的專利或是公開案係為其他發

明人所申請 (註：申請案與引證案的發明人若有所不同，就符合法條規定的為其他發明人所申請)，且其有效申請日係早於申請案的有效申請日。也就是說，早於有效申請日的專利、公開的文獻、公開使用、販售或公眾可取得都會使得申請案欠缺新穎性，而無法取得專利。申請專利範圍的所有限制條件都必須完全相同的形式出現在單一先前技藝，才會構成預見 (anticipate)。要注意的是，發現已存在物質先前所不為人知的性質或功能，或是對先前技藝的功能做科學性的解釋，都無法使得該原有的物質再賦有新穎性，有就是說不能根據新性質或功能，而再取得此已存在物質的專利。

另美國專利法第 102(b) 並規定新穎性不會構成先前技藝的兩款排除條款 (exception)，第一款是規定在專利有效申請日前一年或一年內的揭露，如果揭露係由發明人或共同發明人所為【註：如果發表的著作人中有的不是申請案的發明或創作人，縱使在揭露的一年或一年以內提出專利申請，因不符合於法條中規定的「由發明人或共同發明人所為」，此著作就會構成先前技術)，或其他人由發明人或其共同發明人直接或間接所取得；或者是公開展示係由發明人或共同發明人所為，或是其他人由發明人或其共同發明人直接或間接所取得，而在揭露的一年或一年以內提出專利申請取得申請日，則此揭露就不會構成 102(a)(1) 的先前技術，這就是所謂專利申請的優惠期 (grace period)[註：根據教育部的字典解釋，「優惠」指的是優待施惠，或是比一般豐厚或優渥的意思，「寬限」則是延緩期限，似乎會較為妥切】。美國專利審查基準 2153.01(a) 還提到專利申請人可參照 37CFR1.77(b)(6) 和專利審查基準 608.01(a) 的規定，於說明書中描述有關寬限期的事宜，可節省審查和答辯的相關成本。

專利申請人為了避免被新穎性核駁，當然就要做好先前技藝檢索，包括專利資料、期刊文獻和網路等，請參考第 3 章所提到 GRP 的觀念，至於要如何做好專利檢索，則可參考本書第 6 章專利檢索章節中的思考流程圖與案例。

我們先前的研究還發現，美國審查委員就直接引用申請人在資料揭露聲明書（information disclosure statement，簡稱 IDS）中所列舉的先前技藝來做新穎性的核駁。因此，我們會傾向於建議在說明書中描述申請案與 IDS 中列舉先前技藝的差異性。理論上，對於專利說明書中已經描述申請案與先前技藝的不同點，審查委員就不能夠再以相同的理由來核駁，除非其能夠找到具有說服力的證據。別忘了，「舉證之所在，敗訴之所在」。【註：證據不在多，貴在有效 (鐵證如山)；另證據也不怕多，多證同向，更接近事實。】

（四）非顯而易知性

　　請求專利保護的發明，雖無 35USC§102 之規定有完全相同的先前技藝，但對於該技術領域具有一般技藝者而言，在其有效申請日之前以申請案的整體來看，若其與先前技藝的差異性是顯而易知的，則仍不得授予專利。（35USC103 核駁）。

　　2007 年 4 月 30 日美國最高法院的 KSR International Co. v. Teleflex Inc. 案，美國最高法院撤銷 CAFC 所發展出教示（teaching）、建議（suggestion）或動機（motivation）的檢查方法（簡稱 TSM 檢查法）。美國最高法院指出若研究成果是一般程序所可以預期的，這種一般性的創新結果並不屬於專利法要保護而授與其排他權的標的，否則專利將會扼殺而不是在提升有用技藝的發展。從而，結合已知元件的發明，如果其結合的結果只是得到可預期的結果，這種一般性的發明對於該技術領域具有一般技藝人士是顯而易知的，是不能夠授與專利保護。

　　美國最高法院的 KSR 案明顯地墊高了取得專利的門檻，我們先前的研究也發現 CAFC 判決顯而易知的比例也顯著的增加。而除了 KSR 之外，美國審查委員也會經常引用 1966 年最高法院的 Graham v. John Deere Co 案，會確認出先前技藝的範圍、請求保護標的與先前技藝的差異以及該技術領域具有一般技藝人士的程度，然後說明顯而易知的核駁理由。

　　目前美國審查基準中有列出可能支持顯而易知核駁的理由，包括：

1. 根據已知的方法結合先前技藝的元件，而得到可預期的結果；

2. 用已知元件的簡單替換，而得到可預期的結果；

3. 使用已知的技術以相同的方法來改善類似的裝置（方法或產品）；

4. 運用已知的技術到已知裝置（方法或產品）來做改善，而得到可預期的結果；

5. 顯然要去嘗試（obvious to try），從有限數量的已知且可預測的解答中做選擇，而有合理成功的預期性；

6. 根據設計或市場上的需求，某領域的已知技術可能引發相同領域或不同領域的變更，而此變更是該技術領域具有一般技藝者是可預期的；

7. 在先前技藝中有教示、建議或動機，使得一般技藝人士來修改先前技藝或結合先前技藝的教示，來得到所請求保護的發明。

　　目前美國專利申請的實務，就是經常會看到審查委員根據申請案的申請專利範圍，分別找到所列舉元件的先前技藝，然後就說此發明是該技術領域具有一般技藝人士是顯而易知的。為了避免 103 的核駁，就是要在說明書中凸顯出申請案的

非顯而易知性，而最佳方式就是能夠表現出比前案或先前技藝更為新的、意想不到（unexpected）、出人意外的（surprising）或是功能更佳的結果。

再則，還可透過所謂的第二層考量（Secondary Considerations），包括商業成功、長期以來渴望的需求、他人無法達成、業界所公認的、被懷疑或不相信的表示、不可預期的結果和被他人所仿效等，來答辯或主張非顯而易知性。不過當顯而易知性的表面證據很強，像是先前技藝的組合已經揭露了申請專利範圍中的所有限制元件，就不容易成功地主張第二層考量，2016 年 2 月 26 日 CAFC 的 Apple Inc. v. Samsung Electronics Co., Ltd. 案就是最好的說明，蘋果公司主張 iPhone 的商業成功與為他人所仿傚，CFAC 仍然認定滑動解鎖專利是顯而易知無效。不過，同年 10 月 7 日 CAFC 又以全院聯席審理的方式，重新判決了此案，因為受限於 2015 年美國最高法院的 Teva 案的拘束，CAFC 認定上訴法院的工作應侷限於確認陪審團的認定是否有實質證據的支持，而且根據美國第九巡迴庭的標準 (Ninth Circuit standard)，上訴法院不能夠定論說證據只會支持一合理的結論，而該結論是違背地院陪審團的認定。而根據被告所提出兩筆先前技藝的教示，以及呈獻給陪審團的客觀標記 (第二層考量)，像是仿傚、業界讚美、商業成功和長期渴望的需求都強烈地排除讓 CAFC 認定該申請專利範圍是顯而易知，所以，全院聯席審查中大多數的 CAFC 法官同意地院的非顯而易知的判決。

除此之外，CAFC 所指出先前技藝中有批判、懷疑或其他不鼓勵採用的反向教示（teach away）；美國最高法院指出的結合動機和成功合理的期待性等，也是答辯顯而易知核駁的有力著墨點。還有亦可考慮美國專利審查手冊中有舉例的顯而易知答辯，如（1）該技術領域具有通常技藝人士無法用已知的方法來結合，像是有技術上的困難度；（2）所結合元件不單只是發揮單獨使用各元件的功能；或（3）結合有不可預期的結果。

（五）雙胞

專利雙胞（double patenting）係不能允許的，用以防止不正當地延長專利期限，會構成美國專利雙胞就是至少有一相同的發明人、專利權人、或是不同專利權人但有共同研究契約。通常有兩種專利雙胞，一種是相同發明的雙胞，會被審查委員用 35USC§101 核駁；第二種為非法定的雙胞（nonstatutory-type double patenting），係由美國司法判決而來，禁止第 2 件與第 1 件專利的申請專利範圍有不可專利性的區別，主要還是為防止以不當手段來延長專利期限。

美國專利制度從 1995 年 6 月 8 日起導入了暫時申請案（provisional patent application，簡稱 PPA），在 PPA 提出後的 12 個月內，若書面敘述和圖示等支持所主張的主題標的，申請人就可主張 PPA 的申請日當作專利申請案的申請日。可是有許多申請人似乎過於樂觀，就根據相同的 PPA 而提出許多專利申請案，我們先前的研究發現，竟然有申請人以相同的 PPA 提出 5 個甚至是 7 個專利申請案。所以專利申請人一定要在說明書中說明各申請案之不同點，否則就只能提出期末拋棄（terminal disclaimer）來克服此核駁。

（六）致能性

美國專利法 35USC§112（a）對於說明書的一般性規定就是：說明書須包含發明的以及其製造和使用的方式（manner）和程序（process）之書面敘述（written description），要以完整（full）、簡潔（concise）和正確（exact）的術語，來使得熟悉該技術領域或最具有關連的技藝人士，能夠製造和使用相同的發明，而且說明書要提出發明人或共同發明人所考量的最佳模式（best mode）。而書面敘述、致能性和最佳模式也就是美國專利法對於專利說明書的三大要求。其中致能部分就是要求說明書要以清楚和正確的術語來描述，使得該技術領域具有一般技藝者，無須過多的實驗就能夠製造和使用該發明。致能性的規定除了做為專利法中揭露的功能，還能夠阻卻不可實施的發明取得專利，以及防止過度寬廣的申請專利範圍。

美國審查委員對於說明書是否符合 35 USC §112 所規定致能性的考量因素，包括必要實驗的個數、說明書中所呈現的指引的量、有無實施例、發明本身的性質、先前技藝狀態、技術領域相關的技藝、技術領域的可預期性和申請專利範圍的大小。

最典型的致能性核駁就是申請專利範圍遠大於說明書中的揭露，例如 1997 年 7 月 美國 CAFC 的 The Regents of the University of California v. Eli Lilly 案，加州大學從大白鼠定序胰島素的 cDNA 序列，卻申請脊椎和哺乳類動物的 cDNA 的權利範圍，就是違反致能性的規定。事實上，專利制度根本不允許沒有相當揭露，卻申請所謂包山包海的權利範圍，縱使專利被專利局審查通過，將來在法院還是會被認定為無效。

至於申請種屬概念的權利範圍（claimed genus），需要多少個屬於該種屬的實施例才足以支持？美國專利審查基準也只是說有足夠代表性的實施例，使得該技術

具有技藝人士能夠不須過多的實驗，就能實施該權利範圍。例如有人、大白鼠與兔子的實施例，就有機會可取得哺乳動物的權利範圍，但是若只有大白鼠的實施例，卻請求哺乳動物的權利範圍，恐就會不符合 35 USC §112 致能性的規定。

　　2008 年 9 月 8 日 CAFC 的 Carnegie Mellon University v. Hoffman-La Roche Inc 案中，專利權人在 4,767,708 的說明中只揭露出含有大腸桿菌的 polA 基因的質體（plasmids），但所請求的權利範圍卻含括到所有的菌種。CAFC 法官在判決書中就提到，'708 號專利係為一含有 DNA 序列的重組質體，只以其功能來廣泛地定義，所請求種屬的申請專利範圍不是限制在單一的菌種，而是廣泛地包含到所有的菌種。在當時有成千上萬種菌種，只有三種菌的 polA 基因被定序出來，而此專利說明書所描述的只是其中之一的大腸桿菌，因此沒有揭露出其他菌種 polA 基因的核酸序列或其他特性，從而 CAFC 就確認地院專利無效的判決。

　　2009 年 9 月 25 日 CAFC 的 Janssen Pharmaceutica N.V. v. Teva Pharmaceuticals USA, Inc 案中有討論到致能性的議題，CAFC 引用 1997 年的 Genentech, Inc. v. Novo Nordisk A/S 案強調說：致能性的要求可預防只是想法（mere ideas）就被授予專利，一個發明必須有致能的揭露才能授予專利保護，一般性的想法不管是可或不可運作的，若只是含糊提示（vague intimations）是不能授予專利的，只是提出想法的萌芽（mere germ）並無法成為致能的揭露。

　　本案中係爭的美國第 4663318 號專利的全文影像只有兩頁半，美國地院判決此專利說明書沒有致能性的揭露係屬無效，因為申請人在答辯時提到動物實驗已經開始進行，而說明書中並沒有動物實驗的資料，也沒有描述使用的劑量。CAFC 確認地院的判決說，治療疾病的方法專利通常會包括試驗的結果來符合實用性的要求，所為試驗的結果不見得需要是要第二期的人體試驗，但比較可能是要有動物試驗或試管（in vitro）的研究。

（七）書面敘述

　　35USC§112 第 1 段中致能性與書面敘述很容易讓人混淆，2010 年 CAFC 全院審理（en banc）的 Ariad Pharmaceuticals, Inc. v. Eli Lilly and Co 案，更是確認致能性與書面敘述係屬兩個不同的規定。書面敘述的規定是對於所申請權利範圍效能或功能的特性，在說明書中必須要有足夠的說明來達成此功能。例如化學類的相關發明，沒有揭露化合物的結構或物理性質，就無法請求此主題標的權利範圍。

　　美國審查委員在審查是否符合書面敘述的規定時，會先確認申請的權利範圍、比較說明書中的揭露與所申請的權利範圍，然後看在申請日當時，專利申請人是否能擁有其所請求的權利範圍。考量的因素包括付諸實施（reduction to practice）的程度、圖示或化學結構式的揭露、足夠相關可辨識的性質像是結構、物理、化學或功能性質、實施方法、該技術領域所需的技藝水準以及該技術領域的可預測性。

（八）不確定性

　　35 USC §112（b）規定：在專利說明書的最後，須有一個或多個申請專利範圍請求項，特定地指出（particularly pointing out）和清楚地請求（distinctly claiming）發明人或其共同發明人所要保護的主題事物（subject matter）。而該技術領域的技藝人士是否能夠從說明書來了解專利申請人所請求保護的主題事物，就是是否符合明確性的最好檢測。

　　2014 年 6 月 2 日美國最高法院的 Nautilus, Inc. v. Biosig Instruments, Inc 案，更是設定出「不確定性」認定的新標準，最高法院法官在判決書中強調，專利說明書不是寫給律師或一般公眾看的，而是要給熟悉相關技藝的人士，所以能夠支持專利確定性的敘述，就是要以該技藝的語詞來充分告知該發明的確定特定，並且能夠用來警示其他人該專利的排他權範圍。尤其專利更是要足夠地精確以提供其所請求保護範圍的清楚告知，否則他人就會有侵害到申請專利範圍風險性的不確定性！這也是美國專利法 112 條第二款所規定的意涵，根據說明書和申請歷程檔案來評估申請專利範圍，就能夠有合理的確定性來告知熟悉相關技藝的人士，該專利的權利範圍。此案中的第 5337753 號專利，在申請專利範圍中用了「間格關係」（spaced relationship）的語辭，可是說明書卻沒有相關的說明或定義，既然沒有清楚的告知，就被認定為不確定性而專利無效。

　　2015 年 6 月 18 日 CAFC 的 Teva Pharmaceuticals USA v. Sandoz Inc. 案，是從美國最高法院發回更審，案中的 5800808 號專利的申請專利範圍中用了「分子重」（molecular weight）的語辭，然而分子重有三種不同的量測：鋒值平均（peak average）、數量平均（number average）和重量平均，說明書與申請過程檔案並沒有明確指出是哪一種量測，從而 CAFC 就根據美國最高法院在 Nautilus 案所訂定的標準，認定專利權人沒有合理確定地告知熟悉相關技藝的人士，該權利請求項的範圍，因此係屬於不確定性而專利無效。

　　除了沒有說明或有多種可能性的語詞之外，申請專利範圍中採用含糊或不清楚的術語，也會使得所要申請的專利範圍不明確，而導致不確定性的核駁。我們先前的研究發現，像是「at least about」（至少大約）、「substantially no」（實質上沒有）、「substantially complementary」（實質上補足）、「associated」（關聯）、「from about 20% to about 30%」（從大約 20% 到大約 30%）、「larger」（較大的），由於專利申請人在說明書中都沒有定義這些術語的意義，而被美國審查委員用 35 USC §112 的不確定性核駁。而美國專利審查基準（US Manual of Patent Examining Procedure，簡稱 MPEP）中，也列舉出申請專利範圍中用「for example」或「such as」的字詞，會使得所要請求的權利範圍不清楚。

　　當然，如果能夠讓該技術領域具有通常技藝者，從說明書的描述可確認出申請專利範圍，就可避免專利申請案被審查委員用不確定的理由核駁。事實上，審查委員也可能審准本質上不是很精確的字詞，但是，該術語一定要是技術領域技藝人士所能理解的，或是在說明書中定義清楚範圍。

第三節　美國專利申請須知

　　美國申請流程圖 4-3-1 所示，37 CFR 1.77 規定美國申請案送件時，文件的安排順序為實用專利申請表（Utility application transmittal form）、規費表（Fee transmittal form）、申請相關資料（Application data sheet）、說明書（Specification）、圖式（Drawings）、宣誓書或聲明（Executed oath or declaration）。而其中說明書部分的排序則依序為：發明的標題、發明背景（Background of the invention）、發明總結（Brief summary of the invention）、圖式說明（Brief description of the several views of the drawing）、發明詳細的描述（Detailed description of the invention）、申請專利範圍（A claim or claims）以及摘要（Abstract of the disclosure）。根據 37CFR1.52(b)(5) 的規定，說明書部分、申請專利範圍和摘要需要一起編頁碼，頁碼最好是置於文字下方。

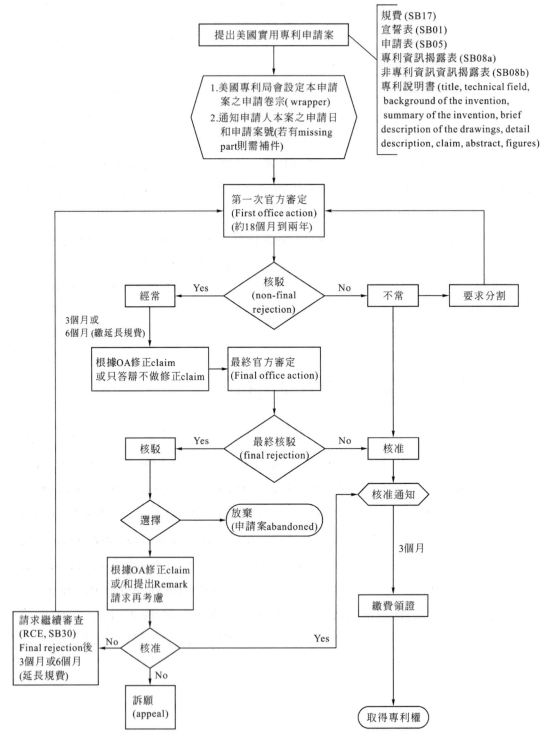

圖 4-3-1　美國專利申請流程圖

　　美國專利審查基準 § 1.72 規定發明標題不可超過 500 個字元，且必須盡可能地越短和越特定越好，若採用專利局自動資訊系統所無法辨識和記錄的字元，則其可能就不會出現在專利局的紀錄或文件檔案中。發明的標題應放在說明書部分的第 1 頁。

　　說明書中技術揭露的簡短摘要必須從另頁開始撰寫，要放在申請專利範圍的後面，以「Abstract」或「Abstract of the Disclosure」當標題。根據 35 U.S.C. 111 的規定，摘要部分不可超過 150 個字。摘要的目的是要讓專利局和公眾快速地約略地檢視該發明技術揭露的本質與要點。

　　發明背景通常包含兩部分：(1) 發明的領域，陳述發明所屬的技術領域，可包括對於其所適用美國專利分類號定義的描述，應指引到所請求保護發明的主題事物。(2) 對相關技藝的描述，以一段落描述先前技藝目前的發展程度，或是請申請人所知悉的包括特定先前技藝的參考資料或其他重要相關的資訊等。若適用時，專利申請人應指出申請案所要解決的先前技藝所關聯或其他資訊所揭露的問題。發明總結應放置在詳細說明之前，要指出發明的本質（nature）和主旨（substance），而描述出發明的目的，與所請求保護的標的相呼應。

　　值得一提的美國 MPEP（專利審查基準）被稱為審查委員的聖經，詳載專利申請過程中可能遇到狀態以及相關的規定等，如果遇到專利申請等問題可上美國專利局網站查詢相關章節，一定會有幫助。

一、先發明到先申請主義

　　美國一直採用「先發明主義」（first-to-invent），即專利是授與先將發明付諸實施（reduce to practice）的人，經常就會有專利權爭議（interference），而為證明發明的日期和時間，實驗或發明紀錄簿上的紀錄和有見證人簽名等就非常重要。不過美國總統於 2011 年 9 月 16 日所簽署的 Leahy-Smith America Invents Act（簡稱 AIA），已經改成「先申請主義」（first-to-file），簽署後的 18 個月，也就是適用於在 2013 年 3 月 16 日起所提出的專利申請案。

二、暫時申請案（provisional patent application，簡稱 PPA）

　　美國為配合關貿總協於 1995 年 6 月起導入暫時申請案，這也是一般常聽到所謂的國內優先權制度（domestic priority）。當有發明或創作產出時，經常為想到以

申請專利來尋求法律上的保護，但是請專利代理人撰寫申請書、答辯、再審查、領證和繳交規費與維持年費等等所費可謂不貲，一件美國專利申請案（regular patent application，簡稱 RPA）大約是在新台幣八萬到十萬之間，然而還不知道將來所拿到的專利權是否有價值？到底只是獎狀壁紙？亦是會下金雞蛋的母雞？是否一定要先付出這麼昂貴的消費？

暫時申請案（PPA）似乎就可以提供另一種選擇，因為其所需的規費較少；而 PPA 的內容包括：詳細的製作和使用說明、必要的圖示、申請書函（a cover sheet）、規費、足夠郵資的通知用名信片和小個體（small entity）宣告書等，所以請代理人的費用也較低；另外，對在一年內所提出的專利申請案也可以透過 PPA 而優先取得申請日，進一步地說可以利用 PPA 來試探發明或創作的價值，在一年內從市場的反應再決定是否提出 RPA。

除了申請日的取得外，PPA 也可以讓發明或創作擁有標示和宣稱專利申請中（patent pending）的權利，意即此創作就可以發表、販售、展示等等，而不用擔心該智慧財產權會被侵害或可能喪失之情形。還有也可以把專利申請案轉成 PPA，然後再提出專利申請來使得專利權的起算日延後，美國專利提出申請後一年內，只要有申請書（信函）和規費就可以將 RPA 轉成 PPA，然後於原美國專利案提出申請後的一年內再提出另一個 RPA，而此新提出的 RPA 就可以享有該 PPA 的申請日，而專利權則是從新的 RPA 申請日開始算起，也就是說可以透過轉換和重新提出申請而把專利權延長約一年的光景。

有優點就有缺失，因此 PPA 亦非只有利而沒有負面效益，例如：提出 PPA 後發明人可能就隨而怠於去建構或測試創作等；PPA 可能無法完全涵蓋整個後來 RPA 的內容，而無法保有 PPA 的申請日；或者是如上所述，以相同的 PPA 提出超過 1 件以上的 RPA，而鬧出雙胞的問題；申請 PPA 後若欲申請外國專利同樣也要在 1 年內提出。事實上，提出 PPA 後到正式 RPA 的申請之期限根本不到 1 年（大約只有 10 個月）的時間，想在這麼短的時間內找到有興趣的廠商和談妥技術授權等似乎是有較高的挑戰！因此大多發明人恐怕還是要靠自己提出 RPA。不過，值得一提的是，美國 Thomas Jefferson 大學技轉辦公室的主任 Katherine Chou 說其都是在提出 PPA 後就開始謀合技轉，相信其所謂用做商業的方式來做技轉，就是這種主動積極的道理吧！

綜合上述，似乎是有下列情形才考慮去申請 PPA：經費不足想利用 PPA 來尋求資源；意識到自身的發明很可能被侵害或者有他人也在進行類似的創作，而可透過 PPA 儘早取得申請日；或是創作內容已經公開而且已接近 1 年的寬限期卻仍未提出 RPA，這時是可以先以 PPA 搶得申請日，因爲準備 PPA 畢竟比 RPA 來的容易。值得一提的是，美國的 PPA 也可用來主張後來台灣申請案的優先權日，換句話說，台灣的智慧財產局會買美國 PPA 的單。

三、資料揭露聲明書（information disclosure statement，簡稱 IDS）

根據 37CFR§1.56(a) 的規定發明人、申請人和代理人在專利申請過程中，對美國專利局要有誠實公正（candor）及善意（good faith）之義務，爲合乎此義務就要將所知悉任何可能影響到審查委員作判斷的資料提交美國專利局，只要是對該申請案之專利性有實質重要（substantial likelihood）的資料（material），就需要包含在 IDS 中，例如該美國申請案在其他國家審查時被引證的資料、任何相關申請案所引證的先前技藝、若有訴訟時的相關資料、先前公開使用或販售的資料等等。美國專利局網站上有 IDS 的表格，PTO/SB/08a 填寫專利文獻、PTO/SB/08b 則填寫非專利的相關文獻，以及表上所列文件之影印本，若是呈送非英文之文獻則要附上簡要之英文說明。

儘管 IDS 並不是必要的，卻可以藉由 IDS 來列出相關先前技藝，能夠讓審查委員考慮進而將其列在引證文獻（references cited）中，而透過相關先前技藝來凸顯出申請案的新穎性和非顯著性。不過，如上所述，有審查委員就直接引證 IDS 的文獻來核駁，所以，若有提出 IDS 時，一定要說明其與申請案之不同。

在美國專利訴訟，被告侵權者除了主張專利無效之抗辯外，還有專利不可實施（unenforceable），而構成的原因就是不當行爲（inequitable conduct）和專利濫用（misuse）。而專利申請人必須揭露出其所知悉的有關申請案的資訊，只要是資訊有其實質性（materiality）且申請人有其意圖（intend），就可能構成專利無法實施。

專利無法實施是會影響到整個專利權的主張，而不像某個申請專利範圍無效僅及於該項次。不當行爲就是所謂的用不乾淨的手（unclean hands）欺騙專利局來取得專利，是不能透過再授證的方式來補正，而且還可能波及其他相同的技術家族（technology family），影響整個專利布局（patent portfolio），甚至還會因而被法院判定要賠償被告的律師費用。

四、分割案（divisional applications）

一專利申請案的申請專利範圍中如果包含了兩個實質不同的創作，美國專利商標局就會要求申請人保留其中的一申請專利範圍，而另外一申請專利範圍則需要提出另外的申請案，此一申請案就好像是從原案所分割出來的因而名之，分割案可以保有母案（original 或 parent application）的申請日，申請的時機必須在母案核准之前，分割案若經核准後會顯示出其申請號和母案的申請日。

基本上，相同的發明或創作只能夠成為一件專利，若變成兩件專利就是所謂的 double patenting （簡稱 DP），將導致兩件專利都無效！因此若是由審查委員提出原申請案是包括兩個或以上實質不同的創作，申請人就可以將其他的申請專利範圍分割出來而提出分割申請案，而不會受到雙重專利申請以致專利無效的威脅！相反的，要是審查委員並沒有要求，申請人卻自行提出分割申請案，這時就要小心以免變成 DP 將導致兩件專利都無效。

所以在申請第二件專利時就需要注意 DP 的限制，以免導致兩件專利都無效，另外則有所謂的期末拋棄（terminal disclaimer，簡稱 TD），在第二件專利核准時（the later issuing case）提出 TD，願意使得第二件專利和第一件專利同時到期，也就是說把第二件專利所超出第一件專利的年限予以拋棄。然而值得一提的是，如果兩件專利的申請專利範圍是一模一樣時，TD 還是沒有辦法避開 DP，只有對於沒有顯著專利性差異（patentably distinct）而申請專利範圍不同的兩件申請案，TD 才可以避的開 DP，有期末拋棄的美國專利會在專利的首頁上出現「This patent is subject to a terminal disclaimer」之告示（Notice）。

五、延續申請（continued application）

從 2000 年 5 月 29 日後提出的申請案，若要延續則需根據 37CFR§1.114 的延續審查（request for continued examination，簡稱 RCE），而且從 2000 年 8 月 16 日起，必須在接到最終審定核駁（final rejection）的寄出日（mailing date）算起 3 個月或 6 個月（延展規費）內提出，事實上，RCE 是以繳交申請規費的方式來請求對相同的發明再審查，RCE 事實上就是與母案是相同的創作或發明，當然就不能夠導入新的事物（new matter），理論上可以無限制地提出 RCE 和延續申請，若是如果沒有新的證據或觀點（slant）或是對於被拒絕的申請專利範圍未作適當之修正，還是

很快地就會被核駁。根據 1994 年 12 月簽署 1995 年 6 月生效的 GATT 規定，RCE 申請所得到專利的年限還是從母案申請日算起 20 年，所以一直申請 RCE 就會導致專利權年限的縮水。

六、部分延續案（continuation-in-part application，簡稱 CIP）

當發明人對母案有新的改進且是先前未揭露的事物時就可以提出 CIP，當申請 CIP 後母案通常是要拋棄以避開 DP 之問題，否則就得利用 TD，只有在 CIP 與母案間有顯著專利性差異時兩者才可以共存。CIP 的優點是其與母案相同的部分可以擁有母案的申請日，當然對於新事物的申請日還是要根據 CIP 的提出為準，而且只需要支付一件專利領證及維持年費，而其缺點就是專利年限是由母案的申請日算起 20 年。

七、再發證申請案（reissue application）

在專利權年限內，專利權人若發現申請專利範圍不夠大、專利權範圍太大、或者是說明書內有明顯的錯誤時，就可以提出再發證申請，而此再發證的專利就會取代母案，但是專利權有效年限還是同於母案。值得一提的是，如果要擴大申請專利範圍則必須在母案核准後 2 年內提出，當然利用再發證來擴大申請專利範圍也不能夠有復奪（recapture），亦即再發證所擴大的權利無法及於當初母案在申請時為了克服專利要件所限縮的權利。而從母案到再發證核准間有所謂的先使用權（intervening rights），也就是說在該期間製造、販賣及使用擴大專利範圍後的產品或方法，只要是並沒有侵害到母案所核准的範圍，基本上還是被視為沒有侵權行為。

八、早期公開（eighteen-month publication）

對於 2000 年 11 月 29 日以後所提出申請的實用型（發明）和植物專利，美國在 2001 年三月中旬起也開始實施申請後 18 個月的早期公開，而從公開後到正式核准間則對專利權人有暫准的權利（provisional rights，35USC§154(d)）。

然而，美國的早期公開也不是必要的，只要相同的申請案沒有在其他國家或地區早期公開，亦可填寫 PTO/SB/35 表來請求不早期公開，但是一定要在提出專利

申請當時就要提出，不能事後申請不早期公開。當然申請人可隨時根據 35 U.S.C. 122(b) 的規定撤銷不早期公開的申請。要注意的是，若同一申請案後續在其他會有早期公開制度的地區提出申請，則必須要在申請後的 45 天之內告知美國專利商標局，要是未作告知將導致該美國申請案被拋棄（abandonment），也就是說，同一發明若在其他地區會被早期公開，在美國也一定要公開。

其他像已經核准的專利申請案、會涉及美國國家安全和暫時申請案也都不用早期公開，申請人也可以在交件時就提出不要早期公開的申請，如果萬一沒有提出申請卻還是想要避免被公開，則可以根據 37CFR § 1.138(c) 請求快速放棄（express abandonment）以避免申請案的公開，但是至少需要在公開日的大約 4 個星期前提出請求（petition）。

之前早期公開的費用是在領證時才繳交，不過從 2014 年起，美國專利局把早期公開的費用調降為零元。另在申請案公開時，申請人也會收到通知，而公開的形式幾乎就是現行美國專利公告的內容，只是在公開號後接有 A1。事實上，從 2001 年 1 月 2 日以後所核准的美國專利在其專利號後也多加上 B1 來與早期公開的專利申請案作一區別，第一件公開的美國案就是編號成 US20010000001A1，而其申請日期正是 2000 年 11 月 29 日需要成為早期公開的法定日。

值得一提的是，如下所述的美國發明法案（America Invents Act），有規定授證前的文件遞交，可提供相關文獻來阻礙競爭對手專利的授證，但若採用申請美國專利不公開的策略，就可避開授證前的相關挑戰了！

九、專利權年限調整（patent term adjustment）

從 2000 年 5 月 29 日以後所提出的美國專利，實用型專利的年限是由申請日算起 20 年，再加上審查過程中所導致的專利權年限調整。要是美國專利局無法在三年內審查完成、未遵守所謂的 14/4/4/4 的預定時限、或是由於保密要求、專利權認定的衝突（interference）和上訴（appeals）等所造成的延遲都可能會有最高到五年的專利權年限調整來作為補償。

14/4/4/4 的預定時限就是指美國專利局要在從申請日算起的第 14 個月內發下第一官方審定（first office action）、在答辯後 4 個月內發出審理通知、在專利上訴暨衝突調節委員會（Board of patent Appeals and Interferences，簡稱 BPAI）或法院作出決定後 4 個月內發出審理通知、在繳交領證費後 4 個月內發證，如果美國專利

局未遵守 14/4/4/4 的預定時限，就會根據延遲的天數來補償專利權人。要是超過 3 年審查完成的期限也要根據延遲的天數來作補償，但是 3 年的算法不包括 RCE、因為保密要求、專利權認定的衝突和上訴等所用之時間，當然也不含申請人自行所延誤的時間。值得一提的是，同一原因所造成的延遲只能夠計算一次，例如美國專利局在繳交領證費後第 5 個月才發證，而此專利從申請到發證總共時間為 37 個月，因而此專利權年限調整只能算成一個月，並不可以重覆計算成兩個月。還有要是專利有 TD，其專利權年限調整也不能夠超過 TD 的日期。

　　相反的，申請人在專利申請過程中未盡應有的努力而所導致的延誤，則美國專利局也會根據 35USC§154(b) 來對其專利權年限調整來加以限縮，例如沒有在法定的三個月內對審定作出答覆、超出期限才補交大多數的文件等等，不過專利權年限調整最少為零而不會為負值。美國專利期限調整會在首頁中以標註（notice）方式告知，如圖 4-3-2 的舉例所示。

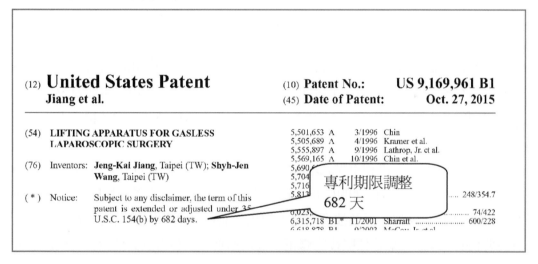

圖 4-3-2　美國專利首頁上標註的專利期限調整

十、上訴前簡要請求評估（pre-appeal brief request for review）

　　美國專利局從 2005 年 7 月 12 日起開始執行上訴前簡要會議（New Pre-Appeal Brief Conference Pilot Program）的先導計畫，此計畫係提供管道，讓專利申請人在提出上訴之前，先請求審查委員組成的專門小組正式地評估所被核駁申請案的法律和事實基礎。美國專利局希望透過此選擇性的程序，來評估申請案是否真的需要上訴，以節省專利申請人和專利局因為不需要的上訴而額外耗費的時間和資源。

　　根據目前的美國專利實務，對於申請專利範圍請求項已經被核駁兩次，申請人就可向美國專利上訴委員會提出上訴。上訴時，申請人首先要在規定的期限內（如圖 4-3-1 流程圖中最終核駁後 3 個月內，或是繳交延期規費延長到 6 個月），填寫 PTO/SB/31 提出上訴申請（notice of appeal）和繳交規費；而提出上訴申請後 2 個月內，則要提出上訴簡要說明（appeal brief）和繳交規費，而此 2 個月的時間係可繳交規費來延長。

　　而此先導性計畫，就是讓申請人提出上訴簡要說明之前，得以請求目前服務於美國專利局的審查委員組成專門小組來評估上訴之標的，計畫的目標包括，確認是否有明顯不適當的核駁和原審查委員所建立表面證據（prima facie）的核駁是否缺乏必要之元素。

　　當專利申請人認為核駁理由是明顯的不適當和沒有核駁根據，就可提出此上訴前評估，專門小組會在收到申請後會加以審查，45 天內會以書面答覆，而專門小組的決定就有可能使得申請案不用進入上訴委員會，當然，也就不需提出上訴簡要說明。上訴前評估主要是針對引用法條錯誤或欠缺事實根據的核駁；而傳統上訴程序則是對於申請專利範圍或先前技藝教示的解讀錯誤。專門小組的審查結果若是不利於申請案，申請人則必須在上訴前評估發文日的一個月內提出上訴簡要說明。

　　專利申請人必須提出符合 37 CFR41.31 規定的上訴申請時，同時提出上訴前評估。而應準備的文件包括：(1) 要請求評估申請表（PTO/SB/33）；(2) 5 頁的討論內容（remark），以簡潔和重點式地說明原審查意見謬誤之處；(3) 上訴申請以及 (4) 此上訴前評估不可附有任何的修正。遞件的方式可郵寄到美國專利局的 Mail Stop AF、傳真或臨櫃遞件。而要注意的是，提出上訴前評估的申請之後，若又提出上訴簡要說明、RCE、最終核駁後的修正、快速拋棄、宣誓書或其他證據，則此上訴前評估的程序就會被終止。

　　討論或爭論的內容應具體說明，原審查核駁的明顯謬誤之處或建立表面證據核駁所缺乏的必要元素。例如應指出審查委員 35 U.S.C. 103 顯而易知性來核駁，但是引證文獻卻欠缺申請專利範圍中的一限制條件，或是審查委員沒有指出適當的動機來做出如申請案之修改。美國專利局鼓勵申請人引用先前檔案中的爭論點，而不要在上訴前評估的申請書中重覆描述，可引用先前地交的文件編號和相關的位置，如參見文件編號 3 的第 4 到 6 頁，但是千萬不要只引述說參見檔案中的爭論或文件編號 3，卻不標示出位置，這樣對評估沒有幫助，也會使得真正要評估的議題變得模糊。

上訴前評估的申請書不能超過 5 頁，討論的內容應就是事實上有明顯謬誤之處或其他的缺失，並不需要冗長的解釋，因為上訴前評估係侷限在可上述的標的而不是在請求。至於欠缺事實基礎的議題，像是解讀先前技藝的教示或是申請專利範圍有明顯的謬誤，則是適合於傳統上訴的程序，對於解讀的適切性，美國專利局則建議就及時地提出上訴簡要說明。因為上訴前評估並不是另一種選擇性的上訴。

美國專利局收到上訴前評估的申請後，技術中心的主管會成立由該技術領域有經驗審查委員所組成的專門小組，來評估申請人所提出的討論點和審查委員的核駁，申請人是無法參加上訴前評估，也不能要求面談。專門小組會評估申請書中所提出的核駁和支持核駁所需要的證據，然後決定此申請案是否真的需要上訴到專利上訴委員會。而上訴前評估完成後，專門小組的決定會有 4 種，認定 1：申請案維持上訴，因為至少有一上訴的議題；認定 2：爭論有理由，隨後將有適當的審定書，有時專門小組的決定會附上建議的修改，若申請人接受，就會成為可審定的申請專利範圍；認定 3：目前的申請專利範圍應可審准；認定 4：上訴前評估的申請不符規定，請求被裁定取消。而專門小組的決定也會總結出申請案的所有申請專利範圍的況態，像是還是核駁、撤銷核駁、不核准或可核准的申請專利範圍。

十一、上訴到專利上訴委員會

美國專利申請案的任何一項申請專利範圍被核駁過兩次，就可請求上訴到美國專利上訴委員會，要在核駁後的 3 個月或繳交延期規費的 6 個月內，填寫 PTO/SB/31 表提出上訴的申請（Notice of Appeal），然後在申請後的兩個月內，提出上訴的理由書（appeal brief）和繳交規費。

而上訴理由書應按下列各標題來撰寫，包括：

(i) Real party in interest：上訴關係人的姓名；

(ii) Related appeals and interferences：相關上訴案件

(iii) Status of claims：描述申請專利範圍的狀態，被核駁、審准或確認、撤回、標訂或是取消，以及指出要上訴的項次；

(iv) Status of amendments：自最終核駁後，申請專利範圍修正情形；

(v) Summary of claimed subject matter：精簡地描述上訴獨立項的主題事物；

(vi) Grounds of rejection to be reviewed on appeal：精簡地描述要上訴審查的核駁理由；

(vii) Argument：提出核駁理由應該撤銷的論點；

(viii) Claims appendix：申請專利範圍的表列附錄；

(ix) Evidence appendix：相關的證據附錄；

(x) Related proceedings appendix：相關上訴的決定書附錄。

而當申請人提出上訴理由書後，原審查委員也就會據以提出答覆書（examiner's answer），而審查委員在答覆時，會再次審視該申請案，有時候可能就會改變審定，不過通常還是維持核駁。若審查委員的答覆是維持核駁，申請人得在審查委員的答覆書發出的兩個月內，針對審查委員答覆書的內容提出答辯（reply brief），供上訴委員會參考。上訴申請人亦可請求聽證（hearing），不過要繳交聽證費用。要注意的是，提出上訴（notice of appeal）以及在審查委員答覆書後將申請案轉到上訴委員會（Forwarding an appeal in an application to the Board）都要繳交規費。

上訴的結果若是不同意原審查委員的審訂，基本上就會發出核准的審定通知。但是，當上訴委員會還是同意原審定核駁意見時，申請人還可提出申請專利範圍的適當修正（an appropriate amendment）、新證據或兩者，來請審查委員再考慮（reconsideration），所謂「適當」指的是修正能夠避開上訴委員所引用的法條或理由，換句話說，只能夠就上訴被核駁的事項來加以修正。而還是堅持不修正，只好上訴到 CAFC，不過法院相關的程序曠日廢時，專利到期日是從申請日算起 20 年，可能要加以斟酌。

十二、微個體

美國 AIA 法案新增了微個體（micro entity）可享專利申請規費 75 折的優惠，根據 35USC 123(a) 對於微個體一般性規定為：

(1) 申請人須符合小個體（small entity）的定義；

(2) 先前沒有被列入超過4件專利申請案的發明人，但是排除其他國家的申請案、依35 USC 111(b)提出的暫時申請案和按35USC(a)專利合作條約提出的申請案且美國國內費未付者；

(3) 所得（gross income）未超過在美國政府調查統計局（Bureau of the Census）所公布前一年家庭住戶所得中位數（median household income）的3倍；

(4) 沒有被指定（assign）、授予（grant）、轉讓（convey）和有義務按合約或法律而要指定、授予或轉讓授權或其他所有權給其他個體，而該個體的所得超過在美國政府調查統計局所公布前一年家庭住戶所得中位數的3倍。

　　35 USC (b) 規定先前雇傭關係的對於微個體的認定，若申請人已被指定或有義務按合約或法律而要指定將申請案的所有權歸屬於先前的雇主，則申請人就不會認定係屬於35USC 123(a)(2) 所規定的先前申請案的發明人。35 USC (c) 則規定若申請人或個體的所得不是在美國時，則要根據美國國稅局（Internal Revenue Service）所報告的平均匯率，來計算其所得是否超出家庭住戶所得中位數的相關規定。

　　35 USC (d) 規範高等教育機構中符合微個體的認定為：

(1) 申請人的雇主是美國高等教育法20 USC1001(a)中所定義的高等教育機構；或

(2) 申請人已指定、授予、轉讓和有義務按合約或法律而要指定、授予或轉讓授權或其他與申請案相關的所有權給高等教育機構。

　　37 CFR §1.27 定義小個體包括：個人（person）、小企業（small business）或非營利組織（nonfrofit organization）。其中個人指的是發明人或其他個人（例如從某發明人轉移發明的權利），而沒有指定、授予、轉讓和有義務按合約或法律而要指定、授予或轉讓授權或其他與申請案相關的所有權。任何國家的大學都是屬於非營利組織，而適用於小個體專利費用減半之規定。

十三、授證前的文件遞交與授證後的舉發

　　因應美國發明法案（America Invents Act）中所規定授證前的文件遞交（Preissuance Submissions by Third Parties）的部分，美國專利局在2012年7月17日訂定出最新的規定，標題為：Changes To Implement the Preissuance Submissions by Third Parties Provision of the Leahy-Smith America Invents Act，此新的規定在2012年9月16日生效，適用於所有的申請案，不管是先前、當天或之後所提出申請。不過並不適用於再授證（reissue）的申請案，因為再授證案係屬於已授證後的程序。

根據 35 U.S.C. 122(e) 的規定，提出專利、專利申請案或其他已付印文件來做為授證前的文件遞交，其時間點為 (a) 或 (b) 中所規定較早者，(a) 申請案已根據規定發出或郵寄核准通知的日期；(b)(i) 或 (ii) 規定中較晚者，(i) 申請案第一次早期公開日後的六個月或 (ii) 任何申請專利範圍被審查而第一次核駁的日期。

利害關係的第三者（third party）要提出授證前的文件遞交，可以紙本（paper filing）或透過 EFS-web 系統從網路提出，當然必須符合上述時間的限制，以書面方式提出，內容包括：

(1) 遞交的文件表件；

(2) 每個表列文件相關性的經簡說明；

(3) 非美國專利文件的清楚影印本；

(4) 有列出非英文項目，須要加以翻譯成英文；

(5) 文件遞交者聲明書說此遞交係符合法律和相關規定；和

(6) 規費。

美國專利法第三部分專利暨專利權的保護（patents and protections of patent rights），則在第 30 到 32 章分別規定先前技藝引證到專利局和專利單方參與再審查（prior art citations to office and ex parte reexamination of patents）（35USC § 301 到 307）[註：ex parte reexamination，簡稱 EPR]、雙方參與的複審（inter partes review，簡稱 IPR）（35USC § 311 到 319）[註：拉丁語 inter partes 的意思是 "between the parties] 與授證後的複審（post-grant review，簡稱 PGR）（35USC § 321 到 329）。其中 IPR 從 2012 年 9 月 16 日取代了原有的雙方參與再審查（inter partes reexamination，簡稱 IPX）。根據美國專利局 2017 年 10 月的統計（www. uspto.gov/patents-application-process/appealing-patent-decisions/statistics/aia-trial-statistics），AIA 實施後共有 7930 件的請求案（petition），其中 IPR、PGR 和涵蓋商業方法專利之複審（Covered Business Method Patent Review，簡稱 CBM）分別有 7311（92%）、86（1%）和 523（7%）件。到 2017 年 1 月已經結案的 4220 件 IPR 中，其中有 2116 件進入審理，但是有部分因為和解、裁定不受理與請求不當審定（request for adverse judgement）在啟動審理後終止，真正走完審定的有 1441 件，其中申請專利範圍都被審定為全部無效、部分無效以及並非無效的審定案分別有 768、230 和 243 件。從此看來，美國專利有效性的爭議戰場，從法院轉向美國專

利商標局的趨勢。也難怪 2013 年 CAFC 的首席法官 Rader 在接受訪問時會提到，美國專利局有 7000 個審查委員來催生專利權，而很快地即將會有 300 位專利行政法官（administrative patent judge）專利審理暨上訴委員會（Patent Trial and Appeal Board，簡稱 PTAB），則像是敢死隊（death squads）來打敗專利權。

　　其中 PGR 是要在專利授證或再授證的的九個月內提出，舉發者不能是專利所有人或是先前在法院曾挑戰申請專利範圍有效性的人。舉發人可根據 35 U.S.C. 282(b) 中第 (2) 或 (3) 款關於無效的規定，像是新穎性、顯而易知性、書面敘述（written description）、致能性、不確定性（indefiniteness），但不能以最佳模式（best mode），來請求刪除一個或多個申請專利範圍。

　　根據法規，提出異議者必須 (i) 指出所有利害關係者；(ii) 指出所主張無效的申請專利範圍項次和其無效的理由；(iii) 所根據證據的影印本和 (iv) 規費。另外，舉發者還必須根據美國專利局的規定，要 (i) 指出其無效的理由；(ii) 所主張無效申請專利範圍的解讀；(iii) 明確地解釋不可專利性的理由；(iv) 明確地解釋所根據的相關證據。

　　根據 35 U.S.C. § 311，不是專利的擁有者即可提起 IPR 程序，在專利領證 9 個月後或 PGR 程序終止後提出，但是只能根據已核准之專利或已公開的文獻（printed publication）所組成的先前技藝，來主張系爭專利是不符合美國專利法第 102 條之新穎性及第 103 條之非顯而易知性之規定，而請求刪除一個或多個不可專利性的請求項。有人啟動 IPR 程序，美國專利局就必須在三個月內決定是否展開 IPR 相關程序，程序一旦開展，則必須在 12 至 18 個月有結論。相較於動輒數百萬美金的法院訴訟程序，IPR 的規費顯然是俗又大碗，也難怪 IPR 申請案件從 2013 年 6 月以來，每個月都超過 50 件，也成為美國 AIA（America Invents Act）法案通過後，案件量最多的一項行政救濟程序。可透過 IPR 較為快速和便宜的方式，在美國專利局來解決專利有效性的議題，來避開專利蟑螂（patent trolls）以上法院的高額費用的要脅。表 4-3-1 整理 EPR、PGR 和 IPR 的特點供大家參考。

　　不論是授證前的文件遞交與授證後的舉發，可預期的就是會對專利申請者或專利權人造成「負債」，例如要多支付專利律師的相關費用。相反地，則可以此制度來牽制競爭者，當然，先決條件是一定要充分掌握競爭者的專利申請！如第 6 章所提到，引導大家普及正確的專利觀念和重視專利資訊，實在是刻不容緩。

　　2015 年 7 月份的《Nature Biotechnology》報導有人設置圍籬基金（hedge fund）來攻擊生物科技的專利，其採用的手段就是 IPR，該基金的創始人宣稱其標的是要對準某些藥廠，使用虐待人式的專利實務來哄抬藥價，而其動作也確實撼動了生物科技業，造成短期股價的波動。而此報導也指出 IPR 對於小生技公司的衝擊最大（hardest hit），抗辯 IPR 的費用雖然不用像走法院的方式高，但是卻也要在 50 萬美元之間，對於資金見拙的小公司而言，還是筆不小的負擔。當然，一專利若能通過 IPR 的考驗，其價值就可能水漲船高。

表 4-3-1　EPR、PGR 和 IPR 之比較

	EPR	PGR	IPR
適用專利	所有未到期之專利	2013 年 3 月 16 日以後所申請的專利，授證後 9 個月內	專利授證的 9 個月後，或若有啟動 PGR，則在結束之後。若請求者或其相關單位被控告專利侵權超過一年，才請求 IPR 就可能無法啟動程序
請求挑戰專利有效性的理由與根據	新穎性與非顯而易知性，只能根據專利和印製的發表	新穎性、非顯而易知性和 35USC§112 第一段的規定（最佳模式除外），不限制於專利和印製的發表	新穎性與非顯而易知性，只能根據專利和印製的發表
提出者	第三方、專利權人、美國專利局長	除了專利權人外的任何人，但是不能夠是已經提出民事訴訟挑戰專利有效性的人	除了專利權人外的任何人，但是不能夠是已經提出民事訴訟挑戰專利有效性的人
美國專利局接受請求的標準	對於可專利性有實質上的新問題	至少有一請求項的不可專利性是有可能的	請求者至少在一個請求項是有優勢的合理可能性
提出者的匿名	可匿名	須具名	須具名

（續下表）

（承上表）

	EPR	PGR	IPR
第三方提出者的參與權	侷限於開始的提出和答覆專利權人的陳述，沒有權利參與實際的再審查	可簡要地提出和繳交支持的證據和意見，有權參與聽證	可簡要地提出和繳交支持的證據和意見，有權參與聽證
證據揭示的機會	無	證據揭示通常限制在引用的文件、交叉詰問以及程序中先前立場的資訊不一致性	證據揭示通常限制在引用的文件、交叉詰問以及程序中先前立場的資訊不一致性
提出者請求終止的權利	無	除非是已經裁定，當事人間和解是可終止程序	除非是已經裁定，當事人間和解是可終止程序
先前民事訴訟的禁止	無	若請求者提出民事訴訟挑戰專利請求項的有效性，程序可能就不會被啟動或維持，但是如果是被告而反訴的挑戰專利有效性，則不屬於	若請求者提出民事訴訟挑戰專利請求項的有效性，程序可能就不會被啟動或維持，但是如果是被告而反訴的挑戰專利有效性，則不屬於
之後程序的禁止	無	專利局、民事訴訟或美國國際貿易委員會的程序中，對於會導致最後決定的請求項，提出者所出或是合理應該已經被提出的請求項都會被禁止	專利局、民事訴訟或美國國際貿易委員會的程序中，對於會導致最後決定的請求項，提出者所出或是合理應該已經被提出的請求項都會被禁止
上訴最終裁定的權利	只有專利權人才能夠上訴，先到專利審理暨上訴委員會，再到 CAFC	兩造都可上訴，直接上訴到 CAFC	兩造都可上訴，直接上訴到 CAFC
訴訟暫停	請求暫停訴訟是按判例來決定	請求暫停訴訟是按判例來決定	請求暫停訴訟是按判例來決定

第四節　中國的專利

在 WTO TRIPs 的架構下，各國的專利法都趨近於調和，像是先申請主義、18 個月早期公開、12 個月內的優先權、6 個月的寬限期和 3 年內請求發明專利實審等，整體而言中國的專利制度與台灣、日本和德國相當。

中國有關專利之法律、行政法規和規章如表 4-4-1，另中國在 2017 年 3 月 15 日十二屆全國人大五次會議通過《中華人民共和國民法總則》，自 2017 年 10 月 1 日起施行，民法總則中明確指出知識產權為民事權利的一種，對知識產權客體做了概括性規定，以統領各知識產權單行法律，如民法總則第 123 條規定：民事主體對作品、發明、實用新型、外觀設計、商標、地理標誌、商業秘密、集成電路布圖設計、植物新品種及法律規定的其他客體依法享有知識產權。從相關的法規來看，中國專利行政的相關執行機構可區分成 (1) 國家知識產權局與各地之管理專利工作之部門，以及 (2) 國家海關總署及各地海關。而中國專利行政管轄的級別與負責事項，摘要如表 4-4-2，其中專利管理部門行政執行的內容包括：處理專利侵權糾紛、調解其他專利糾紛和查處假冒專利行為。

由於 IPR 訴訟的專業性，具有專利案件管轄權的中國法院，在 2014 年底高級法院有 32 個，在 300 多個中級法院中有 87 個，而 3000 多個基層法院，只有 6 個可負責審理實用新型和外觀設計專利案件；除此之外，有北京、廣州和上海三個知識財產權法院，以及成都、蘇州、南京和武漢四個跨地域管轄的知識產權專門法庭，北京、上海和廣東的基層和中級法院已不再受理第一審的專利案件。而且當請求賠償金額較高時，可能就要跳級較高的法院。有位中國退休的知識產權庭的副庭長直言管轄權有點亂，恐怕連有些法官也不是很清楚，而且判決結果的尺度和標準也不太一致！所以提出專利民事案件時，應要進行法院之間的比較，對法院的司法觀點和判例進行研究分析；如果是專利行政案件，只能在北京知識產權法院審理，則要盡量收集和篩選先前案例。尤其要慎選訴訟代理人，查看其先前經驗、負責態度；法律觀點、出庭經驗和實際經驗等。

表 4-4-1　中國專利之相關法規

位階	法規名稱
法律	民法總則專利法、海關法
行政法規	專利法實行細則、智慧財產權海關保護條例
規章	專利行政執行辦法、海關保護條例實施辦法、展會智慧財產權保護辦法

除了表 4-4-1 所列舉的法規之外，還要參考中國最高法院發佈的《中國知識產權司法保護綱要》、《最高人民法院關於審理侵犯專利權糾紛案件影用法律若干問題的解釋》和《專利侵權判定指南 2017》，另北京知識產權法院是中國判例制度試行的基地，其所選出的判決也要加以研究和參考。

表 4-4-2　中國專利行政管轄的級別與負責事項

級別	負責事項
國家知識產權局	1.負責全國專利行政工作的指導、管理與監督 2.處理和查處對全國有重大影響的專利案件 3.協調處理和查處跨省、自治區、直轄市的重大專利案件
省自治區管理專利工作部門	1.負責行政區內專利行政工作的指導、管理與監督 2.處理和查處對行政區內有重大、複雜、有較大影響的專利案件 3.協調處理和查處跨市（地、州）的重大專利案件
直轄市管理專利工作部門	負責處理和查處行政區內的專利案件
設區的市（地、州）級管理專利工作部門	負責處理和查處上述管轄規定之外的專利案件

一、中國專利種類

中國的專利法係爲了保護專利權人的合法權益，鼓勵發明創造，推動發明創造的應用，提高創新能力，促進科學技術進步和經濟社會發展。而所謂的發明創造（台灣稱爲創作）指的是發明、實用新型和外觀設計，相當於台灣的發明、新型與設計專利，中國的實用新型與外觀設計都只有做初步審查（形式審查）。表 4-4-3 比對台灣與中國對於三種專利的定義。

表 4-4-3　台灣與中國的三種專利類型

類型	台灣	中國
發明	利用自然法則之技術思想之創作。 保護年限：自申請日起 20 年	對產品、方法或者其改進所提出的新技術方案。 保護年限：自申請日起 20 年
實用新型 （新型）	利用自然法則之技術思想，對物品之形狀、構造或組合之創作。 保護年限：自申請日起 10 年	對產品的形狀、構造或者其結合所提出的適於實用的新技術方案。 保護年限：自申請日起 10 年
外觀設計 （設計專利）	對物品之全部或部分之形狀、花紋、色彩或其結合，透過視覺訴求之創作。 保護年限：自申請日起 15 年	對產品的形狀、圖案或者其結合以及色彩與形狀、圖案的結合所作出的富有美感並適於工業應用的新設計。 保護年限：自申請日起 10 年

二、特殊性

（一）同日申請發明與實用新型

　　中國的專利也有單一性和先申請制，同樣的發明創造只能授予一項專利權；兩個以上的申請人分別就同樣的發明創造申請專利，專利權是授予最先申請的人。不過比較特別的是，同一申請人同日對同樣的發明創造可同時申請實用新型和發明專利，由於實用新型不需要實質審查，會先取得專利權，若先獲得的實用新型的權利尚未終止，申請人可聲明放棄該實用新型的權利，就可取得發明專利權。

　　台灣專利法也有類似同日申請發明與新型專利的規定，在發明專利核准審定前，對於已經取得新型專利權，專利局會通知申請人限期擇一，如果屆期沒有選擇其中一者，則不予發明專利。再則，如果在發明專利審定前，新型專利權已當然消滅或撤銷確定者，則就不會授予專利。

（二）實用新型的定義

　　中國的專利審查指南指出：一項發明創造可能既包括對產品形狀、構造的改進，也包括對生產該產品的專用方法、工藝或構成該產品的材料本身等方面的改進。但是實用新型專利僅保護針對產品形狀、構造提出的改進技術方案。所以中國實用新型的權利要求中不可包含方法步驟或是材料本身的改進。以下兩例都是不可為中國實用新型保護之客體。

例1：一種木質牙籤，主體形狀為圓柱形，端部為圓錐形，其特徵在於：木質
　　　牙籤加工成形後，浸泡於醫用殺菌劑中 5~20 分鐘，然後取出晾乾。

例2：一種菱形藥片，其特徵在於，該藥片是由 20%的A組分、40%的B組分
　　　及 40%的C組分構成的。

中國審查指南指出：權利要求中可以使用已知方法的名稱限定產品的形狀、構
造，但不得包含方法的步驟、工藝條件等。例如，以焊接、鉚接等已知方法名稱限
定各部件連接關係的，不屬於對方法本身提出的改進。權利要求中可以包含已知材
料的名稱，即可以將現有技術中的已知材料應用於具有形狀、構造的產品上，例如
複合木地板、塑膠杯、記憶合金製成的心臟導管支架等，不屬於對材料本身提出的
改進。換句話說，中國的權利要求書中的改良部分若有包含材料或方法特徵，則該
材料或方法特徵必需是已知，才有可能是實用新型的標的。讀者可參照我們在第三
章說明的台灣新型部分，目前台灣的新型似乎只要在申請專利範圍中有符合新型的
特徵即可。

（三）一個獨立項

中國專利法施行細則中規定，一項發明或實用新型應當只有一項獨立權利要
求，也是要值得注意的特性。而且規定一般是要採用前序加上特徵部分的撰寫方式
也是很特別的。

（四）申請國外專利前的報備

值得一提的是，中國專利法還規定凡是技術方案的實質內容是在中國境內所完
成的發明或者實用新型，當要向外國申請專利時，就應當事先報經中國知識產權局
進行是否該技術需要保密的審查，而知識產權局會在請求遞交日起的 4 個月內發出
保密審查通知書，6 個月內發出是否需要保密的決定書，若被審查認定要保密的發
明創造，就不能夠向國外提出專利申請。而知識產權局若沒有按上述 4 個月與 6 個
月的期限發出通知書，則申請人就可直接向外國申請專利。

只是中國專利申請量如此龐大，知識產權局如何有人力來掌握 4 個月與 6 個月
時效性，恐有落實上的差異性。不過要注意的是，違反此規定逕向外國申請專利，
致洩露國家的秘密者，中國專利法規定要由所在單位或者上級主管機關給予行政處
分；構成犯罪，則依法追究刑事責任。

（五）強制許可

中國對於強制許可（台灣稱授權）部分的某些規定也蠻特別的，包括普遍共識的緊急狀態或者非常情況，或者為了公共利益或公共健康的目的，被依法認定為壟斷行為或不公平競爭，以及發明或新型專利權之實施，將不可避免侵害在前之發明或新型專利權，且較該在前之發明或新型專利權具相當經濟意義之重要技術改良。其他像是專利權人自專利權被授予之日起滿三年，且自提出專利申請之日起滿四年，無正當理由未實施或者未充分實施其專利，亦可向知識產權局提出強制許可之申請。

（六）查處假冒專利行為

中國管理專利工作部門會查處專利仿冒的工作，其會主動定期對其管轄行政區域內生產製造、商品流通領域進行檢查，來查處假冒專利行為；另還會被動接受舉報或投訴等來查處。

三、專利權的授予條件

中國專利法的第二章規定授予專利權的條件，第 22 條明文規定：授予專利權的發明和實用新型，應當具備新穎性、創造性和實用性。而授予專利權在中國就簡稱為「授權」，也就是說中國的「授權條件」就是相當於第三章所提到的「專利要件」，而專利三要件，在中國就簡稱為「三性」。

有中國知識產權法的書籍就將發明創造要取得專利權，就必須滿足型式條件與實質條件，如表 4-4-4 之說明。

表 4-4-4　中國專利說明書的形式與實質條件

形式條件	申請文件的撰寫規定和格式要求	
實質條件	專利法對於能夠授予專利權的發明創造本身，所訂定的條件	
	消極實質條件	以負面表列規定哪些發明創造不符合法律規定，而不能被授予專利權。（適格標的）
	積極實質條件	以正面闡述具備什麼條件的發明創造才能被授予專利權。中國專利法規定要獲取專利權，須同時具備新穎性、創造性和實用性三條件。

　　事實上，除了上述的實質條件中，中國專利法在專利申請部分還規定：「說明書應當對發明或者實用新型作出清楚、完整的說明，以所屬技術領域的技術人士能夠實現爲准」，這就是我們在第 3 章所提到的「相當的揭露」的觀念，以下就以下就套用專利五要件的觀念來加以說明。

（一）適格之標的

　　中國與其他國家一樣對於對違反法律、社會公德或者妨害公共利益的發明創造，都是不能授予專利權，例如僞造貨幣的機器、吸毒用具、賭博工具、複製的人或複製人的方法和致人休克的防盜車裝置等，而「電子促使人體增高器」專利，因爲導致人體嚴重燒傷，中國知識產權局就以妨害公共利益爲由而予以撤銷。

　　中國專利法第 5 條規定對違反法律、社會公德或者妨害公共利益的發明創造，不授予專利權，還有違反法律、行政法規的規定獲取或者利用遺傳資源，並依賴該遺傳資源完成的發明創造，也不授予專利權。其中遺傳資源指的是取自人體、動物、植物或者微生物等含有遺傳功能單位並具有實際或者潛在價值的材料。根據 1993 年生效的《生物多樣性公約》（Convention on Biological Diversity，簡稱 CBD）的規定，遺傳資源的利用應當遵循國家主權、知情同意與利益分享的三項基本原則，中國於第三次專利修法時，增加「利用遺傳資源，並依賴該遺傳資源完成的發明創造，不授予專利權」之規定；以及「依賴遺傳資源完成的發明創造，申請人應當在專利申請文件中說明該遺傳資源的直接來源和原始來源；申請人無法說明原始來源的，應當陳述理由。」

　　另中國專利法第 25 條亦規定：科學發現、智力活動的規則和方法、疾病的診斷和治療方法、動物和植物品種、用原子核變換方法獲得的物質、對平面印刷品的圖案、色彩或者二者的結合作出的主要起標識作用的設計。不過動植物產品的生產方法，則可申請專利。

　　還有中國專利法 2.2 條中亦明文規定發明是指對產品、方法或者其改進所提出的新技術方案；實用新型是指對產品的形狀、構造或者其結合所提出的適於實用的新技術方案；外觀設計是指對產品的形狀、圖案或者其結合以及色彩與形狀、圖案的結合所作出的富有美感並適於工業應用的新設計。換句話說，提出的申請案若不符合專利法中所定義的發明、實用新型和外觀設計之標的，是會被駁回的。

所以中國的法 2.2、法 5 條和法 25 條就是不予授權專利客體之規定，例如一件發明揭露出應用於液晶顯示器的驅動電壓的計算方法，如果權利要求撰寫成：一種計算驅動電壓的方法，其是以計算險示器的像素驅動電壓，其特徵在於，該計算驅動電壓的方法包括……，就容易被審查委員認定爲是屬於數學方法，而以不符合法 25 條駁回，克服的方法就必須於權利請求中添加技術特徵和 / 或參數等。

（二）實用性

指該發明或者實用新型能夠製造或者使用，並且能夠產生積極效果。也就是說，必須能夠在產業中製造和使用，以及能夠產生積極效果。中國專利審查指出，在產業能夠製造或使用的技術方案，是指符合自然定律、具有技術特徵的可實施方案，但是並沒有意味著一定要使用機器設備或製造出物品，像是驅霧的方法或是把能量形式轉換的方法都是具有實用性。而所謂的能夠產生積極效果指的是，所屬技術領域的技術人士可預料到的，而效果是積極和有益的。

有中國知識產權法的書籍就舉出「可應用性」、「再現性」和「有益性」，來考量是否具有實用性。不過，該書籍也強調並非要求在申請時就必須能夠應用於產業；也沒有要求已經在產業中實施且產生積極效果；更不是要求高度完善毫無缺陷。還有值得一提的是，中國專利審查指南在說明實用性審查時，亦提到實用性的審查應該新穎性和創造性審查之前，與第 3 章（圖 3-5-2）強調專利要件的層次觀念，不謀而合。

表 4-4-5　中國專利審查指南之不具備實用性的項目

項目	說明
無再現性	所屬技術領域的技術人士，根據公開的技術內容，能夠重復實施專利申請案中爲解決問題所採用的技術方案，不會依賴任何隨機因素，且實施的結果是相同的。
違背自然定律	違背自然定律是無法實施的
利用獨一無二自然條件之產品	利用特定自然條件所建造的產品，像是自始自終都無法移動的產品是沒有實用性的。
人體或動物體非治療目的之外科手術方法	非治療目的之外科手術方法係針對於有生命的人或動物爲實施對象，無法在產業上使用。 註：有治療目的外科手術方法係屬法 25 條規定疾病的診斷和治療方法不授予專利權的項目之一。

（續下表）

（承上表）

項目	說明
量測人體或動物體在極限情況下的生理參數之方法	在極限情況下會對人體或動物體的生命構成威脅，無法在產業上使用，不具備有實用性。
無積極效果	明顯無益或脫離社會需求的技術方案，就是沒有實用性。

（三）新穎性

　　指該發明或者實用新型不屬於現有技術；也沒有任何單位或者個人就同樣的發明或者實用新型在申請日以前，向中國知識產權局提出過申請，並記載在申請日以後公佈的專利申請文件或者公告的專利文件中（擬制新穎性）。而中國也有 6 個月的寬限期，凡是在中國政府主辦或者承認的國際展覽會上首次展出；在規定的學術會議或者技術會議上首次發表；或是他人未經申請人同意而洩露其內容者，就不致喪失新穎性。表 4-4-6 為中國專利審查指南列舉出常見新穎性核駁的態樣。

表 4-4-6　中國常見新穎性不足的態樣

態樣	說明
內容相同	對比文件（先前技藝）所公開的技術內容完全相同或者僅是簡單的文字變換。
具體（下位）與一般（上位）概念	具體（下位）概念的先前技藝會使得一般（上位）概念的申請案不具有新穎性。
慣用手段的置換	申請案與比對文件的差異是所屬技術領域的慣用手段的直接置換，例如螺釘固定改成螺栓固定。 註：慣用手段的置換成立的兩個要件： 　　1. 兩技術手段的對應是所屬技術領域中所公知的； 　　2. 兩技術手段係為解決相同技術問題與達到相同的技術效果。
數值	申請案的權利要求包括了比對文件公開的數值或數值範圍、部分重疊或有共同的一端點都會喪失新穎性。但是，申請案的權利要求落在比對文件公開的數值範圍內，則不會喪失新穎性。
包含性能、參數特徵、用途特徵的產品權利要求	若權利要求中的性能、參數特徵隱含著所請求保護的產品與比對文件產品之結構和／或組成有所不同，則權利要求具有新穎性，反之，在結構或組成與比對文件相同，就不具新穎性。 例：權利要求中以 X 光繞射等多種參數來請求結晶型態的化合物，申請人須證明該化合物與比對文件中結晶型態化合物在結構或組成之差異性，才不會被新穎性當掉。

（續下表）

（承上表）

態樣	說明
包含用途特徵的產品權利要求	若權利要求中的用途特徵隱含著所請求保護的產品與比對文件產品之結構和／或組成有所不同，則權利要求具有新穎性，反之，在結構或組成與比對文件相同，就不具新穎性。 例1：一申請案用於抗病毒的化合物 X，比對文件為用於催化劑的化合物 X，雖然用途改變，但是本質特性的化學結構式並沒有改變，因此新穎性不過關。 例2：起重機用的吊澂與比對文件釣魚用吊澂，在結構上不同而具有新穎性。
包含備製方法特徵的產品權利要求（製法限定物質）	若該方法必然使得產品具有不同於比對文件產品之結構和／或組成，才會具有新穎性。 例：以 A 方法製得的玻璃杯，若其耐破性明顯的提昇，表示其製得玻璃杯的結構和／或組成有所不同於比對文件的玻璃杯，因而具有新穎性。

（四）創造性

指與現有技術相比，該發明具有突出的實質性特點和顯著的進步，該實用新型具有實質性特點和進步。具有創造性的技術方案應超出普通技術人士的能力，相較於現有技術整體組合要具有非顯而易知性，與現有技術發展水準相比則具有出人意料之外的效果。值得一提的是，中國對於實用新型的創造性要求較低，只要求「實質性特點和進步」，不像發明是要求要有顯著進步，有點類似台灣先前對於新型的規定。

在中國判斷專利申請案是否具有突出的實質特點的方式，就是等同於判斷對於該技術領域的技術人士是否為顯而易知，判斷的方法類似於第 3 章所提到歐洲專利局的問題／解決方式的方法，就是一般稱為「三步法」的判斷標準。先確認出最接近的現有技術；其次，確認出申請案所不同的特徵和其所要解決問題；最後則判斷對於該技術領域具有通常知識者是否而顯而易知。所以中國專利審查委員在評價申請案是否具有創造性時，需要考慮申請案的技術本身、所屬技術領域、所要解決的技術問題和所產生的技術效果，並且要將申請案一整體來做評估。表 4-4-7 列舉出典型中國具有創造性的類型。

表 4-4-7　中國具有創造性的列示

類型	說明
開拓性	全新的技術方案，技術史上未曾有過，開創出技術之新紀元。
組合	1.若組合的各技術特徵在功能上彼此支援，並取得了新的技術效果；或 2.組合後的技術效果比每個技術特徵效果的總和更優越。 但若將某些已知將某些已知產品或方法組合或連接在一起，各自以其常規的方式工作，而且總的技術效果是各組合部分效果之總和，組合後的各技術特徵之間在功能上無相互作用關係，僅是一種簡單的疊加，則會屬於顯而易見的組合。
選擇發明	選擇所帶來意想不到的效果是考量的主要因素，若有意想不到的效果或是無從直接推導。
轉用	不同技術領域、轉用困難度、會產生意想不到的效果，就是屬於具有創造性的轉用。
新用途	利用已知產品新發現的性質，並產出了意想不到的技術效果。

　　中國創造性三步法中的第三步驟，在判斷過程中，很重要的就是要確定出在現有技術整體上是否存在某種技術啟示？也就是說，現有技術中是否有提供將第二步驟中所區別特徵應用到該最接近的現有技術？從而解決其所存在的技術問題（即發明實際要解決的技術問題）的啟示，這種啟示會使該領域的技術人士在面對所述技術問題時，有動機改進該最接近的現有技術並獲得所要請求保護的發明。例如申請案的的區別特徵係屬於公知常識，是該技術領域所慣用的手段，或是一般教科書或工具書所揭露的技術手段，通常就容易被認定為現有技術中存在著技術啟示。

　　而在顯著的進步方面，一件專利申請案，如果 (1) 比現有技術具有更好的效果，像是品質改善、產量增加、能源節約或是汙染防治等；(2) 以不同的技術方案達成現有技術水亭的效果；(3) 代表著某新技術的發展趨勢；(4) 雖然有些負面效果，但是其他方面具有明顯積極的技術效果，在中國在評價就會比較傾向於是具有顯著的進步。

　　除此之外，中國專利審查指南也舉出如第3章中所提到的第二層考量因素，包括：

　(1) 人們一直渴望解決但始終未能獲得成功的技術難題；

　(2) 克服了技術偏見；

　(3) 得到了意想不到的技術效果；

　(4) 商業上獲得成功。

（五）相當的揭露

　　中國法條上規定：說明書應當對發明或者實用新型作出清楚、完整的說明，以所屬技術領域的技術人士能夠實現爲准；必要的時候，應當有附圖。而權利要求書應當以說明書爲依據，清楚、簡要地限定要求專利保護的範圍。若是以遺傳資源完成的發明創造，申請人應當在專利申請文件中說明該遺傳資源的直接來源和原始來源，無法說明原始來源時，就應當陳述理由。

　　其中專利說明書的內容應當清楚的部分，就是要能夠主題明確和表達準確，使得所屬技術領域的技術人士能夠確切地理解該發明或者實用新型所要求保護的主題；以及清楚和正確地理解該發明或實用新型。

　　而在說明書要完整部分，一份完整的說明書應當包含下列各項內容：

(1) 幫助理解發明或者實用新型不可缺少的內容。像是有關所屬技術領域、背景技術狀況的描述以及說明書有附圖時的附圖說明等。

(2) 確定發明或者實用新型具有新穎性、創造性和實用性所需的內容。例如發明或者實用新型所要解決的技術問題，解決其技術問題採用的技術方案和發明或者實用新型的有益效果。

(3) 實施發明或者實用新型所需的內容。爲解決發明或者實用新型的技術問題而採用的技術方案的具體實施方式。

　　若是專利申請案係屬於克服技術偏見的發明或實用新型，說明書中還應當解釋其是如何克服了技術偏見，所提出新的技術方案與技術偏見之間的差別，以及爲克服技術偏見所採用的技術手段等。也就是說，應當在專利說明書中詳細描述，所屬技術領域的技術人士不能從現有技術中直接地得到的相關內容。

　　專利說明要能夠讓所屬技術領域的技術人士能夠實現，是指所屬技術領域的技術人士按照說明書記載的內容，就能夠實現該發明或者實用新型的技術方案，來解決該技術問題，並且能夠產生預期的技術效果。表 4-4-8 列舉出在中國屬於無法實現之類型。

表 4-4-8　在中國屬於無法實現之列示

類型	說明
未揭露出技術手段	說明書中只描述出任務和／或設想，或只表明一種願望和／或結果，而未提供任何使所屬技術領域的技術人士能夠實施的技術手段。
技術手段不明確	對所屬技術領域的技術人士來說，說明書中所描述的手段是含糊不清的，無法據以實施。
無法達成	所屬技術領域的技術人士根據說明書中的技術手段，並不能解決發明或者實用新型所要解決的技術問題。
無法實施	說明書中記載的技術方案，全部或有部分不能實現。
未提供必要的證據	說明書中所描述的技術方案必須依賴結果加以證實才能成立，但是說明書中沒有提供相關證據。例如已知化合物的新用途發明，通常需要在說明書中證明其所述的用途以及效果，否則將無法達到能夠實現的要求。

四、不視為侵犯專利權

中國專利權效力不及於：由專利權人或者經其許可的單位、個人售出後，使用、許諾銷售、銷售、進口該專利產品或者依照專利方法直接獲得的產品（權利耗盡）；在專利申請日前已經製造相同產品、使用相同方法或者已經作好製造、使用的必要準備，並且僅在原有範圍內繼續製造和使用（先使用原則）；臨時通過中國領陸、領水、領空的外國運輸工具；專為科學研究和實驗而使用；為提供行政審批所需要的資訊，而製造、使用、進口專利藥品或醫療器械（申請上市試驗免責權）。另外為生產經營目的之使用、許諾銷售或者銷售，而不知道是未經專利權人許可而製造並售出的專利侵權產品，若能證明該產品合法來源的，也不用承擔賠償責任。

五、申請與審查程序

申請中國發明或者實用新型專利，要具備請求書、說明書及其摘要和權利要求書等文件。其中請求書要寫明發明或者實用新型的名稱，發明人的姓名，申請人姓名或者名稱、地址，以及其他事項。說明書應當對發明或者實用新型作出清楚、完整的說明，以所屬技術領域的技術人士能夠實現為准；必要的時候，應當有附圖。摘要應當簡要說明發明或者實用新型的技術要點。權利要求書則以說明書為依據，清楚、簡要地限定要求專利保護的範圍。若是以遺傳資源完成的發明創造，申請人應當在專利申請文件中說明該遺傳資源的直接來源和原始來源；申請人無法說明原始來源，應當陳述理由。

中國發明專利申請的審批程式包括受理、初審、公佈、實審以及授權五個階段。實用新型或者外觀設計專利申請在審批中不進行早期公佈和實質審查，只有受理、初審和授權三個階段。整個審查與救濟程序如圖 4-4-1。

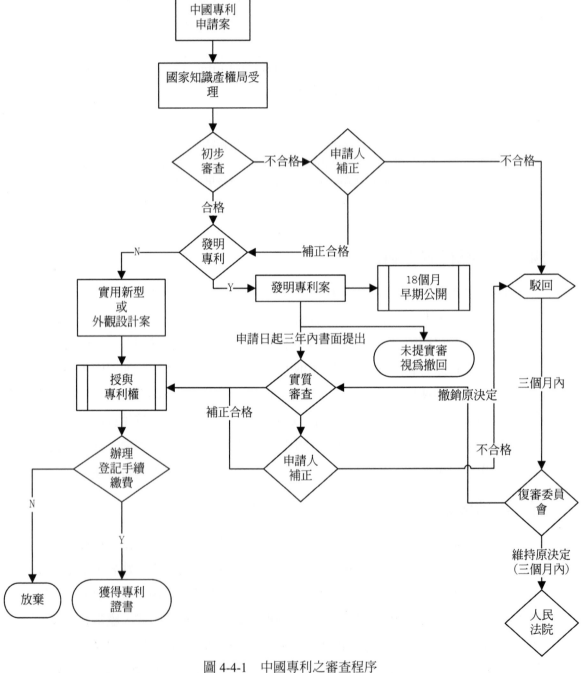

圖 4-4-1　中國專利之審查程序

　　如圖 4-4-2 所示，中國專利申請案收到駁回決定的三個月內，要向複審委員會請求複審，複審成立的要件就是 (1) 在時限內 (2) 所有的申請人 (3) 繳交規費。而複審的程序進行時，會先把複審案交原審查部門審查，並在一個月內做出複審的前置審查意見書，結果可能是 (1) 同意撤駁、(2) 同意修改基礎上撤駁以及 (3) 堅持駁回三種，前兩種決定就會在原審查部門繼續審查；只有複審申請案被堅持駁回時，才會組成合議組來進行複審審查，也才會發出複審結果通知書，當然，若複審還是維持核駁，就必須上訴到行政法院，才有機會取得專利權；如果複審結果是撤銷駁回，就會再交給原審查部門繼續審查，原審查部門就不得以相同的理由來駁回。

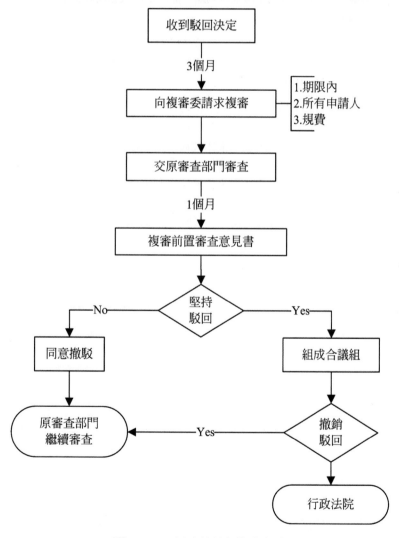

圖 4-4-2　中國專利之複審程序

表 4-4-9 列舉出中國專利申請常見被核駁的法條、理由和複審答辯的參考。

表 4-4-9　中國專利申請被核駁的理由與複審爭辯的參考

駁回法條	理由	複審爭辯的參考
法 25 條	數學方法	增加技術特徵和／或參數
法 26.4 條	得不到說明書的支持	對說明書公開範圍的合理預測，說明所屬技術領域的技術人士係可合理地預測實施例所有等同替代方式具有相同性能或用途，從而支持權利要求的範圍包括所有等同替代或明顯變型的方式。
法 33 條	修改超範圍（new matter）	請求根據說明書公開的實質內容來做判斷修改是否超範圍，強調要以發明整體來做判斷，而不是局限於所利文字。
法 22.2 條	新穎性	對於以慣用手段直接替代的新穎性駁回，強調其必要的條件是 (1) 兩技術手段的對應是所屬技術領域中所公知的；(2) 兩技術手段係為解決相同技術問題與達到相同的技術效果。
法 22.3 條	創造性	強調公知常識和其他技術特徵的結合並非公知常識、請求舉證申請案中的區別特徵是所屬技術領域的公知常識或慣用手段、強調在申請日之前並非慣用技術手段、技術特徵雖然是公知常識，但是運用該技術手段來解決此技術問題是非顯而易見、有意想不到的技術效果、結合比對文件無法得到申請案之技術方案、沒有技術啟示、比對文件相反的教導、申請案之區別特徵運用到比對文件中，會導致比對文件的技術方案無法實施或達不到預期的技術效果。

第五節 結語

美國專利的精神絕不止於上述幾點，尤其美國採判例法（case law），法院的判決也是很精采而且是非常值得參考的部分，事實上，想精通美國專利就是要多讀美國 CAFC 的判決。另中國市場廣大，經濟不斷地在起飛，對於法制的觀念與執行也不斷地在進步，已經到了要加以重視之程度。而本文對美國與中國專利基本認識的介紹，雖不中亦不遠矣！

最後，還是要再次引用德國哲學家歌德的名言：任何事，不去瞭解它，就別想掌握它。公司自己不培養人才，怎能夠有全盤的掌握？事實上，知道美國專利的相關規定，多讀 CAFC 的判決，申請美國專利甚至 DIY 都是很可能的任務，美國 37 CFR 1.31 說申請人可不用透過代理人或律師而自行申請，35 USC 293 和 37 CFR 3.61 也提到非美國居民可指定法定代表人來進行申請，並沒有如台灣專利法規定：在中華民國境內，無住所或營業所者，申請專利及辦理專利有關事項，應委任代理人辦理之；或是如中國專利法規定：在中國沒有經常居所或者營業所的外國人、外國企業或者外國其他組織在中國申請專利和辦理其他專利事務的，應當委託依法設立的專利代理機構辦理。所以直接申請美國專利是可行的。

根據美國 USPTO 網站的專利申請規定，從 2012 年 9 月 16 日以後提出的申請案，如果是非電子的申請方式，需要多繳交 400 美元（小個體 200 美元）的額外申請費。要注意的是，專利相關費用會變動，應上 USPTO 網站（www.uspto.gov/about/offices/cfo/finance/fees.jsp）確認。

美國的電子申請可先申請顧客編號（Customer Number）和數位授證（Digital Certificate），而要取得數位授證的申請表（PTO-2042）須要經過公證人（Notary）的程序；然美國專利局亦提供有不用先註冊就可電子申請的方式（unregistered eFiler）。上傳美國電子申請表格中的簽名部分可在姓名前後加入「/」的方式，例如：/John Doe/ 來做為電子簽章。上傳檔案係以 pdf 的格式，像說明書、申請專利範圍、摘要和圖式部分要先轉成 pdf，然後再列印成 pdf 的影像格式。若沒有 Adobe Acrobat 軟體，也許可試著使用（Cutepdf Writer www.cutepdf.com）等可產生 pdf 的軟體。

不過要提醒大家的是要注意主張小個體（Small Entity）的合適性，像是獨立發明人、小企業（500 人以下的公司）和非營利組織（如所有的大學或高等教育機構），千萬不要為了省規費而瞞騙美國專利局，否則因而被認定付費上有欺騙，將會導致專利權無法實施，就得不償失了。

　　2013 年 8 月 7 日美國 Thomas Jefferson 大學技轉辦公室的主任 Katherine Chou 回台灣演講技轉實務，其從事技轉工作超過二十年，不但瞭解其學校每位教授的專長與從事的研究，對於美國專利法修正案，也都不斷透過網路和向律師請教來增長相關知識與技能，以便能夠提供最好的服務，這和台灣許多技轉辦公室的同仁只作「收件」和「發案」的工作，有天壤之別。別人的成功是有原因的。

動動腦

1. 美國的專利有哪些特性？
2. 台灣的專利與美國的有何異同？
3. 何謂文件揭露方案？
4. 何謂暫時申請案？
5. 提供資料揭露聲明書要注意哪些？
6. 分割案、延續申請與部分延續案之目的為何？
7. 美國專利權年限調整為何？
8. 美國專利中 14/4/4/4 之規定為何？
9. 何謂上訴前評估？何時可提出？須準備哪些文件？
10. 如何舉發美國專利？
11. 中國專利制度有何特色？
12. 中國與台灣的新型專利有何異同？
13. 中國專利的創造性如何認定？
14. 中國專利審查指南舉出的第二層考量因素有哪些？
15. 申請中國專利常被核駁的理由有哪些？該如何複審爭辯？

參考文獻

1. Pressman, D, 2000, Patent it yourself, Nolo .com, Berkeley, CA.
2. Coving & Burling, 2001, American inventors protection act, 網址：www.cov.com
3. Tyson, K., 2001, Overview of eighteen-month publication, 網址：http://www.uspto.gov/web/offices/dcom/olia/aipa/overview_of_eighteen_month_publication21.htm
4. 羅炳榮，1992，工業財產權叢論（國際篇），李寧出版社

第五章
專利說明書

第一節　專利說明書的重要性

　　從事於專利相關工作的人，不管先前的學歷背景為何，一定充實專利相關的知識，尤其要對所承辦的案件有深入的參與，像是了解申請專利範圍的撰寫和官方審定書的答辯等，絕對不要只是做些收案和發案的文書工作。事實上參與專利的相關工作並不困難，只要有心努力學習，就會上手，如同本書附錄中所提到的，專利界前輩已故的專利代理人羅炳榮先生所述：「專利沒技術，認真做就會。」

　　尤其，研發人員很可能看不懂專利說明書，也根本就不了解委外撰寫的專利說明書是否恰當？這時，承辦人員就可發揮功能，也唯有如此，才能夠協助發明人做好專利的申請與布局等工作。否則整個單位或機構都像是在「瞎子摸象」，如何能夠期望使研究成果能夠得到適當的保護？先前就有一國際大藥廠希望技轉台灣某教授的研發成果，而該教授所屬的「頂尖大學」竟然只將其研究成果申請台灣的專利，為何不以契約方式授權該藥廠申請呢？唯一能解釋的就是五年五百億的計畫讓學校經費過剩，所以拒絕國外廠商奉上的經費。還有，曾經有某教授因為延誤答辯審查意見，導致美國申請案被拋棄，卻還提出幾乎是申請相同的申請案，因為前案已經被早期公開，被核駁一定是必然的結果。

　　事實上，研發人員本身也要懂得專利，因為如果看不懂專利說明書，根本就不會了解別人專利的權利範圍，又如去確認自己的研究成果是否會落入其範圍中？又如何做迴避設計呢？畢竟研發人員自己才最了解其發明，若只因為看不懂專利說明書，而使得原本可能價值連城的研發成果，因為外行而只申請到一張國家發給如壁紙般的獎狀，豈不要搥胸頓足而扼腕嘆息？

　　美國的 Hilton Davis Chemical Co. v. Warner-Jenkinson Company, Inc. 案例（美國 CAFC 在 1997 年 6 月以全院法官連席作出重新審理）就是最好的例子。係爭專利在申請過程中，因受限於先前技藝而將酸鹼值的上限值修訂在 9.0，為取得專利當然是必要的措施，可是在提出修正時，卻又「畫蛇添足」也一併將下限值修改成大約 6.0，而被控告侵權的公司就是以酸鹼值 5 來作。原專利發明人在出庭作證時表示，該程序也可以在酸鹼值 2.0 進行，換句話說，正是因為專利撰寫的問題，把其應有的權利演變成一路從地方法院上訴到美國最高法院，最後還要負舉證的責任，證明其當初的修正是無關於專利法定要件之理由，才有機會夠拿回其應有之權利，那原先所作的「畫蛇添足」式的限修，當然是很冤枉的！

　　從以上說明，相信看的懂專利說明書，是所有理工醫農生科等背景人士必要的技能，尤其是研發人員，一定要養成看專利和讀學術論文一樣，成為工作中不可或缺的一部分。事實上，多看說明書，甚至是專利 DIY 也是件可能的事呢！

　　一份專利文獻基本上可區分成：首頁（front page）、說明書部分（specifications）、申請專利範圍（claim）三大部分，台灣專利檢索網站中則分別稱為：書目資料、詳細說明與專利範圍。而認識專利說明書中各欄位段落的意義，對於閱讀有相當的幫助，以下就逐一介紹相關的撇步（tips）。

第二節　專利說明書的首頁

　　首頁亦稱為書目資料（Bibliographic data），其上列出關於專利的基本資料，首頁中每欄位的資料係根據 INID 碼（Internationally agreed Numbers for the Identification of bibliographic Data）訂定成國際通用的代碼（可參考 WIPO 網站 www.wipo.int/standards/en/pdf/03-09-01.pdf）。意即，雖然看不懂其他國家專利所使用的文字，卻可透過 INID 從首頁上的代碼找到專利相關資料的位置。圖 5-2-1(a)~(d) 分別列舉台灣發明、中國實用新型、歐洲專利局與美國專利的首頁。圖 5-2-1(e) 則是美國較新專利的首頁，其中 UPC 已經改成 CPC。表 5-2-1 則說明圖 5-2-1 常見到首頁中 INID 碼的意義。

【19】中華民國　　　　　　【12】專利公報　（B）

【11】證書號數：I318888
【45】公告日：中華民國 99 (2010) 年 01 月 01 日
【51】Int. Cl.：　　　　　*A61M5/14　(2006.01)*　　　*A61B5/01　(2006.01)*
　　　　　　　　　　　G08B21/02　(2006.01)

　　　　　　　　　　　　　　　　　　　　　　　發明　　　全 3 頁

【54】名　　　稱：動靜脈輸液外滲液偵測系統及其方法
　　　　　　EXTRAVASATION DETECTION SYSTEM FOR INTRAVENOUS
　　　　　　TRANSFUSION AND METHOD THEREOF
【21】申請案號：095135102　　　　　【22】申請日：中華民國 95 (2006) 年 09 月 22 日
【11】公開編號：200815060　　　　　【43】公開日期：中華民國 97 (2008) 年 04 月 01 日
【72】發 明 人：朱唯勤 (TW) CHU, WOEI CHYN；王世仁 (TW) WANG, SHYH JEN；葉展
　　　　　　良 (TW) YEH, JAN LIANG
【71】申 請 人：朱唯勤　　　　　　　　　　　　　CHU, WOEI CHYN
　　　　　　臺北市南港區研究院路 2 段 61 巷 2 弄 8 號 5 樓
【56】參考文獻：
　　TW　M287157　　　　　　　　US　　4010749
　　US　6375624B1　　　　　　　US　　6425878B1

[57]申請專利範圍
1. 一動靜脈輸液外滲液偵測系統，包括一溫度感測裝置、一運算模組；該運算模組耦接於
　　該溫度感測裝置，其係接受該溫度感測裝置傳遞資料，上述之溫度感測裝置利用溫度感
　　測技術即時監控皮膚表面溫度，並由該運算模組判別動靜脈注射液外滲的情形，當判別
　　發生外滲情況，可發出警報或驅動控制電路停止動靜脈注射，其中該運算模組判別是否
　　發生外滲，可用外滲位置是相對靠近或遠離溫度感測點，相對靠近溫度下降；相對遠離
　　溫度先升再降。
2. 如申請專利範圍第 1 項所述之動靜脈輸液外滲液偵測系統，其中該運算模組判別是否發
　　生外滲，可利用溫度變化速率來判別。
3. 如申請專利範圍第 1 項所述之動靜脈輸液外滲液偵測系統，其中發出警報，可使用蜂鳴
　　器或提示裝置。
4. 如申請專利範圍第 1 項所述之動靜脈輸液外滲液偵測系統，其中該運算模組判別外滲裝
　　置，如電腦或微處理機或晶片等。
5. 如申請專利範圍第 1 項所述之動靜脈輸液外滲液偵測系統，其中驅動控制電路可透過另
　　一控制模組控制。
6. 一種動靜脈輸液外滲液偵測系統，包括：一溫度感測裝置，用以監控一皮膚表面位置的
　　一溫度；以及一運算模組，耦接該溫度感測裝置，判別是否發生外滲可用外滲位置是相
　　對靠近或遠離溫度感測點，相對靠近該溫度下降，相對遠離該溫度先升再降。
7. 一種動靜脈輸液外滲液偵測方法，包括：監控一皮膚表面位置的一溫度；以及判別是否
　　發生外滲可用外滲位置是相對靠近或遠離溫度感測點，相對靠近該溫度下降，相對遠離
　　該溫度先升再降。

圖式簡單說明
　　第一圖係為本發明的一實施例之系統架構圖
　　第二圖係為本發明的一實施例之外滲情況說明圖

圖 5-2-1(a)　台灣發明專利首頁範例

[19] 中华人民共和国国家知识产权局

[51] Int. Cl⁷
C07H 21/00
C12N 15/11
C12N 15/12
C07K 14/435

[12] 发 明 专 利 说 明 书

专利号 ZL 01118262.8

[45] 授权公告日 2005 年 9 月 14 日

[11] 授权公告号 CN 1218954C

[22] 申请日 2001.5.25 [21] 申请号 01118262.8

[71] 专利权人 中国人民解放军军事医学科学院放射医学研究所
  地址 100850 北京市太平路 27 号放射医学研究所
[72] 发明人 杨晓明 闫 军 许望翔 江 岩 李长燕
  审查员 刘姝晶

权利要求书 2 页 说明书 12 页 附图 16 页

[54] 发明名称 人造血细胞相关基因－1

[57] 摘要

通过比较四月龄人胎肝组织及成年人肝组织基因表达差异，成功分离一种新基因，命名为造血细胞分化相关基因－1（Hemagene－1）。该基因 mRNA 全长 2166bp 核苷酸，包括 110bp5'－非翻译序列，602bp3'－非翻译序列，Hemagene－1 基因编码 484 氨基酸组成，分子量为 55.3kd 的蛋白质。该基因具有转化活性，高丰度表达在白血病细胞，与造血细胞分化密切相关。该基因可能用于诊断和治疗白血病。

ISSN 1008-4274

知识产权出版社出版

圖 5-2-1(b) 中國專利首頁範例

150

(19) Europäisches Patentamt

European Patent Office

Office européen des brevets

(11) **EP 0 645 727 B1**

(12) **EUROPEAN PATENT SPECIFICATION**

(45) Date of publication and mention
of the grant of the patent:
20.03.2002 Bulletin 2002/12

(51) Int Cl.7: **G06F 19/00**, H05G 1/60

(21) Application number: **94307124.1**

(22) Date of filing: **29.09.1994**

(54) **An X-ray image diagnosis system and method**

Röntgenstrahlabbildunggerät und Verfahren für Diagnosezwecke

Système et procédé d'image radiologique pour diagnostic

(84) Designated Contracting States:
DE FR GB IT NL

(30) Priority: **29.09.1993 US 129255**

(43) Date of publication of application:
29.03.1995 Bulletin 1995/13

(73) Proprietor: **Wang, Shih-Ping**
Los Altos California 94022 (US)

(72) Inventor: **Wang, Shih-Ping**
Los Altos California 94022 (US)

(74) Representative: **Whitten, George Alan et al**
R.G.C. Jenkins & Co.,
26 Caxton Street
London SW1H 0RJ (GB)

(56) References cited:
DE-A- 3 433 141   DE-A- 3 931 531
FR-A- 2 582 819   US-A- 4 499 491
US-A- 4 907 156   US-A- 5 133 020

• PATENT ABSTRACTS OF JAPAN vol. 014 no.
360 (P-1088) ,3 August 1990 & JP-A-02 132353
(TOSHIBA CORP) 21 May 1990,

EP 0 645 727 B1

圖 5-2-1(c)　歐洲專利首頁範例

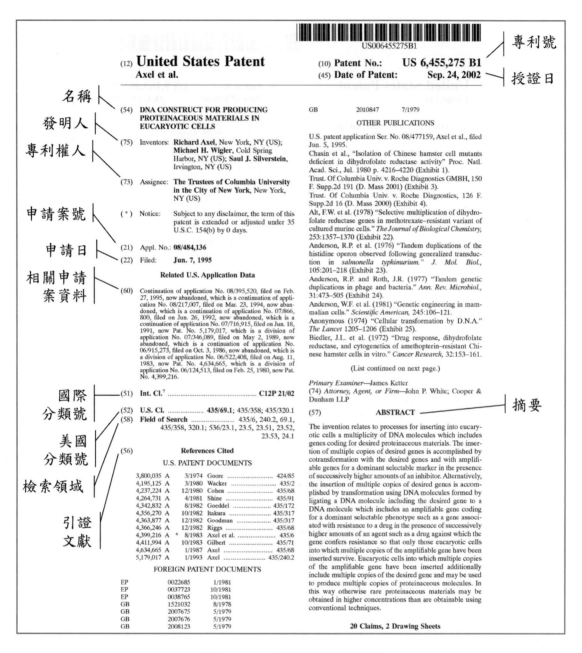

名稱
發明人
專利權人
申請案號
申請日
相關申請案資料
國際分類號
美國分類號
檢索領域
引證文獻

圖 5-2-1(d) 美國專利首頁範例

US009169961B1

(12) **United States Patent**　　(10) **Patent No.:**　　**US 9,169,961 B1**
Jiang et al.　　(45) **Date of Patent:**　　**Oct. 27, 2015**

(54) **LIFTING APPARATUS FOR GASLESS LAPAROSCOPIC SURGERY**

(76) Inventors: **Jeng-Kai Jiang**, Taipei (TW); **Shyh-Jen Wang**, Taipei (TW)

(*) Notice: Subject to any disclaimer, the term of this patent is extended or adjusted under 35 U.S.C. 154(b) by 682 days.

(21) Appl. No.: **12/929,419**

(22) Filed: **Jan. 24, 2011**

(51) **Int. Cl.**
　　F16M 11/00　　(2006.01)
　　F16M 11/12　　(2006.01)
　　F16M 13/02　　(2006.01)

(52) **U.S. Cl.**
　　CPC *F16M 11/12* (2013.01); *F16M 13/02* (2013.01)

(58) **Field of Classification Search**
　　CPC F16M 13/02; F16M 11/12; F16M 11/04
　　USPC 248/124.1, 124.2, 125.8, 125.2, 127, 248/158, 223.41, 230.1, 230.2, 519, 539, 248/541, 540, 292.12, 222.13, 222.14, 74.5, 248/201, 412, 413, 276.1, 278.1, 295.11, 248/285.1; 403/97, 105, 104, 398, 343; 600/27, 229, 227, 231, 204; 128/96.1, 128/845, 200.11–200.13, 207.29; 74/415
　　See application file for complete search history.

(56) **References Cited**

U.S. PATENT DOCUMENTS

1,149,762 A *	8/1915	Hendrickson	248/295.11
1,902,401 A *	3/1933	Gunning	254/95
2,985,415 A *	5/1961	Stahl	248/125.2
5,020,195 A *	6/1991	LeVahn	24/514
5,372,147 A	12/1994	Lathrop, Jr. et al.	
5,400,772 A *	3/1995	LeVahn et al.	600/230
5,501,653 A	3/1996	Chin	
5,505,689 A	4/1996	Kramer et al.	
5,555,897 A	9/1996	Lathrop, Jr. et al.	
5,569,165 A	10/1996	Chin et al.	
5,690,607 A	11/1997	Chin et al.	
5,704,900 A	1/1998	Dobrovolny et al.	
5,716,327 A	2/1998	Warner et al.	
5,813,647 A *	9/1998	Chen	248/354.7
5,823,946 A	10/1998	Chin	
6,023,989 A *	2/2000	Imase et al.	74/422
6,315,718 B1 *	11/2001	Sharratt	600/228
6,618,878 B1	9/2003	McCoy, Jr. et al.	
6,676,328 B2	1/2004	Wang et al.	
2002/0131818 A1 *	9/2002	Wang et al.	403/290
2005/0113645 A1 *	5/2005	Sharratt et al.	600/227

FOREIGN PATENT DOCUMENTS

KR　　100945193 B1 *　3/2010　.............. F16H 1/24

* cited by examiner

Primary Examiner — Kimberly Wood

(57)　　**ABSTRACT**

A lifting apparatus of surgery comprises a vertical post, a horizontal arm, a rack slider and a vertical rack. One end of vertical post is mounted on a surgical table; and the other end is to be slid on and pivoted by the horizontal arm. The horizontal arm includes a hole to slide and pivot on vertical post, a shaft to be slid on by rack slider and a fastening means to secure horizontal arm on vertical post. The rack slider includes a hole to slide on a shaft of horizontal arm, and a lifting mechanism to engage with vertical rack. The vertical rack includes a rack to engage with lifting mechanism of rack slider and an adaptor to couple with a distension instrument. First clamp vertical post on a surgical table. Then slide and secure horizontal arm on vertical post. Following slide rack slider on horizontal arm to desired position such as above patient's abdominal wall. Then, engage rack slider with vertical rack to provide upward lifting by turning the handle of lifting mechanism on rack slider.

10 Claims, 6 Drawing Sheets

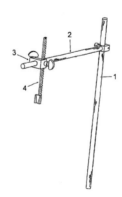

圖 5-2-1(e)　2015 年美國專利首頁範例

表 5-2-1　首頁常見 INID 碼之意義

INID 碼	代碼意義	備考
11	專利號	專利號是專利授證之序號，有的首頁以 10（專利之識別）來表示。
12	文件種類說明	
19	專利局別	
21	申請案號	
22	申請日	• 專利年限＝申請日起算 20 年。 • 引證之先前技藝須早於申請日。
30	優先權日	
43	公開日	
45	授證日期	• 美國案若申請日早於 1995/6/8，專利期限 = max （授證日＋17 年，申請日起算 20 年）。授證日起第 3.5、7.5 、11.5 年要年費（有 6 個月的緩衝期），亦即如第 4 年就有可能未繳交專利年費而失效，可上 USPTO 查詢 status （pair.uspto.gov/cgi-bin/final/home.pl）。
51	國際分類號	Int. Cl.[8]：國際專利分類（第 8 版本）。
52	區域分類號	U.S. Cl.：美國國家專利分類號。
54	專利名稱	專利主題事物之巨觀，但不能夠只從 title 就武斷專利之內容。
56	引證文獻	• 審查委員檢索時找出或由申請人提出。 • 引證資料多，有可能是其檢索很詳盡或是末端的專利？引證資料少，則可能是其檢索不詳盡或是前端的專利？ • 有人認為引證文獻中若列有學術文獻，可能比較有學術性或價值性，但沒有絕對性。
57	摘要或申請專利範圍	• 摘要是大多數人讀專利的地方，對於洞悉專利是有所幫助的一段文字，但可能無法代表整個專利。
58	檢索領域	• 審查委員搜尋前案之相關領域，從而可以看出其檢索是否適切與完整。 • 檢索領域的設定亦可當作日後作相關專利檢索之參考。
60	與本案相關之申請案	有延續申請案表示專利權人有心維護此專利，表示此專利極有可能有其價值性。 有的首頁以 63（先前申請案號與日期）來表示。

（續下表）

（承上表）

INID 碼	代碼意義	備考
65	早期公開號	
71	申請人	
72	發明人	
73	專利權人	• 專利之擁有人若沒有列出專利權人表示為獨立發明人，專利權人為公司可搜尋是否有其他相關的專利佈局？ • 一般專利局不太會更改書目資料，所以專利權人更改無法直接從書目資料看出。
74	代理人	
75	發明人	• 檢索發明人可能找出其系列性的發明。 • 美國專利法特別強調對發明人的保障，原本規定蓄意的遺漏發明人將使專利無效，但是，2011 年 9 月 16 日美國總統簽署通過的專利法修正案，對於發明人宣誓書的規定則已經改成不會造成專利無效或無法實施。不過故意提供不實內容或簽名，則會有罰款或 5 年以下有期徒刑的罰責。
76	發明人亦是申請人	
84	指定國家	

註：台灣是唯一在首頁放申請專利範圍的；另台灣公報中把證書號數與公開編號都用 11 的代碼來標示，還好我們都看的懂中文。

　　相對於第一章著作權中提到的列名作者，在專利申請時又該如何列名共同發明人呢？台灣的專利法似乎沒有明文規定，只有第 5 條規定專利權申請、第 7 條規定職務上的發明歸屬，以及第 96 條規定姓名表示權受侵害時，得請求表示發明人之姓名或為其他回復名譽之必要處分。然而如上表所述，美國專利法特別強調對發明人的保障，相關的法規就有所不同，例如美國專利審查基準 (MPEP)2137.01 規定列名發明人 (inventorship)，就提到美國國外的申請人可能因為誤解美國法律中列名發明人的規定，而導致主張以國外申請案為優先權日的問題，MPEP 就提醒說美國申請案和根據 35USC119 主張優先權日的國外申請案之間，就是要有相同的發明人或是至少有一位相同的共同發明人。另 MPEP2137.01 提到沒有正確的列名發明人，還是會以 35USC§101 和 35USC§115 來加以核駁。

2018 年 5 月 3 日 CAFC 的 In Re Verhoef 案就有討論名列發明人的議題，CAFC 法官在判決書中提到 2006 年版美國專利法 35USC§102(f) 規定：發明人如果不是自己發明了請求專利保護的主題事物 (subject matter)，是不能夠取得有效的專利權，也就是說美國專利法在 2011 年修法之前，此法條是有要正確地列名發明人之規定，【註：35USC§256 則規定可提出名列發明人的修正】。1998 年 CAFC 的 Pannu v. Iolab Corp. 案就曾明確地指出：當一群人合力完成的發明，遺漏其中的一位發明人就會讓專利無效；沒有名列共同發人會使得專利無效。

不過 CAFC 在 In Re Verhoef 案判決書中也提到，實務上很難去定義構成共同發明人的確切參數，還強調說這是美國專利法中最為含糊的觀念 (muddiest concept) 之一！但是 CAFC 引用 1994 年的 Sewall v. Walters 案說，認定列名於發明人就是要確認出誰設想出 (conceive) 系爭的主題事物，而該主題事物是列在申請案的請求項或涉及申請權的爭議 (interference)。

CAFC 要重新認定的就是構思 (conception) 和名列發明人的法律問題，而前提就是要根據重要的事實認定。構思是發明的試金石 (touchstone)，構思是達成可運作發明的明確 (definite) 和固定之 (permanent) 想法 (idea)，包括請求專利保護主題事物的每一特徵 (feature)，唯有當發明人對於所要解決的問題有一固定下來的想法，或是有特定的解決方式，這種想法才是明確和固定的，而不只是一般性的目標或研究規劃。

CAFC 引用 1998 年的 Pannu v. Iolab Corp. 案說，對於共同合作的發明，共同發明人並不需要對於發明的構思有相同的貢獻，共同發明人必須是：

1. 對於達成構思有某種程度的顯著貢獻或者是將發明付諸實施；
2. 當以整體發明的尺度來衡量貢獻度時，對於所請求專利保護發明的貢獻，從質性來看，並不是不顯著的；
3. 不單只是向發明人解釋廣為人知的概念和 / 或技藝的目前發展狀態。

台灣智慧財產局引用智慧財產法院 102 年度民專上字第 23 號民事判決，對於共同發明人的認定可歸納成：

1. 共同發明人無須對該發明做出相同形式或程度之貢獻；
2. 發明人必須對發明做出重要的一部分貢獻，才能被認定為共同發明人；
3. 當發明的構思若已經確定，只是執行付諸實施之人並不能成為發明人；
4. 單純提供通常知識或是解釋相關技術，但對發明之整體並無具體想法的人，不能稱作是共同發明人；

5. 共同發明人並不需要對每一項申請專利範圍做出貢獻，而是對其中一項申請專利範圍有所貢獻即可；

6. 共同發明人必須有共同從事合作研究之事實，個別進行研究之兩人，縱使巧合研究出相同之發明，仍不能稱為共同發明人；

7. 對於「化合物」之發明構思，僅提出化合物之特定「結構」，但欠缺產生該化合物之「方法」，尚不得稱該化合物之發明構思已然形成，故「化合物」之發明構思必須包含特定化合物之化學結構及製造該化合物之操作方法。

台灣智財局的共同發明人 7 原則，大致都符合美國 CAFC 的見解，不過 CAFC 似乎是更強調對於構思 (達成可運作發明的明確和固定之想法) 的貢獻。從而看來，2018 年台灣有位學物理的科學家看到原住民同胞使用綏草治病，就找生化領域專家萃取出藥用成分，進而把自己列為第一發明人申請了台灣、美國和中國等國家的專利，很難想像一位高溫超導的科學家，能夠構思出萃取出藥用成分的方法和步驟，所以，其應該是違反了上述共同發明人的認定準則。

如第 4 章的介紹，美國專利制度中有再發證（Reissue）的規定，是讓專利申請人用來矯正專利文件像是說明書、圖示、申請專利範圍太窄或太寬等之錯誤，但是申請再發證不能導入新事物（new matter，指的是不包含於原申請書中關於發明的技術資訊），其中，若想要擴大申請專利範圍必須在原專利授證後兩年內提出，再發證（專利號如：Re38312）是從其核准日起生效，而專利到期日則與原專利相同。

要注意的是，台灣專利法規定：「發明專利權人申請更正專利說明書或圖式，僅得就下列事項為之：一、申請專利範圍之減縮。二、誤記事項之訂正。三、不明瞭記載之釋明。前項更正，不得超出申請時原說明書或圖式所揭露之範圍，且不得實質擴大或變更申請專利範圍。專利專責機關於核准更正後，應將其事由刊載專利公報。說明書、圖式經更正公告者，溯自申請日生效。」換句話說，在台灣更正專利說明書只能做申請專利範圍之減縮，而不能夠擴大範圍。中國專利法也規定：「對發明和實用新型專利申請檔的修改不得超出原說明書和權利要求書記載的範圍」。

國際專利分類號（International Patent Classification，簡稱 IPC）是根據 1971 年 Strasbourg 協定所訂定對於專利所屬技術的分類編號，其中上標的 7 表示第七版的 IPC 分類代號（2000 年 ~2005 年），而隨後的版本改成 IPC- 實施年，如 IPC-2006 是從 2006 到 2008 年底，IPC-2009 是從 2009 年 1 月起實施，而 IPC-2011.01 已經開始實施。IPC 代號的意義可上網 www.wipo.int/classifications/fulltext/new_ipc/index.htm 查詢，台灣智慧財產局的網站則有提供中文的翻譯。

IPC 分類號係分成部（Sections）、次部（Subsection）[有名稱但無分類記號]、類（Classes）、次類（Subclasses）、主目（Main Group）和次目，各部的意義與舉例如表 5-2-2。

表 5-2-2　IPC 各部的意義與舉例

IPC 八大部	意義
A	人類必需品（human necessities） 例如 A61M 5/14：A61 為醫學、獸醫學或衛生學；A61M 為將介質輸入人體內或人體上之器械；而 5/14 指的是注射器。
B	執行操作和運輸（performing operations; transporting）
C	化學冶金（chemistry; metallurgy） 例如 C12N 15/11：C12 指的是生物化學、酒類、醋、微生物學、擕學、突變或遺傳工程；C12N 為微生物或擕，其組合物，繁殖、保存或維持微生物，變異或遺傳工程，培養基；15/11 指的是 NDA 或 RNA 片段，其修飾形成。
D	紡織和紙（textiles; paper）
E	固定結構（fixed constructions）
F	機械工程、照明、加熱、武器和爆破（mechanical engineering; lighting; heating; weapons; blasting）
G	物理（Physics）
H	電學（Electricity） 例如 H01 C010/02：H01 表示電器分類中的基本元件，H01C 表示基本電元件次分類中的電阻器，010/02 則為電阻中的液體電阻器。

　　請參考圖 5-2-1(e) 為 2015 年美國新授證的專利，其中美國專利分類號部分已經採用 CPC，合作專利分類號（Cooperative Patent Classification，簡稱 CPC）是美國專利局與歐洲專利局相互合作調和其原有的分類號系統，分別是美國的 USPC 與歐洲專利局的 ECLA，而要轉成共通的分類系統。歐洲專利局從 2013 年起就已經採用 CPC，美國專利局也從 2015 年 6 月起全面使用。

　　而比較新的美國授證專利，在首頁右上角所標示出的專利號，還會包括有像是 B1 或 B2 的種類代碼（Kind codes），如圖 5-2-1(d) 所例示的美國專利首頁，專利號就是 6455275 B1，其中 B1 就表示無早期公開之授證專利。美國自從 2001 年 1 月 2 日起亦開始採用 WIPO 標準的 ST.16 碼，表 5-2-3 就是專利種類代碼的說明。

表 5-2-3　美國專利種類代碼

WIPO ST.16 專利種類代碼	2001/1/2 之後專利文件使用
A1	早期公開
A2	再次早期公開
A9	修正之早期公開
B1	無早期公開之授證專利
B2	有早期公開之授證專利
C1, C2……	再審查授證
E	再發證專利
H	發明公開登錄（Statutory Invention Registration）
P1	植物專利早期公開
P2	無早期公開之授證植物專利
P3	有早期公開之授證植物專利
P4	植物專利之再次早期公開
P9	植物專利之修正的早期公開
S	設計專利

　　表 5-2-4 就根據以上的說明，來整理第 3 章所提及哥倫比亞大學善用美國專利制度所取得的第 6455275 號專利，其首頁如圖 5-2-1(d) 所示。

表 5-2-4　哥倫比亞大學的美國第 6455275 號專利首頁的資料

INID 碼	INID 碼意義	內容	資料解讀
54	專利名稱	DNA construct for producing proteinaceous materials in eucaryotic cells	
73	專利權人	哥倫比亞大學	
22	申請日	1995/6/7	申請日算起 20 年為 2015/6/7，但本案申請日早於美國制度改制的決定日期 1995/6/8，所以到期日為申請日算起 20 年或授證日加 17 年。
45	授證日	2002/9/24	2019/9/24 到期
63	相關美國案申請資料	This application is a continuation of now abandoned U.S. Ser. No. 08/395,520, filed Feb. 27, 1995; which is a continuation of U.S. Ser. No. 08/217,007, filed Mar. 23, 1994, now abandoned; which is a continuation of U.S. Ser. No. 07/866,800, filed Jun. 26, 1992, now abandoned;……以下略	相關美國案申請資料非常長，表示專利發明人有持續研發且專利權人有心維護，很有可能有其價值性。

　　除了首頁上所列出審查委員檢索時找出或由申請人提出的專利或其他文獻之外，美國專利局線上的專利文獻中還有提供有該專利被後續專利引證的情形，亦可用指令「ref/」來查詢。例如第 3 章所提到史丹佛大學第 4237224 號專利而從其授證日到 2012 年 6 月 22 日止，總共被引證了 292 次，平均每年被引證次約 9.42 次 [計算方式：292/（2012-1981）]；而哥倫比亞大學的 4399216 號專利則被引證了 378 次，平均每年被引證次約 13.03 次 [計算方式：378/（2012-1983）]。專利平均每年被引證數亦可作為評估專利重要性的指標之一，這兩個授權金高的專利平均每年被引證數也都很高。

第三節　專利說明書部分

　　本書第 3 章探討專利制度的意義時，提到公權力授予專利的目的，是爲了鼓勵發明與創作，而使專利權人取得排他權保護其創新之同時，也要負起揭露其所發明與創作的技術內容與創作理念之義務，讓公眾能了解其內容並據以實施，而更深一層意義是期望大家能利用公開之技術內容，再推陳出新加以創作或發明，而達成促進產業技術提昇之目的。

　　其中關於專利權人爲取得專利保護，須揭露其所發明與創作的技術內容與創作理念之義務，正如台灣專利法規定申請專利之「說明書，應載明發明名稱、發明說明、摘要及申請專利範圍。發明說明應明確且充分揭露，使該發明所屬技術領域中具有通常知識者，能瞭解其內容，並可據以實施」，而台灣專利法實施細則更進一步規定發明或新型說明所應敘明的事項（表 5-3-1），申請台灣專利若沒有按照規定的項次撰寫，通常會被要求補正。表 5-3-2 列出台灣專利審查基準對於整份說明書之相關規定。

表 5-3-1　台灣專利法實施細則規定之說明書應敘明的事項

項次	內容
一	發明或新型所屬之技術領域
二	先前技術：就申請人所知之先前技術加以記載，並得檢送該先前技術之相關資料。
三	發明或新型內容：發明或新型所欲解決之問題、解決問題之技術手段及對照先前技術之功效。
四	實施方式：就一個以上發明或新型之實施方式加以記載，必要時得以實施例說明；有圖式者，應參照圖式加以說明。
五	圖式簡單說明：其有圖式者，應以簡明之文字依圖式之圖號順序說明圖式及其主要元件符號。
註明	發明或新型說明應依前項各款所定順序及方式撰寫，並附加標題。但發明或新型之性質以其他方式表達較爲清楚者，不在此限。
其他	發明專利包含一個或多個核苷酸或胺基酸序列者，應於發明說明內依專利專責機關訂定之格式單獨記載其序列表，並得檢送相符之電子資料。申請生物材料或利用生物材料之發明專利，應載明該生物材料學名、菌學特徵有關資料及必要之基因圖譜。

表 5-3-2　台灣專利審查基準對說明書之相關規定

項　目	規　定
發明名稱	與其申請專利範圍內容相符，不得冠以無關之文字。應明確、簡要指定申請專利之標的，並反映出其範疇（category）。
發明摘要	敘明發明所揭露內容之概要，並以所欲解決之問題、解決問題之技術手段及主要用途為限；有化學式者，應揭示最能顯示發明特徵之化學式；不得記載商業性宣傳詞句。 * 字數以不超過 250 字為原則。
發明說明	敘明包含發明所屬之技術領域、先前技術、發明內容、實施方式及圖式簡單說明等。 1. 所屬之技術領域：為申請專利之發明所屬或直接應用的具體技術領域。 2. 先前技術：指出技術手段所欲解決而存在於先前技術中的問題或缺失，記載內容儘可能引述該先前技術文獻之名稱。 3. 發明內容：包含發明所欲解決之問題、解決問題之技術手段及對照先前技術之功效。 4. 實施方式：發明的詳細說明，應記載發明一個以上之實施方式，必要時以實施例（examples）或參照圖式來說明發明。本部分是符合法規之明確且充分揭露、能瞭解及實施發明，以及對於支持及認定申請專利範圍的重要部分。 5. 圖式簡單說明：以簡明之文字依圖式之圖號順序說明圖式及其主要元件符號。
圖示	圖式用於補充說明書文字不足的部分，使可參照圖式瞭解發明的技術特徵及構成的技術手段。 發明之圖式要參照工程製圖方法繪製清晰，圖式應註明圖號及元件符號，所註明之元件符號要一致，除必要外不得記載其他說明文字，並指定最能代表該發明技術特徵之圖式為代表圖。 當無法以圖式表現時，若能直接再現並符合圖式所適用之規定者，得以照片取代，例如金相圖或細胞組織染色圖。

　　中國專利法實施細則也有類似的規定，發明或者實用新型專利申請的說明書應當寫明發明或者實用新型的名稱，該名稱應當與請求書中的名稱一致。說明書則要按照下列方式和順序撰寫，並在每一部分前面寫明標題，包括：（一）技術領域、（二）背景技術、（三）發明或者實用新型內容、（四）附圖說明、（五）具體實施方式，必要時要舉例說明。如有附圖則要對照附圖說明，詳細說明整理於表 5-3-3。

表 5-3-3　中國專利審查指南對於說明書相關之規定

項　目	規　定
發明名稱	要清楚、簡要，寫在說明書首頁正文部分的上方居中位置。 不得採用非技術術語、人名、地名、商標、型號、商品名稱或者商業性宣傳用語。 一般不得超過 25 個字，特殊情況下，例如，化學領域的某些申請，可允許最多到 40 個字。
技術領域	是要求保護的發明或者實用新型技術方案所屬或者直接應用的具體技術領域。
背景技術	寫明對發明或者實用新型的理解、檢索、審查有用的背景技術，並且盡可能引證反映這些背景技術，以及客觀地指出背景技術中存在的問題和缺點。
發明或者實用新型內容	寫明以下內容： 1. 要解決的技術問題，指出發明或者實用新型要解決的現有技術中存在的技術問題。 2. 技術方案，要清楚、完整地描述發明或者實用新型解決其技術問題所採取的技術方案的技術特徵。 3. 有益效果，發明或者實用新型的技術特徵直接帶來的，或者是由所述的技術特徵必然產生的技術效果，是判斷發明是否具有「顯著的進步」和實用新型是否具有「進步」的重要依據。
附圖說明	說明書有附圖的，要寫明各附圖的圖名，並對圖示的內容作簡要說明。
具體實施方式	應詳細描述申請人認為實現發明或者實用新型的優選具體實施方式。在適當情況下，應當舉例說明；有附圖的，應當對照附圖進行說明。 1. 當權利要求的保護範圍較寬時，若單一個實施例無法支持，應有一個以上的不同實施例，以支持所要求保護的範圍。 2. 當權利要求係為數值範圍時，通常應給出兩端值附近（最好是兩端值）的實施例，當數值範圍較寬時，還應當給出至少一個中間值的實施例。 3. 產品的發明或者實用新型，實施方式或者實施例應當描述產品的機械構成、電路構成或者化學成分，說明組成產品的各部分之間的相互關係。對於可動作的產品，若只描述其構成不能使所屬技術領域的技術人員理解和實施時，還應當說明其動作過程或者操作步驟。 4. 方法的發明，應當寫明其步驟，包括用不同的參數或者參數範圍表示的工藝條件。
說明書附圖	用以補充說明書文字部分的描述，使人能夠直觀地、形象化地理解發明或者實用新型的每個技術特徵和整體技術方案。 實用新型專利申請的說明書必須有附圖。

　　中國專利說明書中的摘要係爲說明書內容的概述，只是一種技術資訊，不具有法律效力。摘要的內容不屬於發明或者實用新型原始記載的內容，不能作爲以後修改說明書或者權利要求書的根據，也不能用來解釋專利權的保護範圍。不過，摘要須：(1) 當寫明發明或者實用新型的名稱和所屬技術領域，並清楚地反映所要解決的技術問題、解決該問題的技術方案要點以及主要用途，而以技術方案爲主；摘要可包含最能說明發明的化學式；(2) 有附圖的專利申請，要提供或者由審查員指定一幅最能反映該發明或者實用新型技術方案的主要技術特徵的附圖，該附圖應當是說明書附圖中的一幅；(3) 附圖的大小及清晰度應當保證在該圖縮小到 4 釐米 ×6 釐米時，仍能清楚地分辨出圖中的各個細節；(4) 摘要文字部分（包括標點符號）不得超過 300 個字，並且不得使用商業性宣傳用語；(5) 摘要文字部分出現的附圖標記應當加括弧。

　　至於美國專利的說明書部分，美國專利法第 112 條規定：「說明書須包含發明的書面敘述及其製造和使用的方式和程序，以完全、清楚、簡明和合適的語詞來使得熟悉該項技藝者或最有關連的人，能夠從而製造和使用，並且發明人須設定執行其創作的最佳模式。」從而 CAFC 就將此條款解讀成專利說明書，需合乎三大部分 (1) 書面敘述 (2) 致能性 (3) 最佳模式之規定。如本書第 4 章所提到的 2010 年 CAFC 全院審理（en banc）的 Ariad Pharmaceuticals, Inc. v. Eli Lilly and Co 案，更是確認美國專利法第 112 條中書面敘述、致能性與最佳模式的三個規定。

　　雖然，美國沒有如台灣專利法實施細則中所規定的各項並附加標題，但是，如表 5-3-4 所示，通常一份美國專利說明書還是會包含如技術領域（technical field）、發明的背景（Background of the Invention）、發明的總結（Summary of Invention）、圖式說明（Brief Description of the Drawings）和發明的詳述（Detailed Description of the Invention）之標題與內容。

表 5-3-4　美國說明書部分之標題與內容

標題	內容	舉例說明
技術領域	以非常簡短的句子，訂出專利發明主題所屬的領域。	著名 Amazon one-click 的美國第 5960411 號專利：The present invention relates to a computer method and system for placing an order and, more particularly, to a method and system for ordering items over the Internet.
發明的背景	• 描述先前的技藝，例如他人已經作了哪些努力？而探討先前技藝的缺失，可帶出此發明或創作所欲解決的問題（problems solved by the invention）。 • 專利所要解決的問題，當然就是其所屬之技術領域，所以許多專利撰寫時都未特別列出技術領域。	• 上述 Amazon.com 發明背景中最後一句話：Also, with such an ordering model, each time an order is placed sensitive information is transmitted over the Internet. Each time the sensitive information is transmitted over the Internet, it is susceptible to being intercepted and decrypted. • 5960411 號專利發明背景的第一與最後一句話：There have been many attempts at passive imm-unotherapy（被動免疫療法）of malignant tumors, but ……（第一句）…… to date there have been no reports showing that monoclonal antibodies to epidermal [表皮]growth factor receptor inhibit tumor cell growth in vivo or in vitro.
發明的總結	• 簡要地描述創作來和所請求專利之權利範圍作一對應，並且列出創作目的和優點。 • 通常可從發明的總結看出創作目的（objectives）和優點（advantages）。	• 4399216 號專利發明總結的第一句話；This invention provides a process for inserting foreign DNA into eucaryotic cells [真核細胞]by cotransforming the cells with this foreign DNA and with unlinked DNA which codes for proteinaceous material associated with a selectable phenotype not otherwise expressed by the cell. • 5960411 專利發明總結的第一句話；According to this invention hybridoma [融合瘤]cell lines are generat-ed that synthesize and secrete monoclonal antibodies that bind to different epitopes on epidermal growth factor receptor.
圖式說明	簡要地描述創作中的圖示	略
發明的詳述	• 通常是說明書部分最長的段落，會詳細地描述整個發明或創作的動作、連結關係、要件等。 • 會描述出各種實施例，適合該領域的人員配合圖式來充分了解或學習其創作。	略

從以上說明可看出台灣、中國或美國的專利說明書有其異曲同工之處。當專利說明書在發明背景的段落中，明確地指出先前技藝專利號以及批判某技術特徵，邏輯和理論上就不會屬於該專利的權利範圍，例如 2001 年的 Scimed Life Sys., Inc. v. Advanced Cardiovascular Sys., Inc. 案，CAFC 法官提到：當說明書清楚地說明該發明沒有包含某特定的性質，則該性質就會被認為不會落入該專利的權利範圍，縱使專利 claim 的語詞寬廣地讀起來可能會包含該特徵。2006 年的 Honeywell Int'l, Inc. v. ITT Indus. Inc. 案，CAFC 法官認定說明書中反覆性批判（derogatory）碳纖維的材料，就是等同於否決該專利的權利範圍包含此標的。2006 年的 Wireless Agents LLC v. Sony Ericsson Mobile Communications AB 案，CAFC 也是確認：說明書中所反覆批判的缺點，當然不會是其權利範圍。

另外，若在發明背景部分沒有多作著墨或只對學術文獻作探討，而且審查人員所引證的專利數量亦少，則此專利應該就有可能是基礎性的專利。例如本書提到史丹佛大學 2 億美元授權金的基因切割專利，審查人員就只引證一篇專利，並且申請人在發明背景部分只提到 Cohen 教授所發表的四篇和另外三篇其他學者發表的學術論文。若再配合首頁上的其他美國案申請資料，專利權人有心維護此技術，代表其有重要性；再加上專利被引證的次數、發明人在科學或醫學等文獻資料庫，從所發表的論文數與其文章被引證的次數等來加以佐證，就能客觀的評估專利之重要性。

在美國專利商標局網站閱讀專利文件，若想要直接看全文影像，就必須先安裝可看 tiff 影像檔的 plug in 軟體，目前網站 www.internetiff.com 有提供免費的服務，可自行下載使用。還有網站 www.pat2pdf.org，可輸入專利號就可下載美國專利的 pdf 檔；另 www.freepatentsonline.com 除了可下載 pdf 全文之外，亦可同時檢索美國授證、早期公開、歐洲專利文件、日本摘要、PCT 申請案和德國專利等。圖 5-3-1 是美國 4399216 號專利書說明書部分的全文影像檔的第 24 頁，圖上之內容分成左右兩欄，而上方有欄號 41 和 42，中間空白處則有以 5 列一數的列數號，從而就可快速地找出句子的位置，而美國審查意見、答辯和法院判決時，若引用到說明書中的詞句都是以第幾欄第幾列的方式來標明。

大家一定要了解上述說明書部分各標題與內容之意義，從而就能夠很快地知道此專利技術的技術領域、創作目的和優點，這種能力在作專利檢索時，對於篩選專利和確認其是否為與主題相關的專利非常有幫助。表 5-3-5 與表 5-3-6 導讀兩專利的技術領域、發明背景與發明總結供大家參考。

4,399,216

41

immediately removing the precipitate that formed. The DNA was washed with 70% ethanol and dissolved in 1 mM Tris, 0.1 EDTA.

Nuclei and cytoplasm from clones ΦX4 and ΦX5 were prepared as described by Ringold, G. M., et al. Cell 10:19–26 (1977). The nuclear fraction was further fractionated into high and low molecular weight DNA as described by Hirt, B., J. Mol. Biol. 26:365–369 (1967).

DNA FILTER HYBRIDIZATIONS

Cellular DNA was digested with restriction endonucleases, electrophoresed on agarose slab gels, transferred to nitrocellulose filter sheets, and hybridized with ^{32}P-labeled DNA probes as described by Wigler, M. et al., PNAS 76:1373–1376 (1979).

DNA from transformed cells was digested with various restriction endonucleases using the conditions specified by the supplier New England Biolabs or Bethesda Research Laboratories). Digestions were performed at an enzyme to DNA ratio of 1.5 U/μg for 2 hr at 37° C. Reactions were terminated by the addition of EDTA, and the product was electrophoresed on horizontal agarose slab gels in 36 mM Tris, 30 mM NaH$_2$PO$_4$, 1 mM EDTA (pH 7.7). DNA fragments were transferred to nitrocellulose sheets, hybridized and washed as previously described. Weinstock, R., et al., PNAS 75:1299–1303 (1978) with two modifications. Two nitrocellulose filters were used during transfer. Jeffreys, A. J. and Flavell, R. A., Cell 12:1097–1108 (1977). The lower filter was discarded, and following hybridization the filter was washed 4 times for 20 min in 2×SSC, 25 mM sodium phosphate, 1.5 mM Na$_4$P$_2$O$_7$, 0.05% SDS at 65° C. and then successively in 1:1 and 1:5 dilutions of this buffer. Jeffreys, A. J. and Flavell, R. A., Cell 12:429–439 (1977).

In the amplification experiments the probes were either ^{32}P-nick translated pBR322 or pdhfr-21, a cDNA copy of mouse dhfr mRNA. Chang, A.C.Y., et al., Nature 275:617–624 (1978).

SOLUTION HYBRIDIZATIONS

^{32}P-Labeled globin cDNAs (specific activities of 2–9×10^8 cpm/μg) were hybridized with excess RNA in 0.4 M NaCl/25 mM 1,4-piperazinediethanesulfonic acid (Pipes), pH 6.5/5 mM EDTA at 75° C. Incubation times did not exceed 70 hr. R$_0$ts were calculated as moles of RNA nucleotides per liter times time in seconds. The fraction of cDNA rendered resistant to the single-strand nuclease S1 in hybridization was determined as described. Axel, R. et al., Cell 7:247–254 (1976).

RNA FILTER HYBRIDIZATION

RNA was electrophoresed through 1% agarose slab gels (17×20×0.4 cm) containing 5 mM methylmercury hydroxide as described by Bailey, J. and Davidson, N., Anal. Biochem. 70:75–85 (1976). The concentration of RNA in each slot was 0.5 μg/μl. Electrophoresis was at 110 V for 12 hr at room temperature.

RNA was transferred from the gel to diazotized cellulose paper as described by Alwine, J. C., et al., PNAS 74:5350–5354 (1979) by using pH 4.0 citrate transfer buffer. After transfer, the RNA filter was incubated for 1 hr with transfer buffer containing carrier RNA at 500 μg/ml. The RNA on the filters was hybridized with cloned DNA probe at 50 ng/ml labeled by ^{32}P-nick translation, Weinstock, R., et al., PNAS 75:1299–1303 (1978) to specific activities of 2–8×10^8 cpm/μg. Reaction volumes were 25 μl/cm^2 of filter. Hybridization

42

was in 4× standard saline citrate (0.15 M NaCl/0.015 M sodium citrate)/50% formamide at 57° C. for 36–48 hr.

After hybridization, filters were soaked in two changes of 2× standard saline citrate/25 mM sodium phosphate/1.5 mM sodium pyrophosphate/0.1% sodium dodecyl sulfate/5 mM EDTA at 37° C. for 30 min with shaking to remove formamide. Successive washes were at 68° C. with 1× and 0.1× standard saline citrate containing 5 mM EDTA and 0.1% sodium dodecyl sulfate for 30 min each.

BERK SHARP ANALYSIS OF RABBIT β-GLOBIN RNA IN TRANSFORMED MOUSE L CELLS

The hybridizations were carried out in 80% (vol/vol) formamide (Eastman)/0.4 M Pipes, pH 6.5/0.1 mM EDTA/0.4 M NaCl, Casey, J. and Davidson, N., Nucleic Acid Res., 4:1539–1552 (1977); Berk, A. J. and Sharp, P. A., Cell 12:721–732 (1977) for 18 hr at 51° C. for the 1.8 kbp Hha I fragment and 49° C. for the Pst 1 fragment. The hybrids were treated with S1 nuclease and analyzed essentially by the procedure described by Berk, A. J. and Sharp, P. A. (1977).

Although the instant disclosure sets forth all essential information in connection with the invention, the numerous publications cited herein may be of assistance in understanding the background of the invention and the state of the art. Accordingly, all of the publications cited are hereby incorporated by reference into the present disclosure.

What is claimed is:

1. A process for inserting foreign DNA I into a suitable eucaryotic cell which comprises cotransforming said eucaryotic cell with said foreign DNA I and with unlinked foreign DNA II which codes for a selectable phenotype not expressed by said ducaryotic cell, said cotransformation being carried out under suitable conditions permitting survival or identification of eucaryotic cells which have acquired said selectable phenotype, said foreign DNA I being incorporated into the chromosomal DNA of said eucaryotic cell.

2. A process in accordance with claim 1 wherein said foreign DNA I codes for proteinaceous material which is not associated with a selectable phenotype.

3. A process in accordance with claim 2 wherein said foreign DNA I codes for interferon protein.

4. A process in accordance with claim 2 wherein said foreign DNA I codes for insulin.

5. A process in accordance with claim 2 wherein said foreign DNA I codes for growth hormone.

6. A process in accordance with claim 2 wherein said foreign DNA I codes for a clotting factor.

7. A process in accordance with claim 2 wherein said foreign DNA I codes for a viral antigen or an antibody.

8. A process in accordance with claim 2 wherein said foreign DNA I codes for an enzyme.

9. A process in accordance with claim 1 wherein said foreign DNA I is substantially purified.

10. A process in accordance with claim 1 wherein said foreign DNA I has been obtained from restriction endonuclease cleavage of eucaryotic chromosomal DNA.

11. A process in accordance with claim 1 wherein said foreign DNA I and DNA II have been treated with calcium phosphate.

12. A process in accordance with claim 1 wherein said eucaryotic cell is a mammalian cell.

圖 5-3-1　美國 4399216 號專利書說明書的全文影像檔例示

表 5-3-5　美國 4399216 號專利導讀

導讀部分	專利中用字	位置
技術領域	This invention concerns the introduction and expression of genetic informational material, i.e., DNA which includes genes coding for proteinaceous materials and/or genes regulating or otherwise influencing the production thereof, into eucaryotic cells, that is, cells of organisms classified under the Superkingdom Eucaryotes including organisms of the Plant and Animal Kingdoms.	第 1 欄 第 12-19 列
發明背景	Although advances in the understanding of procaryotic organisms, particularly bacteria, having for the most part proceeded independently of advances in the understanding of eucaryotic organisms, it may be helpful to an appreciation of the present invention to set forth certain developments involving procaryotes. …… As a result, studies on the transformation of eucaryotic cells were essentially restricted to viral genes.	第 1 欄 第 36-41 列 第 2 欄 第 10-12 列
發明總結	This invention provides a process for inserting foreign DNA into eucaryotic cells by cotransforming the cells with this foreign DNA and with unlinked DNA which codes for proteinaceous material associated with a selectable phenotype not otherwise expressed by the cell.	第 3 欄 第 22-27 列

表 5-3-6　美國 7,966,578 號專利導讀

導讀部分	專利中用字	位　置
技術領域	The disclosed embodiments relate generally to portable electronic devices, and more particularly, to portable devices that translate displayed content in response to detected finger gestures.	第 1 欄 第 44-47 列
發明背景	Accordingly, there is a need for portable multifunction devices with more transparent and intuitive user interfaces for translating displayed content in accordance with a user's intentions that are easy to use, configure, and/or adapt. Such interfaces increase the effectiveness, efficiency and user satisfaction with portable multifunction devices.	第 2 欄 第 25-30 列

（續下表）

（承上表）

導讀部分	專利中用字	位　置
發明總結	In some embodiments, the device has a touch-sensitive display （also known as a "touch screen"） with a graphical user interface（GUI）, one or more processors, memory and one or more modules, programs or sets of instructions stored in the memory for performing multiple functions. In some embodiments, the user interacts with the GUI primarily through finger contacts and gestures on the touch-sensitive display. In some embodiments, the functions may include telephoning, video conferencing, e-mailing, instant messaging, blogging, digital photographing, digital videoing, web browsing, digital music playing, and/or digital video playing. Instructions for performing these functions may be included in a computer program product configured for execution by one or more processors.	第 2 欄 第 36-50 列

第四節　申請專利範圍

本章將一份專利文獻區分成：首頁、說明書部分與申請專利範圍三大部分，對於申請專利範圍的法規，台灣專利法規定：「申請專利範圍應明確記載申請專利之發明，各請求項應以簡潔之方式記載，且必須為發明說明及圖式所支持」、「發明專利權範圍，以說明書所載之申請專利範圍為準，於解釋申請專利範圍時，並得審酌發明說明及圖式」。中國專利法也規定：發明或者實用新型權利的保護範圍以其權利要求為準，說明書及附圖可以用於解釋權利要求；外觀設計專利的保護範圍以表示在圖片或者照片中該外觀設計產品為準。美國專利法中亦規定說明書需包含一個或多個申請專利範圍，尤其要指出和清楚地主張其發明的事物。

申請專利範圍是屬於專利說明書中「法律的部分」，是主管機關判定是否授予專利、司法機關認定專利是否有效或侵權判決之依據。因此，申請專利範圍要嚴謹（precise）、邏輯（logical）和正確（exact）地定義出所發明或創作的結構或動作。

台灣專利審查基準進一步將申請專利範圍可區分為：物的請求項及方法請求項。其中物的請求項包括物質、物品、設備、裝置或系統等。而方法請求項包括製造方法、處理方法、使用方法及物品用於特定用途的方法等。一件發明申請案的申請專利範圍可包含前述之物及方法的兩種請求項，但要以兩項以上的獨立項表示。申請專利範圍可分項記載申請人認為是界定其申請專利之發明的技術特徵，而根據記載的形式，請求項可分為獨立項及附屬項兩種（表 5-4-1）。

表 5-4-1 台灣專利請求項記載的形式

獨立項		敘明申請專利之標的及其實施之技術特徵。要指出申請專利之標的名稱,並敘明解決問題的技術特徵,以呈現申請專利之發明的整體技術手段。其中技術特徵,於物之發明爲結構特徵;於方法發明爲條件及步驟等特徵。
附屬項	說明	附屬項係包含所依附請求項之所有技術特徵,並再增加技術特徵,而就被依附之請求項所載的技術手段作進一步限定之請求項。
	詳述式	包含被依附之請求項全部技術特徵,並對其中之部分技術特徵詳加界定。
	附加式	包含被依附之請求項全部技術特徵,並增加被依附之請求項原本未包含的技術特徵。

　　台灣申請專利範圍請求項的記載原則:

1. 單句原則,只能在句尾使用句點;

2. 有兩項以上以請求項時,每一請求項要換行記載,而且要依序以阿拉伯數字編號排列;

3. 請求項依附其他請求項時,僅可依附排序在前的請求項;

4. 申請專利範圍可記載化學式或數學式,但是不得附有插圖,不能夠僅引述說明書之行數、圖式或圖式之元件符號,也就是說不可爲「如說明書……部分所述」或「如圖……所示」等類似用語;

5. 若發明涉及之特定形狀僅能以圖形界定而無法以文字表示,或者如化學產物發明之技術特徵僅能以曲線圖或示意圖界定時,請求項得記載「如圖……所示」等類似用語。

6. 請求項所載之技術特徵得引用圖式中相對應的元件符號,以理解請求項所載之技術特徵,記載元件符號時,應列於該元件名稱之後,並載於小括號內。

　　中國方面把「申請專利範圍」稱爲「權利要求書」,權利要求書應須以說明書爲依據,說明發明或者實用新型的技術特徵,清楚並簡要地表述請求保護的範圍,其中技術特徵可以是構成發明或者實用新型技術方案的組成要素,也可以是要素之間的相互關係。而一份權利要求書中應當至少包括一項獨立權利要求,還可以包括從屬權利要求。

中國有相同於台灣的「物」的請求項及「方法」請求項，而分別稱為物的權利要求與活動的權利要求（表 5-4-2）。事實上，台灣專利法規定：申請專利範圍應明確記載申請專利之發明，各請求項應以簡潔之方式記載，且必須為發明說明及圖式所支持。而中國專利法規定：權利要求書應當以說明書為依據，說明要求專利保護的範圍；專利法實施細則規定：權利要求書應當說明發明或者實用新型的技術特徵，清楚和簡要地表述請求保護的範圍，意即在法條上都有幾乎相同的規定。另要注意的是中國專利法實施細則規定「一項發明或者實用新型應當只有一項獨立權利要求，並且寫在同一發明或者實用新型的從屬權利要求之前。」而有關記載的原則也都相似，不在此贅述。

表 5-4-2　中國物與活動之權利要求

	物的權利要求	活動的權利要求
簡單稱呼	產品權利要求	方法權利要求
台灣稱呼	物的請求項	方法請求項
意涵	人類技術生產的物（產品、設備）	有時間過程要素的活動（方法、用途）
舉例	物品、物質、材料、工具、裝置、設備、方法特徵表徵的產品權利（保護主題為產品）。	製造方法、使用方法、通訊方法、處理方法以及將產品用於特定用途的方法。

台灣專利審查基準與中國審查指南中所提到的不「明確」與不「清楚」的用語（表 5-4-3），在撰寫說明書時是要加以注意的，當然其中有些用語不見得完全都不能使用，最高指導原則就是要讓所屬技術領域中具有通常知識者以發明說明書為基礎而能瞭解其範圍，不會導致申請專利範圍之不明確。

表 5-4-3　台灣與中國申請專利範圍（權利要求）之可能不明確用語

	台灣	中國
含義不確定用語	無	厚、薄、強、弱、高溫、高壓、很寬範圍。
範圍不清楚	大於……、小於……、至少……、至多……、……以上、……以下、0～……%。	最好是、尤其是、必要時。
約略用語	大約、接近、等。	約、接近、等、或類似物。
負面表現方式	除……之外、非……。	無

申請專利範圍會出現在一份美國專利說明書最後的部分,而其經常開頭用詞包括像是: I claim, We claim, The invention claimed is 等,如圖 5-3-1,美國第 4399216 號專利的申請專利範圍,就是在其整份說明書的最後一頁,而在第 42 欄的第 32 列有「What is claimed is」的字眼。

以下會逐一加以說明常見的申請專利範圍獨立項所包括的前序(preamble)、起承(transition)和主體(body)三大部分,還有其他常見的幾種撰寫形式,以及獨立項與依附項的從屬關係。

一、前序

「前序」就是申請專利範圍中最前端的部分,找出前序的方法就是先確認「起承」的位置,起承之前的部分就是前序。前序可長可短,撰寫的方式就是將發明所要請求保護的範圍,以概略性的加以定義和搭配主體來訂定出前序,換句話說就是要與主體前呼後應,所以,有時可能需要在確認出所要請求保護的範圍之後,才可適當地描述前序,也因此,在修改或修正申請專利範圍時,也別忘了注意檢查前序是否恰當,以確保其一致性(consistency)。當申請專利範圍之標的只是整體發明的一個元件或其中的部分組合,這時若還是以整體發明的標題來作為前序,可能就會有誤導之虞。

先前提到專利的「標題」是專利主題事物之巨觀,似乎與申請專利範圍中的「前序」有異曲同工之處,如圖 5-3-1 美國第 4399216 號專利,其專利的標題為 Processes for inserting DNA into eucaryotic cells and for producing proteinaceous materials,而 claim 1 的前序就是:「A process for inserting foreign DNA I into a suitable eucaryotic cell」,而美國第 4237224 號專利的標題是:Process for producing biologically functional molecular chimeras,而 claim 1 的前序則為:A method for replicating a biologically functional DNA,專利標題與前序都有雷同之處。因此,可考慮將專利的標題撰寫成申請專利範圍的前序,例如專利的名稱為:粉粒體自動計量配料系統,其前序就可寫成:「一種粉粒體自動計量配料系統」。

有些專利的前序撰寫則是用很概略性定義的用詞,如「一種裝置」,用以避免前序造成對申請專利範圍不必要的限縮。不過實務上,前序應該著重在發明本身的主題或領域,通常審查委員亦會如此要求,千萬不要一昧地迷信「包山包海」的前序,因為有時候用太寬廣的前序也不見得就一定能擴大保護的範圍,如果因為權利

範圍太大而沒有說明書部分的支持，會違反專利制度揭露小於權利範圍的原則，反而會導致專利無效，就會「偷雞不著蝕把米」。例如發明的內容是「腳踏車」，使用「一種車輛」當作前序，就比較會被認為是太廣了！相反地，如果以「一種腳踏車」作為前序，也許就會被認為不包含「摩托車」，如果實際的發明也可用作為摩托車，或許採用「一種兩輪車」作為前序就是比較恰當的選擇。

美國 CAFC 的諸多判決（表 5-4-4）也確認前序若只是簡單地陳述發明的用途與目的，通常是不會限制其申請專利範圍的範圍，但是，前序提供的先行用詞係為產生申請專利範圍的術語，則會從而有所限制。例如美國 CAFC 在 2001 年 Bristol-Myers Squibb Co. v. Ben venue Laboratories, Inc. 判決中就提到：如果申請專利範圍是從主體開始描述整個發明，並且前序的用字並不會使得申請專利範圍因而有存在性（life）、有意義（meaning）和生命力（vitality），則此前序在申請專利範圍的解讀上就沒有重要性，因為其不能夠被認為是申請專利範圍的限制。

表 5-4-4　美國 CAFC 與前序相關的判決例示

判決時間與名稱	係爭專利號與之申請專利範圍	說明
1997/4 Rowe v. Dror	5102402 In a balloon angioplasty catheter of the type comprising a catheter body and a balloon positioned along the length of the catheter body, said balloon including means for remotely inflating and deflating said balloon; the improvement comprising……（略）	以二段式（Jepson）方式撰寫申請專利範圍之前序會構成限制條件。
1999/6 Pitney Bowes, Inc. v. Hwelett-Packard Co.	4386272 A method of producing on a photoreceptor an image of generated shapes made up of spots, comprising:...（略）	起承 comprising 之前為前序，而前序中的 made up of spots 會構成限制。
2001/3 Karsten Mfg. V. Cleveland Gold.	4621813 An improved correlated set of iron-type golf clubs, each club having a head which includes a face for impacting a golf ball, a back surface, a heel portion, a toe portion and a sole, said sole having a trailing edge extending between said heel and toe portions, the improvement comprising ……（略）	以二段式（Jepson）方式撰寫申請專利範圍之前序會構成限制條件會構成限制會構成限制。

（續下表）

（承上表）

判決時間與名稱	係爭專利號與之申請專利範圍	說明
2001/4 Bristol-Myers Squibb Co. v. Ben venue Laboratories, Inc.	5641803 A method for reducing hematologic toxicity in a cancer patient undergoing Taxol treatment comprising……（略）	起承 comprising 之前為前序，而前序中的 reducing hematologic toxicity 只是說明目的，不會構成限制條件。

二、起承（transition from preamble to body）

　　如上所述，找出前序的方法就是先確認「起承」的位置，起承之前的部分就是前序，所以「起承」係介於前序與主體之間作為連結使用。如表 5-4-5 中所舉例申請專利範圍中的「comprising」就是起承。一般中文的申請專利範圍則使用「包含」的用詞。在申請專利範圍的解讀時，「包含」指的是其權利範圍是包含主體部分所列舉的元件，但是並不排除其他未列舉的元件。這就是所謂的『開放式』申請專利範圍，換句話說，添加元件仍然會落入此專利的權利範圍，例如開放式的申請專利範圍其主體部分所列舉的元件為 A＋B，那其權利範圍就會涵蓋權利範圍是 A＋B＋C＋D 元件的專利。

　　雖然美國專利審查基準中指出「including」、「containing」或「characterized by」是開放式起承 comprising 的同義字，但是，似乎沒有理由冒險去用這些不常用或其他的字眼，建議撰寫美國專利時開放式的起承就直接採用 comprising。例如 2000 年美國 CFAC 在 Lampi Corp. v. American Power Products, Inc. 判決中，因為申請專利範圍中使用「having」的起承用字，而要從說明中去檢查其是否於開放式的申請專利範圍。

　　相對『開放式』的起承，而有所謂『封閉式』的申請專利範圍，中文說明書中的：由……所組成（構成），就是很典型的封閉式申請專利範圍，或是英文申請專利範圍中使用「consisting」、「consisting of」、「having」或「constituting」之起承。而封閉式申請專利範圍解讀時，只有限制在其主體所列舉的內容才算是其權利範圍，若有添加元件就已經不再屬於其權利範圍了。然之所以採用封閉式的起承，實在是有不得不使用的苦衷，像是化學相關的專利，由於添加元件通常會產生化學變

化，其結果就不是原本專利說明書可預期的，若還是採用開放式的起承，勢必會違反揭露小於申請專利範圍之原則。常用在化學相關專利的馬庫西式寫法（Markush Type）就是很典型的採用封閉式的起承，例如：一種選自濃縮的硫酸、硝酸以及磷酸所組成之酸類 （an acid selected from the group consisting of concentrated sulfuric, nitric, and phosphoric acids）。

由於解讀「封閉式」的起承，添加元件就不屬於其權利範圍，因此有聰明的專利律師或代理人就提出「不完全封閉式」的起承，以「consisting essentially of」（基本上是由……所組成）或以「consisting prevailingly but not essentially of ……」，（主要但不是必要由……所組成）的方式來撰寫。在解讀上就可比「封閉式」起承略為寬廣些，讓一些添加元件而本質上沒有實質的改變，也同樣會落入其權利範圍。

另外，美國專利審查基準指出「having」的起承，是要根據說明書來決定是屬於「開放式」或是「封閉式」的起承。而「composed of」的起承則視事實的認定來解讀成「consisting of」或是「consisting essentially of」。如同上述，實在沒有必要標新立異，儘量採用傳統的「comprising」、「consisting of」或是「consisting essentially of」起承，以免自找麻煩。

除了「開放式」、「封閉式」或是「不完全封閉式」的起承之外，還有「由……所製成」（made of） 的起承，其權利範圍的解讀更小，就只侷限於主體中所述的材料，採用這種起承的原因，大抵就是要克服先前技藝或應審查委員之要求等，而不得不做的權利限縮，表 5-4-5 整理出各種起程的方式、撰寫和解讀。

表 5-4-5　申請專利範圍中的「起承」

方式	建議撰寫之用語	權利範圍之解讀
開放式	英：comprising 中：包含	不排除主體未列舉的元件 添加元件亦屬於其權利範圍
封閉式	英：consisting of 中：組成	只限制在其主體所列舉的內容 添加元件不屬於其權利範圍
不完全封閉	英：consisting essentially of 中：基本上由……所組成	權利範圍含括添加元件而無法造成本質上的改變者
特定	英：made of 中：製成	只侷限於主體所描述之材料

三、主體

　　申請專利範圍中在前序和起承之後的部分就是「主體」的部分，主體就是能夠達成前序所描述之功能的所有元件、結合及互動關係。主體是在定義出發明，要針對發明的技術以能夠易於被瞭解的語詞清楚地陳述。主體並不是用來作描述其優點或標的，所以要避開不必要、多餘的和表示讚美的字詞。還有要注意的是，根據規定每個申請專利範圍是要符合「單句原則」（single sentence rule），也就是說一個申請專利範圍中只能有一個句點。申請專利範圍的撰寫不能夠直接引述說明書之行數、圖式或圖式之元件符號，可有化學式或數學式，但是不能附有插圖。美國第4399216 號專利，在「which comprises」之後的一整大段就是其主體部分，參考圖5-3-1 所示第 42 欄第 34 ～ 42 列。

　　圖 5-4-1 描繪出一份專利說明書包括首頁、說明書部分和申請專利範圍三大部分，而一個常見的申請專利範圍則可拆解成前序、起承和主體三部分。

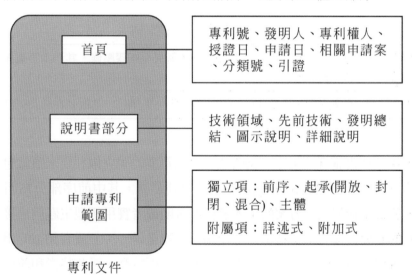

圖 5-4-1　專利文件的組成

四、其他常見的申請專利範圍撰寫方式

如圖 5-4-1 所示一個申請專利範圍獨立項撰寫方式包括；前序、起承和主體，其他撰寫方式還有二段式（Jepson type，或稱為特徵式或改良式）、馬庫氏（Markush type）、製法限定物質（product-by-process）、手段加功能（means-plus-function）和步驟加功能（step-plus-function）、指紋式（fingerprint）、參照圖式（referring to drawings）、命名式（coined name）、延伸式（reach-through）等，有興趣的讀者可參考全華書局出版的《生物科技專利導論》一書，有更詳細的說明。

台灣專利法施行細則將 Jepson type 稱為「二段式」，在前言部分包含申請專利標的和先前技術共有之技術特徵，創新或改良的特徵部分則以「其改良在於」或其他類似用語，來說明有別於先前技術之技術特徵，而解讀二段式申請專利範圍時，需要把特徵部分和前言部分所述之技術特徵相結合。

二段式申請專利範圍撰寫例示

二段式申請專利範圍撰寫例示

一種隔屏立柱，其包括：一框架狀立柱體和至少兩個異型塑膠壓條，其均為等截面長型材；其特徵在於……（以下略）。
一種發光二極體之散熱裝置，其係具有一印刷電路板……（略），其改良在於：…（以下略）。

中國專利法實施細則規定，發明或者實用新型的獨立權利要求應當包括前序部分和特徵部分，也就是 Jepson type 的申請專利範圍。其中前序部分寫明要求保護的發明或者實用新型技術方案的主題名稱和發明或者實用新型主題與最接近的現有技術共有的必要技術特徵；特徵部分使用「其特徵是……」或者類似的用語，寫明發明或者實用新型區別於最接近的現有技術的技術特徵，這些特徵和前序部分寫明的特徵合在一起，限定發明或者實用新型要求保護的範圍

在中國，若是屬於 (1) 開拓性發明；(2) 由幾個狀態等同的已知技術整體組合而成的發明，其發明實質在組合本身；(3) 已知方法的改進發明，其改進之處在於省去某種物質或者材料，或者是用一種物質或材料代替另一種物質或材料，或者是省去某個步驟；(4) 已知發明的改進在於系統中部件的更換或者其相互關係上的變化，則其獨立項之撰寫可不分前序部分和特徵部分。

在申請專利範圍中以特定功能的手段或步驟來描述元件，因爲不管用哪種特定的方式來表達，理論上會有較大的權利範圍，例如一具有伸縮的手段，可能會被解讀成包含鋼鐵製、塑膠、橡膠的彈簧等，甚至也包括海綿或氣壓桿等方式。但是，千萬不要迷信以爲「手段加功能」或「步驟加功能」語法就能夠「包山包海」！在美國如果沒有說明書部分書面敘述的支持，縱使專利被核准了，將來在法院還是可能被判決無效！尤其，CAFC 對於「手段加功能」語法專利侵權的認定是，被控侵權物必須使用完全相同或是等效於專利說明書中所描述的結構、材料或動作的手段，以及執行相同於申請專利範圍中所述的功能。在 1998 年 9 月 18 日 CAFC 的 Unidynamics Co. v. Automatic Products Int'l Ltd. 判決中，美國第 4730750 號專利中的「spring means tending to keep the door closed」就是兩造爭論的焦點，被控侵權物係以磁鐵的方式則被法官認定不侵權。

　　台灣的專利法施行細則，對於手段加功能語法也規定，「複數技術特徵組合之發明，其申請專利範圍之技術特徵，得以手段功能用語或步驟功能用語表示。於解釋申請專利範圍時，應包含發明說明中所敘述對應於該功能之結構、材料或動作及其均等範圍。」表 5-4-6 則列出上述較常見的申請專利範圍撰寫的形式，供大家參考。

表 5-4-6　常見其他形式申請專利範圍的撰寫形式

撰寫形式	說　明
二段式 （Jepson type）	1. 中文撰寫方式 • 句型：前言部分：應包含申請專利之標的及與先前技術共有之必要技術特徵；特徵部分：應以「其改良在於」或其他類似用語，如「其特徵在於」、「其改良為」、「其特徵為」，敘明有別於先前技術之必要技術特徵。 • 舉例：一種連接器之端子結構，其具有一本體，且於該本體之上端延伸出一第一接觸部，該本體之下端延伸出一第二接觸部；其特徵在於：該第一接觸部之外側端部內縮下彎形成一倒勾，該第二接觸部之外側端部則向上延伸形成一下接點……（以下略）。 2. 英文撰寫方式 • 句型：In a [pre-existing device], the improvement comprising …… • 舉例：In a printer having a frame, a paper supply, print head, paper transport means, a printer platen, an paper output tray and a drive motor for driving the paper transport means, the improvement comprising a paper eject means ……（以下略） 備註：Jepson 的撰寫模式已承認說其前序中所列的元件係存在於先前技藝，在解讀上其權利範圍是前序加上後面改良的特徵部分。
馬庫式申請專利範圍 （Markush）	1. 中文撰寫方式 • 句型：一種選自……所組成之…… • 舉例：一種用於溫血非人類動物之可延展咀嚼的獸醫組成物，其包括（A）……（略）（D）軟化劑，其係選自甘油及甘油和聚乙二醇或聚丙二醇的混合物；……（以下略）。 2. 英文撰寫方式 • 句型：...selected from the group consisting of ... • 舉例：The method of claim 5, wherein the device class is selected from the group consisting of a printer, a modem, a camera, a microphone, a touch-sensitive screen, and a hard disk drive. 備註： 1. 馬庫式的撰寫方式常用在化學或生物學相關發明的 claim 撰寫，如上述英文例示，亦可用在硬體方面。 2. 美國專利審查基準中提到 consisting 不可用 comprising 取代。

撰寫形式	說　明
製法限定物質	1. 中文撰寫方式 　• 句型：可由……得到…… 　• 舉例：一種可由以下者之反應而得到之產物，至少一種化合物 ..（以下略）。 2. 英文撰寫方式 　• 句型：...obtainable 或 obtained by 　• 舉例：An aqueous silicone emulsion of polydiorganosiloxane having silacyclobutane groups comprising the product obtained by a method comprising the steps of ...（以下略） 備註： 1. 有時新產品只能以其製造程序來定義；有的申請人則是除了以結構定義其新產品之外，又添加此模式來備用。 2. 台灣審查基準目前學習美國 CAFC 判決認定已知物品的新製程，若用製法限定物質的方式撰寫，會不符合新穎性。但是，如附錄中所示，有位 CAFC 法官之不同意見書表示，既然寫在 claim 都是限制條件，讀 claim 時不能夠忽視所有的限制條件，方法是新的就不會是新穎性問題。
手段加功能語法或步驟加功能語法	1. 中文撰寫方式 　• 句型：……手段……。 　• 舉例：一種生活汙水複合式生態淨化處理方法，係使用一組生活汙水複合式生態淨化系統進行淨水處理，該系統包括至少一複合式生態淨水單元，……（略）……利用次層流手段，使生活汙水通過汙水集水分配槽底部的開孔通過土壤經滲濾後向下滲流進入引氣對流集水濾管向下游排出；利用表層漫地層流手段，……（以下略）。 （承上表）
手段加功能語法或步驟加功能語法	2. 英文撰寫方式 　• 句型：means for 或 steps for 　• 舉例：A portable multifunction device with a touch screen display, comprising: means for displaying a first application on the touch screen display in a portrait orientation; means for detecting simultaneous rotation of two thumbs in a first sense of rotation on the touch screen display; and means for displaying the first application in a landscape orientation in response to detecting the simultaneous rotation of the two thumbs in the first sense of rotation. 備註：美國專利法規定 claim 中的元件可其執行特定功能的手段或步驟來呈現，而不用詳述支持其之結構、材料或動作。

五、獨立項與附屬項

如圖 5-4-1 所示，常見的申請專利範圍獨立項的撰寫方式包括前序、起承和主體三大部分，而一篇專利的申請專利範圍則可區分獨立項（independent claim）和附屬項（dependent claim）。附屬項就是要依附排序在前的獨立項或附屬項，要敘明所依附之項號和申請之標的以及所依附請求項之外的技術特徵。常見的兩種依附形式，包括：將獨立項或附屬項之元件或作動情形更為詳加界定之詳述式；以及增加被依附之請求項原本未包含的技術特徵之附加式。如圖 5-3-1 美國第 4399216 號專利的 claims，第 42 欄中所看到的 1~12 項 claims，其中第 2 項到第 12 項就分別依附到 claim 1 或 claim 2。

值得一提的是美國專利法 112 第 4 款規定，依附項要依附到先前的申請專利範圍且進一步標示出該標的之進一步限制。2006 年 CAFC 的 Pfizer Inc v. Ranbaxy 案中，美國第 5,273,995 專利的 claim 6：The hemicalcium salt of the compound of claim 2，但是，claim 2 中卻沒有鹽類，因而被認定 claim 6 無效。

表 5-4-7　獨立項與附屬項

	說　明
獨立項	• 權利範圍最大的請求項。 • 申請專利範圍的第一項一定是獨立項。
附屬項	• 進一步地補實獨立項。 • 減少獨立項可能引起爭議之部分，使得權利範圍解讀或侵權鑑定更為明確。 • 常見的兩種形式： 　詳述式：將獨立項之元件或作動狀態更為詳加界定。 　附加式：增加被依附之請求項原本未包含的技術特徵。
例示 1 獨立項與 依附項	1. 一種添加劑混合物，其包含成份 (A)、(B) 和 (C)，其中成份 (A)……。 2. 如申請專利範圍第 1 項之添加劑混合物，其包含成份 (A)、(B)、(C) 和 (D)，其中成份 (D) 是……。
例示 2 獨立項與 依附項	1. 一種具有抗微生物活性的多肽，其包括以下胺基酸序列……。 2. 如申請專利範圍第 1 項之多肽，其包括如序列識別號 ** 所提出的胺基酸序列……。
例示 3 獨立項與 依附項	1. 一種螺帽防鬆護套，其係由一螺栓之螺紋部穿越兩被鎖合物，並以一螺帽與螺紋部鎖固連結；其特徵在於：另將一由軟質塑膠所製成之中空短管狀之護套……。 2. 如申請專利範圍第 1 項所述之螺帽防鬆護套，其中護套之長度係大於螺栓之螺紋部，俾對螺紋部之裸露部分形成較佳之包覆。

	說　明
例示 4 獨立項與 依附項	1.一種醫院病房管理自動化控制系統，其包括： 　至少一病床監控站……。 2.如申請專利範圍第 1 項所述之醫院病房管理自動化控制系統，其中該病人欲醫護人員處置的各種狀況包括……。 3.如申請專利範圍第 1 項所述之醫院病房管理自動化控制系統，其中該病床監控站進一步具有： 　一微控制器，用以控制該病床監控站之運作；……。
例示 5 獨立項與 依附項	1.一種空調裝置，其包含有風向調節機構及風量調節機構……。（獨立項）。 2.如請求項 1 所述之空調裝置，其中之風向調節機構係為……。（單項附屬方式記載之附屬項）。 3.如請求項 1 或 2 所述之空調裝置，其中之風量調節機構係為……。（多項附屬方式記載之附屬項）。 4.如請求項 2 所述之空調裝置，其中風向調節機構係為……。（單項附屬方式記載之附屬項）。 5.如請求項 4 所述之空調裝置，其中風向調節機構進一步具有……。（單項附屬方式記載之附屬項）。 6.如請求項 5 所述之空調裝置，其中……。（單項附屬方式記載之附屬項）。 7.如請求項 4、5 或 6 所述之空調裝置，其中……。（多項附屬方式記載之附屬項，其中「4、5 或 6」亦可記載為「4 至 6 中任一項」）。 8.如請求項 3 所述之空調裝置，其中……。（單項附屬方式記載之附屬項）。 錯誤：如請求項3或4所述之空調裝置，其中……（因為請求項3已經是多項附屬項，就不得再直接依附於多項附屬項）。 錯誤：如請求項5或8所述之空調裝置，其中……（請求項8依附於請求項3，而其是多項附屬項，多項附屬項不得再間接依附多項附屬項）。

　　表 5-4-8 則進一步整理台灣專利法施行細則與審查基準、美國 37CFR 1.75 以及中國專利法施行細則與審查指南中對於獨立項與附屬項之規定，來讓大家更明白之間的差異性。

表 5-4-8　台灣、美國與中國獨立項與附屬項之差異性

	TW	US	CN
一項以上的獨立項	＊	＊	
只能有一獨立項			＊
限制條件最少的請求項（the least restrictive claim）要編寫成申請專利範圍第 1 項		＊	
斷句或縮排的方式便於閱讀		＊	
請求項間有實質不同與不可過度重複		＊	
附屬項只能依附在前之項	＊	＊	＊
附屬項標示所依附的項號	＊	＊	＊
附屬項盡量靠近所依附的項		＊	
以阿拉伯數字編號	＊	＊	＊
多項附屬	＊	＊ 須多繳 交規費	＊
多項附屬多項	不允許	不允許	不允許

　　從以上比較說明，不難看出台灣、美國與中國對申請專利範圍撰寫以及依附關係的規定，都是大同小異，不過要再次提醒：中國一項發明或實用新型只能有一個獨立權利要求的規定。

第五節　美國案例

　　以下簡單地摘要若干 CAFC 的判決中討論申請專利範圍之解讀來供大家參考，事實上，層級相當於台灣的高等法院的美國聯邦巡迴法院（Court of Appeals for the Federal Circuit，簡稱 CAFC，網址：www.cafc.uscourts.gov），其法官堪稱是專利法官中的專家，其判決甚至都會受到國際間知名的雜誌如《Science》、《Nature》重視和報導，也會引用在教科書上，所以其判決無異是專利侵權判定和申請專利範圍撰寫的最佳教材，非常值得大家參考。

案例一：

案例名稱	2005/3 CAFC：Iowa State University Research Foundation, Inc., et al. v. Wiley Organics, Inc. v. Cornerstone Nutritional Labs,LLC
系爭 claim	The method of protein sparing, comprising orally or intravenously administering to a human subject an effective amount of β-hydroxy-β-methylbutyric acid （HMB） for increasing the retention of nitrogen, said HMB being in an edible or intravenously-administrable form selected from (i) its free acid form, (ii) its sodium, potassium, or calcium salt, (iii) its methyl or ethyl ester, or (iv) its lactone, and continuing the said administration of HMB until the amount of nitrogen in the patient's urine has substantially decreased.
爭論點	被告主張 subject、patient 並不包括正常健康人；專利權人則表示應包括所有需要蛋白備用治療的人。
地院判決	同意被告主張 subject、patient 並不包括正常健康人，判決專利權人敗訴。
CAFC	從解析 claim、說明書和申請過程歷史檔案，支持專利權人的主張。
說　明	從事後諸葛亮的觀點來看，當初寫 claim 時，實在沒有必要用 patient 的字眼。專利權人估計花費了 20 萬美元的律師訴訟，因為 claim 一個用字的問題，真的是昂貴的學費。

案例二：

案例名稱	2006/09/25 CAFC Kemin Foods v. Pigmentos Vegetales Del Centro S.A. De C.V.
系爭 claim	1：The carotenoid composition consisting essentially of substantially pure lutein crystals derived from plant extracts that contain lutein, said lutein crystals being of the formula: ##STR2## wherein the lutein is substantially free from other carotenoids（類胡蘿蔔素） and chemical impurities found in the natural form of lutein in the plant extract.
爭論點	substantially free from other carotenoids 的範圍爲何？ substantially free from chemical impurities 指的又是什麼？ 被告自行化驗被控侵權產品含 other carotenoids 的量爲 6.14 to 9.86%；專利權人化驗則含量 9 to 14%。而 chemical impurities 被控侵權產品含有 hexaneel 高達 23 ppm，是否會構成侵權？
CAFC	從說明書中的說明解釋 substantially free from other carotenoids 的範圍指的是顯著地低於 10% 的 other carotenoids；substantially free from chemical impurities 指的是沒有任何有毒化學物質。從而 CAFC 確認不侵權之判決。
說　明	1.說明書部分就是用來確認 claim 術語的意圖和意義。 2.本案例中系爭 claim 採用不明確的用語「substantially free from」，解讀範圍時就要參照說明書中的揭露。

案例三：

案例名稱	CAFC 2004/2/20 Chef America v. Lamb-Weston
系爭 claim	A process for producing a dough product comprises the steps of: …… heating the resulting batter-coated dough to a temperature in the range of about 400. degree. F. to 850.degree. F. for a period of time ranging from about 10 seconds to 5 minutes to first set said batter and then subsequently melt said shortening flakes, whereby air cells are formed in said batter and the surface of said dough; and …… 註：400 °F = 204°C；850 °F = 454°C
爭論點	此申請專利範圍把麵糰加熱到 400 °F到 850 °F，根本就已經變成木炭，專利權人主張應該是把爐子的溫度設定在此溫度範圍。
CAFC	Claim 中一般又簡單英文字的意義是清楚和沒有問題的，就是把面糰加熱到此特定的溫度，並引用 Allen Eng'g Corp. v. Bartell Indus., Inc.（2002）；Elekta Instrument S.A. v. O.U.R. Scientific Int'l, Inc.（2000）；Process Control Corp. v. Hydreclaim Corp.（1999）；Rhine v. Casio,Inc.（1999）；Quantum Corp. v. Rodime, PLC,（1995）；Becton Dickinson & Co. v. C.R. Bard, Inc （1990）.案之判決，重申法院不可以重新撰寫 claim。
說　明	本案例就是 claim 撰寫敗筆的最佳寫照，發明人豈可再看不懂 claim？看的懂專利說明書絕對是研發人員不可或缺的常識。

案例四：

案例名稱	CAFC 2002/3/28 en banc Johnson & Johnston Associaties Inc. v. R.E.Service Co
系爭 claim	A component for use in manufacturing articles such as printed circuit boards comprising: a laminate constructed of a sheet of copper foil which, in a finished printed circuit board, constitutes a functional element and a sheet of aluminum which constitutes a discardable element; ……
爭論點	1. 說明書中有提到的實施例，卻未明列於申請專利範圍中之權利，是否還能夠為該專利所擁有？ 2. 此情況下是否可適用均等論？（續下表）
CAFC	說明書中揭露的技術標的，卻沒有請求保護就是屬於「揭露奉獻」（disclosure-dedication rule），也就是說，有揭露卻沒有請求為權利範圍，將會奉獻為公共財。
說　明	1. 本案例就是 claim 撰寫敗筆的另一寫照。 2. CAFC 2004/9/13 The Toro Company v. White Consolidated Industries, Inc., et al. 案中也確認了「揭露奉獻」的原則。

案例五：

案例名稱	Hilton Davis Chemical Co. v. Warner-Jenkinson Company, Inc. 案 美國地院→ CAFC →美國最高法院→ CAFC en banc →美國地院
系爭 claim	一種選自……（材料簡略）之二鈉鹽類染劑純化的程序，其特徵包括在 200 到 400 psi 的壓力而酸鹼值從大約 6.0 至 9.0 下，以 5 到 15 埃之孔徑之薄膜，俾過濾出染劑中之不純物質。 註：本 claim 採用馬庫氏式申請專利範圍（markush type claim）的方式寫成。
爭論點	1. claim 中酸鹼值大約為 6.0 是否等同於被告採用的 5.0？ 2. 專利申請過程中自願性的申請專利範圍的限縮是否也會產生申請過程禁反言？ 3. 申請專利範圍的限縮所導致申請過程禁反言，則該限縮的元件是否還可以採用均等論？ 註：禁反言和均等論會在第 7 章討論專利侵權時介紹。
CAFC	第一次 CAFC 合議庭以等效認定； 第二次 CAFC en banc 則是要求專利權人舉證，當初自願性的權利限縮是無關於可專利性。
說　明	1. 本案例是專利申請過程中修正 claim 所引起的問題。 2. 專利的原發明人出庭時表示該程序可在酸鹼值為 2.0 時進行，答辯審查時天外飛來一筆，添加 pH 值下限時，就是一大敗筆。縱使，被告 Warner-Jenkinson 的專家出庭時也同意 Hilton Davis 公司的專利可以在酸鹼值為 5.0 的條件下執行。 3. 目前美國法院認定可專利性要件的 claim 限縮，就不能在主張等效。

案例六：

案例名稱	CAFC 2023/1/17 Riggs Technology Holdings, LLC v. Cengage Learning, Inc.
系爭 claim	A method of managing training completed remotely at a hand held device, said method comprising the step[s] of: receiving at a training server training data transmitted to the training server through a data network from a user of a hand held device, the training data representing training taken by the user at hand held device; receiving identifying information for the user of a hand held device concurrently with the training data file; identifying the user of the hand held device; authenticating the identify [sic] of the user of the hand held device by requesting authentication data from the user and comparing the authentication data with a master user identification template containing authentication data associated with the user and accessible by the training server to determine if said comparison authenticates the user's identify [sic] as an authorized trainee; recording the training data in memory associated with the training server; locating at least one training file contained within the training data; determining status of the training file by comparing the training file with an associated master training template accessible from memory by the training server, the status including a determination if training represented by the training file meets a set criterion including at least one of: pending, incomplete, failed, passed; and recording training status in memory.
爭論點	1. 系爭 claim 是否為抽象概念？ 2. 若是抽象概念，是否具有發明步驟？
CAFC	1. 系爭 claim 是遠端管理訓練的抽象的心智程序，屬於非專利適格； 2. 系爭 claim 使用一般性的手持裝置和伺服器，來執行收集和貯存資訊的抽象步驟，claim 所列的都是廣為人知的技術，用在例行和傳統的態樣，就是欠缺發明概念的。
說明	1. 本案是很典型的電腦方法之專利，很容易就被認定是心智步驟，而非專利之適格； 2. Claim 所列之限制條件都是例行、傳統和廣為人知的，也就無法通過發明概念的檢測。

第六節　專利資訊之摘要

　　在現今的網路時代中，已呈現資訊爆炸的現象，隨便 Google 一下就有成千上萬，甚至是百萬筆資料。專利資料更是如此，尤其如圖 5-3-1 所示的美國全文影像專利資料，是以密密麻麻的兩欄格式來呈現，經常就會看到有好幾十頁甚至上千頁的說明書呢！因此若能善用本章所介紹讀專利的小技巧，從繁多的專利資料中摘取出必要之資訊，進而整理出摘要表，除了可使得研發人員一目了然地知悉該專利的技術內容之外，亦可便於日後對此專利內容的回顧。

　　事實上，類似的觀念與可延伸到整理研究報告或論文，相信對於作研究絕對是會有所助益的，因為現在論文等相關資訊產出又快又多，透過摘要表的方式來掌握每一篇論文的重點，當可便於日後的文獻回顧（literature review）工作。彙整出與主題相關的專利或論文摘要表，加以比較和分析，說不定還可以從而產生新的突破或創作之靈感呢！不僅如此，同學們聽演講和上課都可用類似的方法，把重點和感想摘要下來，尤其摘要出每門課程的精華，對於將來複習恢復記憶和增強知識，一定會很有助益；甚至也可以將來在工作時摘要出工作重點，累積經驗成為自己重要的資產。

　　一份專利摘要表的製作，可套用管理常用的 5W1H（表 5-6-1），製作專利摘要表的內容就可包括：專利號、專利權人、申請日、技術分類、技術、功效／用途、構成要件（第一個申請專利範圍的各要項）和缺點等。表 5-6-2 則摘要史丹佛大學 2 億美元授權金的第 4237224 號專利供大家參考。如今有許多資訊工具像是 Evernote 和 OneNote 等，利用來摘要資訊，將來還可搜尋，就可慢慢累積自己的知識資產。

表 5-6-1　製作專利摘要表的 5W1H

Who	發明人是誰
Where	在哪發明的？專利權人是誰？
When	何時提出專利申請？何時早期公開的？何時授證的？
What	專利號？技術分類是什麼？先前技藝為何？想要解決問題是什麼？
How	如何達成？採用什麼技術手段？
Why	為何此議題重要？此發明或創作有何優缺點？

表 5-6-2　專利摘要表例示

主　題	基因切割相關技術		
填表人		填表日	2012/6/26
專利號	4237224	申請日	1979/1/4
專利權人	Board of Trustees of the Leland Stanford Jr. University		
發明人	Cohen; Stanley N.；Boyer; Herbert W.		
被引證次數	292（up to 2012/6/17） 平均每年被引證次約 9,42 次 [292/（2012-1981）]	引證數	專利：1 期刊：14
相關美國案申請資料	This application is a continuatin-in-part of applicatin Ser. No. 959,288, filed Nov. 9, 1978, which is a continuation of application Ser. No. 687,430 filed May 17, 1976, now abandoned, which was a continuation-in-part of application Ser. No. 520,691, filed Nov. 4, 1974, now abandoned.	有持續的相關申請案，表示專利權人認為此技術有價值性，而有心維護。	
技術分類	IPC：C12P	UPC：435/69.1	
先前技術	it has not been previously possible to selectively introduce particular species of plasmid DNA into these bacterial hosts or other microorganisms.	第 1 欄 21-24 列	
技術	Methods and compositions are provided for genetically transforming microorganisms, particularly bacteria	第 1 欄 53-55 列	
功效 / 用途	• to provide diverse genotypical capability and producing recombinant plasmids • replicating a biologically functional DNA	第 1 欄 53-55 列 Claim#1	
構成要件	transforming under transforming conditions compatible unicellular organisms with biologically functional DNA to form transformants; said biologically functional DNA prepared in vitro by the method of: （略）	Claim#1	
缺點	There is a need for the development of improved systems for nucleic acid cloning. Particularly desirable systems would allow DNA ligation with minimal reliance on restriction enzymes, would provide for efficient ligation, and would be generally useful for the ligation of DNAs having a wide variety of chemical structures. Optimal systems would even provide for directional ligation （i.e., ligation in which the DNA molecules to be linked together will only connect to one another in one orientation）.	參考 7,579,146 號專利之背景說明	

第七節　結語

如同哲學家歌德的名言：「任何事，不去瞭解它，就別想掌握它！」相同的道理，若看不懂專利說明書，當然就不會知道別人在作什麼研發，就像是第 3 章所提到的「閉門造車」一樣，就可能做白工，使得研發成果落入別人專利的權利範圍，而若還貿然投入市場，就會被告專利侵權而要支付權利金，甚至被迫要退出市場。

從研發人員的角度來看，若看不懂專利說明書，也就不會了解委外撰寫的專利說明書是否恰當，本章所提到的美國諸多案例，不正是因為不懂得專利而支付高額的訴訟學費，或是使得原本價值連城的技術落得變成空有一張獎狀的下場。因此，了解專利的意義以及會讀專利絕對是理工醫農和生科相關背景人士必要的技能之一。而相信若能掌握本章所介紹專利說明書各欄位資訊的意涵與導讀技巧，再加以練習後勢必能有所收益。

最後，想要提醒大家的是，若想專利 DIY 事實上也並不會太困難，可先找一篇相關專利來參考，參照其格式來撰寫，並把握本章所提的各項原則，然後到所要申請地區專利局的網站，找出申請時所需的書表與應繳納的規費，應該就可搞定！表 5-6-3 整理出申請台灣、中國與美國專利所需要的書表，供大家參考。

表 5-6-3　申請專利所需要的書表

申請地區	所需之書表
台灣 （www.tipo.gov.tw）	申請規費； 申請書 1 份（申請人應簽名或蓋章，如有委任代理人者，得僅由代理人簽名或蓋章。）； 說明書部分（摘要、說明書、申請專利範圍、必要圖式各一式 3 份）；及 相關證明文件（如有委任代理人者，應檢附委任書 1 份；有主張優惠期者，應檢附優惠期證明文件 1 份；依專利法第 28 條第 1 項規定主張優先權者，應於最早之優先權日後 16 個月內檢附優先權證明文件正本及首頁影本各 1 份、首頁中譯本 2 份。） [註] 台灣專利法規定，在中華民國境內，無住所或營業所者，申請專利及辦理專利有關事項，應委任代理人辦理之。

（續下表）

申請地區	所需之書表
美國 （www.uspto.gov）	實用專利申請表（Utility application transmittal form）； 規費表（Fee transmittal form）（須含申請、審查與檢索費）； 申請相關資料（Application data sheet）； 說明書部分（Specification）（依序為：發明的標題、發明背景（Background of the invention）、發明總結（Brief summary of the invention）、圖式說明（Brief description of the several views of the drawing）、發明詳細的描述（Detailed description of the invention）、申請專利範圍（A claim or claims）以及摘要（Abstract of the disclosure），說明書部分、申請專利範圍和摘要需要一起編頁碼，頁碼最好是置於文字下方）； 宣誓書或聲明（Executed oath or declaration） [註] 美國對於在其境內沒有住所的專利申請人，只規定可（may）指定居住在美國的代表人來進行相關程序和通知，並沒有要求一定要透過專利律師，我們的經驗是美國專利局會直接郵寄通知書給其境外的申請人。
中國 www.sipo.gov.cn/	申請規費； 請求書； 說明書部分（摘要、摘要附圖、權利要求書、說明書、說明書附圖）（申請檔各部分都應當分別用阿拉伯數字順序編號） [註] 中國專利法規定，在中國沒有經常居所或者營業所的外國人、外國企業或者外國其他組織在中國申請專利和辦理其他專利事務的，應當委託依法設立的專利代理機構辦理。

動動腦

1. 台灣、中國、歐洲專利局和美國專利文獻的首頁有何異同？

2. 一般專利文獻的首頁上有哪些資訊？各所代表意義為何？

3. 美國專利首頁上的引證文獻可以告訴我們什麼？

4. 想確認專利文獻是否屬於一特定主題的相關專利，要讀專利說明書中的哪一部分？

5. 如何從一專利文獻看到申請專利當時的技藝狀態？

6. 說明書的哪一部分可看出其創作的優點和目的？試著找美國第 4399216 號專利的優點和目的。

7. 如何找出專利的缺點？試著找出其他專利提到美國第 4399216 號專利之缺點。

8. 若你看到媒體報導美國第 4399216 號專利產出很高的授權金，試以專利說明書首頁的資訊和平均每年被引證次數等評估專利的方法，來驗證報導內容的可能性。

9. 請寫出美國第 4399216 號專利 claim#1 的前序和起承部分。

10. 美國第 4399216 號專利的申請專利範圍有哪幾項是獨立項？依附項？又依附關係為何？

11. 請按專利摘要表所例示的格式，嘗試製作出美國第 4399216 號專利之專利摘要表。

第六章
專利檢索

本書於第 3 章已提及專利制度之目的，是為了鼓勵發明與創作，期望大家能利用申請專利所公開之技術內容，再加以創作或發明，而達成促進產業技術提昇之目的。而為達成此目標，配套措施就要在申請專利時，一定要在說明書中相當地揭露發明或創作的技術內容，才能夠獲取其所請求的申請專利範圍。而且申請專利的說明書還要有致能性，能夠使得該發明所屬技術領域中具有通常知識者瞭解其內容，並且可據以實施。

而第 3 章在討論專利價值時，也指出專利權的排他權包含到所有對物品或方法的處置，再加上取得專利權與採用營業秘密保護主要不同之處，就是不管是否為獨立的研發，只要落入其申請專利範圍都會構成侵權，因此研究成果取得專利權保護，就可能會有經濟價值產出，也難怪許多的公司、學校甚至於個人在積極研發之後，會將成果拿去申請專利，以保護其所投入的努力。

再從可專利性的觀點來看，提出專利申請標的具有多樣性，只要非法定不予專利的標的，合乎實用性、新穎性和非顯而易知性的專利要件；專利可能產出價值性，產出有用的發明就會考慮申請專利保護；以及專利說明書本身的致能性來看，整個專利資料庫無異就是彙集所有技術秘笈的公開寶庫，非常值得去參考與學習，而且學習專利所公開的資訊還是專利制度的目的呢！

第一節　專利資料的重要性

世界智慧產權組織（WIPO）不斷地強調專利資訊的重要性，以及鼓吹善用專利資訊，強調從專利資料庫可查到 90~95% 全世界的發明成果，而其他的技術文獻和雜誌中僅能看到零星的 5~10%，因而估算出檢索和回顧專利文獻就有機會縮短60% 研究時間和節省 40% 的研究經費。事實上這就是踏在巨人的肩膀上做研究，而不是自己從「零」開始研發，當然就可節省研究經費和研發時間，我們第三章結語中所強調的 GRP 的觀念亦是如此，研發之前一定要做好先前技藝檢索包括期刊、網路、專利和市場資訊等。

在 WIPO 主辦的各國工業財產權專題巡迴討論會中，有位歐洲的專利局長更明確地指出，專利申請人為保有其發明或創作的新穎性，而且目前大多數國家都採取申請後 18 個月早期公開制度，所以專利文獻的內容通常會早於其他的資訊來源。

　　而且專利資訊量非常巨大，幾乎是涵蓋所有技術領域人類心血的結晶，所以正確地使用專利資訊可節省經費和提高收益。而專利資訊的使用者會遍及研發人員、科學家、產品設計人員、公司的管理人員、經濟學家、發明人、專利審查員、專利事務所和尋求解決技術問題的人等，使用專利資訊可避免不必要的重複性研究工作，可根據所檢索出來的專利資訊以從更高層次或是更新的知識階段開始研究工作，甚至可透過專利資訊利用舊的解決方式來面對新問題，從而尋求新想法。再則，可從專利資料庫查詢某特定技術的專利申請與授證情形，來評估進入該領域的可能阻力，亦可從而得知某技術領域、某國家或某公司等之技術與商業的發展趨勢。

　　美國專利局網站（www.uspto.gov）中也指出美國 200 多年的專利檔案就是等同於自 1790 年起全世界科學與技術的發展歷程，專利資料庫的內容幾乎涵蓋所有技術領域，從玉蜀黍的種植到高科技的複製技術等都包含在內，沒有其他的資料庫像專利資料庫一樣具有如此多樣性的資訊。有研究報告指出美國從 1967 到 1972 年的專利資料中，其中有 70% 從來未被公開在其他的文獻中。

　　《Edison in the boardroom》書中有圖示出美國實用專利隨年代的變化，選出美國專利資料庫中重要的發明包括 1876 年的電話、1877 年的聲音紀錄、1879 年的電、1893 年的拉鍊、1901 年的無線電傳播、1907 年的塑膠、1908 年的生產線、1921 年的胰島素、1935 年的尼龍、1943 年的洗腎機、1945 年的電視、1948 年的黏扣帶、1954 年的微波爐、1956 年的錄放影機、1958 年的積體電路、1973 年的網際網路、1976 年的個人電腦、1981 年的太空梭和 1995 年的晶片和 DVD 等。所代表的真的就幾乎是人類科學與技術發展的重要里程碑。

　　美國發明家名人堂（National Inventor Hall of Fame，網址：invent.org）選出重要的醫藥類發明，包括 X 光機用真空管、維他命、麻醉劑、青黴素（penicillin，殺菌用抗生素）、Cortisone（治關節炎, 過敏症等）、抗生素（Mystatin）、糖尿病的葡萄糖偵測、口服避孕藥、抗生素（Tetrcycline）、抗白血病藥（Anti-Leukemia drug）、抗原、呼吸器、可攜帶式人工整律器、尖端分叉的種痘針頭、動脈栓塞物切除術導管、B 型肝炎疫苗、人工心臟和 MRI，所代表的正是醫藥發展的重要歷程，而這些發明也都有申請和取得專利保護。

　　歐洲專利局網站中的資訊也指出，全世界每年大約有 100 萬筆的專利文獻被公開，其中 20 萬筆就在歐洲，公開在專利文獻中 80% 的技術資訊，是從來沒有在其他的地方公開過。而且專利資訊的格式如分類號等，可讓使用者更容易上手取得技

術和科學的知識，相反地，未善用專利資訊，使得又重新發明已經被解決的問題，或是研發已經上市的產品，這些沒有意義的複製性工作每年耗費歐洲工業界約 200 億美元。

綜合上述，將專利資料的特性，可整理出如表 6-1-1 供大家參考。

表 6-1-1　專利資訊的特性

特　性	說　明
數量龐大性	根據 WIPO 於 2011 年的智慧財產權指標報告（www.wipo.int/ipstats/en/statistics/patents/），估算 110 個專利局，從 1995 年起專利申請數就超過 100 萬件，在 2010 年更是近 198 萬件。中國、日本、南韓、歐洲與美國五大專利局在 2010 年總共授證了 70 萬件專利，再加上世界各國目前都採申請後 18 個月早期公開，可估算每年有超過有 100 萬筆的專利文獻被公開。
內容廣泛性	涵蓋所有技術領域，從玉蜀黍的種植到高科技的複製技術都有，而且使用者遍及研發人員、科學家、產品設計人員、公司的管理人員、經濟學家、發明人、專利審查員、專利事務所和尋求解決技術問題的人等。
資料獨特性	發明或創作只要不是法定不予專利之標的，就可提出專利申請，但是其卻不一定適合於發表在其他的雜誌或期刊。例如藥廠的早期研發大都只會去申請專利保護，而不會去發表論文。
資料詳盡性	專利法規要求專利說明書要使該發明所屬技術領域中具有通常知識者，能瞭解其內容，並可據以實施。
市場預測性	專利的排他權讓專利權人有機會使研發成果產出經濟價值，因此從專利資料庫可探討出某技術領域、某國家或某公司等之技術與商業的發展趨勢。而監看競爭對手們的專利申請，也才能夠真正掌握技術的脈動。

又如本書第 3 章中提出的優良研發規範，也是強調在研究之前一定要做好先前技藝檢索，尤其是專利檢索，才能確保研發成果不會落入他人的專利權利範圍，否則只有在過程中有「Me, too」的教育和學習功能之外，所投入的經費、人力和時間恐只能歸類於沒有必要性的重複工作，研發成果本身亦毫無價值可言；做好先前技藝檢索，才有機會做出「Me, better」的研發成果。

從而看來，專利資料庫可說是一座無窮的技術寶庫，非常值得去檢索與參考，而且也是研發之前／際必要的功課。事實上，從專利資料中來取得他人的技術內容，不但是公開的秘密，而且還是專利制度之目的。若不知這些專利常識，而如本書第 2 章所述，以不正當手段來竊取他人的營業秘密，就會惹上法律官司，在美國甚至還會鋃鐺入獄。

第二節　專利檢索的目的

　　David Hunt 先生所主編的《Patent searching》書中提到專利律師協助客戶做專利檢索的種類包括：可專利性、有效性（validity）、專利縫隙（clearness）和技藝狀態（state of the art）。「可專利性檢索」就是在申請專利之前，搜尋公開的資料是否會使得發明或創作不具新穎性，或是會從而使得發明或創作被該技術具有通常知識者所易於推知。「有效性檢索」是強調發明或創作當時的絕對新穎性，用在專利申請早期公開或授證後，來確認所有的申請專利範圍的有效性。

　　「專利縫隙檢索」指的是檢索相關專利來確認出在不侵權前提下實施技術的可能性，在產品上市前，就要確認其產品的製造、為販賣之要約、販賣和使用不會落入他人有效專利權的範圍。「技藝狀態檢索」指的是完整的檢索，如第 3 章優良研發規範中所提到的先前技藝檢索，包括期刊、網路、專利資料庫和市場資訊等。事實上，研發人員做好技藝狀態檢索，就能夠充分掌握相關的技術脈動，當然後續研發所提出的成果，就應該會具有可專利性以及取得專利後的有效性，而已經確認他人的權利範圍，來加以迴避或創新，當然就不會落入他人專利的權利範圍，而有實施的自由度（freedom-to-operate）。所以研發人員一定會做技藝狀態檢索，而且要定時更新檢索的結果。

　　再則，我們要強調的是，若遲至研發工作已完成時，才做檢索工作，怎能夠確保不會做出與別人專利相同的成果呢？所以上述「可專利性檢索」只是在提出專利申請前再次做確認的動作，這也就是研發之前 / 際要先做完整檢索的原因。本章所介紹檢索方法也就著重在專利資料庫的技藝狀態檢索。

　　從而可看出，專利檢索絕對是研發前的必要功課，從檢索出來的資料可了解相關技術發展的程度與方向，可從更高層次或是更新的知識階段開始研究工作，就有機會迴避他人的專利和避免研究的成果落入別人的權利範圍。當然，也可從檢索到的專利資料，探索出主要的競爭者和其相關技術的發展、搜尋可能的替代技術、尋求技術提供者或可能的授權對象。

　　從將專利資料庫當作知識與技術百科的觀點，專利幾乎就等同於全世界科學與技術的發展歷程，專利檢索就有機會可找出解決技術問題的方法，或是從而探索出某技術領域所要解決的問題和發展趨勢。而從申請專利的觀點來看，專利要件中的新穎性判斷就是靠專利檢索來確認，亦可分析和比對檢索的先前技藝來凸顯出創作的特點，作為認定非顯而易知性之依據，以說服審查委員取得專利，或是凸顯發明和創作特點，作為授權或談判的佐證資料。

　　然而，根據 WIPO2013 年的世界智慧財產指標（World Intellectual Property Indicators）資料，2012 年估計全世界有 235 萬件專利申請案，受證的專利數也首次破百萬。表 6-2-1 為台灣、中國、南韓、日本、歐洲專利局與美國在 2012 年的專利申請與授證數。大體而言，台灣每年授證數約在 4.5 萬件左右，中國從 2007 年的 6.3 萬件快速跳到 2008 年的 9.3 萬件，2010 年更是授證了 13.5 萬件專利；美國每年授證專利數則是從以往 15~17 萬件突飛猛進到 2010 年的 21.9 萬件。如此龐大的專利數量，根本就不可能逐一拿來閱讀，事實上也沒有其必要性，因此，善用專利檢索的技巧來搜尋出主題的專利，能夠找的又準又全就是值得學習與練習的。

表 6-2-1　台灣和主要專利局 2021 年專利申請與授證的數量

	台灣	中國	南韓	日本	歐洲	美國
申請數	72,059	1,585,663	237,998	289,200	188,778	591,473
授證數	34,518	659,946	145,882	184,372	108,799	237,307

　　專利檢索要「找的全」就是下的檢索指令，要把專利資料庫中所有與主題相關的專利全部都找出來，這與一般在查詢網路資料或做學術資料庫檢索時，只要找到一筆或幾筆相關的資料來參考的觀念是有很大不同的，因為專利制度授予專利權人未經其同意的製造、為販賣之要約、販賣、使用和為上述目的而進口之排他權、而且不管是否為「閉門造車」式的獨立研發，只要落入別人專利的範圍都是會被認定為侵權。而專利檢索時「找的準」的目的則是希望所訂定檢索的指令，每次所搜尋的專利資料都是與主題相關的專利。

　　換句話說，若沒有經過系統性的檢索，只找出零星幾筆與主題完全相關的專利，雖然是找的很準卻不夠全；反之，若盡可能地包含所有與主題相關的專利，卻沒有經過適當地篩選，檢索指令就是找的全卻不夠準。簡言之，專利檢索不是在亂槍打鳥，而是要在專利資料庫的大海中，有系統地一網打盡所有與主題相關的專利又準又全！

第三節　專利檢索的技巧

　　由於如上所述專利資料的特性，完整的專利檢索就是要「找的全」又要「找的準」，除了一般檢索的邏輯觀念，善用輯指令像是and、or、andnot以及小括號之外，表6-3-1進一步舉出找的全和找的準的技巧，以達成專利檢索「又準又全」之目標。

6-3-1　專利檢索「又準又全」之技巧

技巧		說明
找的全之技巧	儘可能含括所有相關的關鍵字	• 專利說明書中可能使用別字、上位用語、總屬概念或功效手段語言來作描述，因此做檢索時需要盡量含括所有可能的關鍵字，才能夠找的全。
	善用切節符號	• 可使用切節符號，來減少遺漏實質相同的字，例如避免遺漏掉加上 ing 或 ed 的字，或是名詞、動詞、形容詞、副詞等本質相同的字，當然也可減少因拼錯字的閃失。 • 在 USPTO 的專利資料庫是以「$」作為右側的切結符號，而且切結符號前至少要有 3 或 4 個字母。 • 要注意可能因而包含到字首相同卻毫不相關的字。
	納入主要專利權人或發明人的資訊	• 檢查領域內著名的專利權人／發明人是否有遺漏重要的關鍵字。
	注意引證專利	• 考慮從著名的專利權人／發明人專利的引證專利，來擴大可能的專利分類號與關鍵字，以增加找的全的機率。
	（IPC or CPC）	• 美國專利可以（IPC or CPC）的檢索方式來增加找的全的機率。
找的準之技巧	抽樣篩檢專利	• 以類似抽樣的方式篩檢幾段期間，以確認檢索指令的找的準。
	配合專利分類號	• 專利主管機關會針對對發明的技術加以分類，所以利用（關鍵字 and 分類號）的檢索方式，可提升找的準的機率。 • 上述針對美國專利以（IPC or CPC）的檢索方式，除了可增加找的全的機率，也會提升找的準的機率。

　　根據上述善用指令和專利檢索找的「又準又全」之技巧，進而可發展出如圖6-3-1之專利檢索流程圖。要做專利檢索，首先就是要選定主題，在明確訂出所要檢索的主題，接著就可從請教領域專家、網路搜尋引擎、期刊雜誌報導或是從主題的領導廠商或發明人著手，先由相關的關鍵字從專利資料庫中找到主題的專利，再從中擷取出該主題之 IPC、CPC 和關鍵字，當然要去確認所擷取 IPC（www.wipo.int/ipcpub/#lang=en&refresh=page）和 CPC（www.uspto.gov/web/patents/classification/）代碼的意涵，台灣的智慧財產局（www.tipo.gov.tw）有提供 IPC 的中文翻譯。

　　接著，嘗試著擴大關鍵字，儘可能含括所有相關的關鍵字來增加「找的全」的機率，而以（關鍵字 and （IPC or CPC））的指令方式來做檢索，因為擴大關鍵字很容易就搜尋到不是主題相關的專利，所以就需要做篩檢來剔除不屬於主題的專利，但是，逐筆篩檢就需要投入龐大的資源，而且可能曠日費時，所以變通的方式就是檢索時限定一小段期間的專利資料，以抽樣的方式來做篩檢，專利數量較少就會比較容易作篩選，像是熱門領域的主題也許就以一個月、一季或半年方式來做篩檢。

　　進行專利篩選時，要閱讀所檢索到專利文獻，技巧就如同第 5 章所介紹的，從技術領域、發明背景與發明總結來加以確認，然後檢視所訂定的檢索策略，思考為何此非主題相關的專利會被檢索指令撈到？從而找出該非主題相關的專利代表性的關鍵字，以 not 該關鍵字的方式來加以剔除，不過要注意的是不要「錯殺無辜」。當然篩選的過程中，若看到與主題相關的專利，而有先前沒有包括的 IPC 或 CPC，可確認分類號的意義而決定是否加入。然後，就按此步驟來檢索抽樣幾段時間，如圖 6-3-1 中所示的第一個篩選迴圈，用以增加專利檢索「找的準」的機會。至於迴圈應該跑幾回合？取決於每次篩檢結果，若每次抽樣都有一大堆非主題相關的專利，也許就要考慮多跑幾次，當然也要視可投入的人力與時間資源和此主題的重要性來決定。

　　由於專利檢索通常是以（關鍵字 and （IPC or CPC））的指令方式來做檢索，當（IPC or CPC）不完整時，所檢索到的結果當然就會不齊全。因此，圖 6-3-1 中所設計的第二個篩選迴圈，就是用來檢查除了先前使用（IPC or CPC）之外，是否還有無遺漏的分類號？理論上，用第一個迴圈篩檢後的關鍵字，應該都是與主題相關的專利，現在這組關鍵字卻出現其他的分類號中，就需要去確認是其他的技術也使用相同的關鍵字，還是有（分類號）尚未包含進來？換句話說，圖 6-3-1 中第二

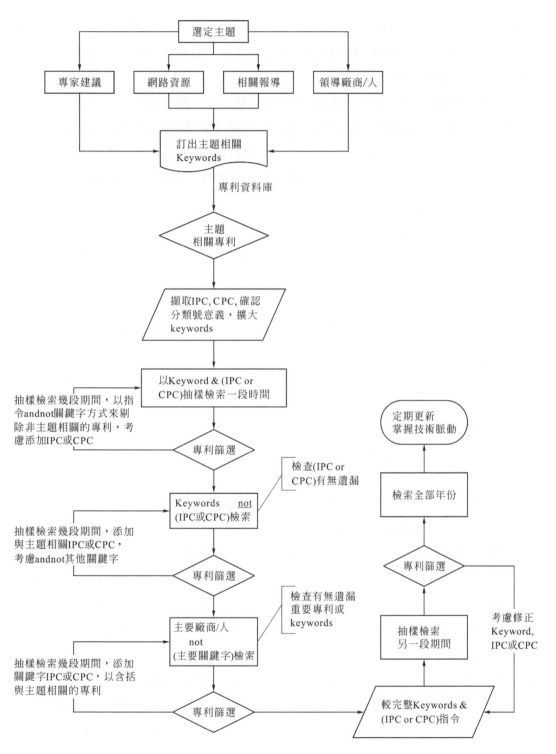

圖 6-3-1 專利檢索流程圖

個篩選迴圈就是以（關鍵字 andnot（IPC or CPC））的指令來確認分類號的完整性，以提升專利檢索找的全的機率，作法上也是類似第一個迴圈，抽樣幾段時間以及閱讀檢索到專利來加以確認。

　　而專利檢索流程圖中第三個迴圈，則是要檢查該主題之領導廠商或發明人，是否還有與主題相關的專利卻沒有被檢索到。可利用（領導廠商或發明人 not 主要關鍵字）的指令來檢查，要注意不要使用太多限制條件，否則只會找到比較少甚至找不到專利，因為我們的目的就是希望完整地找出領導廠商或發明人所擁有與主題相關，卻無法以原檢索指令關鍵字所撈出的專利。當然，也是要模仿第一個迴圈的作法，以抽樣幾段時間以及閱讀檢索到專利來加以確認，以增加檢索「找的準」的機率。

　　經過上述三個迴圈，抽樣幾段時間以及閱讀檢索到專利來剔除非主題的專利、檢查其（IPC or CPC）的完整性以及領導廠商或發明人與主題相關的專利之後，就可以得到一組較完整的檢索指令，這時可如圖 6-3-1 上第 4 個篩選迴圈，再檢索另外幾段期間來做確認，看有無需要修正的關鍵字、IPC 和 CPC 等。而當對於檢索的篩選比較有信心時，就可以檢索整個專利資料庫的資料。不要忘了專利資料庫會持續新資料，檢索結果也就要隨著更新，以充分掌握整個與主題相關的技術。

第四節　專利檢索範例

　　專利檢索時，可參考上述善用輯指令和專利檢索找的「又準又全」之技巧，以及根據圖 6-3-1 之專利檢索流程圖所建議的步驟來進行。由於目前都是透過網路來檢索專利資料庫，而一般不用付費的 web 介面資料庫是無法儲存檢索指令，因此執行檢索時，建議把指令輸入和儲存在文書編輯軟體上如 Microsoft® 的 Word 中，就可使用 copy-paste 的功能來避開反覆輸入的問題，換句話說，就是利用文書編輯軟體來紀錄檢索指令和篩檢結果等整個檢索的過程，除了上述輸入的便利性之外，還作為日後的參考使用。

　　現今拜賜網路的便利性，各國專利主管機關提供有免費的線上檢索，如台灣的專利資訊檢索系統（twpat.tipo.gov.tw/）、中國知識產權局專利檢索（www.sipo.gov.cn/zljs/）、歐洲專利局專利檢索（worldwide.espacenet.com/advancedSearch?locale=en_EP）、日本摘要檢索（Patent Abstracts of Japan）（www.ipdl.inpit.go.jp/

homepg_e.ipdl）和美國專利商標局（www.uspto.ogv）的專利資料庫等，其中中國、歐洲專利局、日本和美國專利局，就是 WIPO 建議檢索的官方網站；除此之外，WIPO 建議的專利檢索網站還包括 Google patent 和 patentscope (www.wipo.int/patentscope/en/)。本書先前則是推薦 www.freepatentsonline.com，可用一指令同時檢索美國授證、公開、歐洲專利局、日本摘要、PCT 申請案和德國專利，也是很好用的免費專利資料庫；台灣智慧財產局委外建立的全球專利檢索系統 (Global Patent Search System，GPSS)，也是很好用的免費網站 (gpss.tipo.gov.tw)，尤其 GPS 還有統計的功能，像是看出專利數量較多的專利權人，對於檢查思考流程圖的第三個迴圈就非常有幫忙。大家務必上網練習檢索，熟悉網站的指令與操作，從而能夠熟能生巧，培養出專利檢索的技能。

　　如本書第 4 章所述，美國是世界上保護智慧財產權的大國，可謂是執其牛耳！另一方面其市場廣大、科技研發力強而且專利審查的水準高，於是申請美國專利幾乎是世界各國的兵家必爭之地，因此檢索美國專利是有其必要性和代表性。為讓大家熟悉 USPTO 檢索的畫面，圖 6-4-1 顯示出 USPTO 網站的首頁，如紅色箭頭指向 Patents，就可選擇 search for patents。按下「search for patents」部分的超連結，則會出現如圖 6-4-2 的畫面，其中「Public Patent Search」會連結到專利檢索的頁面，在檢索連接下面的 Patent Application Information Retrieval (PAIR) 則是可連結到美國專利申請的歷程檔案。【註：美國新版的 public patent search 是在 2021 年 11 月 3 日試營運，12 月 1 日正式運作，先前的檢索平台也在 2022 年 10 月退役】。

　　而點選「Public Patent Search」就會出現如圖 6-4-3 的美國專利檢索之畫面，其中 basic search 是欄位式的檢索方式，advanced search 則是指令式的檢索。點選「Advanced Search」後，就會出現如圖 6-4-4 的檢索頁面， USPTO 進階檢索又可從右上角選擇「Quick Search」(QS) 和「Enhanced Search」(ES) 兩種模式，預設的 QS 模式有 3 個視窗 5 個工具選項，而 ES 模式則有 4 個視窗 (可調整大小或暫時關視窗) 和 8 個工具選項，ES 適用於要檢索較大群組的專利文獻。讀者可參考 USPTO 所提供的訓練教材 (ppubs.uspto.gov/pubwebapp/static/pages/quick-reference-guides.html)，訓練教材網站中提到，目前與之前 USPTO 提供的檢索的差異，就是切結符號前不再要求限制有一定的字元數，但是使用切結符號檢索結果若超過 2 萬筆結果，則不會執行。

　　現在 USPTO 的 QS 和 ES 檢索時，可勾選三個資料庫，其中 US-PGPUB 是 2001 年至今的美國早期公開資料庫，USPAT 是美國授證資料庫，包括 1976 年至今授證專利，另 1790~1976 年的資料則只能用專利號與分類號檢索，美國專利局宣稱 CPC 已回溯到 1790 年，以及 USOCR (Optical Character Recognition) 包括大約 1830 年代 to 1970 年的資料，USOCR 因掃描轉換的困難、手寫或舊版字體等，可能有許多問題，而且與 USPAT 有部分重疊 (1920~1971)，若 USPAT 與 USOCR 都選，可能會出現兩筆結果。常用的 USPTO 檢索指令如表 6-4-1。

表 6-4-1　常用的 USPTO 檢索指令

欄位	指令代碼	Exp
專利權人 (assignee name)	.as.	Microsoft.as. *and* "2022".fy. ➔ 54 results
請求項 (claim)	.clm.	"3D printing".clm. *and* "2022".fy. ➔ 12 results
分類號 (cooperative patent classification)	.cpc.	B29C*.cpc. and 2022.fy. ➔ 139 results
發明人 (inventor name)	.in.	"Wang Shyh-Jen".in. ➔ 6 results
申請日 (filing date)	.fd.	B29C*.cpc. and 20220120.fd. ➔ 3 results
申請年 (filing year)	.fy.	2020.fy. （檢索 US-PGPUB） ➔ 396961 results 註：此數值遠低於 WIPO 的統計數字，可能是因為美國申請案亦可主張不早期公開等原因。
國際專利分類號 (international patent classification)	.ipc.	B29C*.ipc. and 2022.fy. ➔ 120 results
說明書 (specification)	.spec.	"3D printing".spec. *and* "2022".fy. 207results
檢索一段區間	@fd	"3D printing".clm. *AND* @fd>="20200101"<=20201231 ➔ 197 results
註：欄位指令代碼一定都要有前後點，才會得到正確的結果		

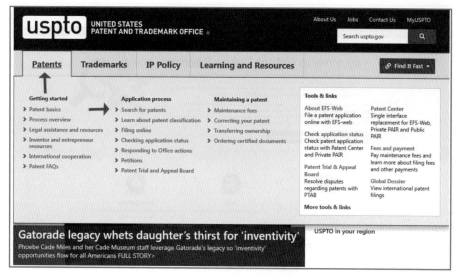

圖 6-4-1 USPTO 的首頁

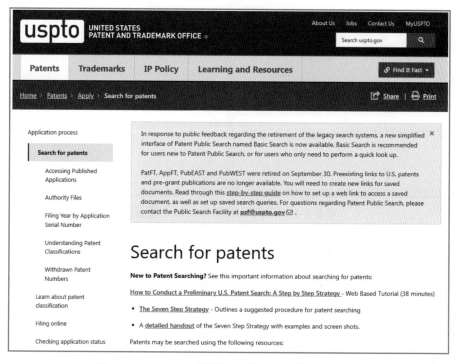

圖 6-4-2 USPTO 網站超連結到專利檢索的頁面

圖 6-4-3　USPTO 專利檢索的畫面

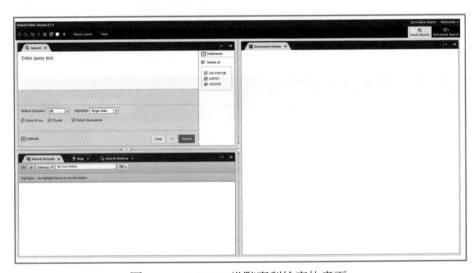

圖 6-4-4　USPTO 進階專利檢索的畫面

接著我們介紹台灣的 GPSS，在 google 鍵入 gpss 即可找到如圖 6-4-5 的網站 (gpss.tipo.gov.tw)，讀者可免費申請註冊，註冊後才可使用 GPSS 內統計和圖表等的功能，GPSS 有提供號碼；布林、進階和表格檢索的方式，雖然號稱是全球專利檢索系統，但還是輸入中文只能找台灣與中國的專利，輸入英文則是可找有英文的專利資料庫。

圖 6-4-5　GPSS 專利檢索的畫面

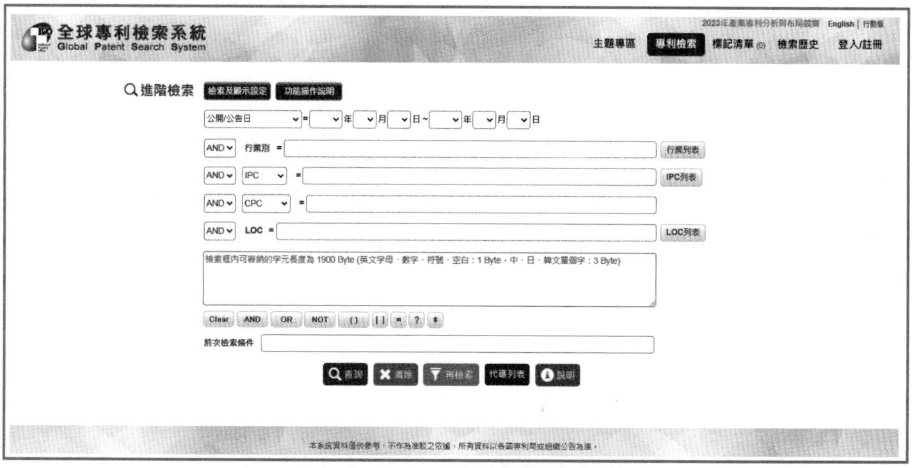

圖 6-4-6　GPSS 專利進階檢索的畫面

　　表 6-4-2 比對表 6-4-1，將 USPTO 檢索欄位指令改成 GPSS 的檢索指令，包括：
請求項 (cl)、專利權人 (pa)、詳細說明 (de)、分類號 (cpc) 和申請日 (ad) 等。

表 6-4-2　常用的 GPSS 檢索指令

欄位	指令代碼	Exp
專利權人	@pa	(Microsoft)@pa AND AD=20220101:20221231 → 53 results（美國公告）
請求項 (claim)	@cl	(3D printing)@cl AND AD=20220101:20221231 → 12 results（美國公告）
合作專利分類號 (cooperative patent classification)	cs=	CS=B29C* AND AD=20220101:20221231 → 127 results（美國公告）
發明人 (inventor name)	@in	(Wang Shyh-Jen)@in → 5 results（美國公告）
申請日 (filing date)	ad=	cs=B29C* and ad=20220120 → 3 results（美國公告）
申請年 (filing year)	ad=	Ad=20200101:20201231 → 396448 results（美國公開）
國際專利分類號 (international patent classification)	ic=	ic=B29C* and ad=20220101:20221231 → 111 results（美國公告）
詳細說明	@de	(3D printing)@de and ad=20220101:20221231 225 results（美國公告）
註：GPSS 與 UPSTO 的檢索結果並不相同。		

以下就根據上述善用輯指令和專利檢索找的「又準又全」之技巧，以及圖 6-3-1 之專利檢索流程圖所建議的步驟，利用美國專利資料庫來進行 2 個專利檢索例子，供大家參考。要強調的是授證專利資料庫找到的是已經審查通過授證的專利，而從早期公開資料庫所呈現的是比較新的申請案，現在的專利資料庫檢索可下指令找出兩個資料庫的內容，相當便利。

表 6-4-3　人類疫苗相關專利檢索範例

步驟	指令 / 說明	
1	指令	"human vaccines" .clm. → 35 results in USPAT
	說明	• 先簡單地先找出 claim 中有 human vaccines 的專利 • 找出相關的專利定出 IPC 與 CPC 為 A61K (醫用，牙科用或梳妝用之配製品), A61P(化學藥品或醫藥製劑之療效), C12N (微生物或攜；其組合物；繁殖、保存或維持微生物；變異或遺傳工程；培養基)；A61K(PREPARATIONS FOR MEDICAL, DENTAL OR TOILETRY PURPOSES), A61P(SPECIFIC THERAPEUTIC ACTIVITY OF CHEMICAL COMPOUNDS OR MEDICINAL PREPARATIONS), C12N(MICROORGANISMS OR ENZYMES; COMPOSITIONS THEREOF; PROPAGATING, PRESERVING, OR MAINTAINING MICROORGANISMS; MUTATION OR GENETIC ENGINEERING; CULTURE MEDIA) • 擴大關鍵字：immune adjuvant or shoot
2	指令	((vaccine* or ((shoot* or adjuvant*) and immune*)) and human*).clm. and ((A61K* or C12N* or A61P*).ipc. or (A61K* or C12N* or A61P*).cpc.) and @fd>=20060101<=20060630
	說明	• 抽樣檢索一段時間 → 37 results USPAT • 篩選 → 剔除 (method of screening potential vaccine, chemotherape, therapeutic treatment, farm animals, test and/or screen potential anti-HBV drugs, methods of screening for therapeutic compositions, sugar chain, non-vaccine treatment, transplant rejection and autoimmune disease.)
3	指令	((vaccine* or ((shoot* or adjuvant*) and immune*)) and human*).clm. and ((A61K* or C12N* or A61P*).ipc. or (A61K* or C12N* or A61P*).cpc.) not ("screening potential vaccine" or chemotherape or "therapeutic treatment" or "farm animals" or (screen and (drug or "therapeutic compositions")) or "sugar chain" or "non-vaccine" or transplant).clm. and @fd>=20080101<=20080630
	說明	• 抽樣檢查另一段區間 → 50 results • 篩選 → 剔除 (durg abuse and scaffold)
4	指令	((vaccine* or ((shoot* or adjuvant*) and immune*)) and human*).clm. and ((A61K* or C12N* or A61P*).ipc. or (A61K* or C12N* or A61P*).cpc.) not ("screening potential vaccine" or chemotherape or "therapeutic treatment" or "farm animals" or (screen and (drug or "therapeutic compositions")) or "sugar chain" or "non-vaccine" or transplant or "durg abuse" or scaffold).clm. and @fd>=20090101<=20090630
	說明	• 抽樣檢查另一段區間 → 38 results • 篩選 → seems OK

（續下表）

（承上表）

步驟		指令／說明
5	指令	((vaccine* or ((shoot* or adjuvant*) and immune*)) and human*).clm. not ((A61K* or C12N* or A61P*).ipc. or (A61K* or C12N* or A61P*).cpc.) not ("screening potential vaccine" or chemotherape or "therapeutic treatment" or "farm animals" or (screen and (drug or "therapeutic compositions")) or "sugar chain" or "non-vaccine" or transplant or "durg abuse" or scaffold).clm. and @fd>=20100401<=20100630
	說明	◆ 抽樣檢查分類號有無遺漏？ ◆ 篩選→增加 C07K (peptides), C07D (heterocyclic compound), C12P (fermentation or enzyme-using processes to synthesise a desired chemical compound or composition or to separate optical isomers from a racemic mixture)
6	指令	((vaccine* or ((shoot* or adjuvant*) and immune*)) and human*).clm. not ((A61K* or C12N* or A61P* or c07k* or c07D* or c12P*).ipc. or (A61K* or C12N* or A61P* or c07k* or c07D* or c12P*).cpc.) not ("screening potential vaccine" or chemotherape or "therapeutic treatment" or "farm animals" or (screen and (drug or "therapeutic compositions")) or "sugar chain" or "non-vaccine" or transplant or "durg abuse" or scaffold).clm. and @fd>=20200101<=20200630
	說明	◆ 檢查另一段時間 ◆ → 篩選 seems OK
7	指令	(GlaxoSmithKline or "Sanofi Pasteur" or Merk or Pfizer or Wyeth or Novartis or Chiron).as. not ((vaccine$ or ((shoot$ or adjuvant$) and immun$)) and human).clm. and ((A61K* or C12N* or A61P* or c07k* or c07D* or c12P*).ipc. or (A61K* or C12N* or A61P* or c07k* or c07D* or c12P*).cpc.) and @fd>=20070101<=20070630
	說明	◆ 檢查此領域的重要廠商，確認 keywords 是否有遺漏？ ◆ 篩選 → 增加 human 在說明書中，以及 stimulating an immune response
8	指令	(GlaxoSmithKline or "Sanofi Pasteur" or Merk or Pfizer or Wyeth or Novartis or Chiron).as. not ((vaccine$ or ((shoot$ or adjuvant$) and immun$))).clm. and (human.clm. or human.spec.) and ((A61K* or C12N* or A61P* or c07k* or c07D* or c12P*).ipc. or (A61K* or C12N* or A61P* or c07k* or c07D* or c12P*).cpc.) and @fd>=20100101<=20100331
	說明	◆ 檢查另一季 ◆ 篩選 → seems OK

（續下表）

（承上表）

步驟		指令 / 說明
9	指令	((vaccine* or ((shoot* or adjuvant*) and immune*))).clm. and (human.clm. or human.spec.) and ((A61K* or C12N* or A61P* or c07k* or c07D* or c12P*).ipc. or (A61K* or C12N* or A61P* or c07k* or c07D* or c12P*).cpc.) not ("screening potential vaccine" or chemotherape or "therapeutic treatment" or "farm animals" or (screen and (drug or "therapeutic compositions")) or "sugar chain" or "non-vaccine" or transplant or "durg abuse" or scaffold).clm.
	說明	◆ → 8250 筆美國授證專利 (至 2022/5/23)

把表 6-4-2 中指令 9 改成 GPSS 的指令如：((vaccine* or ((shoot* or adjuvant*) and immune*)))@cl and ((human)@cl or (human)@de) and (ic=(A61K* or C12N* or A61P* or c07k* or c07D* or c12P*) or cs=(A61K* or C12N* or A61P* or c07k* or c07D* or c12P*)) not ((screening potential vaccine) or chemotherape or (therapeutic treatment) or (farm animals) or (screen and (drug or (therapeutic compositions))) or (sugar chain) or (non-vaccine) or transplant or (durg abuse) or scaffold)@cl，可能是指令較長，GPSS 一直 timeout 無法檢索出結果。只好改成 ((vaccine* or ((shoot* or adjuvant*) and immune*)))@cl and ((human)@cl or (human)@de)，得到 65893 件專利，按下檢索去重得到 57844 件專利，再按下統計分析，可看出各資料庫專利件數較多的專利權人，如果不知道領導廠商或重要發明人，可藉助於 GPSS 的統計，來檢查圖 6-3-1 之專利檢索流程圖中的第三個迴圈。

表 6-4-4　觸控螢幕使用者介面相關專利檢索範例

步驟		指令 / 說明
1	指令	("touch screen" and "user interface").clm. → 4489 results in USPAT
	說明	◆ 先簡單地先找出 claim 中有 touch screen 與 user interface 的專利 ◆ 找出相關的專利定出 IPC 為 G06F (電子數位資料處理)、G06T(一般影像資料處理或產生) 和 G06V(影像或影片識別或理解)；CPC 為 G06F(ELECTRIC DIGITAL DATA PROCESSING)、G06T(IMAGE DATA PROCESSING OR GENERATION, IN GENERAL)、G06V(IMAGE OR VIDEO RECOGNITION OR UNDERSTANDING) 和 G06N(COMPUTING ARRANGEMENTS BASED ON SPECIFIC COMPUTATIONAL MODELS)

（續下表）

210

（承上表）

步驟		指令／說明
2	指令	(touch$ and screen$ and "user interface").clm. and ((G06F* or G06T* or G06F*).ipc. or (G06F* or G06T* or G06V* or G06N*).cpc.) and @fd>=20100101<=20100331
	說明	• 39 筆美國授證專利 • 篩選 → 剔除 (securing delivery and parcel、slot machine、casino and cheat*) • 加入 345(computer graphics processing and selective visual display systems)、715(data processing: presentation processing of document, operator interface processing, and screen saver display processing)
3	指令	(touch$ and screen$ and "user interface").clm. and ((G06F* or G06T* or G06F*).ipc. or (G06F* or G06T* or G06V* or G06N*).cpc.) not (("securing delivery" and parcel) or "slot machine" or (casino and cheat*)).clm. and @fd>=20110101<=20110331
	說明	• 檢查另一段期間 → 51 筆筆美國授證專利 • 篩選 → 剔除 (air conditioning)
4	指令	(touch$ and screen$ and "user interface").clm. and ((G06F* or G06T* or G06F*).ipc. or (G06F* or G06T* or G06V* or G06N*).cpc.) not (("securing delivery" and parcel) or "slot machine" or (casino and cheat*) or "air conditioning").clm. and @fd>=20120101<=20120331
	說明	• 檢索另一段時間 → 76 筆筆美國授證專利 • 篩選 → 剔除 dispensing machine
5	指令	(touch$ and screen$ and "user interface").clm. not ((G06F* or G06T* or G06F*).ipc. or (G06F* or G06T* or G06V* or G06N*).cpc.) not (("securing delivery" and parcel) or "slot machine" or (casino and cheat*) or "air conditioning" or "dispensing machine").clm. and @fd>=20120701<=20120731
	說明	• 檢查分類號完整性 → 13 筆專利 • 篩選 → seems OK
6	指令	(touch$ and screen$ and "user interface").clm. not ((G06F* or G06T* or G06F*).ipc. or (G06F* or G06T* or G06V* or G06N*).cpc.) not (("securing delivery" and parcel) or "slot machine" or (casino and cheat*) or "air conditioning" or "dispensing machine").clm. and @fd>=20110701<=20110731
	說明	• 檢查另一段時間 → 5 筆專利 • 篩選 → seems OK

（續下表）

（承上表）

步驟		指令 / 說明
7	指令	(apple).as. not (touch\$ and screen\$ and "user interface").clm. and ((G06F* or G06T* or G06F*).ipc. or (G06F* or G06T* or G06V* or G06N*).cpc.) not (("securing delivery" and parcel) or "slot machine" or (casino and cheat*) or "air conditioning" or "dispensing machine").clm. and @fd>=20111101<=20111130
	說明	◆ 檢查此領域的重要廠商，確認 keywords 的完整性 → 50 筆專利 ◆ 篩選 → 增加（"computer-implemented" and（"Uniform Resource Locator" or animat\$ or interface)
8	指令	(apple).as. not (touch\$ and screen\$ and ("user interface" or ("computer-implemented" and ("Uniform Resource Locator" or animat\$ or interface)))).clm. and ((G06F* or G06T* or G06F*).ipc. or (G06F* or G06T* or G06V* or G06N*).cpc.) not (("securing delivery" and parcel) or "slot machine" or (casino and cheat*) or "air conditioning" or "dispensing machine").clm. and @fd>=20121101<=20121130
	說明	◆ 檢查另一段期間 → 62 筆專利 ◆ 篩選 → seems OK
9	指令	(touch\$ and screen\$ and ("user interface" or ("computer-implemented" and ("Uniform Resource Locator" or animat\$ or interface)))).clm. and ((G06F* or G06T* or G06F*).ipc. or (G06F* or G06T* or G06V* or G06N*).cpc.) not (("securing delivery" and parcel) or "slot machine" or (casino and cheat*) or "air conditioning" or "dispensing machine").clm.
	說明	◆ → 4819 筆美國授證專利（至 2023/5/23） ◆ 美國早期公開資料庫中則有 6678 件專利申請案 ◆ 另建議再查詢他廠商看是否漏掉關鍵字？

　　從專利檢索的過程中，一定可體驗出專利資料的數量龐大性和內容廣泛性，有各種希奇古怪之發明和創作，如圖 6-4-7 所示之美國第 8166421 號專利，發展三度空間的使用者介面，有點「隔空抓藥」的味道；圖 6-4-8 美國蘋果電腦所申請的有回授信號的觸控輸入裝置；還有先前美國紐約時報有報導如圖 6-4-9 則是美國 5992877 號專利從汽車前窗開啟的安全氣囊，以改善原本從儀表板或駕駛盤啟動導致難以修護的缺點。從而看來，專利資料庫稱之為公開的技術百科全書應相當貼切。

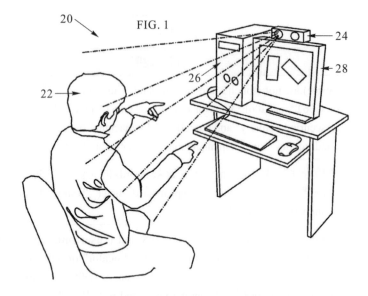

圖 6-4-7　美國 8166421 號專利的 3D 使用者介面

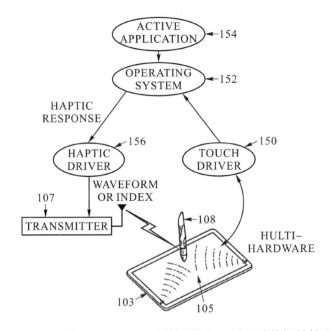

圖 6-4-8　美國第 20120127088 公開案的有回授訊號的觸控輸入裝置

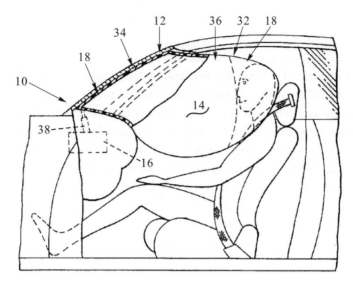

圖 6-4-9　美國第 5992877 號專利從前窗開啓安全氣囊

第五節　專利檢索之應用

學會專利檢索的技巧，除了上述的專利技藝狀態檢索和可專性檢索之外，其他比較重要的，還可用於搜尋專利的缺點、確認謀體的報導和作爲研究計畫審查的評估資料等。

一、搜尋他人對某專利的批評

我們在介紹專利說明書時提到，在發明背景部分會描述先前技藝狀態，其他專利已經完成的發明或創作，進而帶出申請案所欲解決的問題或先前技藝的缺點。有的專利申請案則爲了其凸顯非顯而易知性，因而想提出比前案或先前技藝更爲新的、意想不到、出人意外的或是功能更佳的結果。因此，可能會在說明書的發明背景部分，看到對先前專利的「批判」。當然，不見得專利說明書中都會直接點名先前專利的缺點。

想要知道專利說明書中有提到某一專利，就可能從其之後所授證專利在發明背景部分所作的討論來尋找。例如透過檢索指令如 4,237,224 ".spec. 可得知至 2023 年 8 月 29 日，有 703 筆專利在美國授證專利的說明書部分有提到美國第 4237224 號專利。指令「spec」表示限制在說明書部分，而雙引號表示強制限制要與其內的字元一樣。

所以相同的觀念，亦可運用於搜尋專利說明書中批判先前專利的缺失，例如想找觸控專利說明書中批判先前的專利，可考慮檢索指令如 (shortcoming or disadvantage or difficult* or drawback).spec. and ("touch screen").clm.，表 6-5-1 舉例發明背景中有論述其他專利之缺點。

表 6-5-1　發明背景找前案缺點之範例

專利號	專利中用字	位置
8026906	An example of a capacitive touchpad is described in U.S. Pat. No. 5,495,077 to Miller. Capacitive pads are relatively expensive to manufacture compared to resistive, and can only detect objects with sufficient capacitance. Small objects, such as the end of a regular stylus or pen, do not have enough capacitance to ground or trans-capacitance to be detected by a capacitive touchpad. Moreover, the actuation force is predetermined and may be as low as 0 grams force, in which case the touch screen may register a touch even before the user's finger touches the screen. This often leads to difficulties in implementing certain end-user features, such as handwriting recognition.	第 1 欄第 58 ～ 第 2 欄第 2 列
8,013,843	A brief review of the prior art relative to touch screen technology is given in U.S. Pat. No. 4,675,569 by Bowman. Bowman discloses a touch screen technology using a bezel with piezo-electric elements at the four corners which, upon being stressed by a touch on a glass faceplate for example, creates force signals which can be used to decipher the X, Y location of the pressed point. Presumably this technology could also be used for determination of 3-D force variables as well. Disadvantages of previous touch screens which are purported to be overcome in part at least by the Bowman invention, are accuracy, shock, wear, reliability and electro magnetic radiation.	第 2 欄 第 4 ～ 16 列

二、確認媒體的報導

我們在第 3 章討論專利價值時，曾提及台灣媒體報導台灣 DRAM 廠呈現高額負債與財報不佳的訊息，有人認為主要問題在於台灣廠商沒有自己的專利，使得產業無法往前走。但是以上述檢索的技巧用搜尋專利權人的指令「an/」檢索美國專利資料庫，卻發現包括華亞科（Inotera Memories）、南科（Nanya Technology）、力晶（Powerchip）、華邦（Winbond）和茂德（ProMOS）等分別有 9、510、5、987 和 388 筆專利，所以應該報導為：主要問題在於台灣廠商沒有自己有用的專利，才會比較適當。

還有，2010 年 9 月 17 日台灣的媒體也報導說，全球 LED 大廠豐田合成（Toyota Gosei）和台灣 LED 磊晶龍頭晶電發布新聞稿宣布，進行 LED 專利交互授權，未來雙方包括各子公司將可採用彼此所持有的 LED 專利。很令人好奇的就是日本豐田合成與台灣晶電公司各有幾筆專利？所以檢索指令 An/Epistar and （icl/H01L or ccl/257） 可搜尋出 137 美國授證專利，但是 An/"Toyota and Gosei" and （icl/H01L or ccl/257） 卻只找到 2 筆美國專利。大家一定會覺得很奇怪，號稱是全球大廠怎可能沒有取得專利保護？於是改用指令 An/Gosei and acn/JP and （icl/H01L or ccl/257） 就搜尋出 650 筆專利，才發現原來媒體根本是把「Toyoda」拼錯了。

2011 年 11 月 29 日台灣的媒體報導，有公司向媒體投訴某科技大學的研發成果，侵害到其專利權，因為某科技大學用其專利技術和一般排油煙機進行測試，發現其防止油煙洩漏濃度是傳統排油煙機的近 60 倍，並在公開文宣上指稱是某科大的突破性發明，使得外界誤會該公司的專利權是來自某科技大學。而該科技大學的副校長出面澄清說：該名教授從事研究時，找很多市面上的抽油煙機當對照組，最後才得出研究結果，該項研究更獲得國內外 20 多項專利。

很讓人好奇的是到底專利是誰的？所以我們就用搜尋發明人的指令「in/」，來檢索美國專利公開資料庫，找到列明為發明人的 11 筆美國專利申請案，然後上美國專利局網站的 PAIR 系統（參考圖 6-4-2），檢索相關排油煙的申請案，發現多筆美國申請案都被核駁而拋棄（abandon）。從有限資訊來看，公司的投訴似乎是有理由的。（想表達的是：支持廠商的說法）

三、研究計畫審查的評估

如同我們在第 3 章提出優良研發規範的觀念，在研發之前 / 際做先前技藝檢索，就是在做研發的風險管控，是有其需求性。正如孫同天院士經常強調的，做研究要有風險管理的觀念，如果失敗是不可接受的選項之一，就必須致力於預防，像是珍貴的標本、昂貴的試驗和實驗時間長等。尤其是要投入高額經費的研究計畫，當然要好好地做風險管控。而如果沒有類似專利檢索的先前技藝檢索，研發成果能夠產出有價值和 / 或落實於產業的機率恐是微乎其微。

舉例來說，有個國家型的能源科技計畫在 101 年度列出的研究重點，包括矽基太陽電池技術，而當時檢索專利資料庫中矽基太陽電池技術的相關專利至少就有 5025 筆專利文獻。其研究重點子項目中所強調的次世代太陽電池技術重點，而當時檢索有關 Copper indium gallium selenide（CIGS）的專利文件也可能有 100筆，其中美國公開案 20110017289 就是揭露出 CIGS 太陽能電池的作法；另有關Copper-zinc-tin-sulfur（CZTS）、Building Integrated Photovoltaics（BIPV）與奈米矽膠料也可能分別有 20、12 與 130 筆專利文獻。

能源科技研究重點也列出生物能源方面的研究，經過專利檢索，其中微藻產油的專利文獻多達 1562 筆，若其中有探討到代謝的文獻則有 86 筆；而生質柴油、生質氫能與微生物能源可能分別有 462、1127 與 896 筆專利文獻。專利檢索的結果相當吻合台灣經濟部於 2009 年 10 月所提出的「綠色能源產業旭升方案」中所指出如太陽光電產業發展的關鍵瓶頸：「國內太陽光電廠家大多引進整廠技術，技術缺乏差異化；關鍵材料與設備支援薄弱；太陽電池轉換效率略低於國際先進水準，競爭力不足；內需市場小，系統廠商缺乏大型系統設置經驗。此外，矽薄膜太陽電池缺乏成本優勢，需布局自主設備材料的低成本高效率技術，以提升產品品質」。而對

於生質能關鍵瓶頸則為：「能源作物受限於種植面積，生質燃料源無法充分供應且成本過高，不具競爭力；目前廢食用油量僅能供應全面所需量之 80%，當添加比例再提高時，將面臨自產原料不足的問題；目前尚無生質酒精工廠，影響國內生質酒精產業發展；另車輛無法全部適用生質酒精，為鼓勵消費者使用，需政府補貼，造成政府財政的負擔」等。

換句話說，我們所補助的研究計畫若沒有注意到這些專利文獻，很可能就作出落出別人權利範圍的研究。過程之中或許有學習和教育的效果，如果一旦是別人權利的範圍，成果本身則根本是沒有絲毫的價值。於是建議該國家型計畫應成立資源中心，針對計畫先做專利檢索，可是先做檢索的構想沒有被採納，理由是各大研究中心都有相當豐富的經驗，無需成立資源中心來協助。真的很希望確實是如此，也希望台灣的能源科技能夠發光發熱，進而產出經濟效益，很可惜的是這些審查意見都沒有答覆我們檢索的結果，資深學研界先進漠視專利資訊可見一斑，也請大家拭目以待或共同監督台灣能源計畫的成效。

類似的觀念也向台灣國家製藥和轉譯醫學計畫提出，結果都沒有被採納，有審查意見說該國家型辦公室之橋接計畫有十多位人員之編制，除了諮詢之外，亦從技術面評估、專利檢索、專利申請，到市場分析與技轉之全套性服務，只是審查機制及流程並未能先將所有計畫作此類似的篩選。可是，卻沒有如我們於第 3 章所提出 GRP 的觀念，在計畫執行之前，就能充分掌握技術脈動，等到計畫執行之後，就已經太遲了，「預防勝於治療」不就是這個道理嗎？

尤其，我們很難理解該國家型計畫每年投資好幾億的研究經費，卻不願意用些小小的經費來減少風險？長年來幾乎是沒有實質成果的科研投資，是否還要一直執著下去？當然，瞎貓也可能抓到死老鼠，但是，在計畫執行之前 / 際，未能夠充分掌握技術脈動，這種機率是為乎其微的！再則，2011 年 5 月 10 日國內外媒體報導，連人口只有台灣的一半，國民平均所得約為 3000 美元的古巴，其所研發抗癌製劑比達托斯（Vidatox）也在多個國家獲准上市。我們還能不作風險管控，來提升科研投資的效率嗎？

第六節　結語

專利資料庫是一座無窮的技術寶庫，非常值得去檢索與參考，而且也是研發之前 / 際必要的功課。第 2 章中所提出的優良研發規範觀念，也是強調研發之前 / 際要做好先前技藝檢索，尤其是專利檢索。在當今網路便利的時代，透過網路來檢索專利資料庫更是便利，只要能善用輯指令和專利檢索的技巧，以及參考本章專利檢

索流程圖所建議的步驟，當能達成專利檢索「找的全」和「找的準」之目的。

　　專利檢索絕對是理工醫農和生科領域人士所必備的技能之一，唯有具備此觀念的能力，才能夠做好研發前／際的必要功課，然而，在此要再次地強調，不管再怎麼繁瑣，一定要做好專利檢索的功課，否則「閉門造車」式的研發，使得研究成果落入別人專利的權利範圍，這種成果根本就沒有任何價值可言。

　　舉個例子來說，2011 年 6~7 月間台灣的股王漲到每股 1200 多元台幣，可是同一時間卻也傳出其遭到美國 Apple 公司提起專利訴訟的消息。當時媒體曾報導說，美國專利商標局審查通過蘋果公司的 4 項專利申請案，甚至用很聳動的語句說：蘋果觸控專利再下一城，包山包海讓業界人心惶惶；報導中還提到：電容多點觸控技術，已是目前主要智慧手機與平板電腦操作介面的主流，加上蘋果公司還用有其他知名如手指滑過螢幕解鎖（美國專利號 7,657,849）等專利，所以市面上幾乎所有搭載 Android、webOS 與微軟 Windows Phone 7 作業系統的產品，恐都難逃蘋果的專利網包圍。

　　其中被點名的廠商，有的說專利是相當專業且深入的法條，目前正請法務單位和研發單位深入了解中；有的甚至毫無專利觀念說：目前狀況尚不清楚，並無進一步評論。面對國外大廠的專利威脅，說不定要面臨著專利侵權訴訟、支付大筆的權利金，或者甚至要被迫退出市場等，而台灣的廠商表現的竟好像事不關己！事實上，報導中的手勢觸控專利早在 2008 年 7 月 10 日就已經公告在美國早期公開資料庫中（公開編號 20080168405）。從專利早期公開到核准的三年間，台灣的相關公司幾乎沒採取任何防禦的措施，很顯然的，所謂高科技廠商對於專利的觀念恐還有待加強，尤其是未能充分掌握競爭者研發的脈動。

　　從當時的報導也發現，當時的台灣股王以 7500 萬美元、約新台幣 22.5 億元，向全球無線通訊基礎設施供應大廠 ADC Telecommunications 買下全球共 82 件專利，以及 14 件申請中的無線通訊技術專利。還以總金額 3 億美元（約 86.5 億台幣），收購 S3 Graphics 有限公司所發行股份，卻有報導傳出 S3 公司的專利無效，而這家大公司對於併購 S3 專利可能無效則表示說，「美國專利商標局目前並未對蘋果提出的再審查申請作出任何專利無效的決定，S3 專利於再審查期間仍有效。」用 3 億美元併購專利居然還不能很肯定告訴其投資者，其所取得的專利是有效的，不是冤大頭嗎？而 2011 年 11 月 23 日的報導則指出，美國國際貿易委員會（International Trade Commission，簡稱 ITC）對 S3 Graphics 公司控告蘋果侵權做出不侵權的終判。

　　該公司甚至還以時薪高達 1,200 美元（約新台幣 3.5 萬元）聘請美國西岸最貴、有「英特爾御用律師」之譽的專利律師尼斯特（Robert Van Nest）操盤，每天律師費高達 30 萬美元（約新台幣 867 萬元）。可是令人不解的是，台灣所謂的高科技

廠商願意發錢去買別人的專利，卻不去深入地評估與查核（due diligent），像是評估專利的強度，像是專利權涵蓋的範圍、有效期限、申請保護的區域/國家、發明人與權利人的合適性、被迴避的可能性以及專利被挑戰無效或不可實施的可能性等，更不用說努力投資研發或是與國內的學研單位合作了。大家還記得現今股價如雞蛋或水餃的光碟片公司，當年股價也曾風光到 300~400 元呢！台灣的股王公司若再不積極地投入研發與重視和了解專利，遲早恐會步上光碟片、DRAM 和面板產業的後塵。筆者雖然不是埔里的「王老師」，卻要提出此警告。事實上，在 2011 年 8 月提出此沉重的呼籲，該股王公司已經從 2011 年 7 月的每股 1200 元，腰折再腰折為 2012 年 8 月的 260 元，2016 年 9 月則只剩下 82 元。

最後，要提醒大家的是，利用專利檢索的技巧還可看出是世界上頂尖學府的相關研究，對於將來想到國外研修時尋找論文題目、指導教授和學校等都非常有實質的幫助呢！freepatentsonline.com 網站上的 tools and resources 網頁 (www.freepatentsonline.com/university-patents.html) 有列出大學的專利。

動動腦

1. 試說明專利資料的特性和重要性。
2. 何為技藝狀態檢索？有何重要性？
3. 為何說專利檢索是研發之前的必要功課？
4. 做專利檢索有何技巧？
5. 如何達成專利檢索「找的全」和「找的準」的目標？
6. 為何需要使用同義字詞來做專利檢索？
7. 為何需要使用切節符號來專利檢索？
8. 專利檢索流程圖上的三個迴圈各有何功能？
9. 選定一個您有興趣的主題到美國專利資料庫進行檢索，並參考本章第四節範例的格式來撰寫。
10. 選定一主題，上 USPTO 專利資料庫找美國著名大學如 MIT、Stanford、加州理工、加州大學等所擁有的主題相關專利，參考其專利內容或想解決的問題，然後寫出感想。
11. 試著以自己有興趣的研究題目，參考 USPTO 資料庫中為學術界教授或學者所擁有數量與被引證次數高的專利，擬定出自己的讀書計畫。
12. 若想投入某一新領域的研究會應該如何規畫和進行？
13. 試著搜尋美國早期公開資料庫中 Apple 公司的專利申請案，從而來預測其產品的發展趨勢。

第七章
專利侵權鑑定

第一節 專利侵權的定義

本書於第 3 章探討專利制度時提到，公權力授予專利權，一方面使得專利權人取得排他權來保護其創新，另一方面則是要負起揭露技術內容之義務，讓公眾能了解其內容並據以實施。而期望大家能利用申請專利時所公開之技術內容，再推陳出新加以創作或發明，而達成促進產業技術提昇之目的。換句話說，專利制度巧妙地協調專利權人和公眾之間的利益關係，專利權人為享有法律上保護其創作或發明的排他權，就必需將其創新的技術內容公開讓公眾知悉。

因此，除了法律另有規定之外，任何人未經專利權人或其合法的受讓人之同意，而製造、為販賣之要約、販賣、使用或為上述目的而進口，就是一種專利侵權（infringement）的行為。正如 TRIPs 第 28 條所述：防止他人使用專利的產品和程序之排他權利。台灣專利法規定：「物品專利權人，除本法另有規定者外，專有排除他人未經其同意而製造、為販賣之要約、販賣、使用或為上述目的而進口該物品之權。方法專利權人，除本法另有規定者外，專有排除他人未經其同意而使用該方法及使用、為販賣之要約、販賣或為上述目的而進口該方法直接製成物品之權。」中國專利法則規定：「發明和實用新型專利權被授予後，除本法另有規定的以外，任何單位或者個人未經專利權人許可，都不得實施其專利，即不得為生產經營目的製造、使用、許諾銷售、銷售、進口其專利產品，或者使用其專利方法以及使用、許諾銷售、銷售、進口依照該專利方法直接獲得的產品。」

美國專利法 §271 亦規定：(a) 除本法另有規定之外，在專利期限內，任何人不得在美國境內未專利權人同意而製造、使用、供為銷售或銷售有專利保護的發明，或者是將專利保護的發明輸入至美國境內；(b) 任何人主動導致專利的侵害須視為侵權者（infringer）；(c) 任何人在美國供為銷售、販賣或是進口至美國具有專利保護的機器、製造、組合或組合物的構成要件，或者是用於實施有專利保護程序的材料或裝置，並且知道其係特定製造或使用於有專利保護的侵權物，以及並沒有屬於商業上合適於實質非侵權使用的商品，則須視為幫助侵權者（contributory infringer）。

根據上述 TRIPs、台灣、中國與美國法律的規定，專利的排他權主要就是排除他人未經專利權人同意而製造、為販賣之要約、販賣、使用或為上述目的而進口該物品之權利。要注意的是專利排他的權利並不是實施權，取得專利絕不是拿到執行的許可證。表 7-1-1 整理出專利侵權之特徵。

表 7-1-1　專利侵權的特徵

特　徵	說　明
有效的專利權	有效的專利權指的是在該國家有取得專利權，還在專利權保護的期限內，而且專利權是是有效的，沒有被舉發、訴訟且有續繳維持年費等。
有專利侵權行為	未經專利權人或其合法的受讓人之同意，而製造、為販賣之要約、販賣、使用或為上述目的而進口之行為。
非專利權效力所不及之範圍	不是為研究、教學或試驗實施其發明，而無營利行為者、申請前已存在國內之物品、僅由國境經過之交通工具或其裝置等。

第二節　專利侵權鑑定流程

　　法院的判決書經常都是密密麻麻的文字敘述以及諸多法律術語，對於理工醫農與生科等技術背景人員來說，實在是「難以下嚥」去閱讀。但是，專利侵權判決則又是牽涉到技術與法律的結合，學技術背景的人員卻又不得不懂得專利侵權鑑定，像是接獲侵權的警告信函時，才能判斷出所研發的產品或方法是會構成侵權，或者是發展出迴避設計，即設計出類似於專利但不會落入其權利範圍的物品或方法。因此若能根據法院的判決，整理出法官由其是美國 CAFC 法官判決時的思考流程，對於理工醫農與生科等技術背景人員來說，一定會很有幫助。

　　圖 7-2-1 就是根據美國 CAFC 法院對專利侵權判定所繪製而成的流程圖，在流程圖之後，並針對相關術語逐一加以解釋，希望大家能夠對於專利侵權鑑定有所了解。從流程圖中，可看出美國 CAFC 法官在諸多判決中所強調的，判定專利侵權的 2 個步驟，首先是根據專利說明書來解讀和確定 claims 的意義，接著是看能否從對象物上讀取（read on）claims。然而，目前直接從對象物讀取 claims 的案例並不多，許多判決都是在討論是否為等效侵權，即對象物是否以實質相同的方式，來發揮實質上相同的功能，並產生實質上相同的結果。而等效侵權也是專利侵權鑑定中最為複雜的原則。

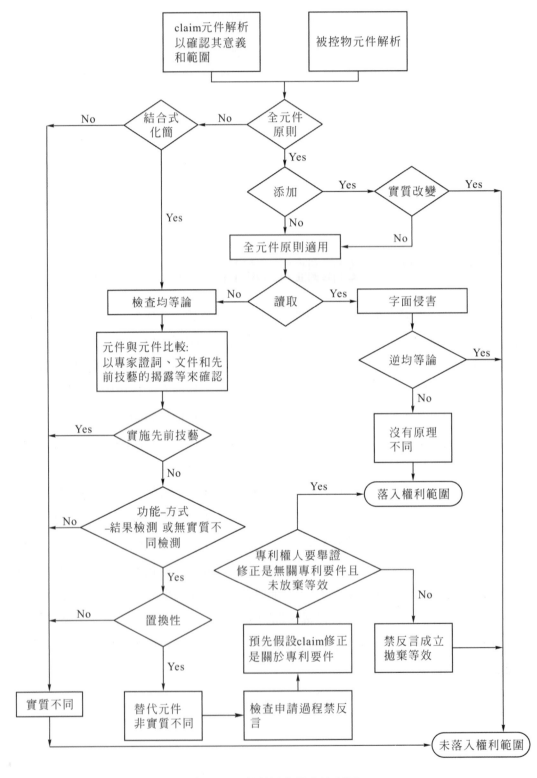

圖 7-2-1　專利侵害鑑定流程圖

一、申請專利範圍元件解析

如同上述美國 CAFC 的法官在諸多判決中，都強調判定專利侵權包含兩個步驟，首先是根據專利說明書來解讀和確定 claims 的意義，接著是看能否從被控物結構上讀取（read on） claims。所以，參考 7-2-1 之流程圖，專利侵權鑑定中第一個步驟就是將申請專利範圍內容明確化和構成要件之解析，以便於比對被控侵權的結構。而在明確化和元件之解析時，要把握以「功能（或稱爲機能）」來作爲剖析要件之基本原則。而解讀申請專利範圍要使用專利說明書、圖示和申請過程檔案。

一個專利的申請專利範圍是發明人與專利審查委員在申請過程中，經過類似「討價還價」的申請過程而達成的結果。縱即是法院的法官也無法改寫其權利範圍，縮減或擴張其權利範圍，而只能加以解讀（interpretation）。例如第 5 章第 5 節提到的案例，法官也知道麵糰加熱到 400 °F 到 850 °F 會變成木炭，但因爲其申請專利範圍中所使用的英文字意義，是清楚且沒有問題的，就是把麵糰加熱到此特定的溫度，所以法官也只能以此來解讀。

二、全元件原則（all elements rule）

將申請專利範圍內容明確化和構成元件之解析後，發現對象物中有申請專利範圍所列舉的全部元件，就是符合「全元件」原則。換句話說，全元件原則像一查檢表（checklist），檢查 claim 的每一元件是否都可在對象物中找到。不管是字面侵害或等效侵權都需要符合全元件原則。

三、元件減省（omission 或 simplification）

專利侵權鑑定中的「元件減省」指的是將申請專利範圍內容明確化和構成要件之解析後，發現對象物中並沒有申請專利範圍所列舉的全部元件。如果是從抄襲的觀點來看，對象物只是模仿申請專利範圍中部分的元件，而刪減或遺漏其中的一項或若干項元件。理論上，刪減部分的元件僅能產出比原專利較差的產品，無法與專利產品競爭或威脅到專利產品的市場，因此，對象物以「元件減省」的方式，其中至少有一項或以上的元件不存在於申請專利範圍時，就會被認定爲不落入該申請專利範圍之權利範疇。

「元件減省」的方式基本上是不會落入該申請專利範圍之權利範疇，但是要注意的是，結合式的化減，像是把申請專利範圍的元件加以結合，則還是要比對結合式的元件與申請專利範圍的元件是否會構成等效。

四、元件添加（addition）

在符合「全元件」原則下，即將申請專利範圍內容明確化和構成元件之解析後，發現對象物中有申請專利範圍所列舉的全部元件，並且又加添其他的元件，就是「元件添加」。若從抄襲的觀點來看，對象物模仿申請專利範圍中全部分的元件，又再加添其他的元件。從集合論來看，加添其他的構成元件之對象物，其所有構成元件所圍成之集合，會被包含於申請專利範圍構成元件所圍成之集合，而會被認定落入該申請專利範圍之權利範疇。

在專利侵權鑑定時，作法上是先將申請專利範圍中全部的構成元件加以剖析，再將對象物之構成要件作對應分解，所要比對的就是在於對象物是否存在申請專利範圍之所有元件。至於對象物所加添其他的構成元件是申請專利範圍中所沒有的，就不是專利侵權鑑定剖析比對的重點。如上所述，加添其他的構成元件會被認定落入該申請專利範圍之權利範疇。

但是，元件添加不會落入申請專利範圍例外的情形，就是化學相關的發明，如第5章中所述，化學相關發明係採用「封閉式」或「不完全開放式」起承的專利，所加添其他的構成元件時，通常會導致實質的變化，因為該變化根本就無法從原有之發明來推知掌握，也因此就不屬於該申請專利範圍之權利範疇。

五、讀取（read on）

在符合「全元件」原則下，即發現對象物中有申請專利範圍所列舉的全部元件。接著，檢查對象物是否可讀取申請專利範圍中之元件和結合狀態的所有限制條件，若是，就會構成所謂的「字面侵害」或稱為「文義侵害」（literal infringement）。「全元件」原則比較像是在「盤點」，檢查對象物中有是否有申請專利範圍所列舉的全部元件；而「讀取」則是要進一步比對所有的限制條件。

六、逆均等論（reverse doctrine of equivalents）

基本上，當對象物可讀取申請專利範圍中之元件和結合狀態的所有限制條件，構成「字面侵害」就會被認定落入專利申請範圍。唯一可阻卻「字面侵害」的就是「逆均等論」，換句話說，當全要件原則成立並且是字面侵害時，還必須要進一步分析是否存在逆均等的原則，以防止專利權不當擴張至合理的範疇之外，用來阻卻

專利權行使之衡平理論（equitable doctrine）。這是由美國聯邦巡迴法院所提出的，「逆均等論」也稱爲「非均等論」（non-equivalence doctrine）。指的是在文義侵害下，對象物在原理（principle）上若不同於申請專利範圍，就足以阻卻侵權之認定。像是把機械式的彈簧轉換成電磁式裝置，很可能就會被認定原理不同。然而，若只是添加元件、功效增加乃至於超越，都不能夠藉以使用逆均等論來阻卻專利權之行使。

七、均等論

在全元件原則下，若對象物無法直接讀取 claim 的所有限制條件時，還必須分析是否構成等效侵權（infringement under doctrine of equivalents）。等效侵權之認定，就是在比對對象物與申請專利範圍限制條件不盡相同之對應元件，是否扮演著實質相同之角色？也就是大家經常聽到的，「以實質相同的方式，來發揮實質上相同的功能，並產生實質上相同的結果」。

專利係以文字來界定權利範圍，難免有其模糊的灰色地帶或是有可解釋的空間，因此需要有均等論來防止專利侵權者的詐欺，以確實保障專利權人之權利。目前世界公認的等效認定依據，就是從美國法院判決所提出的功能 - 方式（手段）- 結果（function-way-result）的「三部測試」，也就是上述「以實質上相同的方式，來發揮實質上相同的功能，並產生實質上相同的結果」。若符合功能 - 方式 - 結果三部測試就會被認定爲是等效或均等；相反的，如果其中任何一項，不管是功能、方式或結果，只要其中任何一部不相同就不是均等。

在台灣專利侵權鑑定實務中，受委託做侵權鑑定的機關動不動就在鑑定報告中，套用「以實質上相同的方式，來發揮實質上相同的功能，並產生實質上相同的結果」之語，但是，卻沒有實際說明其是如何以實質上相同的方式？又如何發揮實質上相同的功能，而產生實質上相同的結果？換句話說，專利侵權鑑定中等效鑑定的重點是要比對出對象物與申請專利範圍之元件是如何地等效。尤其，台灣民刑事訴訟係採當事人進行主義，可傳喚鑑定人出庭作證，屆時在法庭上就不是像唱山歌一樣，套用「三部測試」的文字就說是等效，而是要對照申請專利範圍與對象物之對應元件間是如何實質相同，才是在法庭上兩造攻防的關鍵所在。

有位台灣專利代理人曾舉例來說明全元件、讀取與均等，茲引用如下，供大家參考。

申請範圍第 1 項	一種製造化合物 C 之方法，其係包括：使原料 A 與 B 進行反應，得含產物 C 之混合物甲，自混合物甲純化分離而得化合物 C。
申請範圍第 2 項	如申請專利範圍第一項所述之方法，其中原料 A 係以化合物 D 行氫氧化反應而得。
對象物	製造化合物 C 之方法，其係包括：使原料 A 與 B 進行反應，得含產物 C 之混合物甲，其中原料 A 係由化合物 E 氧化反應而得，使用酵素乙自混合物甲分離出化合物 C。

申請範圍第 1 項與對象物比對表如下：

申請範圍第 2 項	對象物
製造化合物 C 之方法	製造化合物 C 之方法
原料 A 與 B 產出混合物甲。	使原料 A 與 B 進行反應產出混合物甲，其中原料 A 係由化合物 E 氧化反應而得。
純化分離而得化合物 C	酵素乙自混合物甲分離出化合物 C

1. 比對對象物是否存在申請專利範圍之所有元件，發現對象物中有申請範圍第 1 項的製造化合物 C 之方法、原料 A 與 B 產出混合物甲以及化合物 C。所以認定「全元件」符合。
2. 檢查對象物是否可讀取申請專利範圍中之元件和結合狀態的所有限制條件，發現對象物中以酵素乙自混合物甲分離出化合物 C，不同於申請範圍第 1 項的純化分離而得化合物 C，所以無法「讀取」，不構成「字義侵害」。
3. 接著，要進行第 3 元件的等效分析，檢查對象物中以酵素乙自混合物甲分離出化合物 C 是否與申請範圍第 1 項的純化分離而得化合物 C 等效。

申請範圍第 2 項與對象物比對表如下：

申請範圍第 2 項	對象物
製造化合物 C 之方法	製造化合物 C 之方法
原料 A 與 B 產出混合物甲，原料 A 係以化合物 D 行氫氧化反應而得。	使原料 A 與 B 進行反應產出混合物甲，其中原料 A 係由化合物 E 氧化反應而得。
純化分離而得化合物 C	酵素乙自混合物甲分離出化合物 C

1. 比對對象物是否存在申請專利範圍之所有元件，發現對象物中有申請範圍第 2 項的製造化合物 C 之方法、原料 A 與 B 產出混合物甲以及化合物 C。所以認定「全元件」符合。
2. 檢查對象物是否可讀取申請專利範圍中之元件和結合狀態的所有限制條件，發現對象物中原料 A 係由化合物 E 氧化反應而得以及以酵素乙自混合物甲分離出化合物 C，不同於申請範圍第 2 項的原料 A 係以化合物 D 行氫氧化反應而得以及純化分離而得化合物 C，所以無法「讀取」，不構成「字義侵害」。
3. 接著，要進行表中第 2 與第 3 元件的等效分析，檢查對象物中原料 A 係由化合物 E 氧化反應而得是否等效於原料 A 係以化合物 D 行氫氧化反應而得；以酵素乙自混合物甲分離出化合物 C 是否等效於純化分離而得化合物 C。

八、實施先前技藝

　　均等論是允許專利權適當地擴張，以防止專利侵權者的詐欺，以確保專利權人之權利。但是所謂專利權利適當地擴張，當然不能夠擴張至原本屬於公共領域（public domain）之事物。所以，專利權等效的主張是要受限於先前技藝，換句話說，實施先前技藝不會構成等效侵權。事實上，從專利要件的觀點來看，若等效可及於先前技藝，則該專利會因為先前技藝存在之事實，而不符合專利要件中的新穎性和／或非顯而易知性。總之，雖然對象物元件與申請專利範圍比對後是等效，只要對象物所實施的是先前技藝，係是屬於公共領域之事物，就不會落入專利權之權利範圍。

九、置換的可能性

　　在對象物與申請專利範圍元件等效的比對時，還要檢查置換的可能性，也就是說要判斷元件間達成等效替換之可行性和其實施難易的程度。判斷時，會著重在功能、方式和結果是否相同？而難易程度的判斷，則是要由該項技藝具有通常知識者的角度，檢視構成元件之置換是否屬於輕易完成，如果在技術上是屬於顯而易知的替換就會認定為等效，要注意的是，很可能會因為在不同時間點和不同地區的一般技術水準有所不同，而導致對置換容易性的認定有所差異。

十、禁反言

　　所謂禁反言就是申請過程中的禁反言（prosecution history estoppel）或全卷之禁反言（file wrapper estoppel），指的是申請專利過程中之所有文件，包括說明書和申請人的意見（修正、答辯等）均會構成禁反言，而專利權人不能夠把當初所拋棄或割捨的部分再主張復奪（recapture）。換句話說，禁反言就是禁止說反話，也就是不能夠「言而無信」。尤其是為取得專利權而向審查委員說明不屬於其權利範圍，所拋棄的權利就不能夠再主張，目前美國法院的實務，是預先設定 claim 的限縮，都是關於可專利性要件，專利權人必須舉證其 claim 修正是無關於專利要件，且沒有放棄等效，才能夠再主張元件之等效。要注意的是，禁反言專利侵權判斷上的位階最高，當禁反言成立時，就會否定上述各原則之判定。

　　2013 年 11 月 4 日 CAFC 的 Integrated Technology Corp. v. Rudolph Technologies, Inc. 案，對於申請過程禁反言有深入的探討，專利權人在申請過程中為了答辯 112 與 103 的核駁，添加了要接觸的限制條件，被控侵權者原本的產品有接觸而被判字義侵權，但其後來的迴避設計就改成以不接觸的方式，但是，專利權人則主張等效侵權，CAFC 法官認定權利範圍修改前沒有接觸的限制條件，會涵蓋被控侵權者的迴避設計，而修改後的權利範圍當然就會拋棄此等效，因此改判美國地院等效侵權的判決。

　　CAFC 法官在判決書中重申，專利權人若要阻卻申請過程禁反言據以推定的運用（presumptive application），必須提出以下三點之一的有力證據：

1. 等效在申請案提出的時間點是無法被預測的（unforeseeable），當專利權人原本的權利範圍會被侵權，而為了答辯核駁而限縮權利範圍，權利人就不夠主張說其所拋棄的權利是不可預測的主題事物。

2. 修正的理由與爭論的等效只是皮毛關係（tangential relation），CAFC 所認定的皮毛關係是非常狹隘的，主要探討的就是申請過程中的權利限縮對於爭論的等效是次要或沒有直接的關係，為了避開包含爭論等效之先前技藝的限縮就不會是皮毛關係，當然也不意味著若先前技藝不包含爭論的等效，就不屬於皮毛關係，皮毛關係的認定主要就是在專利權人限縮的客觀顯著理由是否可從申請歷程中辨識出來。

3. 有其他的理由建議專利權人在申請當時不能夠合理的被期待描述該等效。

　　從此案例中亦可看出具體的迴避設計方法，就是找出權利人原本請求的權利範圍，比對核准的權利範圍，其所拋棄的權利就無法再主張，從而就可做爲迴避設計的參考。

第三節　案例

　　本節舉例若干早期國內高等法院以及CAFC的判決來供作參考。從國內的案例，不難理解美國貿易委員會（www.ustr.gov）的與外國貿易障礙的評估報告中，曾指出的台灣法院對於審理科技案件是有困難的！目前台灣智慧財產權法院，因爲有引進技術背景的人員參審，比較有邏輯觀念，至少在美國的報告中就沒有再提到台灣法院對於審理科技案件是有困難的。不過還是希望當作借鏡，不要再重蹈覆轍。

國內案例一：

系爭 claim	一種具有套座之筷子，其結構包括：一筷體，尾端凸設一方形套桿；一空心套座，兩端開設有相同之套孔，其內徑較上述之方形套桿外徑略大；且其筷體係以ＰＰ材質所製成。
被控物	一種具有套座之筷子，但筷體係以美奈皿（三聚氰胺）材質所製成。
台灣高院判決	1. 新型專利旨在物品之結構，與材質無涉。換言之，對於材質之創作或改良並不具新型之可專利性，不能申請新型專利，因此不論申請人申請時所檢附之申請書、說明書、創作摘要是否提及材質問題，就材質部分申請人均不可能取得專利。 2. 採用某中心鑑定報告之鑑定人之證稱：依專利法第97條規定，材質並非申請新型專利的範圍，故本件鑑定之初，即未將材質列入參考，且因未考慮材質，因而認定系爭筷子與系爭專利品實質相同等語。
說明	1. 專利前輩羅炳榮先生指出「法院認爲新型專利可以不論材料，故作出侵權之判決，唯此見解具爭議」。 2. 另一資深專利代理人將此案例標示爲「法官造法」。 3. 本案系爭專利的明書中明確指出：以美耐皿當作筷子之材料，雖可稍加改進上述等缺失，無奈材質本身不盡理想，若不愼落地，極容易發生斷裂，且其斷裂之筷片尖銳，一不小心，就會被其割傷，材質本身相當地脆弱易斷，也並非理想之餐具。 4. 說明書中所反覆批判的缺點，當然不會是其權利範圍。

國內案例二：

系爭 claim	一種「PCMCIA 卡傳輸連接器」，其係連接於 PCMCIA 卡上插座之連接器，該連接器至少包含有一插頭，該插頭一端插設於 PCMCIA 卡上之插座，另一端則設置至少二獨立、分離之連接線，每一連接線各連接一插座，該插座可供通訊產品插置者。
被控物	僅有一連接線連接至一開有二插座之插座頭
台灣高院判決	1. 該 [告訴人] 鑑定報告所引告訴人專利範圍之敘述，核與告訴人所提出新型專利說明書第六項所列「申請專利範圍」之記載，略有出入；且該鑑定報告結論二已補充說明：「本鑑定報告僅提供技術鑑定上參考，如有異議可囑託其他鑑 定機構再行鑑定」云云；……因之，該鑑定報告已不足執為被告不利之認定。 2. [被告] 亦委由 *** 學會鑑定 [該] 公司產、銷之……傳輸連接器是否有侵害告訴人之新型專利；經鑑定結果，認：「……其結構與新型專利案之申請專利範圍不相同」等語，核與前開 *** 中心之鑑定結果完全相反，因告訴人與被告分別就前開鑑定結果各執一詞，均要求再囑由第三機構為鑑定。 3. 本案 *** 院……專利侵害鑑定報告既係依據經濟部智慧財產局訂頒之專利侵害鑑定基準並參酌專利人之申請專利範圍，就法院囑託之事項詳為鑑定，並敘明其鑑定之理由、結論，及說明……，自無任何不妥適或翔實之處。告訴人於原審請求傳喚鑑定人員到庭說明鑑定過程及形成鑑定結果之原委，即顯無必要，並此敘明。
說明	1. 告訴人與被告的鑑定報告絕對是侵權與不侵權的結論，可是法官不裁示何者可採，再找第三家鑑定機構，也不說明採用該鑑定報告之理由，倒不如當庭擲筊杯還比較節省司法與社會資源。 2. 事實上，「傳喚鑑定人員到庭說明鑑定過程及形成鑑定結果之原委」才是判定鑑定報告書的重要依據，可惜法官居然認為「顯無必要」。

國內案例三：

系爭 claim	一種管路連接盒之改良裝置係由連接盒與設於該連接盒上之蓋板所組成；其特徵在：該連接盒之頂面設為向上開口，且在該連接盒頂面設有蓋板，在該蓋板之蓋面上設有若干連接孔，在各連接孔上分別設有孔蓋，並在該蓋面上貫穿有可將該蓋板固定於該連接盒上之釘用定位孔；俾於修改或增設管路時直接掀開該蓋板以利方便作業者。
被控物	一連接盒與蓋板，蓋板面中央設一連接孔，單一連接孔上設有孔蓋。

（續下表）

（承上表）

台灣高院判決	1. 本件……專利……雖曾……提二次舉發，惟經中央標準局審定結果認為舉發不成立，……擁有本件新型專利權應無疑問。 2. 況 *** 學會鑑定結果亦認被告……之……連接盒與…… 專利權範圍實質相同，……另行委由 *** 中心鑑定結果， 亦認被告製造之產品與告訴人申請專利範圍實質相同，……可見被告製造銷售之電氣連接盒已侵害告訴人新型專利權無誤。 3. 告訴人所提之 *** 事務所之侵害鑑定報告則載：「待鑑定物品之裝置與……專利案之申請專利範圍相同」。另卷附之 *** 學會鑑定報告則為：「……待鑑定物樣品與……專利案之申請專利範圍實質相同」……，而 *** 中心鑑定報告則為：「[被告] 產製之……與 ……專利案之申請專利範圍實質相同」，又二次之經濟部中央標準局專利舉發審定書……舉發不成立，而 *** 學會為無利害關係之研究機構，其所為之鑑定報告自較客觀可採……。
說明	1. 本案被控侵權物欠缺申請專利範圍之有諸多元件，卻還是被判決侵權，真是很冤枉。 2. 台灣高院法官說「*** 學會為無利害關係之研究機構，其所為之鑑定報告自較客觀可採」，根本不成理由，否則是否就不用到法院，找該學會來鑑定即可？

國內案例四：

系爭 claims	告訴人有一新型專利、被告亦有一類似之新型專利
台灣高院判決	1. 地院斟酌上開爭點及公訴人認被告涉犯罪之依據，乃設計以下二命題，委託 ** 研究院鑑定，其鑑定命題為：（一）[被告] 之產品是否依第一二四七八〇號專利相同，而依該專利所製造，（二）告訴人之產品是否與 [被告之] 新型 第一二四七八〇號專利相同（有無侵害專利實施範圍）。 2. 經原審將由被告提出……[被告] 製造之物品送交 ** 研究院鑑定結果，認該產品與 [被告] 所取得……專利內容相符……足徵被告經營之……公司係本於自行取得之新型專利權而生產製造上開物品，並非基於侵害告訴人新型專利權之意圖所為。
台灣高院判決	3. 被告既係基於……[其] 所取得新型專利權而為前開製造生產行為，其所取得之新型專利與告訴人所取得之專利權內容是否相同，事屬專利權事務機關認定取捨之問題，當非被告於製造生產前開物品時所應思慮。 4. 告訴人以 ** 研究院並未就被告所生產製造物品與其所享有……新型專利是否相同為鑑定，復以被告所取得專利與其所享有之新型專利之間範圍如何相同云云，而指摘原審判決不當，尚屬無稽，均不足援為不利於被告認定之依據。綜上理由，原審法院為被告無罪之判決，經核並無不合，檢察官循告訴人之聲請而提起上訴，為無理由，應予駁回。

（續下表）

（承上表）

說明	1.地院設計的命題是沒有邏輯性的，也根本不是專利侵權認定的原則，實施自己專利權與會不會侵害到他人專利權，根本就是兩回事。 2.專利侵權鑑定就是要比對被控侵權與專利權人所主張的申請專利範圍，專利權人主張此專利侵權認定最基本的原則，可惜台灣高院法官卻認為「尚屬無稽」。

CAFC 案例一：2006 年 1 月 25 日 Minebea Co, LTD. v. Think Outside, Inc., et al. 案

係爭專利	4433225
係爭 claim	claim 1：一種鍵的整平機構，其包含： 一雙連桿，係於其中間位置以一樞軸連結，形成一如剪刀的機構，具有第一、第二、第三和第四端；一方式可轉動地裝設第一和第二端到懸臂部的縱向對邊；一方式可轉動地裝設第三和第四端到懸臂部下方鄰近電路板的分離接點；以及使得第一、第二、第三和第四端中至少兩個能夠滑動和轉動。
被控物	連桿機構係由一長方形外連桿架配合長方形內連桿架的周圍，其外、內連桿架係相當於 '225 號專利所揭露整平機構的連桿，但其結合是由位於內連桿架中間部分的中心栓配合外連桿架中間部分的槽，其中心栓和槽則相當於 '225 號專利所揭露的中心樞軸。
美國地院認定	確定被控物並沒有符合專利「樞軸」字義的限制，因為其係採用的是可以滑動的栓和槽之結構，當然就不是固定樞軸 → 不侵權。
專利權人主張	1.爭辯地院錯誤解讀「樞軸」的，因為「樞軸」一般的意義並沒有排除滑動運動。 2.專利權人在說明書或申請過程中都沒有拋棄在中心樞軸的滑動運動。
被告主張	1.claim 1 已區分中心樞軸和關節接點兩者間運動的不同，尤其 claim 1 對中心樞軸的要求是要形成「像剪刀的機構」，而連桿臂端的接點則要滑動與轉動。 2.其被控物連桿端的柱栓只能夠轉動，而中間的栓和槽的結構則必須要能夠滑動，與專利中間轉動兩端則有轉動和滑動根本不同。

（續下表）

（承上表）

CAFC 的認定	1. '225 號說明書中其連桿機構使用一種像剪刀的機構，而大家所熟悉的剪刀中的連桿機構，就是固定在相對於剪刀的位置上，再則，其所揭露實施例的連桿端部之接點，是能夠各自在其溝槽中滑動，當壓下鍵時，為了使鍵能夠往下移動，此整平機構就不應該再有會滑動的中心樞軸。 2. 美國地院對被控物連桿端柱栓所作的特性描述是固定而不會滑動的，根據基本力學的原理，當壓下 SPK 的鍵能夠使其往下就是要有滑動的中心樞軸，而地院所解讀的「樞軸」是排除中心樞軸的滑動運動，→ SPK 沒有字義上符合 claim 的限制。 3. '225 號專利連桿機構的中心樞軸只有轉動，而連桿臂端的柱栓則有轉動和滑動，而被控物的連桿機構則是讓連桿臂端只有轉動，但是使得中心桿在中心槽中轉動和滑動，如果被控物採用如 claim 1 的固定式的中心樞軸，則其連桿臂端就必須要加以修改或置換，這就是實質差異。再則，被控物的栓和槽結構與 '225 號專利的固定式中心樞軸是不可替換的，如果只將被控物的中心栓和槽結構替換成固定式中心樞軸，則其將無法作用，於是 CAFC 認定沒有均等論侵害 claim 1。

CAFC 案例二：2006 年 5 月 5 日 Dow Agroscience LLC, v. Crompton Co. et al. 案

案例	2006/05/05 Dow Agrosciences LLC v. Crompton Corporation
係爭專利	4,607,044 、4,833,151 、5,142,064
係爭 Claim	第 5142044 號專利的 claim 1：一種在農業和園藝剷除昆蟲的方法，其包含以具有殺蟲劑成分的組成物來治療昆蟲侵擾的區域，其中具有殺蟲劑成分的組成物包含惰性的載體和一殺蟲地有效劑量的化合物，其中化合物的通式為 ##STR38##，而式中 A 是一氫原子、鹵素原子、甲基或甲氧基；B 也是一氫原子、鹵素原子、甲基或甲氧基，但是 A 和 B 不能同時為氫原子；R 是氫原子、烷基、氫氧根、烷氧基、烷氧甲基、醯基或烷氧羰基；而 X 和 Y 為氧或硫原子；R_1 是氫原子、烷氧基、環烯基、苯甲基（benzyl）、氫氧基、烷氧基、醯基、烷氧羰基、烷氧硫羰基、烷磺醯基或苯磺醯基，其中烷氧基可用鹵素、烷氧基、烷硫基或氰基取代，苯基可用鹵素取代；R_2 則是唒啶基的有被取代或沒有取代之苯基，其係可用鹵素、硝酸、氰基或鹵化烷基來取代，但是作用的成分所包含的化合物不包括下列兩種之一：(1)A 和 B 各自獨立地選自氯、氟和甲基、R_1 係選自氫和低烷基、R_2 是一苯基至少有一位置以選自鹵素、1-15 個碳的烷基、鹵素衍生物所取代，其中鹵素衍生物係如烷基、環烷基、鹵化環烷基、硝酸和苯基的鹵素衍生物、X 和 Y 兩者是氧原子和 R 是氫原子；(2)N-（2,6- 二氯苯）-N'-（4- 氰苯）尿素。
被控物	氟鈴螺就是以兩個氯和 OC_2HF_4 來分別取代氫原子。多氟螺則是以兩個氯、一個氟和 OC_3HF_6 來分別取代氫原子。

（續下表）

（承上表）

原告主張	Claim 中並沒有要求苯基上的所有被取代基是要在所列舉的項目，而是說苯基上只有一個被取代基是要在所列舉的項目中，其餘的取代基則是沒有限制的，除了被取代的烷氧基之外，被控侵權的氟鈴斐和多氟斐的苯基之取代基都在在所列舉的項目中。 Claim 中的烷氧是要參照到被取代和沒有被取代的烷氧基，每個化合物上被取代的烷氧基也是要參照所列舉的項目中，而被控侵權的氟鈴斐和多氟斐其他的取代基都在所列舉的項目中，因此兩種被控侵權的化合物就都有字義侵害。
被告抗辯	被控物取代基中的並不在所列舉的項目中，因此並沒有侵權。
CAFC 的認定	1. claim 提到苯基包含至少一取代基係選自 1-3 鹵素原子，若解讀成有第四和第五個取代基仍會侵權，則 1-3 鹵素原子的限制條件變成是多餘的。 2. claim 和說明書都沒有清楚地指出術語烷氧是否有包含被取代和沒有被取代的差異，所以烷氧應該只是沒有被取代基的烷氧基，而兩個被控的化合物烷氧基上面都有取代基，因此並沒有文義侵害。 3. 被控物氟鈴斐和多氟斐上苯基的取代基至少有一個不是所列舉取苯基中的可能取代基，被控化合物的苯基不是 claim 字義範圍內的被取代的苯基，因而沒有字義侵害。 4. 原告並沒有解釋說被控物如何以實質相同的方式執行實質相同的功能而達成相同的結果，來使得法院可能會認定被控產品與 claim 的發明是等效的，於是 CAFC 認定美國地院授予不侵權的即判決無誤。

CAFC 案例三：2005 年 12 月 6 日 Norian Corporation v. Stryker Corporation 案摘要如下：

係爭專利	6002065
係爭 claim	claim 8：一種製備磷酸鈣的組套，組套的組成係由：至少一種鈣的來源和至少一種磷酸來源的乾成分；以及由水和一磷酸鈉所組成之溶液，其中磷酸鈉在水中之濃度範圍從 0.01 到 2.0M，而溶液之 pH 值的範圍大約從 6 到 11。
被控物	鈣和磷酸的瓶裝粉末材料、壓舌板和裝有 0.25M 磷酸鈉溶液的注射器所組成，而其溶液則由單水分子的單基磷酸鈉和七個水分子的雙基磷酸鈉所製成。
美國地院認定	claim 術語是要求溶液係由單一的磷酸鈉所製備，而被控侵權的溶液則是由兩種磷酸鈉所製備，所以地院判定控侵權的溶液並沒有侵害 Norian 的專利。
專利權人主張	1. 「一磷酸鈉」指的是包含鈉離子和和磷酸根離子的溶液，而任何一種或一種以上的磷酸鈉加到水中都可製成這種溶液。 2. 拋棄的權利範圍只會被限制成為避開審查委員所核駁先前技藝的必要範圍。 3. 不管溶液是由一種或多種形式的磷酸鈉所製成的，都會包含鈉離子和磷酸根離子。

（續下表）

（承上表）

CAFC 的認定	1. 專利權人的論點會與 '065 號專利的語詞和申請過程檔案相衝突。 2. 此論點不符合專利法的原則，專利權人經常會從修正中拋棄比避開先前技藝所必需還要更多的權利範圍。 3. 無法改變申請過程檔案、說明書和 claim 的語詞的影響。

　　從以上的舉例不難發現從前台灣法院有些專利相關的判決，幾乎是不闡明其判決的理由，也不知道哪來的心證，常常就只是把敗訴者之主張覆誦一兩句，緊接著加上「云云」二字，再補上「尚屬無稽，均不足援爲不利之依據」。相反地，CAFC 在判決書中對其之所以不採納的意見都會一一說明，而且講求法律規定、證據和理由，相信這就是 CAFC 之判決之所以會受到國際間廣泛重視的原因之一。

第四節　結語

　　本章摘錄許多判決而歸納成專利侵權判定步驟，並整理出專利侵權鑑定流程，還有對專利侵權相關術語逐一解釋，非常值得大家參考。尤其，專利侵權判決是牽涉到技術與法律的結合，學技術背景的人員需要懂得專利侵權鑑定，才能判斷出所研發的產品或方法是會構成侵權，或是才能去迴避設計別人的專利，不會落入其權利範圍。

　　接著，要鼓勵大家上 CAFC 的網站（www.cafc.uscourts.gov）去閱讀相關的判決，一則可檢查學習的成效，再則是可練習英文的閱讀能力。層級相當於台灣的高等法院的美國聯邦巡迴法院（Court of Appeals for the Federal Circuit，簡稱 CAFC），其法官堪稱是專利法官中的專家，其判決廣受各國的重視與採用，甚至最知名的雜誌如《Science》和《Nature》等都會有專欄報導，所以 CAFC 的判決書就是學習專利侵權判定和申請專利範圍撰寫的最佳教材。

　　尤其，從美國 CAFC 的判決中，眞的是可看到美國法院的判決是在講理由，對於當事人所提出的意見或抗辯，都會舉從前法院的判決一五一十來說明其爲何不同意其主張，甚至連地方法院判決有誤的地方，都會加以說明。相信只有講理由的判決書才會讓當事人心服口服！尤其，美國法院對於再不合理的主張，也不會只說成「……云云」而一筆帶過置之不理，很不幸的，這卻是台灣法院最慣用的「技倆」？

　　台灣於 2007 年立法三讀通過「智慧財產案件審理法」與「智慧財產法院組織法」，仿效美國的智慧財產權專庭制度，幾年來智慧財產權法院的運作似乎有些成效。因為，美國貿易委員會從 2001 年到 2009 年與外國貿易障礙的評估報告，每年都不斷地指出的台灣法院對於審理科技案件是有困難的！而至少 2010 年與 2011 年的美國與外國貿易障礙的評估報告已經刪除這段文字了。

動動腦

1. 理工醫農和生科背景的人為何要了解專利侵權鑑定？
2. 試從專利制度來討論怎樣會構成專利侵權。
3. 專利權效力所不及的項目為何？
4. 為何減省元件不會構成專利侵權？有何例外情形？
5. 添加元件是否會構成專利侵權？有何例外情形？
6. 全元件原則要如何判斷？
7. 全元件原則與讀取有何關聯和不同之處？
8. 逆均等原則何時適用？
9. 專利權為何要有均等論？如何判斷？
10. 專利權的均等範圍為何不能夠包含實施先前技藝？
11. 何謂禁反言？
12. 到 CAFC 網站（www.cafc.uscourts.gov/）找一篇有興趣的專利判決來研讀，其爭論點為何？專利權人的主張？被告的抗辯理由？ CAFC 判決的理由？

第八章
專利分析

　　本書中一直強調專利資訊的重要性，像是第 3 章中提到的 GRP 的觀念，在做研究之前一定要做好先前技藝檢索，才能知己知彼，而不會閉門造車做出落入他人權利範圍的研究成果。第 6 章探討專利檢索，也提到專利資料的特性包括有數量龐大的廣泛性、涵蓋各領域的多元性、顯示研發方向的市場性、揭露發明的詳盡性以及未見於其他刊物的特有性等。專利資料庫可說是集創新技術文件的最大、最新且分類最為完整之大成，尤其，目前主要國家的專利申請案都採 18 個月早期公開制度，所以早期公開的專利申請案資料庫更可挖掘出最新的技術情報。

　　近年來，經濟學者、社會科學家、政策決策者、企業人士和各領域的專業人士，都會透過專利分析來預測技術發展的趨勢或確認相關技術在市場的重要性等。從而，專利資訊的運用已經擴展到國家、機構或企業作為商業、研發和政策之策略擬定的參考。

　　而利用專利資料文獻來協助作為研發和投資管理等之參考，在此就稱為專利趨勢分析（patent landscape analysis），有美國創投公司就是利用專利趨勢分析來作為投資的依據。的確，如果在作研發和投資管理前不先作詳細的評估，很可能就像是跳進泥沼中，已經投入龐大的資金根本無法自拔脫身，卻又毫無利潤可圖，台灣投入 CDR、DRAM 與面板等產業就是慘痛的教訓。當然，也有可能踏進別人專利的地雷區，隨時都將引爆而須付出大筆的權利金或吃上侵權官司，像是台灣智慧手機廠商遭受到美國蘋果公司提出的專利侵權訴訟。

　　市面上有所謂的專利分析軟體，可協助輸出漂亮的圖表，甚至還可繪製出如地標等高線的專利地圖。當然這些輔助軟體工具有其便利性，但是，要提醒大家的是，首先一定要做好專利檢索，如果輸入的專利資料與研究主題間的關聯度低，所做出的圖表根本就已經沒有分析的價值，正如大家經常聽到的「garbage in, garbage out」；再則，一定要知道各指標的意義，直接看圖說故事是沒有太大的意義；唯有分析圖表間能夠相互佐證和前後呼應，甚至引用其他資料來驗證所解讀的內容，則所歸納出的結果才會有其意義和價值性。

第一節 技術演進與技術生命週期

　　一般技術的演進都是源於新的需求（needs），然後有開創性的突破（pioneering breakthrough）產出，而隨著相關科學與技術的進展，當社會和經濟層面的配套形成時，新產出的技術就能協助此新的需求得到滿足，而且只要是對人類是有用的，就會存續和持續地發展，直到其不再有需求性或是有新的取代技術產生。

　　許多研究都指出，技術演進有 5 個主要階段，主要包括：誕生（birth）、嬰兒期（childhood）、成長期（growth）、成熟期（maturity）和衰退期（decline）。

1. 誕生：源於新的需求、社會的要求、科學的新發現等，導致一個或多個突破性的發明或傑出成果，而使得新技術的產生。在技術誕生之際，技術可能是比較原始的（primitive）、效能差的（inefficient）和不可靠的（unreliable），當然也就存在著許多待解決的問題。

2. 嬰兒期：在新技術剛產生之際，技術的有用性還不是很確定，因此願意投入的人力與財務資源也就比較有限，只有少數的熱衷者相信技術有美好的將來，而繼續為發展技術而努力與往商業化的推展。而隨著技術的進展，就能吸引部分資源的投入，而使得技術有更進一步的發展。

3. 成長期：此階段起始於社群對於技術價值的認同，同時，許多技術的問題（高階的創新）已經解決，效能和性能有所改善，而新市場也形成。而隨著大家對此技術感到興趣，投入發展的 R&D 經費也就水漲船高。從而也加速了技術發展，吸引更多投資。基本上在此階段的可獲利性是正面的，也建立了正向回饋的循環，研究的投入產生許多中階的發明，促使技術的演進到部分理想化的階段，而技術的廣泛被採納，使其得以擴散到其他領域。

4. 成熟期：技術進入了成熟期，對於社會和經濟會很有影響力，而可獲利性也就相當高，然而，相關的資源已經耗盡於新技術所根據初始構想的研發，所以在成熟期的發展也就會遲緩下來，不過還是有可能會有最佳化（optimization）、妥協（tradeoff）或低階的發明技術改良。

5. 衰退期：技術發展到達極限，沒有基本的改善空間，很可能因為社會需求的改變或有新技術的取代，也使得此技術不再有需求性，而可獲利性就會走下坡。當然，在技術發展方面就會停滯、沒有或只有極少數的低階發明而已。

240

　　理論上，技術演進的五個階段，其技術效能、發明數量、發明層次與效益產出隨著時間軸的變化，會呈現如圖 8-1-1 所顯示的趨勢。可透過專利檢索和技術資訊等來建構發明數量、發明層次與效益產出與時間軸的關係圖，從而檢視技術主要功能（primary function，簡稱 PF）所處的技術演進階段。一般大家常提到技術發展的 S 型曲線，指的是技術效能部分隨著時間軸的變化如橫躺著的 S。如上所述，技術演進到了成熟期，資源已耗盡於技術初始構想的相關研發，所以在成熟期的研發會比較著重在參數的最佳化，也因此發明數量不太會往上攀升。要注意的是，技術的演進會受到經濟、政治和社會層面，以及具有相同或類似功能的相當技術等之影響，實際的技術演進也不會是理論上所描繪的平滑又簡單的 S 曲線。

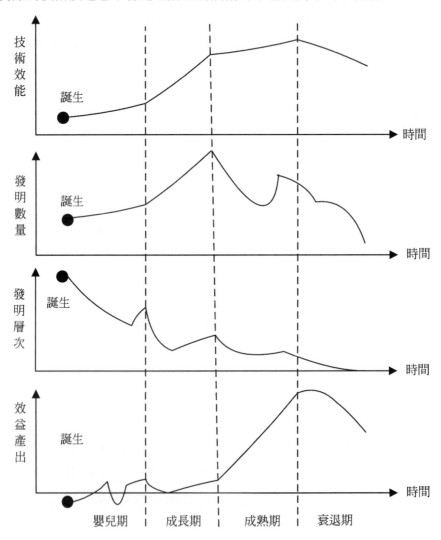

圖 8-1-1　技術演進的五階段（含誕生階段）中效能、發明數、層次和效益變化之曲線

　　從技術的生命週期來看，確認 PF 所處的階段就可擬訂出研發的策略，例如技術發展是處於嬰兒期和 / 或成長期，就應該以建構專利布局為考量，若技術已經處於成熟期，就要以迴避設計為主，來避開他人的專利地雷區。還有，亦可避免投入已經進入衰退期技術子系統之研發等。而一家有永續經營觀念的企業就必須要在成熟期階段尋找新技術，以形成另一個新的技術 S 曲線，才能夠確保獲利的成長，也才不會被市場淘汰。

　　值得一提的是，中國的學者檀潤華教授與趙新軍教授，分別在其著作《創新設計 -TRIZ：發明問題解決理論》與《技術創新理論（TRIZ）及應用》兩本書中，描繪專利數與時間的變化圖，如圖 8-1-2 的模式。然，兩書中並沒有對此變化趨勢多作說明，不約而同都提到：「開始時，專利數較少，在性能曲線的第三個拐點出現最大值，在此之前，很多企業都為此產品的不斷改進而加大投入，但此時產品已經到了退出期，企業進一步增加投入已經沒有什麼回報，因此專利數降低。」然而，從我們第 3 章介紹過專利要件的觀念來看，似乎不太可能有研發投入就會有專利產出，尤其技術已經成熟，更會被審查委員以為該技術領域具有通常知識者所易於推知，而用顯而易知性核駁！

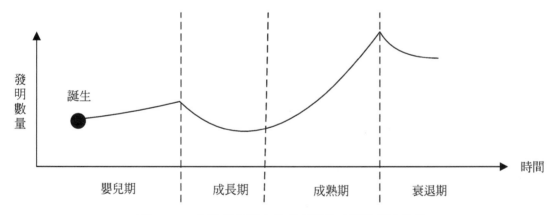

圖 8-1-2　大陸學者提出的專利數與時間的變化趨勢

　　再則，在技術成熟期階段主要公司已經把資源用來發展新技術或產品了，專利數會被撐到最高的可能性似乎非常低！反而，應該是在成長期末或成熟期初，專利數成長到最高的可能性較大，因為這段時期，社群對於技術價值的認同，許多技術的問題（高階的創新）已經解決，效能和性能也有所改善，而新市場也形成，隨著投入發展的 R＆D 經費提升，會使得專利數成長到顛峰。

第二節　專利指標

　　專利文件中所揭露的資訊，除了反映出最新的技術創新之外，也代表著該技術領域創新的能量。而專利計量分析（patent scientometrics）也就經常被用來評估研究社群或技術領域發展的情形，例如專利數可作爲科學與技術產出的指標，而專利被引證數可當作該創新重要性的參考，以及檢視科學與技術間的關聯度。

　　不可否認的，專利文獻不像一般學術文獻在引用上的嚴謹度，專利申請人也可能打煙霧彈似地列出一些不太相關的專利或文獻，因此專利引證次數（citation）是否能夠呈現出其影響力（impact）或只是技術相關性的指標？本書第三章提到有學者評估世界頂尖大學的指標，包括：專利數、專利通過率、專利家族布局、專利被引證、專利引證影響性 (patent citation impact)、被引證專利比例、專利引證論文的影響性、業界論文引證的影響性、業界合作論文的比例、Web of Science 核心收錄論文等，也是值得參考的。然而，又如何來評估一專利的重要性？以下逐一介紹相關的指標。

一、現行影響指標和專利引用指標

　　現行影響指標（current impact index，簡稱 CII）是量測一專利被其他專利所引用的頻率，可顯示出其他發明用此專利當作基礎的情況，一般是以某特定領域過去 5 年專利被引用情形來做計算。例如計算某公司在 2010 年的 CII，要先算出 2010 年新授證的專利平均引用該公司先前 5 年所授證的專利次數，再將此數值除以 2010 年此技術領域所有美國專利平均被引用次數，從而可看出該公司的專利在此技術領域之相對強度。但是 CII 的計算有實際困難度，某年度技術領域的所有美國專利平均被引用次數，較難以得知。

　　變通的方法就是採用專利引用指標（patent citation index，簡稱 PCI），是直接計算某專利被其他專利引證的次數，除以從授證日至今的時間，用平均每年被引用的次數來做指標。例如先前提到爲史丹佛大學產出 2 億美元授權金的基因切割專利（US 4237224，授證日 1980 年 12 月），用 ref 指令檢索美專利資料庫得知，到 2012 年 1 月其總共被 290 筆美國專利引用，所以平均每年被引證約 9.6 次 [290/（2011-1981）]。採用 PCI 的缺點就是沒有參考標準，不知道如何判斷所計算出來的數值是屬於高還是低？還有 PCI 也無法用來評估新的專利。

二、技術週期指標

技術週期指標（technology cycle time，簡稱 TCT）是以專利所引證的先前專利的中位年來當做技術更新週期，TCT 愈小表示該專利創新速度愈快，理論上，TCT 愈小的專利權人就有可能是該技術領域的主導者。不過，各領域的 TCT 也是變化很大，從電子領域的 4~5 年到機械領域的 15 年都有可能。

三、科學關聯指標

科學關聯指標（science linkage index，簡稱 SLI）是指專利引用學術論文的情形，所代表意義就是該專利技術的發展是否有科學的支持。根據 2002 年 5 月《Technology Review》的報告指出，2001 年之前在電腦業獲證美國專利數的前 8 大專利權人與其 SLI 如表 8-2-1，從表中看出軟體業如微軟與 Sun Microsystems 都有比較高的 SLI，但是硬體業界的 SLI 都似乎普遍比較低。

然而，SLI 是否就直接表示產業技術與學術研究的關聯性？仍有爭議性，有學者就指出：對於不同技術領域而言，SLI 會有不同的強度與關聯性，有些領域會很強，但有些領域會比較弱。有其他的研究報告指出：與科學比較相關的技術領域之專利平均引用 0.92 篇科學論文；科學關聯性較低的技術領域之專利則只引用 0.05 篇論文。2002 年 5 月《Technology Review》也指出生物科技公司 Genetech 的 SLI 是 59.83。

表 8-2-1　2001 年之前在電腦業獲證美國專利數的前 8 大專利權人與其 SLI

排名	公司名	專利數	SLI
1	IBM	6321	0.89
2	NEC	2123	0.61
3	HP	1553	0.66
4	Fujitsu	1482	0.51
5	微軟	1310	3.28
6	Sun Micro	996	2.51
7	Compaq	964	1.42
8	鴻海	959	0

四、法院判決

不管用什麼指標，如果一專利被法院認定為無效或是無法實施，就會變成毫無價值。例如轉殖基因的哈佛鼠被加拿大最高法院認定為不可專利之標的，縱使哈佛鼠的美國 4736866 號專利有很高的 PCI、低 TCT 和高 SLI，卻還是無法改變其在加拿大無任何價值的命運。

五、申請專利範圍

本書第 4 章提過申請專利範圍是專利說明書中非常重要的部分，申請專利範圍要以嚴謹、邏輯和正確地定義所發明或創作的結構或動作，係屬於說明書中法律的部分。而影響申請專利範圍大小的因素包括：起承、元件個數與元件描述。因此，可考慮用申請專利範圍第 1 項的字數來當作指標，有學者就指出，一般而言，申請專利範圍愈長，其所涵蓋的權利範圍愈窄。

哥倫比亞大學將 NDA 插入真核細胞的美國第 4399216 號專利，被估計產出 3 億美元的授權金，其申請專利範圍第 1 項的字數就只有 23 個英文字。

六、相關申請案

在美國專利文件中有列出其相關的申請案（related US application data），而提出相關的申請案當然需要繳交規費和支付專利律師費，因此，申請人一定認定該申請案是具有其價值性，才會有心去維護而提出相關的申請案。

上述哥倫比亞大學的 4399216 號專利和哈佛鼠專利都有一連串的相關申請案。但是史丹佛大學的基因切割專利，卻因為申請專利之前已經發表在期刊上，而沒有相關的申請案，事實上，基因切割專利是因為先公開，而只能利用美國一年的寬限期來申請專利，如果當初其還申請歐盟與日本的專利，相信其授權金收入絕對不只是 2 億美元而已。

七、專利家族

根據 Delphion 專利資料庫（www.delphion.com）的定義，專利家族（patent family）是指相同發明到世界上不同的國家或地區去申請專利。因為專利是屬地主義，必須在當地有取得專利才能夠主張權利。而提出專利申請與維持繳交年費可謂

所費不貲，所以，在專利權人的心目中一定是認為該發明有其價值性，才願意做此龐大的投資。歐盟專利局的檢索網站有提供 INPADOC 專利家族的資料，可做為專利家族的指標。例如哥倫比亞大學的 4399216 號專利和哈佛鼠專利分別有 12 與 7 筆申請案。

註：INPADOC 指的是國際專利文件中心（The International Patent Documentation Center），由 WIPO 在 1972 年所設立，是希望能夠集中地提供專利書目資料，目前 INPADOC 歐洲專利局所運作的歐洲專利文件系統的一部分。不過 INPADOC 所定義的延伸式的專利家族，所列出的是與母案所有的相關專利申請案。而除了歐洲專利局網站上的 INPAADOC 之外，在美國專利局也有 USPTO, EPO, JPO, KIPO, and SIPO 五專利局所創設的全球專利資料 (Global Dossier) 服務 (https://globaldossier.uspto.gov/#/)，以因應現代化全球專利系統，提供利益關係人從單一入口和使用者介面，來取得申請檔案和審查資訊，使得和鼓勵不同專利局間程序的精簡，提升專利家族在各國申請的效率和可預測性，節省專利申請的成本。另 WIPO 也有所謂的 CASE(Centralized Access to Search and Examination) 系統，讓各國的專利局能夠分享相關申請案的檢索和審查文件，但只開放給專利局使用。

八、專利布局

如同第 3 章所提及，專利制度中很重要的觀念就是要取得權利及揭露技術內容，想要以小發明來取得大權利範圍，根本就是緣木求魚，尤其近年來美國最高法院和 CAFC 的判決結果，像是 KSR、In re Fisher 和 Ariad v. Lilly 等，更是讓專利權人無法取得寬廣的申請專利範圍。因此，專利權人對於其重要的研發成果，就會以專利布局（patent portfolio）的方式來形成有效保護，也就是用多個專利來保護系列性發明。而以專利布局來評估某一專利的價值性，可透過專利檢索，找出該專利權人在相同專利分類號中，所有擁有的專利件數和總共發明人數來當作專利布局的參考指標。

例如 Amazon.com 的一指通（one-click）美國第 5960411 號專利，其 IPC 是 G06F017，而該公司於 2007 年同樣的分類號中有 32 筆專利和 40 位發明人，而於 2012 年獲證專利件數就成長到 114 件，就可得知 Amazon 公司對於相關研發的投入，也顯示出該專利之價值。

第三節　案例分析

　　幹細胞（stem cells）可分化成多種人體細胞和組織，因此若能夠研發出有效的培養與引導方式，就有機會製造出病患所需的各類細胞、組織甚至器官，然後再移植到人體來治癒疾病。例如製造腦部神經元來治療阿滋海默氏症與帕金森氏症、胰島素來根絕糖尿病、心肌細胞來修補心臟、軟骨來復原關節等。也就是說以目前的醫學水準無法完全治癒的疾病，很可能隨著幹細胞研究的突破而找到解決之道。

　　幹細胞的相關研究在 2001 年間可說是最熱門的研究議題之一，當時也不斷傳出令人振奮的幹細胞研究消息，例如德國杜塞爾多夫市的新海恩利希海涅大學附設醫院就宣佈其已經成功運用一名心臟病患自身的成人幹細胞，修補其受損的左心室；美國威斯康辛大學的科學家也成功讓胚胎幹細胞分化成人類骨髓中的「造血先驅細胞」，並進一步培養成紅血球、白血球與血小板等血液細胞，如果後續的實驗進展順利，未來這種方法將可望製造出無限量的人類血液，除了澈底解決血荒的問題外能夠免除血液遭病毒或細菌感染的困擾。美國加州大學骨髓細胞移植部門主任 Morton J. Cowan 於 2000 年甚至預測在 3 至 5 年間，幹細胞就可被應用在醫學治療上而成為生物科技界的發展重點。

　　但是，到 2012 年的進展還是沒有當初所預期的樂觀，而第一家進行胚胎幹細胞人體試驗的 Geron 公司，也在 2011 年 11 月 14 日宣布終止幹細胞治療的計畫，其第一期人體試驗的 4 位脊髓損傷患受試者，接受從人體胚胎幹細胞所衍生的針劑，雖然沒有產生嚴重的不良反應，卻也沒有顯示出治療的效果。2012 年 1 月 11 日的《Nature》則報導第二家被美國 FDA 獲准進行胚胎幹細胞治療人體試驗的是 Advanced Cell Technology 生技公司，要評估胚胎幹細胞用於 12 名患有先天性眼底黃斑變性症患者的安全性；其他還有 London Project to Cure Blindness 的聯合研究計畫，以胚胎幹細胞誘導成視網膜上皮細胞（Retinal Pigment Epithelial，簡稱 RPE），對患有先天性眼底黃斑變性症的患者進行人體試驗；日本也預計在 2015 年前用類似方式以成體細胞所衍生的幹細胞來進行人體試驗。

　　本案例就是針對幹細胞的相關專利來進行分析，期望能了解在研究人員和政策決定者在技術領域的投入和影響程度。因為申請專利範圍是定義發明的權利範圍，其含有 stem cell 的關鍵字非常可能就是與此技術相關的專利，這種把關鍵字限制在申請專利範圍的檢索，可減少雜訊而比較不會找到不相關的專利。而檢索授證日到 2010 年底，美國專利資料庫中申請專利範圍有「stem cell」的專利，總共計有 2000 筆專利。以下就是根據這 2000 筆專利來分析。

一、專利活動

　　能夠獲證專利基本上是要符合實用性、新穎性和非顯而易知性的可專利性要件，因此包含有相同關鍵字的授證專利數，可當作該技術領域研發的強度和成功率的指標，也就是說某技術領域的專利活動可顯示出所投入的資源和達到的成果。

　　圖 8-3-1 為美國授證幹細胞專利每年的申請件數，從 1975 到 1990 年間，相關研發剛起步，技術有待突破，所以專利件數和成長率都很低；1992 到 1993 年間則似乎有些技術上的突破，而有快速成長，1990 年代也呈現成長的趨勢，而分別在 1993 和 1999 年有高峰。第一個高峰，可能是源自美國國會於 1984 年通過的器官移植法案，促使了骨髓移植發展和捐贈者登錄，以及同時期有成體幹細胞相關研究的進展，可分化成各種細胞和組織，而所帶動幹細胞的研究。而科學家於 1998 年成功地從早期胚胎分離出胚胎幹細胞、胎兒性腺組織誘導出生殖細胞，以及多能幹細胞的發展等，很可能就是導致 1999 年專利件數增加的主因。

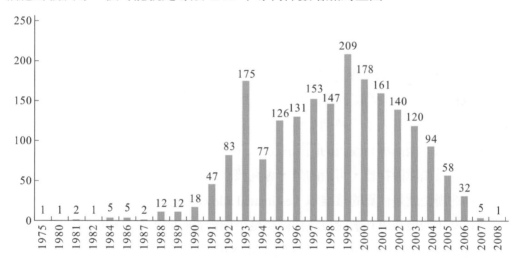

圖 8-3-1　美國授證幹細胞專利每年的申請件數

　　不過如圖 8-3-1 所示，美國授證幹細胞專利每年的申請件數從 2000 年起卻逐漸遞減少，像幹細胞這樣被認為即有發展潛力的領域，卻出現研發活動停滯的現象，有學者認為真正原因並不是很清楚，但是美國政府禁止其研發經費投入胚胎幹細胞的研究，可能是主要的原因之一，例如 2000 年的美國柯林頓總統只允許政府經費資助從墮胎取得細胞的研究，而不可取自胚胎；2001 年美國小布希總統更是限制聯邦的經費，只能補助現存胚胎幹細胞株的研究。

　　授證專利數呈現的該技術領域研發的強度和成功率的指標，而早期公開資料庫中的申請數所代表的就是相對資源的投入情形。圖 8-3-2 是美國早期公開資料庫幹細胞專利的每年申請件數，幹細胞申請案在 2004 到 2007 年間呈現停滯的現象，2008 年更是有衰退的現象，代表著投入幹細胞研究的資源在近年來並沒有增加。

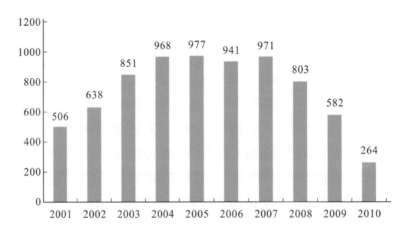

圖 8-3-2　美國幹細胞專利申請按每年的申請件數

　　由於有些專利申請案還在審理中，圖 8-3-1 中專利授證數從 2006 年和圖 8-3-2 的申請數自 2009 年起都似乎顯著減少，若套用本章第一節技術演進的觀念，幹細胞的發展是否已經進入了成熟期？另一個專利授證數的減少原因，很可能是近年來美國法院判決，墊高專利授證的門檻所致。而專利核准率就可用當作該技術領域的專利審查和技術障礙指標，可惜的是，專利核准率很難從專利資料庫中直接計算得知，變通的辦法就是估算的核准率（estimated allowance rate，簡稱 EAR）來評估，其定義為某年的授證專利數除以該技術領域平均審查時間年之專利申請件數。

　　例如取平均審查時間年為 2 年，將美國實用專利與幹細胞專利的 EAR 呈現於圖 8-3-3，圖中實用專利在 2000 與 2007 年的 EAR 是相當符合美國專利局網站中所找到的核准率資料，分別是 0.72 和 0.51。而也顯示出幹細胞的專利審查和技術障礙強度是整體實用專利的 2~3 倍。

　　從專利活動來看，投入幹細胞研究的資源由於受到美國政府的政策限制，而呈現停滯現象，而幹細胞專利審查和技術障礙則可能是美國授證專利數從 2000 年起有遞減的主要原因之一。至於套用技術演進的觀念，幹細胞技術是否已經進入成熟期？恐還需要更多證據才能下定論。不過，從以下專利與學術論文的關聯性的角度來看，並不支持幹細胞技術係處於成熟期的推論。

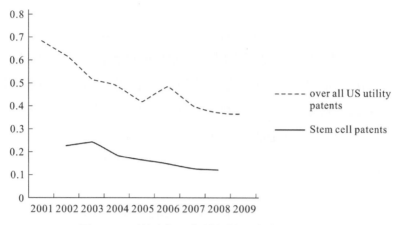

圖 8-3-3　美國實用專利和幹細胞專利的估算核准率

二、專利與學術論文的關聯性

　　幹細胞研發的成果也會以學術論文來表現，所以我們就檢索 PubMed（www.pubmed.gov）文獻資料庫，發現從 1980 to 2010 年總共有 95,577 筆文獻，在主題中有包含幹細胞，從圖 8-3-4 中可看出每年幹細胞領域發表的數文數，在 1990 to 1999 年間是慢慢地成長，而從 2000 年起則是快速的增加。相較於幹細胞專利授證數與申請數的高低起伏，幹細胞論文數呈現的是比較符合典型技術發展初期，在還沒有突破性的技術發展之前，只有必較少量成果呈現。科學家於 1998 年成功地從早期胚胎分離出胚胎幹細胞、胎兒性腺組織誘導出生殖細胞，以及多能幹細胞的發展等，就帶動了 2000 年以後的蓬勃發展。

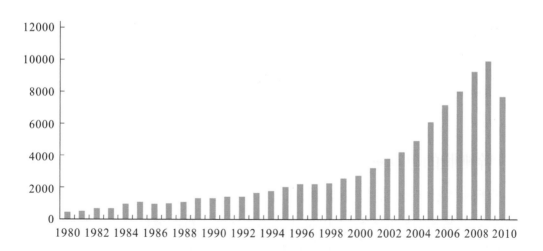

圖 8-3-4　PubMed 資料庫中的幹細胞論文數

專利引用學術論文數可當作專利與科學的關聯指標，那將某技術領域授證專利數除以論文發表數就可表現出技術與科學的關聯度（technology-science linkage，簡稱 TSL），根據發明擴散理論，可將發明人分成早期的創新者、早期的多數、晚期的多數和落後者。在技術發展的早期，先是有學研界的創新，專利申請數會較少，所以 TSL 一定是偏低，只有當大公司看到有機會時，才會有多數團隊的投入，TSL 也才會顯著增加。另一個指標就是把專利申請件數除以論文數，可用來量測論文作者的專利觀念強度（strength of patenting conception，簡稱 SPC），SPC 勢必會隨著專利觀念的普及而上升。

由於 PubMed 沒有提供論文所屬國家的篩選功能，我們就改用 ISI 的文獻資料庫，還有受限於專利資料可能還要審理中，圖 8-3-5 就只顯示出 2005 到 2009 年的 TSL，以及 2006 到 2010 年的 SPC，根據我們分析的資料，在 27 個世界主要國家中唯有以色列的 TSL 和 SPC 與美國相當，而一併呈現在圖中。近年來專利觀念或意識的提升，平均每件論文會申請專利的 SPC 比例有顯著增加；但是 TSL 還是維持在低檔，似乎表示著幹細胞研究還是處於早期的創新階段。

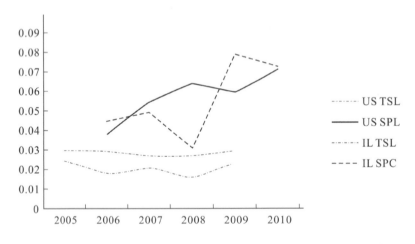

圖 8-3-5　美國與以色列的技術與科學的關聯度與專利觀念強度

三、幹細胞的專利權人

專利權人數所表示的投資者或機構有意願投入幹細胞的研發工作，圖 8-3-6 呈現的模式非常類似於圖 8-3-1，1990 年之前，僅有少數的機構投入，但是在 1990 到 1995 年間則是顯著的增加，不過 1996 年又呈現萎縮，1997 到 2001 年間似乎有段榮景，但是 2002 年之後則又持續下降，專利權人指標似乎也說明幹細胞的發展還是在早期，還沒有主要多數的機構進場。

　　另一個專利權人的重要指標就是主要的專利權人，到 2010 年底，擁有幹細胞專利較多的機構包括：加州大學（53 筆）、the General Hospital Corporation (39)、密西根大學 (38)、Osiris Therapeutics, Inc. (35)、Amgen Inc. (31)、威斯康辛大學 (24)、美國衛生部 (23)、Geron Corporation (22)、SyStemix, Inc. (21)、加州理工學院 (21)、SmithKline Beecham Corporation (20) 和麻省理工學院 (17)。其中加州大學從 1980 年起就提出幹細胞專利申請，大約經過 10 年後，麻省理工學院、密西根大學和美國衛生部才陸續開始有專利。相較於擁有幹細胞專利的公司數，學研機構數從 2002 年起似乎有減少的趨勢。

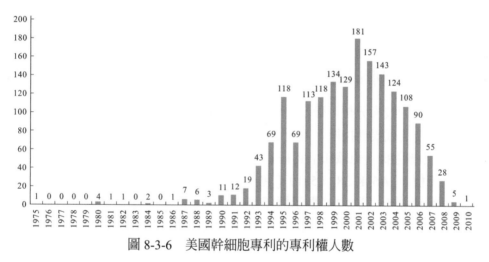

圖 8-3-6　美國幹細胞專利的專利權人數

　　擁有幹細胞專利較多的 Amgen 公司，其第一筆專利是在 1988 年提出申請，到 2010 年底總共有 31 筆專利，但是，從美國早期公開資料庫中卻發現只有 4 筆申請案，似乎沒有很著重在幹細胞的研發。另外一家領導廠商 SyStemix，則是在 1997 年被 Novartis 併購，在 2000 年更是終止幹細胞的試驗。

　　進一步檢索美國早期公開的專利申請資料庫，發現目前還是學研界有較多的幹細胞專利申請件數，而擁有幹細胞專利較多的專利權人中只有 Osiris Therapeutics 和 SmithKline Beecham 還繼續提出專利申請，其他的生技公司像 Geron Corporation, G. D. Searle & Co. 和 Neurospheres Holdings 都沒有再提出專利申請案，所以 Geron 在 2011 年 11 月宣布終止幹細胞治療的計畫，似乎早有脈絡可循。圖 8-3-7 中擁有美國幹細胞專利的公司專利權人數並沒有顯著增加，而學界還是繼續地投入幹細胞的發展，這些指標也前呼後應地反映出幹細胞的發展應該尚未成熟。再則從重要公司終止臨床試驗和不再從事相關研發等，則似乎透露著幹細胞技術的發展有其限制或瓶頸！

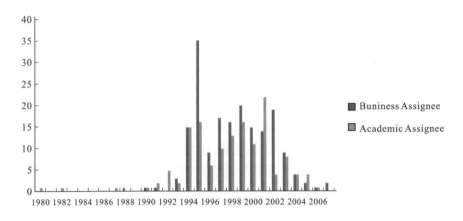

圖 8-3-7　擁有美國幹細胞專利的學研界與公司的專利權人數

四、幹細胞專利所屬的技術領域

專利文獻的技術分類可顯示出該技術領域的發展趨勢，而分析專利的分類號可呈現出其主要的代表性技術。截至 2010 年底，主要的幹細胞專利 IPC 計有 C12N 5（1049 筆）[細胞株、組織和培養基]、C07K 14（925）[肽]、C12N 15（642）[突變或基因工程]、A61K 38 （581）[包括肽的醫藥備製] 和 A61K 35 （444）[醫藥材料和反應產物]。圖 8-3-8 顯示歷年來主要 IPC 的變化趨勢，似乎有從 C07K 14 往 C12N 5 移動的趨勢，此案例分析的結果和其他學者報告的 C12N 5、A61K 38、C12N 15 和 A61K 67 相當。

為確認主要技術領域，我們也分析了主要的美國專利分類號（UPC），包括 435/325 （576 筆）[動物細胞、細胞株和培養基]、435/320.001 （264）[載體]、435/377 （233）[改變細胞分化狀態的方法]、435/372 （210）[血液、淋巴或骨髓的本身或衍生物]、435/455 （202）[在動物細胞導入多核甘酸分子或重組胺基酸]。而這些 UPC 所對照的 IPC 分別為 C12N 5、A01K 67、 A01K 65、C12N 5 和 C12Q/1，顯然地，UPC 與 IPC 間是存在著差異性，圖 8-3-9 中 UPC 逐年的變化中，最主要的 435/325，也沒有如 IPC 有技術分類呈現變動的現象。

不過從此分析中，可看出目前幹細胞的發展還是著重在細胞本身與培養的技術。

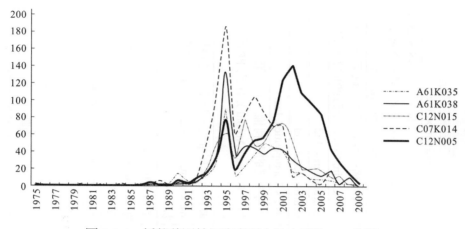

圖 8-3-8　授證美國幹細胞專利中最主要的 IPC 分類

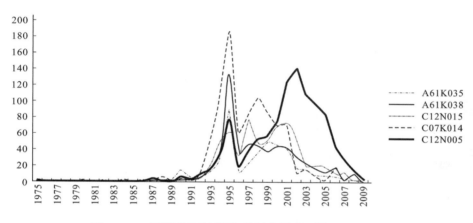

圖 8-3-9　授證美國幹細胞專利中最主要的 UPC 分類

五、被經常引證的幹細胞專利

　　雖然專利的引證不像學術文獻一樣嚴謹，但是還是有研究指出引證次數高的專利可能是重要的技術，從專利引證網路可找出關鍵專利和重要的專利組合。到 2010 年底 2000 筆專利中被引證次數較多，包括：5,061,620（85 筆專利引證）、5,753,506 (57)、4,714,680 (53)、5,851,832 (48)、5,750,376 (47)、5,486,359 (47)、5,226,914 (43)、5,087,570 (42)、5,843,780 (37) 和 5,004,681 (34)。而這些專利值得從事幹細胞研究人員詳細閱讀。其中 '506, '376, '832, '780 和 '359 號專利更是被列為從 1992 年起最重要的 50 筆幹細胞專利；而 681, '832, '376, '680, '780 and '620 號專利也被視為在排名前 25 名專利中。

　　我們也進一步採用第一節中所列的指標來評估這 10 筆專利，像是專利引用指標（PCI）、技術週期指標（TCT）、科學關聯指標（SLI）、申請專利範圍 1 的字數（NWC1）、延續申請案（EC）、專利家族（PF）和專利布局（PP），整理出此被引證次數較多的專利如表 8-3-1。值得一提的是，表中大多數高引證次數的專利 EC、PF 和 PP 值也都較高，應該可推測出其重要性。

表 8-3-1　高引證次數幹細胞專利的指標分析

專利號	PCI[1] (次數/年)	TCT[2] (年)	SLI[3] (次數)	NWC1[4] (字數)	EC[5] (次數)	PF[6] (案件數)	PP[7] 專利數	PP[7] 發明人數	主 IPC	說明
5,061,620	10	2	6	43	無	16	29	36	A61K 35/	專利權人 SyStemix, Inc.
5,753,506	7.8	1	23	212	無	20	3	2	C12N 5/	5,753,506 原專利權人是 CNS Stem Cell Technology，後來授權給 Neural Stem Biopharmaceuticals, Ltd.
4,714,680	5.5	0	13	18	無	4	7	-	A61K 35/	學術機構的專利權人，以第一位發明人 Civin; Curt I. 作為 PP 的專利數。
5,851,832	8	3	119	156	18	125	13	9	A61K 38/	Neurospheres, Ltd.
5,750,376	7.9	3	103	156	22	125	12	9	A61K 38/	Neurospheres, Ltd.
5,486,359	8.3	7	31	21	3	24	31	37	A61K 35/	Osiris Therapeutics, Inc.
5,226,914	5.7	3	無	95	無	24	17	-	A61K 35/	學術機構的專利權人，以第一位發明人 Caplan; Arnold I. 作為 PP 的專利數。
5,087,570	3.8	1	4	23	無	9	18	-	A61K 35/	未列出專利權人，以第一位發明人 Weissman; Irving L 作為 PP 的專利數。
5,843,780	6.3	0	6	75	1	9	17	-	C12N 5/	學術機構的專利權人，以第一位發明人 Thomson; James A. 作為 PP 的專利數。
5,004,681	5.3	7	68	22	無	24	5	3	A61K 35/	Patent 5,004,681 原專利權人為 Biocyte Co 後來授權給 Pharmastem Therapeutics Inc.（Pharmastem Co.）.

註：

1. PCI 以其被其他美國專利引證的總次數除以年數。
2. TCT 計算該專利引用先前專利之中位年。
3. SLI 專利首頁中所列出的其他文獻之總數。
4. NWC1 申請專利範圍第 1 項的字數。
5. EC 專利首頁中所列出相關申請案之次數。
6. PF 與本專利相關的申請案，歐洲專利局的 INPADOC 來計算。
7. PP 專利權人與本專利有相同 IPC 的專利數和發明人數。

第四節　結語

　　本章以不少的篇幅來介紹專利分析的觀念與指標，期望大家對專利資訊的重要性有更深一層的認識，尤其經由圖表的呈現可清楚地看出領域技術的發展趨勢，是有其參考的價值，但是不要沉迷於專利的數字遊戲。尤其像本章中所定義的指標，一定要再旁徵博引或是前呼後應，才會有其參考的價值與意義。2007 年 8 月 24 日的《Science》專文引用愛因斯坦在普林斯頓大學的一句話，「Not everything that counts can be counted, and not everything that can be counted counts.」真是一針見血的寫照啊！

　　例如先前就有評論就指出，定義一個指標來說自己是第一名，只有自我陶醉的功能，毫無意義。像是台灣高等教育評鑑中心自己訂定指標來評比，說台灣三大研究型大學的電機學門，號稱排名世界前 15 名，甚至還贏過哈佛大學的電機系，事實上，世界各國搶著要哈佛的畢業生，可是台灣所謂頂尖大學所培養博士的出路呢？更何況台灣的大公司還是選擇向國外買技術。

　　再則，本章提到從技術的生命週期的觀念非常值得參考，從技術所處的階段可擬訂出研發的策略，當技術發展是處於嬰兒期和 / 或成長期，就應該以建構專利布局為考量，若技術已經處於成熟期，就要以迴避設計為主，來避開他人的專利地雷區，以及要避免投入已經進入衰退期技術之研發等，以免 R&D 的投資血本無歸。而一家有永續經營觀念的企業就必須要在成熟期階段尋找新技術，以形成另一個新的技術 S 曲線，才能夠確保獲利的成長，也才不會被市場淘汰。而國家科研發展的策略，又何嘗不是如此呢？

　　至於先前《專利工程導論》書中還曾介紹所謂的專利技術分析，先將專利文獻整理出摘要表，從而在來做技術分類、標的、技術功效、主要公司技術、技術缺點等分析，希望從圖表中來找出技術空檔（或稱為技術挖洞）。可是這種作法一定要投入非常多的人力與資源，而且並不一定能夠有產出，似乎沒有顯著的經濟效益，也不如做好專利檢索充分掌握技術脈動，然後直接進行專利迴避設計或是導入 TRIZ（是俄文 Teoriya Resheniya Izobretatelskikh Zadatch 的簡稱，而原意翻譯成英文就是 The Theory of Inventive Problem Solving，中文可稱為解決發明問題之理論），也沒有看到國外文獻有類似的做法，所以再版中不再做相關的論述。

⚖️ 動動腦

1. 爲什麼需要訂定專利指標？有何用途和意義？

2. 專利活動可用哪些圖表呈現？

3. 專利與學術論文的關聯性有何重要性？可用何指標來評估？

4. 專利權人分析可用哪些圖表呈現？

5. IPC 和 / 或 UPC 歷年的變化趨勢可說明什麼？

6. 引證率分析有何用途？

7. 試著找您有興趣或正在從事研究的主題，透過專利檢索後，以類似本章的案例的方式來做分析。

第九章
商標與其他 IPR

第一節　商標

　　企業經常會為了表彰所生產、製造、加工、揀選、批售或經紀等之商品，而用文字、圖形、記號、顏色、聲音和立體形狀或其聯合式，來讓顧客辨識其產品或其所提供的服務，並得藉以與他人之商品做區別，以促成商業之成功。如同台灣商標法開宗明義說：為保障商標權、證明標章權、團體標章權、團體商標權及消費者利益，維護市場公平競爭，促進工商企業正常發展，特制定本法。中國商標法第一條也提到：為了加強商標管理，保護商標專用權，促使生產、經營者保證商品和服務質量，維護商標信譽，以保障消費者和生產、經營者的利益，促進社會主義市場經濟的發展，特制定本法。

　　商標（trademark）大抵可解釋成俗稱的「品牌」（brand），主要目的就是在辨別產品的出處，產品提供者透過商標以品質保證等方式來建立商譽，從而在消費者心中奠定品牌的價值。品牌就像是產品或服務的化妝師，可透過行銷的策略或手法，來建立其在消費者心目中的地位，讓客戶成為品牌的忠實顧客或粉絲，甚至為產品或服務做免費的宣傳或代言。

　　但是，千萬別忘了產品或服務本身才是主角！換句話說，縱使有很好設計的品牌，但是，產品或服務本身的品質並不佳，根本還是無法建立品牌王國的形象。試想，除了像是奢侈品之外，有誰會去購買品質較差的產品呢？縱使因為廣告或宣傳而買了一次，如果品質不良，還可能再被「騙」第二次嗎？這個道理就像是本書第1章曾提到過的中國版稅收入最高的作家，其曾解釋書為什麼會暢銷，是因為寫得還可以，如果只是長得好看或漂亮就可以暢銷，那很多明星的書就一定可賣得比他還要好，事實上並非如此，因為讀者買書主要還是在看故事的內容。

　　雖然商標在日常生活中經常可看到，走在街上注意看商家的招牌，如果有 ® 的標示，就表示其商標已經註冊。但商標畢竟比較偏向於商業的行為，對於一般理工醫農與生科系所，教學上可考慮放在最後再來論述。

　　綜合上述，大抵可歸納出商標的三個特性和三個作用如下：

表 9-1　商標的三特性和三作用

		說明
三特性	依附性	須依附於產品或服務
	識別性	要便於識別，從而能夠區別出其產品或服務，亦稱為顯著性或區別性。
	專用性	經主管機關核准註冊的商標，享有商標專用權，他人不得使用相同或近似的商標在該類的產品或服務。

（續下表）

（承上表）

		說明
三作用	識別作用	從商標可清楚的知道產品的來源或服務的提供者。
	保證作用	商標所有人會確保其產品或服務的品質，以維護其商譽與市場。
	宣傳作用	商標可提升廣告或宣傳的效果，加深產品與服務在消費者的印象，擴大銷路與知名度。

　　值得一提的是，商標在日常生活中經常可看到，走在街上注意看商家的招牌，如果有 ® 的標示，就表示其商標已經註冊；甚至有商店就把其申請到的商標證書，掛在顯目之處，以表彰其產品或服務是有註冊商標的。然而，商標畢竟比較偏向於商業的行為，對於一般理工醫農與生科系所，教學上可考慮放在最後再來論述。

一、商標的種類與形式

　　商標的種類大抵可區分商標（trademark）、服務標章（service mark）、團體標章（collective marks）、證明標章（certification marks），商標通常指的是物品，而服務標章則是其所提供的服務，但是現在這兩個名詞幾乎已經被交替使用，台灣商標法亦將其合併在一起，如商標法規定：「凡因表彰自己之商品或服務，欲取得商標權者，應依本法申請註冊」。

　　中國的商標法規定：自然人、法人或者其他組織對其生產、製造、加工、揀選或者經銷的商品，需要取得商標的專用權，應當向商標局申請商品商標註冊。自然人、法人或者其他組織對其提供的服務專案，需要取得商標的專用權，應當向商標局申請服務商標註冊。本法有關商品商標的規定，適用於服務商標。在中國商標法是有區分成商品與服務的商標專用權，但是所規定法條也是相互適用。

　　事實上，在現今各行各業都是講求「品質第一」而且要有「服務至上」，商品與服務更是有密不可分的關係。例如王品牛排號稱是「只款待心中最重要的人」，賣的不只是餐飲食品的品質，還有包括其服務。華碩電腦號稱其產品品質「堅若磐石」，提供線上和電話諮詢以及成立「皇家俱樂部」的售後服務中心。

　　除了商品與服務之外，台灣商標法還規定「欲取得商標權、證明標章權、團體標章權或團體商標權者，應依本法申請註冊」。中國則有「經商標局核准註冊的商標為註冊商標，包括商品商標、服務商標和集體商標、證明商標；商標註冊人享有商標專用權，受法律保護。」換句話說，商標的種類可依商品、服務、證明或團體而加以區分，其目的就是用來辨識其產品或服務的來源，確保其所提供產品或服務的品質與一致性，讓顧客可從商標的認定來作為購買的決定。

表 9-1-1　商標的類型

種類	說明	舉例說明
商標	以行銷之目的，而足以使相關消費者認識其為商標： 1.將商標用於商品或其包裝容器。 2.持有、陳列、販賣、輸出或輸入前款之商品。 3.將商標用於與提供服務有關之物品。 4.將商標用於與商品或服務有關之商業文書或廣告。 5.前項各款，以數位影音、電子媒體、網路或其他媒介物方式。	電腦業的宏碁和華碩、智慧手機的 HTC；防毒軟體的趨勢科技。 台北榮總提供的醫療服務、中華電信的電信服務、長榮航空提供飛航的服務、eBay 提供網路拍賣和交易。
證明標章	證明標章，指證明標章權人用以證明他人商品或服務之特定品質、精密度、原料、製造方法、產地或其他事項，並藉以與未經證明之商品或服務相區別之標識。 前項用以證明產地者，該地理區域之商品或服務應具有特定品質、聲譽或其他特性，證明標章之申請人得以含有該地理名稱或足以指示該地理區域之標識申請註冊為產地證明標章。	ISO 9001，CNS，EC，GCP，GMP 等。
團體標章	指具有法人資格之公會、協會或其他團體，為表彰其會員之會籍，並藉以與非該團體會員相區別之標識。	獅子會、紅十字會。
團體商標	指具有法人資格之公會、協會或其他團體，為指示其會員所提供之商品或服務，並藉以與非該團體會員所提供之商品或服務相區別之標識。	如農會、漁會或其他協會，團體可註冊團體商標，又如九二一災區居民聯合銷售該區農作物，以該團體申請團體商標。

　　傳統上係以文字、圖形、記號、顏色組合或聯合式的方式來申請商標保護，但是近年來亦發展出立體、聲音、氣味和觸覺等非傳統式的商標。如台灣商標法規定：「商標，指任何具有識別性之標識，得以文字、圖形、記號、顏色、立體形狀、動態、全像圖、聲音等，或其聯合式所組成。前項所稱識別性，指足以使商品或服務之相關消費者認識為指示商品或服務來源，並得與他人之商品或服務相區別者。」中國的商標法則規定：「任何能夠將自然人、法人或者其他組織的商品與他人的商品區別開的可視性標誌，包括文字、圖形、字母、數位、三維標誌和顏色組合，以及上述要素的組合，均可以作為商標申請註冊。」在台灣商標法條中雖然沒有明列出像是氣味和觸覺等非傳統性商標，但是主管的智慧財產局在說明會和公開媒體中

都表示，只要具有識別性，足以辨識和區別其所要標章的產品，就可提出商標申請。表 9-1-2 簡單地列出可申請商標保護的形式和說明。

表 9-1-2　可申請商標保護的形式

形式		說明	實例
傳統形式	文字	包含中外文字及數字。	HTC、宏碁、華碩。
	圖形	含抽象物、人物、動植物、繪畫或文字之美術變化圖形。	獅子。
	記號	指比圖形商標較為簡單之圖樣。	三菱汽車以三個菱形作為商標。
	顏色	顏色足以認識其所表彰之商品，亦可以單一顏色（非傳統商標）。	Owens-Corning 註冊以粉紅色作為其玻璃纖維產品的商標；1995 年美國最高法院亦判決准許以單一的綠色作為燙衣板的註冊商標；台灣從 2003 年起亦開放。
非傳統形式	立體形狀	以立體形狀圖形表示及為相關說明。為明確表現立體形狀，申請人得同時檢附五張以下不同角度相同比例之視圖或樣本。	台灣菸酒公賣局的吉祥羊酒瓶立體商標、可口可樂的瓶身的立體造型。
	動態	泛指連續變化的動態影像。	大手牽小手的手機開機動態影片。
	全像圖	雷射圖（全像圖）通常給予消費者防偽功能的印象。若雷射圖可使得消費者知道其係特定的商品或服務提供者，就具有商標的功能，而可申請商標註冊。	信用卡上的飛鳥或世界地圖雷射圖。
	聲音	以五線譜、簡譜或描述說明表示，同時檢附存載該聲音之光碟片。以五線譜或簡譜表示者，應為相關說明。	米高梅電影公司就註冊獅子吼為其聲音商標。
	氣味	以商標描述作為商標圖樣，其內容應足以讓相關消費者直接與記憶中的氣味有所連結。	櫻桃氣味的機油、梔子花氣味的繡線以及剛割過的青草氣味的網球是少數在美國或歐盟被認定具有商標的識別性。
	觸覺	以觸覺可感知的標識作為區別商品或服務的來源。	瓶身包覆皮質及天鵝絨觸感材質的 2 個葡萄酒酒瓶在美國取得觸覺商標註冊。
聯合式		上述二種以上所構成。	

（一）註冊的商標不得有功能性

　　註冊的商標目地係為了表彰商品或服務，當然不能夠具有功能性，如台灣「僅為發揮商品或服務之功能所必要者」係不得註冊為商標，中國商標法也有類似之規定：「僅僅直接表示商品的質量、主要原料、功能、用途、重量、數量及其他的特點」。對於立體商標，中國商標法又規定：以三維標誌申請注冊的商標，僅由商品自身的性質產生的形狀、為獲得技術效果而需有的商品形狀或者使商品具有實質性價值的形狀，不得註冊。

　　例如黃色已被選為計程車的顏色，車行就不能夠再以黃色獲得註冊為其商標。還有，飛利浦所註冊三頭式電動刮鬍刀之立體商標，在 2002 年 6 月被歐洲法院判決無效，也是很有代表性的例子，因為三個刮鬍頭是有其功能性的，試想如果這種形式可以註冊，若該公司又去註冊二、四和五個頭電動刮鬍刀，那豈不是所有電動刮鬍刀都是屬於飛利浦的？

（二）識別性

　　所有商標的形式最重要的就是要具有識別性，而能夠達成商標的目的，像是歐盟調和指令中就規定：所有以圖文表示之標識，特別是產品的形狀或其包裝形狀，可區別產品與服務的來源者，即可成為商標。歐洲法院（European Court of Justice，簡稱 ECJ）在 2002 年 12 月 12 日（案號：C-273/00）的判決中，法官就明確指出商標的呈現必須清楚、明確、完整的、容易得到的、可被人理解的、持久的和客觀的。

　　台灣對於很難呈現的觸覺與氣味商標等，也是在商標申請書中要求應以清楚、明確、完整、客觀、持久及易於理解之方式呈現。

（三）聲音商標

　　註冊商標需要具有識別性，像項主管機關申請時，要如何描述就是門學問。像是以文字描述聲音，如「公雞叫聲」，就可能不夠明確。還好，聲音可透過五線譜或音圖（sonogram）的模式來表現。例如歐盟註冊第 1040955 號 Nokia 的音樂就是以五線譜；而歐盟註冊第 171876 號泰山吼、第 1413891 號米高梅電影公司的獅子吼則是以音圖方式來呈現。

　　台灣智慧財產局在聲音商標註冊申請書中，則要求商標圖樣爲表現該聲音之五線譜或簡譜，若無法無法以五線譜或簡譜表現該聲音者，商標圖樣得爲該聲音之文字說明，並且要詳細說明所欲註冊之內容，並應檢附存載該聲音商標之 .wav 檔光碟片。2016 年 3 月 5 日中央通訊社報導，台灣已經核准了 49 件聲音商標，像是大家耳熟能詳的提神飲料廣告「你累了嗎？」、眼藥水廣告詞「新一點靈 B12」、廣告歌曲「綠油精」、濃湯廣告詞「好湯在康寶」和三洋維士比廣告詞「福氣啦」等。

（四）立體、全像圖、動態商標

　　商標圖樣爲表現立體形狀之視圖，得以虛線表現立體形狀使用於指定商品或服務之方式、位置或內容態樣。商標圖樣爲表現立體形狀之視圖，若立體形狀因各角度特徵不同，除第 1 個視圖之外，得另檢附其他角度之視圖，而以 6 個視圖爲限。

　　申請台灣全像圖商標之圖樣應爲表現全像圖之視圖，若全像圖因視角差異產生不同圖像變化，則另檢附其他表現不同圖像變化之視圖，而以 4 個視圖爲限，在描述全像圖商標時，應詳細說明全像圖的全像效果，如因視角差異產生圖像變化，應說明各視圖的變化情形，不屬於全像圖商標之虛線部分應一併說明，並得檢送商標樣本。

　　申請動態商標時，商標圖樣爲表現動態影像變化過程之靜止圖像，而爲明確表現動態影像變化過程，得檢附 5 個以下的個別圖像，而且以 6 個靜止圖像爲限。在描述動態商標時，應詳細說明個別靜止圖像的排列順序及變化過程，如包含聲音及不屬於動態商標之虛線部分者，應一併說明，並應檢送圖像變化之 AVI 或 MPEG 檔光碟片。

　　國外註冊動像（moving images）商標，如：微軟公司的網路瀏覽器在 e 字有旋轉和橘綠藍黃四色四格飄動的商標、哥倫比亞電影公司握著火把女士的閃光等。全像圖（hologram）的商標，像是 Visa 和 MasterCard 卡上，可從各種角度看的圖形。

（五）商品表徵（trade dress）

　　也可稱爲商品外觀、商品裝飾、商品形象、營業包裝等，是指產品的全部印象（total image）和整體外觀。像是家具的設計、遊戲軟體的外觀或網站以顏色、動畫、設計、排版、文字等讓人看起來的樣子和感覺。不過，商品表徵想申請商標註冊，恐有其描述的困難度。

　　1992 年美國最高法院就准許讓一家墨西哥餐廳聯鎖店的整體設計、顏色與結構受到保護，其競爭者不得使用類似的裝飾與設計。不過，美國有其他法院的判決指出，並不是所有的影像或設計都可以作爲商品表徵來保護，該產品必需達到一定的知名度，消費者可從該表徵而聯想到該產品。

（六）地理標示

　　TRIPS 21.1 對於地理標示（geographical indications）[中國稱之爲地理標誌] 的定義爲，爲辨別商品系產自某會員國之領域，或者是該領域的某地區或地點，而該商品的品質、聲譽或其他特性基本上源自於該地理位置。也就是說，商標的地理標示係指出商品的來源，以表彰該商品的特性或信譽，通常是源於該地區的自然或人文因素。台灣的商標法對於地理標示是以產地證明標章及產地團體商標註冊保護。消極方面是按 TRIPS 第 23 條的規定，對於葡萄酒或蒸餾酒的地理標示，可按商標法之規定，排除他人申請註冊或撤銷其商標註冊；積極方面係按 TRIPS 第 22 條第一款的規定，申請產地證明標章或產地團體商標註冊，以取得註冊保護。

　　另台灣商標法規定不具識別性而不得註冊商標的情形，就包括：僅由描述所指定商品或服務之品質、用途、原料、產地或相關特性之說明者。還有台灣商標法也明文規定：使公眾誤認誤信其商品或服務之性質、品質或產地之虞者，不得註冊。所以台東池上鄉公曾申請「池上米」作爲商標，因爲「池上」二字爲地名並不符合商標法規定，所以被核駁，後來則是申請「證明標章」才被所核准。相類似的，花東商標用於稻米商品和南陽街的商標用於補習班服務，都是會被核駁的。相反的，如果地理名稱與指定商品或服務間沒有任何關連，且消費者不會認爲它是商品產地、服務提供地，或商品或服務與該地點有關的說明，則屬地理名稱的任意使用，就會具有商標的識別性，像是玉山銀行、新竹貨運等。

　　相類似的觀念，以姓氏申請作爲商標，也是會不具識別性，姓氏結合「氏」、「家」、「記」等文字，仍屬於姓氏的含義，只有姓氏結合其他文字後，已脫離單純姓氏的意義，才有可能被核准註冊。像是羅氏小吃、翡翠張使用於翡翠、寶石、玉石、珠寶飾品商品，周氏泡菜使用於泡菜商品，都是不具有識別性。但是，像是鬍鬚張使用於速食店、餐廳服務；或是「黑面蔡」使用於各種果汁、楊桃汁商品，則已脫離單純姓氏的意象，具有識別性。相反的，姓名通常是具有識別性，只要不是採用他人著名姓名、藝名、筆名、字號，也沒有其他不得註冊的情形，原則上是可准予註冊爲商標的。

（七）著名商標

　　著名的標章（well-known mark）在市場上廣爲公眾所知悉，擁有較高的聲譽，大公司或跨國公司就透過國際間的公約，期望對其著名標章形成較好的保護。要注意的是，一般標章都是經過註冊成商標，才會受到商標法律的保護，但是著名商標則是不管有無註冊，都希望能夠受到相關的保護。例如 1925 年海牙會議制定的巴黎公約第六條之二（Paris Convention Article 6bis），經過 1958 年里斯本會議討論適用範圍與修正，把原來與著名標章構成近似，應不准該商標註冊或予以撤銷，擴大到禁止使用相同近似著名標章之情事。

　　WTO TRIPS 第 16.2 條也規定，1967 年巴黎公約第六條之二須比照用於服務，在認定商標是否爲著名時，會員國須考量該商標在相關公眾的知名度（knowledge），包括因商標的宣傳而在該會員國內所得到的知名度。WTO TRIPS 第 16.3 條則規定，1967 年巴黎公約第六條之二須比照用於非近似於商標所註冊指定使用的商品或服務，但需要指出此非近似商品或服務之使用，與著名商標所指定的商品或服務有所關聯，並且要指出該使用會對註冊著名商標之權利人的利益有損害之虞。

　　台灣的專利法就明文規定，不得註冊商標的條款就包括：相同或近似於他人著名商標或標章，有致相關公眾混淆誤認之虞，或有減損著名商標或標章之識別性或信譽之虞者。還有，使用相同或近似之商標，有致減損該著名商標之識別性或信譽之虞者；或是以著名商標中之文字作爲自己公司、商號、團體、網域或其他表彰營業主體之名稱，有致相關消費者混淆誤認之虞或減損該商標之識別性或信譽之虞者，都會被認定爲侵害商標權。

　　依據上述的巴黎公約以及 TRIPS 對於著名標章之規範，中國在 2001 年修正的商標法，以及 2003 年的國家工商管理局公布的馳名商標認定和保護規定，從而保護註冊或沒有註冊的著名標章。例如中國商標法中就規定了著名商標考量的因素，包括：(1) 相關公眾對該商標的知曉程度；(2) 該商標使用的持續時間；(3) 該商標的任何宣傳工作的持續時間、程度和地理範圍；(4) 該商標作爲著名商標受保護的記錄；(5) 該商標著名的其他因素。其中相關公眾知曉該商標的知名度，指的是在一國家的地域範圍內，被使用、銷售、或經營該商標的商品或服務的人們所知道，並不一定要到達眾所皆知家喻戶曉的知名度，正如世界智慧財產權組織大會與保護工業財產權的巴黎聯盟，在 1999 年聯合擬定了關於著名標章保護規定的聯合建議，該建議書也提到，不應要求該著名標章在除該會員國以外的任何區域範圍仍要著名！所以只要在中國市場上著名即可。

另中國商標法中亦規定了對於著名商標之保護措施，包括：(1) 對於沒有在中國註冊的著名標章，在相同或類似商品還是不能夠複製、模仿或翻譯該著名標章，不能夠註冊並禁止使用；(2) 對於有在中國註冊的著名商標，連不相同或不相類似的商品申請註冊商標，若複製、模仿或翻譯該著名標章，誤導公眾使得著名商標所有權人的利益有受損之虞，不予註冊並禁止使用。

值得一提的是，除了上述巴黎公約與 TRIPS 中對於商標的規定之外，國際間還有商標國際註冊馬德里協定和商標國際註冊馬德里協定相關議定書，統稱馬德里國際註冊，類似於專利的 PCT 申請制度。其基本程序是先在馬德里議定 / 協定書的成員國中，遞出商標申請，在取得商標申請號後，再透過馬德里的方式，提出馬德里國際註冊申請，在馬德里申請書中，應清處記載想要取得商標權的成員國。之後，成員國的專利局會將該申請案，遞交給 WIPO 的國際局做形式審查，當形式審查通過後，國際局會將該申請案公開登記。各被指定的成員國在看到該公開登記後，即可進行該國法律規定的審查，也就是可否為商標客體、混淆誤認與不專用等的審查。若在指定國審查後，並無違反該成員國法律的規範時，這時候，就是取得該成員國的商標權！

不過要注意的是，透過馬德里國際註冊的途徑取得的商標權，如果在成員國的國內註冊商標，在 5 年內被撤銷時，該馬德里國際註冊案亦將隨之被撤銷。而國際註冊要與國內基礎案分割，就必須等到 5 年後才可以。因此，第三人都可能利用這項規定，在 5 年內極盡所能的對成員國國內的基礎案，提出撤銷申請，只要撤銷申請被通過，該國際註冊中，所有成員國商標權都會一併消失。

二、商標的價值

一般在估算商標或品牌的價值，係以公司營收歸功於品牌的比率，像是 McDonald's 與 Marlboro 的品牌幾乎就是其公司的全部，再加上市場分析師的報告，從而預估該品牌未來的營收，扣除必要的成本、稅金和其對無形資產的投資等，再考慮該品牌的市場領導性、穩定性、國際化等，就能某種程度表現出品牌的經濟價值。

美國著名的品牌設計公司 Interbrand（www.interbrand.com），每年都會根據上述品牌的估價原則，從大眾對該商標的認識度、公司股價、和對產品的忠誠度等來評估其商標的價值。Interbrand 列舉出 2011 年與 2016 年世界上最有價值的前十大品牌公司和其價值分別如表 9-1-3。台灣的某手機廠商曾在 2011 年進入世界百大品牌的第 98 名，但是在手機專利大戰中，居然無法用自己的專利來反控對手，這種不重視研發的公司，其後續的下場是可預測的！

表 9-1-3　2022 年與 2016 年世界十大品牌 (單位：億美元)

名次	2022 年		2016 年	
	公司	價值	公司	價值
1	Apple	4822.2	Apple	1781.19
2	Microsoft	2782.9	Google	1332.25
3	Amazon	2748.2	Coca-Cola	731.02
4	Google	2517.5	Microsoft	727.95
5	Samsung	876.9	Toyota	535.80
6	Toyota	597.6	IBM	525
7	Coca-Cola	575.4	Samsung	518.08
8	Mercedes	561.0	Amazon	503.38
9	Disney	503.4	Mercedes	434.90
10	Nike	502.9	GE	431.70

　　台灣的大公司鴻海在 2010 年稅後淨利也只有 771.54 億台幣，但是從以上這些著名的商標被估計的價值，真是可謂富可敵國！而最新 2011 年 Interbrand 所列出台灣的十大品牌如表 9-1-4；2011 年與 2014 年中國的十大品牌如表 9-1-5。

表 9-1-4　2022 年與 2015 年台灣十大品牌 (單位：億美元)

名次	2022 年		2015 年	
	公司	價值	公司	價值
1	華碩	21.63	華碩	17.8
2	趨勢科技	20.74	趨勢科技	13.16
3	旺旺集團	11.59	旺旺集團	11.0
4	聯發科技	8.25	宏碁公司	5.8
5	研華公司	7.76	巨大機械	4.58
6	巨大機械	7.46	宏達電	4.53
7	宏碁公司	5.98	研華公司	3.86
8	國泰金控	5.98	美利達工業	3.85
9	中信金控	5.33	聯發科技	3.54
10	美利達工業	4.67	正新輪胎	3.48

表 9-1-5　2022 年與 2014 年中國十大品牌 (單位：億人民幣)

名次	2022 年		2014 年	
	公司	價值	公司	價值
1	騰訊	8610.8	騰訊	1534.64
2	阿里巴巴	6822.8	中國移動	1527.90
3	中國建設銀行	1891.9	阿里巴巴	1252.12
4	中國工商銀行	1663.8	中國建設銀行	1240.17
5	中國平安	1628.1	中國工商銀行	1173.52
6	中國銀行	1189.9	中國銀行	850.63
7	中國移動	992.4	中國平安	805.53
8	中國人壽	915.8	中國人壽	691.99
9	中國農業銀行	914.1	中國農業銀行	644.12
10	茅台	823.8	招商銀行	441.46

　　台灣管理雜誌 347 期 5 月號曾揭露：1990 年『黑面蔡』楊桃汁在拍賣時底價也高達 1 億兩千萬元台幣，不過最後以三千萬元成交。2000 年 5 月「眞鍋」咖啡亦開出 1300 萬元的底價，而以 1100 萬元轉讓出。肯尼士在全盛時期，曾被預估價值達數十億新台幣，最後由前光男企業的員工以數百萬元取得商標所有權。商業周刊第 348 期亦報導說：估計「京兆尹」商標價值約 1000~2000 萬元。雖然有人認爲商標的價值是「有行無市」，很難眞的有如所估計的價值，不過從以上的例子，商標還是企業永續經營不可或缺的核心，也是最有價值的無形資產之一。

三、商標的選擇

　　商標可讓顧客辨識其產品或其所提供的服務，並得藉以與他人之商品相區別，以促成商業之成功，而著名的商標也會被估計出富可敵國的價值，因此，企業在選擇商標時就必須非常小心謹愼，除了要注意法定負面表列不得申請註冊商標之外，像是有違反公共秩序善良風俗、有誤導或詆毀之虞，都不可申請註冊爲商標的形式。再則，應該也要考慮去創造出比較奇特的商標，而避免用描述性的商標，才能夠得到較強和好的保護。

　　而在選定好商標之後，則還要記得作商標檢索，以確保該商標的可用性（availability），因爲商標侵權將會吃上官司而需要賠償原商標權人之損失之外，

甚至還會被判定賠償和刑事責任！如台灣商標法規定：「未得商標權人或團體商標權人同意，為行銷目的而有下列情形之一，處三年以下有期徒刑、拘役或科或併科新臺幣二十萬元以下罰金」。中國商標法也規定：「未經商標註冊人許可，在同一種商品上使用與其注冊商標相同的商標，構成的犯罪，除賠償被侵權人的損失外，依法追究刑事責任。偽造、擅自製造他人註冊商標標識或者銷售偽造、擅自製造的注冊商標標識，構成的犯罪，除賠償被侵權人的損失外，依法追究刑事責任。銷售明知是假冒註冊商標的商品，構成的犯罪，除賠償被侵權人的損失外，依法追究刑事責任。」

　　原則上，選擇商標的原則就是要容易讀容易記、能夠符合商品形象、合於使用者喜好、有獨創性、有持久性和國際性等（表 9-1-6）；來源方面可以是商號或公司本身的名稱、間接表達或暗示性商品的材料、品質、功能等（表 9-1-7）。

表 9-1-6　商標選擇的原則

要點	舉例或說明
容易讀容易記	Pepsi 係以模仿開瓶所發出的聲音。
符合商品形象	玫瑰牌機器，玫瑰有刺又很美麗，用在機器上似乎很奇怪。
合於使用者喜好	可口可樂公司的酷兒飲料，現代人喜歡耍酷，飲料又要清涼，不管是中文或英文都很傳神。
獨創性或無意義語造語商標	如 Acer、Asus、Kodak、Pepsi、Exxon，除非故意否則很難造出類似的字語。
時代性 & 持久性	雖然要有時代性，但是若該用語普遍到氾濫的程度就要小心。例如隨著網際網路的快速發展，「dot com」與「e 化」形式的商標，因為太廣泛使用，在美國法院有判例甚至要完全相同才會被認定是侵害商標權。
世界通用性	國內的大品牌亦都以英文行銷國外。

表 9-1-7　商標選擇的來源

來源	舉例
商號或公司名	HTC、Toyota、大同
地名、人名	Suntory 、Ford，要注意會被誤認產地不得註冊，如台灣商標法規定：使公眾誤認誤信其商品或服務之性質、品質或產地之虞者，不得註冊。
商品性質、品質、功能	• 以間接表達或暗示性的字語為佳，例如足爽、7-Eleven、威爾剛、犀利士、香吉士、飛狗巴士。 • 若是明示性名稱就不適合，例如永久牌油漆、Super Buy 牌香煙、C-Thru 牌透明尺、Optique 牌鏡框。 • 在美國敘述性用語原則上是不可註冊商標，除非經過五年的連續使用或一般消費者已可將該產品或服務與商標連結，需要先取得識別性才可註冊商標。

（一）強標記（strong mark）

係能夠有效地區別出產品或服務來源者，像是隨意性（arbitrary）、造語性（coined）、想像性（fanciful）或暗示性（suggestive）標記，都是普遍被認為是組成強標記的語詞。強商標往往能夠在某特定的產品或服務引人注目，而商標侵權的認定就是在於是否會使消費者有混淆的可能性，因此，標記的強度愈強，會造成混淆的可能性就愈高。

分類	定義	EXP
隨意性	字典上可找到的字或詞，但卻用在毫不相關的產品或服務。	蘋果牌電腦（Apple® computer）、駱駝牌香煙（Camel® cigarette）。
造語性	創造出來的字或詞。	Acer、Asus、Kodak、Exxon、Xerox。
想像性	為當作商標而所創造組成的標記。	類似於隨意性或造語性。
暗示性	暗示產品或服務的品質、性料或功能。	足爽、7-Eleven、威爾剛、犀利士、香吉士、飛狗巴士、Jaguar 跑車。

（二）弱標記（weak mark）

指不具識別性的標記，像是敘述性（descriptive）、地理性（geographic）和姓氏（surname）標記就比較會認為是弱標記。尤其是描述產品或服務愈多的標記，其識別性就通常會愈弱。當然，弱標記在商標侵權官司能夠獲得勝訴的機率也就會越低。

分類	定義	EXP
敘述性	描述產品或服務的品質、標的、性質。是最弱的標記。	永久牌油漆、Super Buy 牌香煙、C-Thru 牌透明尺、Optique 牌鏡框。
地理性	地理名詞有其被用作商標的天性，因其可作為原產地的識別或令人聯想到其品質。	New York Life®、池上米®、池上便當®、池上飯包®。
姓氏	以姓當作商標。	老陳記® 餐飲店、陳記® 豆瓣醬、Disney、McDonald's、Johnson & Johnson's。

要注意的是，弱標記若能夠產出第二含意（second meaning），使得消費者可從標號而聯想到其服務或產品，也可能變成為強標記。例如屬於弱標記的紐約人壽、迪士尼、麥當勞和強生公司，也都發展成了著名商標。其中，地理性標記方面，若是描述產品或服務的創始、位置或來源的描述性，是屬於弱標記。但是，若能從而聯想到地區的感覺的隨意性或暗示性，就有可能成為強標記，如 Arizona® 冰茶，可聯想亞利桑那州著名的沙漠景觀，而有想購買的意願。

（三）商標可用性檢索（trademark availability search）

在選定商標之後，一定要做商標可用性檢索，以確保所選擇的商標是可申請註冊受到保護，以及不會侵害到別人的商標權，不然很可能就要被迫改標記，或是要花大錢來取得。例如早在美國蘋果公司推出的平板電腦 iPad 之前， iPad 在中國已經被註冊為商標，因此，中國廣東深圳中級人民法院於 2011 年 12 月 5 日作出判決，蘋果公司在中國所使用的 iPad 行為將屬侵權。2012 年 7 月 2 日有報導指出：廣東省高級人民法院透過微博對外公佈，蘋果公司已與深圳唯冠就 iPad 商標案達成和解，蘋果公司向深圳唯冠公司支付 6000 萬美元（約新台幣 18 億元）。

美國專利商標局（www.uspto.gov） 和台灣的智慧財產局（www.tipo.gov.tw）都提供有線上的檢索。再則可透過像 Hoover 和 Thomas 公司的資料庫、工商名錄或分類電話簿等，檢查所要採用的名稱是否已經被使用。美國 Hoover 公司（www.hoover.com）的資料庫收錄了 1200 萬家公司名稱，而 Thomas（www.tgrnet.com）公司的資料庫則可檢索 28 個國家 11 萬種工業產品，收錄公司的資料超過 60 萬家。

四、商標的使用與維護

商標權依法是可延展，如台灣商標法規定「商標自註冊公告當日起，由權利人取得商標權，商標權期間為 10 年。商標權期間得申請延展，每次延展為十年。」而「商標權之延展，應於商標權期間屆滿前六個月內提出申請，並繳納延展註冊費；其於商標權期間屆滿後六個月內提出申請者，應繳納二倍延展註冊費。」中國商標法也有類似的規定，「註冊商標的有效期為十年，自核准註冊之日起計算。」「註冊商標有效期滿，需要繼續使用的，應當在期滿前六個月內申請續展註冊；在此期間未能提出申請的，可以給予六個月的寬展期。寬展期滿仍未提出申請的，註銷其注冊商標。每次續展註冊的有效期為十年。續展註冊經核准後，予以公告。」

商標權的可延展性，與其他 IPR 像是著作權以著作人身後或公開發表後 50 年，以及一般發明專利是從申請日算起 20 年屆滿，是有很大的不同！因為，商標只是透過「標記」是讓顧客辨識其產品或其所提供的服務，並得藉以與他人之商品相區別，商標雖然有被估算出富可敵國的價值，但主要是源自企業本身的經營與品質，沒有涉及到技術本身、也不會阻礙他人從事類似的發展。

專利要在有市場的地方才會有價值，商標也是要使用才會有價值性，所以，商標實務界甚至還有句名言說：「Use it or lose it」，意思是說申請註冊商標是要拿來

使用的,若不使用將喪失商標權。台灣商標法就規定:「無正當事由迄未使用或繼續停止使用已滿三年者。但被授權人有使用者,不在此限。」商標專責機關應依職權或據申請廢止其註冊。中國商標法也規定:連續三年停止使用,商標局責令限期改正或者撤銷其注冊商標。

商標權既然是IPR,其權利人就可移轉出售、全部或一部授權他人使用和質權,如台灣專利法規定:商標權人得就其註冊商標指定使用商品或服務之全部或一部指定地區為專屬或非專屬授權。只是授權是需要向商標專責機關登記才能夠去主張對抗第三人。中國的商標法也有類似規定:「商標註冊人可以通過簽訂商標使用許可合同,許可他人使用其註冊商標。許可人應當監督被許可人使用其註冊商標的商品質量。被許可人應當保證使用該註冊商標的商品質量。經許可使用他人注冊商標的,必須在使用該註冊商標的商品上標明被許可人的名稱和商品產地。商標使用許可合同應當報商標局備案。」換句話說,中國對於商標授權他人使用,還強調要有品質管控的機制,以免因而壞了商標原有的名望而得不償失,頗值得參考。

商標最主要的功能就是在作為辨別商品或服務來源,透過商標可提升企業的知名度與促進企業的成功,而且,既然有心註冊商標,當然要加以捍衛確保其識別性,不要被減弱、稀釋或因而喪失。如台灣商標法所示「商標權人對於侵害其商標權者,得請求除去之;有侵害之虞者,得請求防止之。」「對於因故意或過失侵害其商標權者,得請求損害賠償。」中國商標法也規定:「侵犯註冊商標專用權行為之一,引起的糾紛,由當事人協商解決;不願協商或者協商不成的,商標註冊人或利害關係人可向人民法院起訴,也可以請求工商行政管理部門處理。工商行政管理部門處理時,認定侵權行為成立的,責令立即停止侵權行為,沒收、銷毀侵權商品和專門用於製造侵權商品、偽造注冊商標標識的工具,並可處以罰款。」

於同一或類似之商品或服務,使用相同或近似於註冊商標之商標,有致相關消費者混淆誤認之虞者,就可能會構成商標侵權。中國商標法也有類似的規定:「未經商標註冊人的許可,在同一種商品或類似商品上使用與其註冊商標相同或者近似的商標」。所以「近似」和「致相關消費者混淆誤認之虞」就是商標侵權認定的重點。而判斷是否會「致相關消費者混淆誤認之虞」,則可參考商標在審定類似商標的申請,考量的因子包括商標的外觀、聽起來、內涵與商品印象的相似性;商品與服務本身類別的相似性;銷售管道的相似性;消費性質的相似性;商標本身的強弱以及混淆的可在性等。至於意圖則並非商標侵權成立的要件之一,只是若能夠證明被告想搭便車,企圖想利用商標原有人的商譽來得到好處,從而便可推斷其有混淆的相似性

　　商標除了防止他人侵權之外，商標的使用還要防止商標被稀釋（dilution）的問題，美國在 1996 年的商標稀釋法案（15 USC §1125(c)）就相關規定。所謂商標被稀釋是指註冊的商標被當作商品的名稱來使用，使得同業以及消費者都認為其是商品而非商標，就可能導致原有商標權人亦不能再保有此商標。

　　像是我們所經常聽到的「阿斯匹靈」、「保麗龍」、「彈力車」、「奇異筆」，還有英文字的「thermos」（保溫瓶）與「cellphone」（大哥大）等，原本都是商標名，因為沒有將商標與商品的名稱予以區隔，而被用作商品名稱，以致於喪失了商標。

　　因此為防止商標被稀釋，對所註冊的商標應附記「註冊商標」或 ® 等標記，明白地標示出是有註冊的商標；而若有同業誤將商標作為商品名稱使用時，就應該積極要求其停止；還有也要注意廣告行銷時所用的口號，避免讓商標變成商品名稱。

五、結語

　　商標可使消費者辨別產品或服務的出處，而企業可透過商標以品質保證等方式來建立商譽，從而建立品牌的價值。換句話說，商標就像是產品或服務的化妝師，品質好的產品或服務，可透過良好設計的標記，配合行銷的策略和手法，就有機會建立品牌王國的形象。

　　以代工模式的製造業，本質上是不用投入資源在研發與品牌行銷，也因為製造技術的門檻不高，很容易就會面臨同業的削價競爭，當然，結果就直接反映在代表公司獲利能力的毛利率 [gross profit margin，毛利率＝（營業收入－營業成本）／營業收入] 上，甚至還喊出保 1% 保 2% 的慘狀！如同本書第 4 章提到的 2012 年 1 月 18 日的經濟日報就報導說「雙 i 利潤蘋果吃肉，台廠喝清湯」，iPhone 與 iPad 台灣廠商分別只有拿到 0.5% 與 2%，而蘋果公司卻賺走了 58.5% 與 30%。只是資訊硬體代工業若在政策上享有稅率的政策優惠，從而就演變成政府優惠稅率補助的代工業者，幫忙國外的品牌公司來打壓國內自己有品牌的廠商，這就好像是以右手打左手，痛的都是自己的悲慘下場。

　　最後，要提醒大家的是，一般媒體報導經常把「商標專用權」與「專利權」混為一談，尤其，目前台灣、中國、日本、南韓等國又有類似登記制的新型專利，大家更應注意商標與專利本質上不同，以免被誤導。例如 2004 年 4 月 5 日美國紐約時報的專文，以「Patents as Economic Indicator」為題，其中標題的就是誤把 trademarks 寫成 patents。不過文中指出，商標的申請從提出到核准註冊，通常需要有段時日，例如台灣大約 12 個月左右，因此推出新產品，業者應該都會事先提出其相關的商標申請。換句話說，從商標申請的情形就可以預測業者推出新產品熱絡的程度，而可當作一種經濟指標。

第二節　其他 IPR

一、積體電路佈局

隨著科技的發達，高科技產品不斷地融入我們的日常生活，不論是醫療、通訊、機械、交通或者家用電器用品等等都有，也為我們帶來更舒適和便捷的生活。而高科技產品中的半導體晶片，也就是所謂的 IC，事實上是扮演著舉足輕重的角色，對這些科技人員所投入的心力，除了感謝之外更要加以保護，才能夠鼓勵更多人繼續投入研發。

「積體電路佈局保護法」所要保護的客體就是 IC 晶片的電路設計，當研發出一種新的電路設計就可以向智慧財產局申請登記，但是必須要具備有兩個要件，第一個要件就是要本身自行創作而非抄襲的設計；第二個要件所創作的電路佈局對於 IC 產業界是非顯而易知的（不是平凡、普通或習知的）。申請登記經形式審查獲准後，可以在十年的權利期間防止他人仿冒。

二、不公平競爭

不公平競爭是用來保護市場實務上的不公平（unfair）、不倫理（unethical）和掠奪（predatory），尤其有時候，競爭者的行為可能不會構成商標、著作權、專利或營業秘密等侵權，也許用不公平競爭的相關法律就可確保其行為是符合商業倫理的標準。台灣的「公平交易法」也指出，為維護交易秩序與消費者利益，確保公平競爭，促進經濟之安定與繁榮。

常見的不公平競爭包括：在商品或其廣告上等為虛偽不實（false advertising）、營業或產品毀謗（disparagement）、仿品哄騙（passing off 或 palming off）以及名聲的商業使用權（right of publicity），其他還包括商標稀釋與侵害商品表徵等。2012 年 5 月 1 日台灣《工商時報》報導荷商飛利浦、日本索尼、日本太陽誘電等 3 家公司，因將 CD-R 專利包裹授權，且拒絕與業者協商權利金，涉及聯合行為與濫用獨佔地位，遭公平會行政處分事件爭訟，智慧財產法院指出，飛利浦等違法情事明確，因而判決 3 業者敗訴。

三、資料專屬

　　TRIPS 第 39 條第 3 項規定所提交政府或政府相關機構之資料，應予以保護。其中很重要的就是資料專屬權（data exclusivity），尤其是申請新藥上市所提交主管機構之資料。為了要讓新藥能夠在某特定國家合法上市，原廠藥的廠商必須向當地藥政主管機關申請上市許可，而在申請時，就必須提出研發過程的資料，以做為證明該新藥的安全性和藥效等。而這些資料產出的背後是需要投資龐大的金額，2003 年 2 篇研究報告指出新藥的研發估計要花費近 9 億美元，而醫藥研發費用中 60% 是用來累積和編撰上市許可所需的資料。從而，資料專屬權被認為是 IPR 的一種，應該受到保護。

　　原廠藥的專利權過期後，其他合格藥廠可依原廠藥申請專利時所公開的資訊，所產製相同化學成分的學名藥（Generic Drugs），而各國政府為希望專利權過期後學名藥能夠趕快上市，以造福需要使用該藥物的民眾，所以就簡化上市許可的申請（Abbreviated New Drug Application，簡稱 ANDA），像是以生體可用率（Bioavailability，簡稱 BA）和生體相等性（Bioequivalency，簡稱 BE）的試驗來取代新藥上所需的完整科學性資料。

　　然而，根據資料專屬權的觀念，除非能獲得原廠的授權，否則學名藥藥廠不能引用原廠之資料來證明自己產品的療效及安全性，以取得衛生主管機關之核准上市；而衛生主管機關也不能根據原藥廠之資料，允許學名藥廠僅以生體相等性即核准學名藥上市。

　　台灣於 2006 年 5 月 30 日所修訂的「藥事法」，第 40-1 條就規定「對於藥商申請新藥查驗登記屬於營業秘密之資料，應保密之」；第 40-2 條也規定「新成分新藥許可證自核發之日起五年內，其他藥商非經許可證所有人同意，不得引據其申請資料申請查驗登記。」換句話說，新藥的資料專屬權在台灣有 5 年的保護期。

　　中國的「藥品管理法實施條例」第 35 條也規定：國家對獲得生產或者銷售含有新型化學成份藥品許可的生產者或者銷售者提交的自行取得且未披露的試驗數據和其他數據實施保護，任何人不得對該未披露的試驗數據和其他數據進行不正當的商業利用。自藥品生產者或者銷售者獲得生產、銷售新型化學成份藥品的許可證明文件之日起 6 年內，對其他申請人未經已獲得許可的申請人同意，使用前款數據申請生產、銷售新型化學成份藥品許可的，藥品監督管理部門不予許可。意即中國的資料專屬權有 6 年，其他像美國 5 年、歐盟地區 6~10 年的資料專屬權。

　　值得一提的是，台灣 2006 年所修訂的「藥事法」，第 40-2 條就已明文規定：新藥專利權不及於藥商申請查驗登記前所進行之研究、教學或試驗。但是， 2011 年年 11 月 29 日立法院三讀通過的專利法修正案，第 60 條又規定：發明專利權之效力，不及於以取得藥事法所定藥物查驗登記許可或國外藥物上市許可為目的，而從事之研究、試驗及其必要行為。可是難道專利法第 59 條專利權效力不及條款中，「以研究或實驗為目的實施發明之必要行為」不足以包括藥商申請查驗登記前所進行之研究或試驗嗎？

⚖ 動動腦

1. 商標的意義與目的為何？
2. 商標的年限可有幾年？與其他 IPR 的年限有何不同？
3. 商標與商品或服務本身有何關聯性？
4. 如何選擇標記來註冊商標？
5. 何謂非傳統商標？如何申請？
6. 為何商標不能有功能性？
7. 強標記和弱標記的特徵為何？請舉例說明。
8. 商標稀釋指的是什麼？如何防止商標被稀釋？
9. 試著找出良好設計的標記，並說明理由。並到 USPTO 與台灣 TIPO 商標資料庫查詢其是否為註冊商標？
10. 為何商標申請情形可當作經濟指標？
11. 何謂不公平競爭？常見的態樣有哪些？
12. 有個做帆布提袋的廠商，把知名廠商的經典提包照相，然後印製在帆布袋上，使得原本不起眼的環保袋好像穿上高貴華麗的外套，也滿足了一般人崇尚名牌的慾望，使得帆布提袋在市場上大賣。當然也就引起知名廠商的注意而想提出告訴，試問此知名廠商應該用什麼法條來控告做帆布提袋的廠商侵權？商標侵權嗎？可是帆布提袋上雖然有經典提包的圖案，卻沒有其商標；著作權侵權？經典提包會是屬於哪種著作呢？還是能夠以不公平競爭中的仿品哄騙來主張其權利呢？
13. 何謂資料專屬權？其與專利權保護有何不同？
14. 資料專屬權是否會變相延長原廠藥的專利期限？

附　錄

附錄一

本書各章的學習魚骨圖

本附錄引用《EZ 通識：智慧財產權》（全華書局出版）一書的學習魚骨圖，或加以增修，期望大家從圖上的指引中，聯想到本書各章節所介紹的內容，當能收到學習與複習之效果。

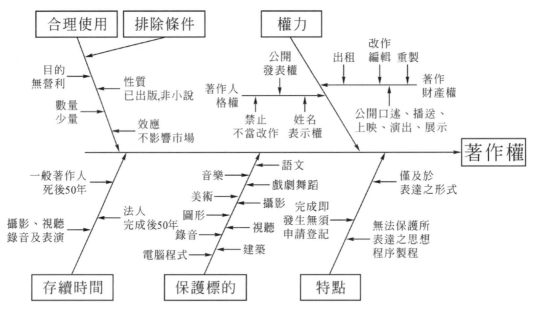

圖 1　著作權學習魚骨圖

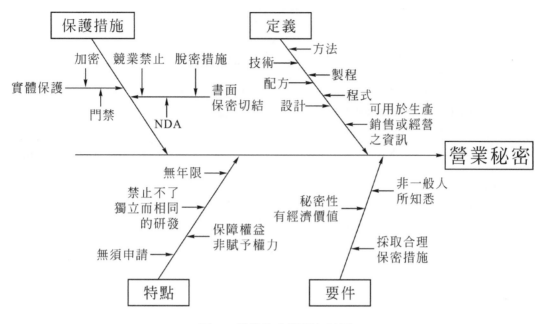

圖 2　營業秘密學習魚骨圖

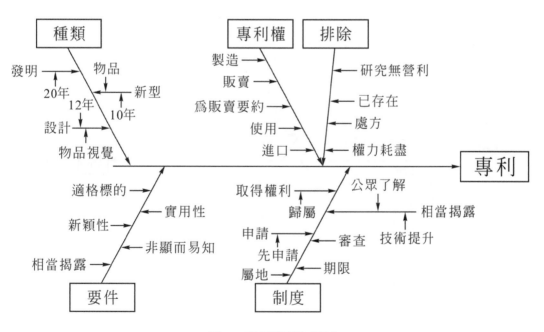

圖 3　專利學習魚骨圖

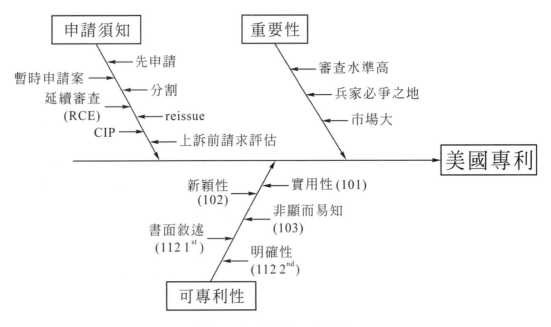

圖 4　美國專利學習魚骨圖

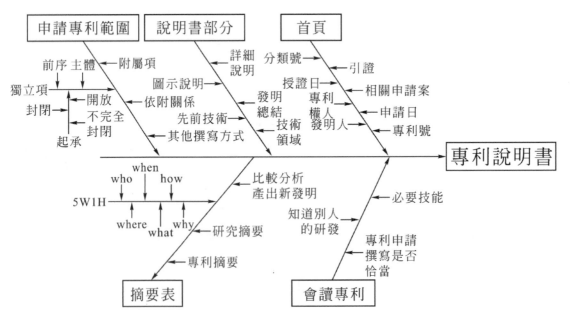

圖 5　專利說明書學習魚骨圖

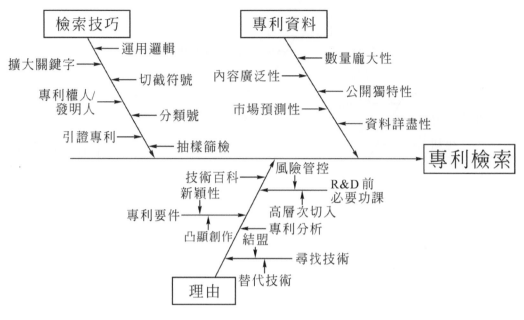

圖 6　專利檢索學習魚骨圖

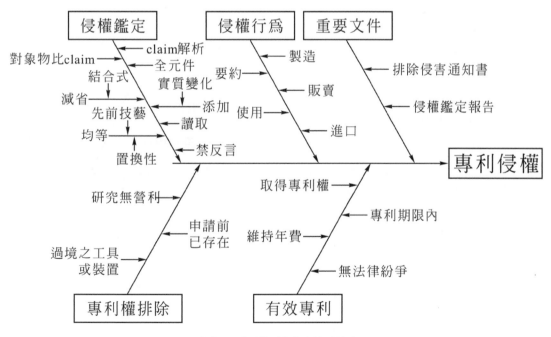

圖 7　專利侵權學習魚骨圖

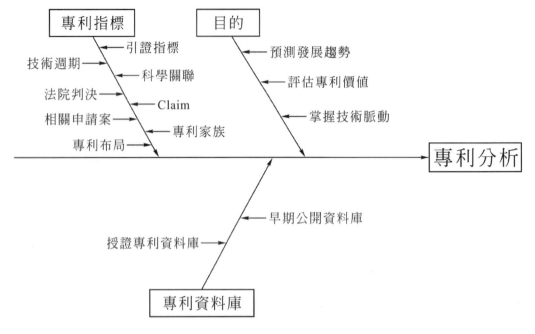

圖 8 專利分析學習魚骨圖

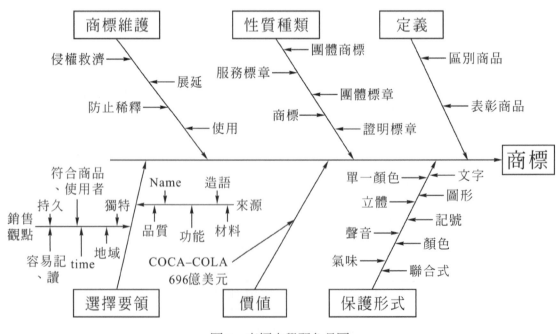

圖 9 商標之學習魚骨圖

附錄二

另一種職業生涯的選擇：專利師相關的工作

　　理工醫農生科背景的同學學習智慧財產權的相關知識，除了可保護自己與尊重他人之發明或創作，甚至可作為職業生涯的規劃，像是專利局的審查委員、專利師或者是再取得法學位而成為專利律師，都是可考慮的選擇。甚至有人就直接說：專利是很棒的職業（patent law is a great profession），不但在法律領域是最好的專業之一，也在許多行業中排名前面，像是起薪高、工作機會多和具挑戰性等，在美國一般的律師恐已是供過於求（lawyer glut），但是專利律師卻還是供不應求。

　　例如 2006 年 3 月國內經濟部智慧財產局徵求約聘專利審查委員，應徵資格是碩士或大學畢業 2 年工作經驗，試用期滿的月薪近 5 萬；2012 年智慧財產局招考 5 年期的約聘專利審查人員，月薪也是 5 萬上下。在美國，協助發明人向專利局處理業務的專利代理人（patent agent）（通常沒有法律學位）的年薪約 7 ～ 9 萬美元，而通過美國律師考試的新手專利律師年薪則有 12 ～ 15 萬左右。

　　記得專利界已故的前輩，專利代理人羅炳榮先生告訴過筆者：「專利沒技術，認真做就會。」而筆者這幾年也深深體會到只要多看多學，尤其是法院的判決，如本書中所強調的美國 CAFC 的判決就非常有參考價值。而從本書中的各章節，應當也可體會出投入此職業的困難度並不高，尤其世界各國專利制度都在調和，再加上我們有中文的優勢，如果再學好英日文和取得像是美國法律學位，絕對可成為跨國頂尖的專利律師。【註：中、美、日、南韓和歐洲是世界申請數量最多的五大專利局，其中美歐可用英文，日本人口數 1.27 億，而南韓只有 5100 萬人，可優先考慮日文。】本附錄為協助同學提早做專利職業生涯的規劃，以下簡單介紹台灣、中國、美國與歐盟方面的相關資訊。

一、台灣的專利師考試

台灣專利師法在 2007 年 7 月 11 日公布，自 2008 年 1 月 11 日正式施行。每年會在 5 月報名 8 月考試，應考資格是中華民國國民，公立或立案之私立專科以上學校或符合教育部採認規定之國外專科以上學校理、工、醫、農、生命科學、生物科技、智慧財產權、設計、法律、資訊管理等相關學院、科、系、組、所、學程畢業，領有畢業證書；或是普通考試技術類科考試及格，並曾任有關職務滿四年，有證明文件者。

根據 2013 年 1 月 7 日專利師考試規則第 6 條修正條文，考試科目計有七科，包括：(1) 專利法規、(2) 專利行政與救濟法規、(3) 專利審查基準與實務、(4) 普通物理與普通化學、(5) 專業英文或專業日文（任選一科）、(6) 工程力學或生物技術或電子學或物理化學或基本設計或計算機結構（任選一科）和 (7) 專利代理實務。考試科目的題型，專利法規、專利行政與救濟法規、專利審查基準與實務、專業英文、專業日文採申論題與測驗題混合，普通物理與普通化學採測驗試題；而工程力學或生物技術或電子學或物理化學或基本設計或計算機結構和專利代理實務則採用申論題的方式。

專利法規的命題大綱為專利法及其施行細則、巴黎公約之專利部分與貿易有關之智慧財產權協定之專利部分。專利審查基準與專利申請實務則包括：專利審查基準（可從 www.tipo.gov.tw 網站下載）第一篇程序審查及專利權管理、第二篇發明專利實體審查（說明書及圖式、何謂發明、專利要件、發明單一性、優先權、說明書及圖式之補充修正及更正、特殊申請、第三篇新式樣專利實體審查和申請專利範圍撰寫等）。而專業英文則是考與專利法令有關之英文和執行專利業務之相關英文。可上考選部網站（wwwc.moex.gov.tw）下載考古題參考。

除了參加專利師考試之外，理工醫農背景的同學也可考慮到專利事務所學習專利相關的實務經驗，尤其是如何撰寫專利說明書和答辯審定書。其他科技公司的法務部門也會需要理工背景的專利工程師，來協助研發部門處理專利方面的業務。

二、中國的專利代理人

2011 年起大陸國家知識產權局（www.sipo.gov.cn）也開放台灣民眾報名參加大陸的專利代理人的資格考試，凡是年滿 18 歲、大學理工科系畢業、熟悉專利法

和相關法律知識並且從事兩年科學技術或法律工作者都可報名參加考試。每年約在
7～8 月間報名 [準備：臺胞證、畢業證書、成績單（1-4 年）、戶籍謄本或身份
證（二選一）和 1 吋照片三張]，而於 11 月初考試，考試的三門科目計有：專利法
律知識和相關法律知識（各考兩小時）滿分 250 以及專利代理實務（考四小時）滿
分 150，中國允許在三年內通過法律知識與專利代理實務部分。

　　而通過中國國家知識產權局的專利代理人資格考試，係取得《專利代理人資格
證》，隨後必須在已經核准設立的專利代理機構中實習一年，以及參加中華全國專
利代理人協會舉辦的「上崗培訓」，然後才由中華全國專利代理人協會頒發《專利
代理人執業證》。

　　根據中國國家知識產權局的統計數字顯示 2011 年，共計有 163.3 萬件專利申
請案，其中經代理人處理的案件共有 105.4 萬件。而至 2012 年 6 月 30 日中國專利
代理機構和人數分別為 880 家和 7765 人，因此在中國還非常有執業的空間。

三、美國的專利代理人或律師

　　向美國專利局（USPTO）報名考試以登記成專利律師或代理人，資格須符合 A、
B 或 C 類的規定，其中 A 類就是生物學、生醫、生化、陶瓷、植物學、化工、電子、
土木、工程、電腦、航空、電機、農業、電化學、工程物理、化學、地質、海洋技
術、工業工程、微生物學、機械、分子生物學、冶金、有機化學、礦業學、藥學、
核子工程、物理、石油、纖維技術、食品技術和電腦科學的學士學位，需檢附成績
單正本，不可用畢業證書影本取代。

　　B 類指的是大學非上述科系畢業卻擁有上述科系的碩士以上學位者，為證明具
有科學和技術的訓練，必須在 USPTO 專利考試報名截止日前的兩過月，具有下列
學分證明，選項 1：物理系的物理課程 24 學分（semester hour）；選項 2：結合生
物學和化學或物理共 24 學分，其中 8 學分的化學或物理必須是上下學期的課程，
每一學期都要包括實驗課，生物課程必須是生物系所開設的，但是化學或物理課程
不管是化學系、生物系或物理系所開的皆可；選項 3：化學系的化學課程 30 學；
選項 4：結合化學、物理、生物學或工程課程計 40 學分，其中必須包括至少 8 學
分的化學或物理必須是上下學期的課程，每一學期都要包括實驗課，而且必須是化
學系、物理系、生物系或工程學系所開設的物理、化學和生物課程才可，如果是學
季制的學分（quarter hour）則要乘上 2/3 才算是學期學分，而且要得到 C 以上的成
績。

　　C 類則是針對有實務實務工程或科學相關經驗者，沒有如 A 或 B 類的學歷或學分，則可參加美國基礎工程考試（Fundamentals of Engineering）而取得資格。

　　有關美國專利局的資格考試（patent bar exam）可上網查詢（www.uspto.gov/web/offices/dcom/gcounsel/oed.htm），其考試最主要是在評估申請人對於適用專利法條、規則和程序的知識、分析情境的能力、會適當地運用專利法條、規則和程序，而能提供專利申請人在申請時和過程中作有價值的服務、建議和協助；考試題目也可能包括專利律師和代理人所適用的倫理標準和職業道德。因而，應考者應該要熟悉專利法、美國專利局實務的規則（Parts 1, 3, 10, 11 and 41 of Title 37 of the Code of Federal Regulations）、美國專利審查基準（Manual of Patent Examination Procedure）以及其他美國專利局所公告的政策和程序。考試內容有 100 題多重選擇題，分成上下午各 3 小時考 50 題。

　　專利律師和代理人都可代表專利申請人提出專利申請和答辯等，但是只有專利律師可處理契約和法律訴訟。美國的法律學位（Juries Doctor）是學士後，通常需要為三年的時間（兼職修讀則需四年）來完成學業，在美國大多數州，法律學位是參加律師資格考試和取得律師執照的必要條件。

四、歐洲專利律師

　　歐洲專利局的資格考（European Qualify Examation，簡稱 EQE）主要是在應考人能夠代表專利申請人處理歐洲專利局事務的知識和能力。可參考 EPO 網站（www.epo.org/learning-events/eqe.html）的相關資訊。應考資格為有科學或技術領域學士學位，像是生物學、生化、化學、電子、藥學或物理等，以及三年的實務訓練，像是在歐盟會員國的專利事務所當助理，廣泛地參與歐洲專利申請等業務。

　　考試內容包括歐洲專利法、專利合作協定（Patent Cooperation Treaty，簡稱 PCT）、歐洲專利上訴委員會的判例和適用到歐洲專利實務的特定會員國之法律，而且只會考到前一年底所適用的法條和規定。EQE 每年考一次，考試題目會用 EPO 英法德語三種官方語言出題，但是應考人得以會員國的語言作答。試題時有 4 大部分，Paper A 考撰寫 claims 和歐洲專利申請案的引言部分（introductory psrt），作答時間 3.5 小時；Paper B：答辯引用先前技藝的官方信函（official letter），作答時間 4 小時；Paper C：撰寫歐洲專利被舉法的答辯書，作答時間 6 小時；Paper D：第一部分為法律相關的問題，作答時間 3 小時，第二部分為特定情境下的法律評估，作答時間 4 小時。

結語

　　根據 2005 年 PayScale.com 的統計資料（www.patentbarstudy.com/career/patentagentsalary.html），美國科學與技術領域的年薪中位數為機械工程師 $56,000、電機工程師 $61,755、計畫工程師 $57,210、土木工程師 $50,000、軟體工程師 $60,000、製造工程師 $53,000、環境工程師 $48,895、臨床實驗室科學人員 $50,610，但是專利代理人的平均年薪則有 $74500，起薪約 $45-65,000。2011 年 7 月國內的智慧型手機公司宏達電，面對蘋果專利的親權訴訟，聘請美國西岸最貴、有「英特爾御用律師」之譽的專利律師尼斯特（Robert Van Nest）操盤，據傳時薪高達 1,200 美元（約新台幣 3.5 萬元）。外傳宏達電於當時每天律師費高達 30 萬美元（約新台幣 867 萬元）。不也是專利律師價值的最好寫照嗎？

　　這些迷人的數字，似乎蠻吸引人的！但如同已故美國蘋果公司的前創辦人 Steve Jobs 於 2005 年 6 月 12 日在史丹佛大學的畢業典禮中所言：做出很棒工作的唯一方法，就是熱愛你所做的工作（the only way to do great work is to love what you do），畢竟人生不單單只是銀行的存款而已。

　　有位大學電機畢業的美國專利律師告訴筆者，只要是樂於與人接觸（要與發明人接觸了解其發明等），又喜歡新奇的事物（知悉其新發明），就可考慮投資自己去唸法律學位而成為專利律師，而且這種投資報酬率是相當值得的！另一位美國化學博士也告訴筆者，其原本在化工廠和藥廠的研發部門工作，遇到不景氣時就隨時面臨被裁員的命運，所以就當機立斷白天到專利事務所當助理，晚上則去修習法律學位，他現在是某大律師事務所的合夥人。還有一位高中就從台灣移民到美國的女性同胞，也取得了美國著名加州理工學院的博士學位，由於其先生也是同一實驗室的學長，其了解到兩個人根本不太可能在同一個地方找到教職，於是就到法學院修讀法律學位，現在也是加州大事務所的專利律師，這位學長告訴筆者她投資自己去學法學位，是 quite rewarding。

　　2023 年 5 月 22 日陽明交大科法學院在陽明校區舉辦招生說明會，科法學院陳鋕雄院長、所長與老師們介紹科法學院的學群，以及畢業後發展方向，而法律人的出路包括法官、檢察官、律師、私人企業主管、繼續進修攻讀博士學位、研究機構以及擔任科技公司或金融公司的法務等。會後筆者用 email 請益，研讀科技法律需要的人格特質，承蒙 陳院長撥冗指導說：「科法領域範圍很廣，可提供不同人格

特質的人來從事。甚至比較內向的人，也可從事如法律科技的研發，不需要跟人太多的互動。不過，清楚的邏輯思維與良好的語言能力是基本條件。至於人格特質，需要對自我有清楚的了解，並對於擬選擇的法律人行業特性有所認識。例如，在小型事務所接各種地區性民刑案件，跟在大型事務所從事跨國法律業務，兩者所需的人格特質完全不同。如果選錯領域，無論是對法律人個人或是事務所都可能造成莫大的困擾。」

以上資料提供給大家參考，希望大家都可找到自己所熱愛的工作！

附錄三

台灣國家考試的專利相關試題與參考答案

1. 我國專利法第24條有關動、植物專利的相關規定如何？並請簡要說明。(25分)

   Ans：台灣專利法第24條規定不予發明專利之標的，包括第1款規定的：動、植物及生產動、植物之主要生物學方法。但微生物學之生產方法，不在此限。也就是說動植物在台灣是不能申請專利保護。台灣專利審查基準亦明確指出「動、植物」一詞涵蓋動物及植物，亦包括轉殖基因之動物及植物。以動物或植物為申請標的者，依專利法規定應不予專利。

2. 哈佛腫瘤鼠能否在我國取得類似專利？請說明理由。(25分)

   Ans：由於台灣專利法第24條第1款明文規定動、植物及生產動、植物之主要生物學方法不予發明專利，若是直接申請哈佛腫瘤鼠會落入法定不予專利之標的，但是若以篩檢腫瘤藥物的方法，其步驟包括……則是有可能取得台灣專利保護。

3. 世界貿易組織（WTO）與貿易有關智慧財產權協定（TRIPs）對動、植物及生物學方法專利是否有相關規定？其立法意旨為何？(25分)

   Ans：TRIPS第27條規範可專利保護之標的（patentable subject matter），第2款就明文規定：會員基於保護公共秩序或道德之必要，包括保護人類、動物、植物之生命或健康；或者是避免對環境的嚴重破壞，得有不予專利之標的以防止該發明於其境內商業利用，但此不予專利之標的，不得因該發明之使用為境內法所禁止者。第3款更是明確地指出會員亦得不予專利者：(1) 對人類或動物疾病之診斷、治療及手術方法；(2) 除微生物以外之植物與動物，及除「非生物」及微生物學方法以外之動物、植物的主要生物學育成方法。會員應以專利法、或有效之單獨立法或前二者組合之方式給予植物品種保護。

也就是説動植物可不授予專利保護，而除「非生物」及微生物學方法以外之動物、植物的主要生物學育成方法亦可不予專利保護。其立法意旨就是爲了保護公共秩序或道德，像複製人就會有很大的倫理爭議。

（註：www.tipo.gov.tw網站中有TRIPS的中文翻譯）

4. 動、植物給予專利，其利弊如何？請條列說明之。（25分）

Ans：動植物授予專利的優點如：加速動植物相關研究的進展、促進相關產業的發展、保護強度高、權利必較不容易被迴避、申請程序可能較爲簡便。缺點：可能被大公司壟斷、影響農民權益、可能影響生態環境。

5. 發明必須具備專利法第22條第1項前段產業利用性、第22條第1項後段新穎性、第22條第4項進步性及第23條擬制新穎性（或稱爲擬制已知技術）的專利要件，始得取得專利。依專利法第25條規定，申請發明專利應備具申請書、說明書及必要圖式。同法第26條第2項規定，發明說明應明確且充分揭露，使該發明所屬技術領域中具有通常知識者，能瞭解其內容，並可據以實施。請說明產業利用性要件與第26條第2項後段「並可據以實施」要件之關係。（20分）

Ans：可參考台灣專利審查基準第二篇發明專利實體審查第三章專利要件，1.3產業利用性與充分揭露而可據以實施要件之差異。

「專利法第二十二條第一項前段所規定的產業利用性，係規定申請專利之發明本質上必須能被製造或使用；而同法第二十六條第二項所規定充分揭露而可據以實施之要件，係規定申請專利之發明之記載形式，必須使該發明所屬技術領域中具有通常知識者能瞭解其內容，並可據以實施，二者在判斷順序或層次上有先後、高低之差異。若申請專利之發明本質上能被製造或使用，尚應審究發明說明在形式上是否明確且充分記載對於先前技術之貢獻，使發明之揭露內容達到該發明所屬技術領域中具有通常知識者可據以實施之程度，始得准予專利。相對的，若申請專利之發明本質上並不能被製造或使用，例如違反自然法則之永動機發明，即使發明說明中明確且充分記載其內容，仍不可能據以實施。」

6. 審查判斷系爭申請案是否符合專利法第 31 條規定與審查判斷申請案是否符合第 23 條規定有何差異？（20 分）

    Ans：台灣專利法第31條規定：同一發明有二以上之專利申請案時，僅得就其最先申請者准予發明專利。第23條規定：申請專利之發明，與申請在先而在其申請後始公開或公告之發明或新型專利申請案所附說明書或圖式載明之內容相同者，不得取得發明專利。但其申請人與申請在先之發明或新型專利申請案之申請人相同者，不在此限。

    一發明只能授予一專利的原則，台灣專利法第31條就規定先申請原則，第23條則規定所謂的擬制新穎性，即專利申請之後始公開或公告之發明或新型專利申請案，若所附說明書或圖式中揭露之內容相同者，該發明仍然不具新穎性，不得取得發明專利。可透過23條擬制新穎性來確定一發明只能授予一專利的原則。

    編者註：

    1. 本題可參考專利審查基準中之先申請原則。

    2. 考試又不是在考背書，此命題只說第31與23條，卻不抄錄條文，真的很××。尤其現在網路查條文很方便，真的有必要考背誦嗎？又2011年11月29日三讀通過修正的專利法總共有159條，法條經常修來修去而條次不停在變更，記得第幾條有意義嗎？但是除了說命題委員加油之外，又何奈。不過從前筆者在考國家考試時，記得曾經有聽過人說若能把條文號次標上去，好像分數會比較高。

7. 現行專利法對於專利審查是否給予專利之舉證責任如何規定？又專利法第 44 條規定，發明專利申請案違反第 21 條至第 24 條、第 26 條、第 30 條第 1 項、第 2 項、第 31 條、第 32 條或第 49 條第 4 項規定者，應為不予專利之審定。申請案是否違反前開第 44 條規定之舉證責任如何分配？（20 分）

    Ans：申請人應於說明書中應於發明說明中記載該發明可供產業上利用之方式；還有主張喪失新穎性之例外情事之一，於事實發生之日起六個月內提出申請，敘明事實及有關之期日，並於指定期間內檢附證明文件，則與該事實有關之技術不致使申請專利之發明喪失新穎性。

8. 請仔細閱讀案情後，解答下列問題，注意作答應有推理與結論兩部分。

【問題3】某 A 公司委託某一學校之某甲教授研究某一計劃，某甲將其構想告訴其指導之研究生某乙，並指示某乙將其具體化並進行實驗，某乙經相當時日的實驗，發現某甲之構想無法達到某 A 公司之要求，經某甲同意採行某甲認為不可能的構想竟完成某 A 公司的要求。後某 A 公司經某甲同意以某甲為發明人在台灣與歐美先進國家申請發明專利，先後取得台灣、德國與美國等國發明專利。取得專利後某 A 公司將其在台灣之專利授權某一國內 B 公司實施，同時控告某一知名國際公司 C 侵害其專利，消息見報後 A 公司一舉成名營業大增，某乙發現發明人竟然不是他，某乙認為他是發明人應擁有該專利權，以及其人格權被侵害。

【問題1】請問誰是系爭專利之發明人？誰是系爭專利之專利權人？（8分）

Ans：最後可實施的是研究生某乙的構想，而且該構想是某甲教授認為不可能的構想，因此系爭專利之發明人應為研究生某乙。另台灣專利法規定：一方出資聘請他人從事研究開發者，其專利申請權及專利權之歸屬依雙方契約約定；契約未約定者，屬於發明人或創作人。所以某A 公司委託某一學校之某甲教授研究某一計劃是否有契約約定，若有從其契約，若無，研究生某乙有機會為專利權人。

【問題2】請問某乙應如何主張才能回復其為發明人之地位或取回專利權？（8分）

Ans：研究生某乙應依專利法規定，於該專利案公告之日起二年內申請舉發，並於舉發撤銷確定之日起六十日內申請者，以非專利申請權人之申請日為專利申請權人之申請日，來取回專利權。

【問題3】如某乙順利取回專利權時，某乙對該某B國內公司如何主張？（8分）

Ans：由於專利法規定：非專利申請權人所得專利權，因專利權人舉發而撤銷時，其被授權人在舉發前以善意在國內使用或已完成必須之準備者，係屬於專利權效力所不及，所以應以存證信函告知某 B國內公司，甚至可洽談授權事宜。

【問題4】如法院判定某乙是發明人，但專利權還是屬於某 A 公司時，某乙可否主張該某 A 公司以及 C 知名國際公司侵害其姓名表示權？（8分）

Ans：台灣專利法規定：專利申請權及專利權歸屬於雇用人或出資人者，發明人或創作人享有姓名表示權。發明人之姓名表示權受侵害時，得請求表示發明人之姓名或為其他回復名譽之必要處分。因此，某乙可主張該某A公司以及C知名國際公司侵害其姓名表示權。

【問題5】某A公司（若擁有專利權但發明人是某乙）可否主張其業務上之信譽因該某C知名國際公司侵權而致減損，另請求賠償相當金額？（8分）

Ans：台灣專利法規定：發明專利權受侵害時，專利權人得請求賠償損害，並得請求排除其侵害，有侵害之虞者，得請求防止之。專屬被授權人亦得為前項請求。但契約另有約定者，從其約定。發明專利權人之業務上信譽，因侵害而致減損時，得另請求賠償相當金額。所以某A公司可主張其業務上之信譽因該某C知名國際公司侵權而致減損，另請求賠償相當金額。

9. 於乙公司從事產品之開發工作，日前由於經濟不景氣遭資遣，甲懷恨在心，乃將其職務上之研發成果以自己名義申請並取得專利，試問乙公司是否還有可能就該研發成果取得專利權？若有，該如何處理？如果甲並未申請專利，而是擅自將該研發成果公開，乙公司又該如何處理？（25分）

Ans：台灣專利法對於雇傭關係之規定為：受雇人於職務上所完成之發明、新型或新式樣，其專利申請權及專利權屬於雇用人，雇用人應支付受雇人適當之報酬。但契約另有約定者，從其約定。所以乙公司可用專利法規定：發明為非專利申請權人請准專利，經專利申請權人於該專利案公告之日起二年內申請舉發，並於舉發撤銷確定之日起六十日內申請者，以非專利申請權人之申請日為專利申請權人之申請日。

10. 甲完成一物品發明，同時符合發明專利與新型專利之保護要件，甲不知申請何者對其較為有利，乃請教當專利師的友人乙。如果你是乙，該如何給甲一些建議？請以這兩種保護在權利內容和權利行使上之差異為基礎說明之。（25分）

Ans：我國目前新型專利只採行式審查，而不用實質審查，大約3～4個月的時間就能取得專利證書，因此，某甲所完成的物品發明，若其上市時間緊迫、產品壽命較短，可建議其申請新型專利。反之，若是此物品的發明是很基礎性，創新性很高，則可建議其申請發明保護，保護年限是從申請日算起20年，相對於新型只有10年。而行使新型專利權時需要有技術

報告書,但是技術報告只是參考意見不是行政處分,不能提出行政救濟,不像發明專利有經過實質審查,權利的確定性較高。

11. 請說明何謂早期公開?並請說明該制度之作用何在,以及其對於專利申請人與其他人之影響如何?(25分)

Ans:所謂早期公開就是專利案提出申請後,經過大約18個月,主管機關會將其申請說明書予以公開,其目的就是希望揭露各申請案,避免重複投資研發,以及提供資訊,讓其他發明人能夠據以實施,甚至推陳出新,發明或創作出更合於實用的發明或創作,以促進產業進步。

對於專利申請人而言,提出專利申請就必須有公開其創作理念與技術內容的準備,不管將來發明專利是否有審准或是技術報告的分數高低。而他人則可從早期公開資料庫中得知最新的發明與創作的技術文獻。

12. 請說明何謂專利權之「權利耗盡」?請以與貿易有關之智慧財產權協定(TRIPS)和我國專利法及專利法施行細則為基礎,說明:我國專利權之權利耗盡係採取國內耗盡或是國際耗盡?權利耗盡得否以契約加以限制或排除?(25分)

Ans:權利耗盡理論是指專利產品經由專利權人或其所同意(通常為被授權人)之人,提供予市場進行交易,則專利權人不得就該產品在市場的流通進行控制,因為其受法律保護的流通交易權能已獲得滿足,不得再據此對任何第三人主張權利。而國內耗盡:僅在國內經權利人或其所同意之人同意,使產品進入市場流通交易,始耗盡其權利;國際耗盡:無論在何地,只要是經由權利人或其所同意之人同意,使產品進入市場流通交易,均耗盡其權利。TRIPS第6條規定:就本協定爭端解決之目的而言,在符合本協定第三條及第四條之前提下,不得使用本協定之任何條款解決智慧財產權耗盡之問題。其中第三條與第四條分別是國民待遇與最惠國待遇。

台灣專利法中專利權效力不及第六款中提到:專利權人所製造或經其同意製造之專利物品販賣後,使用或再販賣該物品者。上述製造、販賣不以國內為限。從而看來,台灣係傾向於國際耗盡。

13. 發明人爲有權申請專利之人，惟其亦得讓與他人申請專利。因此專利申請案如因受讓而變更申請人名義者，應檢附受讓專利申請權之契約書，或讓與人出具之證明文件。如因公司併購而承受，應檢附併購之證明文件，如因繼承而變更申請人名義者，應檢附死亡及繼承證明文件。依據程序審查基準，在那些情況下，前述申請權證明文件得以釋明或切結書或相關證明文件代之，並舉出相關證明文件之具體例。（25分）

　Ans：申請人若因發明人拒絕簽署、生病、死亡或無法尋獲等事實上之問題，以致無法取得發明人簽署之申請權證明書時，可採取檢附切結書及相關證明文件代之。切結書內容應記載發明名稱、取得專利申請權之依據及聲明願負一切法律責任。所謂相關證明文件，係指申請人足資佐證其所述者爲眞實之證明文件，例如：

　　(1)主張申請案已在國外申請者，該國外申請案受理機關出具之該案申請權證明文件。(2)足資證明申請人取得申請權之證明文件。(3)優先權證明文件內足資證明之部分。(4)主張係僱傭關係或職務上發明者，其僱傭契約或職務上發明之證明文件。(5)主張發明人因病無法簽署者，該發明人醫療證明文件。(6)發明人死亡時，得以其繼承人簽署之申請權證明書、該繼承人之繼承證明文件（如遺囑，法院判決等證明文件）及發明人死亡證明文件代替之。(7)無法取得繼承人簽署之申請權證明書時，亦得由申請人出具切結書，載明其無法取得文件之原因及取得專利申請權之依據及相關證明文件，即指申請人足資佐證其所述者爲眞實之證明文件代替之。

14. 依據專利審查基準，於核准專利後之更正，實質擴大申請專利範圍，以及實質變更申請專利範圍，通常包括幾種情形？（10分）以下更正事例，是否可以更正？理由爲何？（15分）

　更正前之說明書：[發明名稱] 附有導引功能的輸入裝置；[申請專利範圍]：一種附有導引功能的輸入裝置，於表示畫面上設有觸控面板，藉對表示畫面之表示位置對應部分之觸動，而輸入必要的資料，其特徵爲對其次應輸入部分之表示位置附加點滅表示的指導功能者。[發明說明]：……輸入裝置在表示畫面上設有觸控面板，藉對表示畫面之表示位置對應部分之觸動，而輸入必要的資

料，藉對其次應輸入部分之表示位置的點滅表示，對操作者明確指示應輸入的項目。再者若附加聲音引導機構的話，會更有效果。

更正後之說明書 [發明名稱]（同）[申請專利範圍]：一種附有導引功能的輸入裝置，於表示畫面上設有觸控面板，藉對表示畫面之表示位置對應部分之觸動，而輸入必要的資料，其特徵為對其次應輸入部分之表示位置產生點滅表示的同時，附加設有喇叭，以聲音引導應輸入的項目之指導功能者。[發明說明]：⋯⋯輸入裝置在表示畫面上設有觸控面板，藉對表示畫面之表示位置對應部分之觸動，而輸入必要的資料，其次能夠明確指示應輸入部分的表示位置，藉設有聲音指導機構，會更有效果。

Ans：根據台灣專利審查基準為平衡申請人及社會公眾的利益，並兼顧先申請原則及未來取得權利的安定性，補充、修正應僅限定在原說明書及圖式所揭露之範圍內始得為之。而實質擴大或變更申請專利範圍包括兩種情況，即更正申請專利範圍之記載，而導致實質擴大或變更申請專利範圍；以及申請專利範圍未作任何更正，僅更正發明說明或圖式之記載，而導致實質擴大或變更申請專利範圍。實質擴大申請專利範圍，通常包括下列情形：(1)請求項所記載之技術特徵以較廣的涵義用語取代。(2)請求項減少限定條件。(3)請求項增加申請標的。(4)於發明說明中恢復核准專利前已經刪除或聲明放棄的技術內容。

　　本題中的修正添加了「設有喇叭，以聲音引導應輸入的項目」係屬於權利的限縮，而且在原說明書中已有說明，應該可更正。

15. 試述新式樣審查基準有關近似性判斷之要點。（10 分）圖 1 所示為申請新式樣專利之玩具機車外觀形態，圖 2 所示為先前技術機車之外觀形態，請就此一資料說明甲圖之玩具機車是否具有新穎性、創作性？能否獲准新式樣專利及其理由？（15 分）

圖1　　　　　　　　圖2

Ans：依專利法對新式樣之定義，申請專利之新式樣標的限於施予物品外觀之形狀、花紋、色彩或其二者或三者之結合，而申請專利之新式樣必須具備物品性及視覺性。其中物品性，指申請專利之新式樣必須是應用於物品外觀之具體設計，以供產業上利用；視覺性，指申請專利之新式樣必須是透過視覺訴求之具體設計。

新式樣之新穎性認定，應就圖說所揭露申請專利之新式樣與單一先前技藝所揭露相對應之新式樣進行比對。例如申請專利之新式樣標的為形狀，先前技藝揭露形狀及花紋，應僅就形狀單獨比對是否相同或近似，而非就形狀與形狀及花紋進行比對。反之，若申請專利之新式樣標的為形狀及花紋，先前技藝僅揭露形狀，由於先前技藝並未揭露花紋，即使兩者之形狀相同或近似，也不能認定兩新式樣相同或近似。相同或近似之新式樣的四種態樣：應用於相同物品之相同設計、應用於相同物品之近似設計、應用於近似物品之相同設計、應用於近似物品之近似設計，係屬不具新穎性。

相同物品，指用途相同且功能相同者；而近似物品，指用途相同，功能不同者，或用途相近者。本案之玩具機車與先前技藝之機車，其功能不同亦不相近，也不是相同的物品，所以非相同或近似之物品，因此具有新穎性。接著考慮本案新式樣之整體設計是否為所屬技藝領域中具有通常知識者依申請前之先前技藝易於思及者，即判斷是否有創作性？

本案新式樣的主要設計僅係將先前技藝之機車設計轉用於玩具，整體設計並未產生特異之視覺效果，應為所屬技藝領域中具有通常知識者依申請前之先前技藝易於思及者，不具創作性。[編者註：本書中提到新式樣（設計專利）較少，有興趣之讀者可參考智慧財產局之專利審查基準第三篇]

16. 圖3及圖4所示者爲可供放置扳手、螺絲起子等工具與零件之工具罐之立體分解圖及組合剖視圖。請配合圖1、圖2，以及主要元件符號說明撰寫一份申請專利範圍，該申請專利範圍，至少包含1個獨立項，4個附屬項，附屬項中有2個多項附屬項。（25分）

主要元件符號說明 1 工具、2 罐本體、21 儲物空間、23 儲物底壁、211 底端、212 開口端、22 圍繞壁、221 固定段、222 伸縮段、223 第一結合段、224 第二結合段、225 伸縮環、226 突環部、227 徑縮部、228 肩部、3 吊環、31 固定環部、32 手提部、321 掛孔、4 第一端蓋、5 第二端蓋、51 端蓋底壁、52 端蓋環壁、53 延長空間

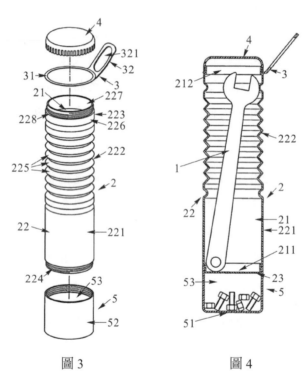

圖 3   圖 4

Ans：1. 一種工具罐，其包括：

一罐本體，設有儲物底壁與圍繞壁俾形成包含有底端與開口端之儲物空間，其中圍繞壁設有固定段、伸縮段、肩部、第一結合段與第二結合段，該肩部係容置吊環、第一結合段係與第一端蓋結合，而第二結合段係與第二端蓋結合；

一吊環，設有固定環部、手提部與掛孔結合，其中固定環部容置於罐本體之肩部、手提部可供使用時握持，而掛孔結合則可懸吊時使用；

一第一端蓋，係與罐本體之第一結合段結合形成儲物空間，以及固定吊環，使其供作握持或懸吊使用；

一第二端蓋，係與罐本體之第二結合段結合，設有端蓋底壁、端蓋環壁和延長空間，俾於延長空間形成儲物空間者。

2. 如申請專利範圍第1項所述之工具罐，其中圍繞壁之伸縮段進一步設有伸縮環、突環部與徑縮部，俾使得伸縮段可配合所欲儲存之工具之長短而調整高低者。

3. 如申請專利範圍第1項與第2項所述之工具罐，其中儲物空間係可儲存螺絲板手或螺絲者。

4. 如申請專利範圍1所述之工具罐，其中第二端蓋之延長空間係可儲存螺絲者。

5. 如申請專利範圍第2項與第4項所述之工具罐，其係由金屬材料所製成。

17. 依專利法規定，是否准予發明專利，應審酌專利要件是否具備。專利法第22條第1項前段規定，發明專利須具備產業利用性，另依同法第26條第2項規定申請專利之發明之記載，必須使該發明所屬技術領域中具有通常知識者能瞭解其內容，並可據以實施。試問：產業利用性要件與充分揭露而可據以實施要件有無差異？試舉例說明之。（25分）

Ans：[參照審查基準] 專利法規定的產業利用性，係規定申請專利之發明本質上必須能被製造或使用；而充分揭露而可據以實施之要件，係規定申請專利之發明之記載形式，必須使該發明所屬技術領域中具有通常知識者能瞭解其內容，並可據以實施，二者在判斷順序或層次上有先後、高低之差異。若申請專利之發明本質上能被製造或使用，還需要說明書的揭露能達到該發明所屬技術領域中具有通常知識者可據以實施之程度，始得准予專利。相對的，若申請專利之發明本質上並不能被製造或使用，例如違反自然法則之永動機發明，即使發明說明中明確且充分記載其內容，仍不可能據以實施。

申請專利之發明所利用之原理顯然違反已確立之自然法則，例如說明書中敘及永動機之發明功效或目的時，其顯然違反能量不滅定律，就會被違反自然法則及非可供產業上利用為理由核駁。若申請專利範圍為特定結構之永動機，且說明書中並無違反自然法則之敘述時，則是屬於無法實施。對於未完成之發明，無論是欠缺達成目的之技術手段的發明，或雖然有技術手段但顯然無法達成目的之發明，若其本質上並未違反自然法則，只是形式上未明確或未充分記載對照先前技術之貢獻，使發明之揭露內容無法達到該發明所屬技術領域中具有通常知識者可據以實施之程度，就是違反專利法該法條之規定。

18. 現行專利法規定，新型專利申請案之審查原則，與發明專利審查原則不同，亦即新型原則上不進行實體審查，但僅進行形式審查，如不能符合形式審查之要件，則可能遭受不予專利之處分。試舉例說明形式審查之審查事項。（25分）

　Ans：判斷新型專利申請案是否滿足形式要件，依專利法之規定，包括以下幾點：是否屬於對物品之形狀、構造或裝置之創作；是否有妨害公共秩序、善良風俗或衛生；說明書是否載明新型名稱、新型說明、摘要及申請專利範圍；新型說明、申請專利範圍及圖式之揭露方式是否合於規定；是否符合單一性；說明書及圖式是否已揭露必要事項且其揭露有無明顯不清楚之情事。

　　　請按上述之說明來舉例。

19. 甲以「LED 快速變焦裝置」向經濟部智慧財產局申請發明專利，並經經濟部智慧財產局公開、公告，核准發明專利在案。嗣後乙販賣「伸縮瞬間變焦式手電筒」產品時，甲主張：乙侵害其發明專利權，應負損害賠償責任。乙辯稱：其銷售「手電筒」產品之技術特徵並不落入系爭專利申請範圍。試以本案為例，論述如何解釋發明專利權範圍？（25分）

　Ans：根據專利法的規定：發明專利權範圍，以說明書所載之申請專利範圍為準，於解釋申請專利範圍時，並得審酌發明說明及圖式。因此要以甲的發明專利範圍為準，而解讀時可參考說明書及圖式，來比較乙販售之手電筒是否都可讀到甲的專利範圍，從而來認定是否讀取文義侵害或是有等效侵權。[題目好像不是很清楚？好像主要是在考如何解釋發明專利權範圍]

20. 我國專利法於民國 83 年修正時參照「工業財產權保護之巴黎公約」（Paris Convention for the Protection of Industrial Property）規定，承認國際優先權原則。之後，為配合加入國際貿易組織（WTO），亦再修正，雖非屬 WTO 會員之國民，如於 WTO 會員領域內，設有住所或營業所者，亦得主張優先權。試問：依巴黎公約所採取優先權原則及我國專利法規定，申請人提出之後申請案主張國際優先權者，優先權基礎案應具備何種形式要件？（25 分）

Ans：國際優先權是巴黎公約基本原則之一，所謂國際優先權，指專利申請人在一個國家提出第 1 次申請後，在法定期間內就相同發明創作向其他國家提出申請，可以主張該專利要件之判斷，回溯到第 1 國申請時之申請日。

　　欲主張優先權時，申請人應於申請日起 4 個月內，檢送該國家政府證明受理之申請文件。未於申請書聲明者或逾期未補送證明受理之申請文件者，將喪失優先權。申請人如於前述 4 個月期間內檢送足資證明之優先權證明文件傳真本，並於指定期間內補送正本者，仍受理其優先權主張。

　　而智慧財產局在審查時會注意：優先權日必須為外國第 1 次提出申請之日期；必須在得主張優先權法定期間內提出申請；申請人所屬國家必須為與我國相互承認優先權之國家或屬世界貿易組織（WTO）會員；在我國申請專利並主張優先權之申請案（後申請案），若申請人與其據以主張國際優先權之外國基礎案的申請人不一致，後申請案可附上申請權證明書已由發明人或創作人合法簽章。

　　WTO 會員所屬國民向我國申請專利，如係依智慧財產權之取得與維持所締結之多邊或區域性條約、公約或協定規定提出之專利或商標申請案，並以 WTO 會員為指定國，且其指定國之國內法規定，視為合格國內申請案者，得向我國主張優先權，優先權日不得早於中華民國 91 年 1 月 1 日；申請案所主張之優先權日不得早於該優先權基礎案受理國家或申請人所屬之國家與我國簽署相互承認優先權之備忘錄或協約或合議書生效之日；主張優先權者，應於申請專利同時提出聲明，並於申請書中載明，才可主張優先權，主張優先權必須申請時即聲明，不得事後聲明，且必須於申請日起 4 個月內，檢送該國家政府證明受理之申請文件。

21. 何謂新型專利之標的？並就「利用垃圾製造肥料之方法」、「溫度計」，以及「電路構造」，申述其是否符合新型專利之標的？（25分）

    Ans：根據台灣專利法之規定，新型指的是利用自然法則之技術思想，對物品之形狀、構造或裝置之創作。其中形狀，指物品外觀之空間輪廓或形態者。新型物品須具有確定之形狀；構造，指物品內部或其整體之構成，實質表現上大多為各組成元件間的安排、配置及相互關係，且此構造之各組成元件並非以其本身原有的機能獨立運作者；裝置，指為達到某一特定目的，將原具有單獨使用機能之多數獨立物品予以組合裝設。

    利用垃圾製造肥料之方法係屬方法非物品，故不可為新型之標的；溫度計唯一量測溫度之裝置，而電路構造屬於構造此兩者可申請新型專利。

22. 何謂國際優先權原則？其在如何要件下得以適用於我國申請案？倘若申請人非屬於世界貿易組織（WTO）會員之國民，且其所屬國家與我國無相互承認優先權者，是否可能適用國際優先權原則？（25分）

    Ans：參考第20題

23. 專利法第26條第2項規定「使該發明所屬技術領域中具有通常知識者，能瞭解其內容，並可據以實施。」此所謂該發明所屬技術領域中具有通常知識者係指何人？何謂通常知識？試舉例說明之。（25分）

    Ans：發明所屬技術領域中具有通常知識者，係一虛擬之人，具有該發明所屬技術領域中之通常知識及執行例行工作、實驗的普通能力，而能理解、利用申請日（主張優先權者為優先權日）之前的先前技術。像一般發明的通常知識者可能是有大專學歷的人，而生物科技領域則可能是碩博士學歷者。

    通常知識（general knowledge），指該發明所屬技術領域中已知的普通知識，包括習知或普遍使用的資訊以及教科書或工具書內所載之資訊，或從經驗法則所瞭解的事項。

24. 何謂發明專利程序審查？其與專利實體要件之審查有何不同？試舉例詳加說明之。（25分）

    Ans：專利程序審查，顧名思義，其有別於專利實體要件之審查，專利程序審查即檢視各種申請文件是否合於專利法及專利法施行細則之規定，尤其是新申請案，經程序審查，文件齊備，始取得申請日。

有關程序審查內容及範圍，原則上包括：審查各種書表是否採用主管機關公告訂定的統一格式；各種申請書的撰寫、表格的填寫或圖式的製法是否符合專利法令的規定；應該檢送的證明文件是否齊備，是否具備法律效力；申請日之認定；發明人或創作人及申請人的資格是否符合規定；代理人是否具備代理之資格及權限；有無依法繳納規費等。

專利實體要件審查則是針對是否為法定不予發明專利之項目、產業利用性、新穎性、擬制喪失新穎性、進步性來進行審查。

25. 甲君所申請專利申請案甲（下稱甲案）之申請日為 97 年 3 月 7 日（2008.3.7），甲案發明說明所載技術內容為 A, B, C，請求項所載技術內容為 C；審查人員經檢索所得之專利文獻資料如表一所示，所列專利文獻係為甲君以外之人所申請，且其發明說明所載技術內容均為 A, B, C。試就甲案與專利文獻 1 至 5 分別比對，說明甲君可否取得專利？理由為何？（25 分）

表一　檢索所得之專利文獻資料

專利文獻	申請日	公告（開）日	公告國別	請求項所載內容
1	2008.2.1	2010.2.1（公告）	本國	A, B
2	2008.1.1	2010.3.1（公告）	美國	C
3	2006.12.1	2008.3.1（公告）	日本	B
4	2008.3.7	2009.9.16（公開）	本國	C
5	2008.3.7	2010.2.1（公告）	本國	A, B

Ans：先前技術涵蓋申請日之前所有能為公眾得知之技術。申請在先而在後申請案申請日之後始公開或公告之發明或新型專利先申請案原本並不構成先前技術的一部分；惟專利法將發明或新型專利先申請案所附說明書或圖式載明之內容以法律擬制（legal fiction）為先前技術，若後申請案申請專利範圍中所載之發明與先申請案所附說明書、圖式或申請專利範圍中所載之技術相同時，則擬制喪失新穎性。

文獻1的申請日早於申請案甲,雖公告日遲於申請案甲之申請日,而且該先前技藝已揭露申請案甲請求項之內容C,會構成擬制新穎性,所以不具新穎性。文獻2的申請日早於申請案甲,雖公告日遲於申請案甲之申請日,而且該先前技藝已揭露申請案甲請求項之內容C,會構成擬制新穎性,所以不具新穎性。

文獻3與文獻4的申請日和申請案甲相同,而且與申請案甲之揭露完全相同,應視為同一發明,根據一發明一專利之原則,甲君應與文獻3與4之專利權人協調專利權。

26. 甲君之發明「符合人體工學之椅子」,係於98年1月1日陳列在政府主辦之展覽會上,嗣後甲君於98年6月5日將該發明提出專利申請(下稱甲案),亦一併主張不喪失新穎性之優惠。乙公司亦於99年2月1日提出一「符合人體工學之椅子」專利申請案(下稱乙案,且與甲案之技術內容相同),並聲明主張國際優先權,優先權日為2009年5月6日,惟乙公司申請時並未同時檢送該優先權基礎案在外國受理之相關證明文件。狀況(一)乙公司於99年5月7日補送優先權基礎案在外國受理之相關證明文件;狀況(二)乙公司於99年6月5日補送優先權基礎案在外國受理之相關證明文件。基於審查人員除獲知甲君之發明「符合人體工學之椅子」已於展覽會上公開之資料外,並未檢索到其他相關先前技術,試依狀況(一)及狀況(二)之條件下,分別說明甲君或乙公司何者會取得專利?理由為何?(25分)

Ans:根據專利法規,欲主張優先權時,申請人應於申請日起4個月內,檢送該國家政府證明受理之申請文件。未於申請書聲明者或逾期未補送證明受理之申請文件者,將喪失優先權。申請人如於前述4個月期間內檢送足資證明之優先權證明文件傳真本,並於指定期間內補送正本者,仍受理其優先權主張。從而看來狀況(一)乙公司於申請日起4個月內檢送外國受理之相關證明文件,符合主張優先權之規定,而該優先權日早於甲君之,故由乙公司取得專利。狀況(二)乙公司未能於申請日起4個月內檢送外國受理之相關證明文件,除非其有先檢送足資證明之優先權證明文件傳真本,否則將無法主張優先權,而由甲君取得專利。

27. 甲生技公司研發出一種類固醇（steroid），其申請專利範圍內容為：〔申請專利範圍〕一種以方法 P（步驟 P_1、P_2、……及 P_n）所製得之類固醇 W。審查人員經檢索所得先前技術，係揭示以不同之方法 Q 所製得的相同類固醇 W。試問甲生技公司所研發之類固醇 W 可否取得專利？理由為何？（25 分）

Ans：以製造方法界定物之申請專利範圍，應記載該製造方法之製備步驟及參數條件等重要技術特徵，例如起始物、用量、反應條件（如溫度、壓力、時間等）。而以製造方法界定物之申請專利範圍，其申請專利之發明應為申請專利範圍中所載之製造方法所賦予特性之物本身，亦即以製造方法界定物之申請專利範圍，其是否具備專利要件並非由製造方法決定。若請求項所載之物與先前技術中所揭露之物相同或屬能輕易完成者，即使先前技術所揭露之物係以不同方法所製得，該請求項仍不得予以專利。所以申請專利範圍一種以方法P（步驟P_1、P_2、……及P_n）所製得之類固醇W，先前技藝中製得的類固醇W與所請求的類固醇相同，且類固醇W為先前技術，無論申請時方法P是否已經能為公眾得知，所請求的類固醇W喪失新穎性，而無法取得專利。

編者按：以上是按專利審查基準的舉例來做答，但是根據新穎性一對一的比對，既然P方法是新的當然就不會有新穎性問題，尤其申請專利範圍是要整體來看。因此，如果該技術領域具有通常知識者，無法從先前技藝製造方法Q，易於推知本申請案中的方法P，應該就可取得專利。而以製程限制物品claim所取得的權利就只限於用該方法所製得的產品，而其他方法所製得者，就不屬於其權利範圍。

事實上，美國CAFC在2006年2月24日SmithKline Beecham v. Apotex案中，亦曾討論過product–by-process，雖然此案例的判決以2:1的多數決，認定以product–by-process方式撰寫已知物質，縱使是新方法仍不具新穎性。但是Newman法官的不同意見書，卻有非常精闢的見解，像是新穎性認定原則不該因為claim撰寫方式不同而有所不同、若先前技藝中沒有claim的所有限制條件就不會有新穎性的問題、法律上沒有規定產品claim中的程序的限制條件不是限制條件、法律上也沒有說在解讀claim時要忽視程序的限制條件、分析claim最基本的就是要將其所有的限制條件來限制claim。

2009年CAFC在Abbott Labs. v. Sandoz, Inc.案中，CAFC全院法官更是確認以製造方法界定物之申請專利範圍，唯有以相同的程序製造的物才會構成侵權，也就是說認定可專利性時不加入程序的限制條件，但是侵權認定時則要，因此撰寫以製程限制物品claim的效益，恐是非常有限的。

28. 試問下列 3 個案例是否符合發明之定義？理由爲何？（25分）

【問題1】［發明名稱］銅之鍍鐵方法［申請專利範圍］其特徵在於將銅片浸漬在含有鐵離子之水溶液中，銅片上形成鐵之電鍍層而成。

Ans：[參考專利審查基準]，依化學原理，鐵比銅更易有離子化傾向，因此單單將銅片浸漬於含有鐵離子之水溶液中，顯然無法在銅片上形成鐵之電鍍層。因此，該申請專利之發明違反自然法則，不符合發明之定義。

【問題2】［發明名稱］網路擷取資料的儲存方法［申請專利範圍］一種網路擷取資料的儲存方法，包含下列步驟：透過網路接收所擷取之資料；顯示該被擷取之資料；一資料儲存判斷裝置針對該資料判斷是否有預定之關鍵字，有關鍵字時，針對一輸入裝置執行儲存指令；及該輸入裝置依據該儲存指令將該資料儲存於一記憶裝置。

Ans：根據專利審查基準：申請專利之發明係利用自然法則以外之規律者，例如數學方法、遊戲或運動之規則或方法等人爲之規則、方法或計畫，或其他必須藉助人類推理力、記憶力等心智活動始能執行之規則、方法或計畫，該發明本身不具有技術性，不符合發明之定義；惟遊戲機具或實施規則、方法或計畫的設備本身可能具有技術性，而符合發明之定義。案例2透過資料儲存判斷裝置、輸入裝置與記憶裝置來達成從網路擷取資料的儲存方法，揭示「軟體與硬體資源協同作業來實現資訊處理」步驟，應可符合發明之定義。

【問題3】［發明名稱］漢字檢索編碼方法［申請專利範圍］一種利用注音或字形、筆劃檢索漢字之編碼方法。

Ans：漢字編碼方法本身屬於一種資訊揭示方法，就該方法本身而言，係取決於人類的主觀意念或者人爲的規定，並非一種技術手段。因此，漢字檢索編碼方法本身屬於一種藉助於人類推理力、記憶力始能執行之方法，該申請專利之發明並非利用自然法則，不符合發明之定義。

29. 張三擁有化學碩士學位，進入甲化學公司擔任總經理李四的秘書。張三利用例假日研究一種全新的長效型防蚊液。民國99年6月研發成功，同年9月30日，張三以書面告知甲公司其發明內容。張三所不知者，李四常在同業間稱許張三的才華及其研發的防蚊液。民國100年1月10日張三依法備具所有文件向經濟部智慧財產局申請專利，並於民國101年8月獲准專利。乙化學公司遂對張三之專利案提起舉發，主張同業間早於99年10月便已因李四之告知而知悉該項發明，故不符專利要件。此處所謂專利要件係指為何？依你之見，舉發案應否成立？請說明之。（40分）

   Ans：專利要件包括實用性、新穎性與非顯而易知性，本案例中「99年10月便已因李四之告知而知悉該項發明」所指的是新穎性的要件，而且是屬於非出於其本意所洩漏者，而且同業從99年10月知悉到100年1月提出專利申請，並未超過法定6過月的期限。

   另根據諸練審查基準：他人未經申請人同意而洩漏申請專利之發明的內容，使該發明能為公眾得知，申請人於洩漏之日起六個月內申請專利者不喪失新穎性。至於公眾實際上是否已閱覽或是否已真正得知該發明內容，則非所問。

30. 王五完成一項發明（A案），並於民國100年2月10日依法備具所有文件申請專利，十個月後，王五又就前揭發明完成數項更能發揮其功能的實施例的測試。王五擬就前揭發明增列新實施例申請專利（B案）。王五應如何為之？設若實施例的測試於101年3月10日始完成，依你之見，王五有無就B案取得專利的可能？請說明之。（35分）

   Ans：台灣專利法規定：申請人基於其在中華民國先申請之發明或新型專利案再提出專利之申請者，得就先申請案申請時說明書、申請專利範圍或圖式所載之發明或新型，主張優先權。但有下列情事之一，不得主張之：一、自先申請案申請日後已逾十二個月者。二、先申請案中所記載之發明或新型已經依第二十八條或本條規定主張優先權者。三、先申請案係第三十四條第一項或第一百零七條第一項規定之分割案，或第一百零八條第一項規定之改請案。四、先申請案為發明，已經公告或不予專利審定確定者。五、先申請案為新型，已經公告或不予專利處分確定者。

六、先申請案已經撤回或不受理者。所以王五若於10個月內提出申請，可主張優先權。若於101年3月始完成，以逾一年，就不得主張A案之優先權，也許可考慮撤回A案而以B案從新申請。

31. A係美國人，A於西元2011年研發完成一項針對阿茲海默氏症的基因治療（gene therapy）方法，A除依法向美國專利商標局申請專利外，亦擬向我國申請專利。A得否就該基因治療方法於我國取得專利？我國有關治療方法的規範是否符合與貿易有關之智慧財產權協定（TRIPs協定）？（25分）

　Ans：台灣專利法規定：不予發明專利：一、動、植物及生產動、植物之主要生物學方法。但微生物學之生產方法，不在此限。二、人類或動物之診斷、治療或外科手術方法。三、妨害公共秩序或善良風俗者。因此針對阿茲海默氏症的基因治療方法是無法於台灣取得專利。

　　　TRIPs第二十七條第3款規定：會員亦得不予專利者：(1) 對人類或動物疾病之診斷、治療及手術方法；(2) 除微生物以外之植物與動物，及除「非生物」及微生物學方法以外之動物、植物的主要生物學育成方法。所以是符合TRIPs相關之規定。

32. 試問，下列請求項之記載是否明確？並請說明其理由。「一種組成物 X，其由 40 至 60 重量百分比的 A、30 至 50 重量百分比的 B 及 20 至 30 重量百分比的 C 所組成。」（6分）「一種組成物 Y，其由 10 至 30 重量百分比的 A、20 至 60 重量百分比的 B 及 5 至 40 重量百分比的 C 所組成。」（6分）「一種拖鞋，係由鞋底、鞋面及釘扣等構件所組成，其中⋯⋯（敘明各構件之連結關係）。」（7分）「一種拖鞋，包含鞋底、鞋面及釘扣等構件，其中⋯⋯（敘明各構件之連結關係）。」（6分）

　Ans：申請專利範圍應明確，指申請專利範圍每一請求項之記載應明確，且申請專利範圍所有請求項整體之記載亦應明確，使該發明所屬技術領域中具有通常知識者從申請專利範圍之記載，參酌申請時的通常知識，即可明確瞭解其意義，而對其範圍不會產生疑義。當組成物某一成分的上限值與其他成分的下限值之總和超過100%就會是明確的，所以組成物X與Y都會超過100%而不明確。

拖鞋之例若採開放式起承，如鞋底、鞋面及釘扣等構件，是可瞭解而明確的，但若以封閉式起承（不可再添加元件），係由鞋底、鞋面及釘扣等構件所組成，則等構件封閉式起承會相互衝突而不明確。

33. 甲教授研發一語音辨識器，並於 2011 年 9 月 20 日在一學術研討會中公開發表。由於該技術確具新穎性及進步性，因而甲教授亦將該研發成果撰寫成一份專利說明書，準備申請發明專利。甲教授所送專利案申請日為 2012 年 2 月 20 日。試問，甲教授可否獲得專利？並請說明其理由。（5 分）甲教授所送專利案申請日為 2012 年 9 月 19 日。試問，甲教授可否獲得專利？並請說明其理由。（5 分）甲教授所送專利案申請日為 2012 年 3 月 2 日；惟某周刊已於 2011 年 9 月 22 日將學術研討會之內容完整介紹。試問，甲教授可否獲得專利？並請說明其理由。（5 分）甲教授所送專利案申請日為 2012 年 1 月 4 日。惟甲教授已於 2011 年 12 月 22 日將該語音辨識器，於一大賣場中展售並作完整之技術內容介紹。試問，甲教授可否獲得專利？並請說明其理由。（5 分）甲教授所送專利案申請日為 2012 年 3 月 12 日。惟乙廠商亦就該相同技術申請發明專利，並於 2012 年 3 月 8 日取得申請日。試問，甲教授或乙廠商何者將取得專利？並請說明其理由。（5 分）

Ans：屬於喪失新穎性之例外情事之一，包括因實驗而公開者、因於刊物發表者、因陳列於政府主辦或認可之展覽會者或非出於其本意而洩漏者。但申請人應於事實發生之日起六個月內提出申請，敘明事實及有關之期日，並於指定期間內檢附證明文件，則與該事實有關之技術不致使申請專利之發明喪失新穎性。案例分析略。

34. 甲、乙、丙發明專利案及先前技術之結構特徵，均為如圖 5 所示之咖啡杯；咖啡杯結構上主要為一杯體及一結合於該杯體上之握把。甲發明專利案申請專利範圍主張，該咖啡杯整體之材質為金屬；先前技術揭露咖啡杯整體之材質係由鋁材質所構成。試問甲發明專利案是否具新穎性？並請說明其理由。（8 分）乙發明專利案申請專利範圍主張，該咖啡杯整體之材質為鐵；先前技術揭露咖啡杯整體之材質係由金屬所構成。試問乙發明專利案是否具新穎性？並請說明其理由。（8 分）丙發明專利案申請專利範圍主張，該咖啡杯杯體之材質係由鋁所構成，而杯體上握把之材質為橡膠；先前技術揭露咖啡杯杯體之材質亦由

鋁材質所構成，至於杯體上握把僅揭露其材質爲彈性體，但未記載「橡膠」之實施例。試問丙發明專利案是否具新穎性？並請說明其理由。（9分）

圖5

Ans：上位概念，指複數個技術特徵屬於同族或同類的總括概念，或複數個技術特徵具有某種共同性質的總括概念。發明包含以上位概念表現之技術特徵者，稱爲上位概念發明。下位概念，係相對於上位概念表現爲下位之具體概念。發明包含以下位概念表現之技術特徵者，稱爲下位概念發明。若先前技術爲下位概念發明，由於其內容已隱含或建議其所揭露之技術手段可以適用於其所屬之上位概念發明，故下位概念發明之公開會使其所屬之上位概念發明不具新穎性。原則上，上位概念發明之公開並不影響下位概念發明之新穎性。

甲案中先前技術揭露咖啡杯整體之材質係由鋁材質所構成，想要申請上爲概念的金屬，會不具新穎性。乙案中先前技術揭露咖啡杯整體之材質係由金屬所構成，而其申請專利範圍之材質爲鐵，上位概念的揭露不會影響下位元件申請的新穎性，故具有新穎性。丙案中先前技術揭露之技術手段包含一技術特徵「彈性體」但未記載「橡膠」之實施例，而申請專利之發明中所記載之相對應技術特徵爲「橡膠」，由於「彈性體」包含「橡膠」及「彈簧」等概念，所以不能認定該發明中之「橡膠」是可由該先前技術中之「彈性體」即能直接且無歧異得知，而具有新穎性。

35. TRIPS 協定與國際間既存智慧財產權協定之關係爲何？世界貿易組織（WTO）會員但非世界智慧財產權組織（World Intellectual Property Organization）之會員國，應否遵守相關國際智慧財產權協定所定標準，其理由爲何？試說明之。（30分）

Ans：由於智慧財產權的重要性與日俱增，但是各國對於權利的保護和實施卻存有很大的差異性，而此差異性勢必會導致國際間經濟關係的緊張，因此有必要制定智慧財產權的國際貿易規定，導入較有規則、可預期和能有系統

地弭平紛爭。WTO在烏拉圭所回合的TRIPs就是嚐試著縮小各國在智慧財產權保護的差異，而能夠成為國際間共同的規則，在WTO會員國建立智慧財產權最低層度的保護。而TRIPs包含了5大議題：貿易系統的基本原則和其他國際IPR的協定要如何運用、如何適當地保護IPR、會員國如何在自己國內實施、如何弭平會員國間IPR的紛爭、新制度導入的過渡期協議。

而TRIPs第3條就規定智慧財產權公約，關於協定中第二、三、四篇，會員應遵守巴黎公約（1967）之第一條至第十二條及第十九條之規定。協定中第一篇至第四篇之規定，並不減輕會員依巴黎公約、伯恩公約、羅馬公約及積體電路智慧財產權條約應盡之既存義務。

36. 工業設計（Industrial Designs）之保護在我國最新修正之專利法與 TRIPS 協定之規範內容為何？試說明之。（30分）

　Ans：新式樣專利之目的在保護二度空間及三度空間之設計成果，但是「新式樣」之用語與國內相關設計產業界之通念並不盡相符。而且國際上保護設計成果之立法例，如美國、歐盟、澳洲等均稱為設計（Design）。考量「設計」用語較「工業設計」或「外觀設計」等用語更具上位概念，較能符合未來設計多變化之展現媒體發展所需。茲為符合產業界及國際間對於設計保護之通常概念及明確表徵設計保護之標的，而參考國際之立法例，將原專利法中的「新式樣」一詞修正為「設計」。

台灣專利法規定：設計，指對物品之全部或部分之形狀、花紋、色彩或其結合，透過視覺訴求之創作。應用於物品之電腦圖像及圖形化使用者介面，亦得依本法申請設計專利。TRIPs第25條則提到：會員應對獨創之工業設計具新穎性或原創性者，規定予以保護。會員得規定對於非顯著不同於習知設計或習知設計特徵之結合者，為不具新穎性或原創性之設計。會員得規定，此種保護不及於主要基於技術或功能性之設計。

37. 生物多樣性公約（Convention on Biological Diversity）第 15 條針對遺傳資源取得之規定主旨在於確認各締約國對其自然資源擁有主權權利，遺傳資源之取得應經提供此資源之締約國先知情同意（prior informed consent）。該條文並規定資源取得者與提供者間應共同商訂條件，公平分享因使用所得之利益。

而 TRIPS 協定架構下所設計之專利制度偏重考量對於專利發明人之權利保障，對於擷取其他國家之遺傳資源行為做為專利發明之概念來源或基礎之行為，TRIPS 協定並無規範。擁有豐富生物多樣性資源之國家（例如巴西、印度等國），要求檢討 TRIPS 協定與生物多樣性公約之關係，並要求建立措施促進公約間調和。試問：擁有豐富生物多樣性資源之開發中國家與歐美等已開發國家，就此議題之立場分別為何？目前最新談判協商之初步共識為何？（40 分）

Ans：生物多樣性公約（Convention on Biological Diversity，簡稱CBD），是一套國際性戰略，使生物多樣性得以保護和可持續發展。其目標包括：保障生物多樣性、可持續地利用其組成部分、公平分享資源所帶來的好處（Benefit Sharing，又稱惠益分享）。1993年12月29日正式生效的《生物多樣性公約》，至2011年4月止，已擁有193個締約方（Parties，包括192個國家和歐盟堪稱全球最大的環境保育公約，也是全球最大的公約之一。

《生物多樣性公約》的第一個議定書，就是《卡塔赫納生物安全議定書（Catagena Protocol on Biosafety）》，在2000年1月29日清晨《生物多樣性公約》第一屆臨時締約方大會（EXCOP1）協商通過，然而議定書開放簽署的過程並不順遂，一直到了2003年9月11日議定書才正式生效。之後越來越多國家加入，截至2011年4月，生物安全議定書已擁有161個締約方。

成立《卡塔赫納生物安全議定書》的目的是要安全轉移、處理和使用改性活生物體（Living Modified Organisms, LMOs），尤其是在跨越國境的改性活生物體，以降低它們對生物多樣性造成不利影響的風險。因此，議定書建立了「事先知情同意（Advance Informed Agreement（AIA））」的程序，以確保改性活生物體出口國在事先通知進口國，並獲得進口國的同意。議定書也建立了「生物安全資訊交換機制（Biosafety Clearing-House）」，以促進改性活生物體的資訊交換，協助締約國執行議定書的規定。

2010年10月15日的《生物安全議定書》第五次會議決議通過《卡塔赫納生物安全議定書關於賠償責任和補救的名古屋—吉隆坡補充議定書（Nagoya-Kuala Lumpur Supplementary Protocol on Liability and Redress to the Cartagena Protocol on Biosafety）》，簡稱《名古屋—吉隆坡補充議定書（NKL Supplementary Protocol）》，以因應跨越國境的改性活生物體一旦對生物多樣性造成損害時，如何釐清賠償責任並採取補救措施。

《生物多樣性公約》的第二個議定書，即《生物多樣性公約關於獲取遺傳資源和公正和公平分享其利用所產生惠益的名古屋議定書（The Nagoya Protocol on Access to Genetic Resources and the Fair and Equitable Sharing of Benefits Arising from their Utilization to the Convention on Biological Diversity）》，簡稱《獲取和惠益分享的名古屋議定書（The Nagoya Protocol on ABS）》業於《生物多樣性公約》第十屆締約方大會通過，並自2011年2月至2012年2月於紐約聯合國總部開放給各締約國簽署。根據議定書，在第50個《生物多樣性公約》締約方送進其簽署批准書後90日起，《獲取和惠益分享的名古屋議定書》就正式生效。

「2010年生物多樣性目標」的確促成許多層面的行動，可惜這些行動的能量並沒有成功紓解生物多樣性所面臨的壓力，導致生物多樣性喪失的潛在因素也未能顯著減少。「2010年生物多樣性目標」無法實現，表示全球的生物多樣性仍然持續減少。因此，「檢討公約執行不限成員名額的工作組」乃在其最後一次報告中提出第二個十年策略計畫的構想，也就是「2011-2020年生物多樣性策略計畫」。這個策略計畫的願景是一個「與大自然和諧共存」的世界，希望「到2050年時，生物多樣性受到重視、得到保護、恢復及合理利用，維持生態系服務，實現一個可持續的健康的地球，所有人都能共享重要惠益」，而策略計畫的任務—「愛知生物多樣性目標」，則是「採取有效和緊急的行動，在2020年以前遏止生物多樣性的喪失，以確保在2020年之前，生態系有復原能力並繼續提供主要服務，從而能夠保障地球生命的多樣性，為人類福祉和消除貧困作出貢獻。」

38. 甲擔任 A 科技研發公司之執行董事，於任職期間以「充電電池之全接觸式極耳構造」、「鋰電池及夾片式的鋰電池極耳收納裝置」向經濟部智慧財產局申請新型專利，經經濟部智慧財產局分別核准公告上述二項專利，請從專利法相關規定分析，上述二項專利權應歸屬甲或 A 公司所有。（35 分）

   Ans：台灣專利法規定：受雇人於職務上所完成之發明、新型或設計，其專利申請權及專利權屬於雇用人，雇用人應支付受雇人適當之報酬。但契約另有約定者，從其約定。前項所稱職務上之發明、新型或設計，指受雇人於僱傭關係中之工作所完成之發明、新型或設計。故須分析某甲之創作是否屬於於僱傭關係中之工作所完成之新型？

39. 常添加於洗碗精或洗衣劑的檸檬、柑橘氣味，或掩蓋漂白水刺鼻氣味的檸檬或薰衣草氣味，是否能取得商標註冊？請詳附理由說明之。（30 分）

   Ans：「商標」指用以區別自己與他人商品或服務的標誌，隨著經濟文明及行銷市場的活潑及多元化，商標的型態可能為包裝設計、立體實物、聲音，甚至為氣味等，而台灣商標法規定：商標，指任何具有識別性之標識，得以文字、圖形、記號、顏色、立體形狀、動態、全像圖、聲音等，或其聯合式所組成。前項所稱識別性，指足以使商品或服務之相關消費者認識為指示商品或服務來源，並得與他人之商品或服務相區別者。所以若具有識別性，亦可取得商標保護。

40. 請詳細分析下列行為，可否主張著作權法規定「合理使用」之行為？就 Google 搜尋到原圖後，將該著作轉化為縮圖加以利用之行為。（15 分）
    將國內外古今知名人士之個人資料或照片，摘錄至自己所著書內之行為。（10 分）寺廟於所舉辦之齋戒學會上播放「家用版」影片予學生觀賞之行為。（10 分）

   Ans：台灣著作權法規定：著作之合理使用，不構成著作財產權之侵害。著作之利用是否合於第四十四條至第六十三條規定或其他合理使用之情形，應審酌一切情狀，尤應注意下列事項，以為判斷之基準：一、利用之目的及性質，包括係為商業目的或非營利教育目的。二、著作之性質。三、所利用之質量及其在整個著作所占之比例。四、利用結果對著作潛在市場與現在價值之影響。

41. 張三於民國（下同）104 年 11 月 1 日完成一項除草機的改良發明，為確定其改良有無瑕疵，張三於 105 年 1 月 10 日至 1 月 20 日假李四開設之休閒農場進行測試。 張三復於 105 年 4 月 10 日報名參加同年 6 月 7 日至 6 月 9 日於美國舉行之匹茲堡國際發明展（此係我國政府認可之展覽會）。試問張三最遲應於何時向經濟部智慧財產局申請專利？何故？

Ans: 台灣專利法對於專利要件中新穎性寬限期（grace period）的規定為：「申請人有下列情事之一，並於其事實發生後六個月內申請，該事實非屬第一項各款或前項不得取得發明專利之情事：一、因實驗而公開者。二、因於刊物發表者。三、因陳列於政府主辦或認可之展覽會者。四、非出於其本意而洩漏者。申請人主張前項第一款至第三款之情事者，應於申請時敘明其事實及其年、月、日，並應於專利專責機關指定期間內檢附證明文件。」所以如果張三於 105 年 1 月 10 日至 1 月 20 日假李四開設之休閒農場進行測試，係屬因實驗而公開，則其必須於105 年 7 月 10 日前提出專利申請；若於李四農場之測試是屬於未公開之實驗，則其公開時間就會是105 年 6 月 7 日，在此情況下就必須於同年12 月 7 日前提出申請。

42. 依專利法規定，任一經核准審定／處分之申請案，申請人於審定書／處分書送達後三個月內繳納證書費及第一年年費後，經濟部智慧財產局便應予公告。試問該規定有無例外？請說明之。

Ans: 台灣專利法規定「申請專利之發明，經核准審定者，申請人應於審定書送達後三個月內，繳納證書費及第一年專利年費後，始予公告」，其中之要件有送達後三個月、繳納證書費和第一年年費，其中對於送達例外如「申請人因天災或不可歸責於己之事由，遲誤法定期間者，於其原因消滅後三十日內，得以書面敘明理由，向專利專責機關申請回復原狀。但遲誤法定期間已逾一年者，不得申請回復原狀。」，以及「審定書或其他文件無從送達者，應於專利公報公告之，並於刊登公報後滿三十日，視為已送達」。

而關於繳費之例外就是，如果申請人非因故意，還可在繳費期限屆滿後六個月內，繳納證書費及二倍之第一年專利年費來補救。

另外的例外就是涉及國防機密或其他國家安全之機密者需要保密的案件，保密期間是自審定書送達申請人後為期一年，並得續行延展保密期間，每次一年；期間屆滿前一個月，專利專責機關應諮詢國防部或國家安全相關機關，決定是否需要繼續保密；當於無保密之必要時，專利專責機關應通知申請人於三個月內繳納證書費及第一年專利年費後，才會公告。

43. 發明專利權人李四因故未如期（民國 104 年 12 月 31 日）繳納第二年年費。試問，依專利法有何補救措施？請說明之。

Ans: 台灣專利法規定發明專利第二年以後之專利年費，未於應繳納專利年費之期間內繳費者，得於期滿後六個月內補繳之。但其專利年費之繳納，除原應繳納之專利年費外，應以比率方式加繳專利年費。

其逾越應繳納專利年費之期間，按月加繳，每逾一個月加繳百分之二十，最高加繳至依規定之專利年費加倍之數額；其逾繳期間在一日以上一個月以內者，以一個月論。另專利法第70條還規定專利權人非因故意，沒有能夠在期滿後六個月內補繳，另還可在期限屆滿後一年內，申請回復專利權，並繳納三倍之專利年費後，由專利專責機關公告之。換句話說，李四因故未如期繳納第二年年費，可在繳納期屆滿後六個月內按每月加百分之二十的方式補繳，或是在繳納期屆滿後六個月後至一年內申請回復專利權，但是要繳納三倍之專利年費。

44. 甲公司於 2012 年 1 月 1 日以其揭露含有 A、B 兩項技術內容之發明，向美國專利商標局申請發明專利，並取得申請日；嗣於 2013 年 1 月 1 日主張以該美國專利案為優先權基礎案，向我國經濟部智慧財產局提出一發明專利申請案，惟其於專利說明書、申請專利範圍及圖式均僅揭露 A 之技術內容。其後，甲公司於我國發明申請案審查過程，主張依專利法施行細則第 24 條規定，以 B 之技術內容已見於美國優先權基礎案中為由，申請修正，將 B 之相關技術內容增修於我國發明申請案之專利說明書、申請專利範圍及圖式中。

請就甲公司於我國之發明專利申請案，附具理由，分別回答以下問題：題示情形，甲公司主張依專利法施行細則第 24 條規定，以 B 之技術內容已見於美國優先權基礎案中為由，申請修正，是否有理由？經濟部智慧財產局審查 該發明

申請案時，應否准許甲公司所提修正，並於未發現 A、B 兩項技術內容 有其他違反專利要件的情形下准予專利？其法規依據及理由為何？題示情形，設甲公司據 B 之相關技術內容，修正我國發明申請案之專利說明 書、申請專利範圍及圖式後，已影響變動其申請專利範圍全部請求項之權利 範圍時，如該發明申請案嗣經審查准予專利，並公告取得專利權。

此時，第三人如在未發現相關證據得以主張 A、B 兩項技術內容有其他違反專利要件的情形下，欲對該案提出舉發以達撤銷全部專利權之目的，其法定舉發事由及舉發聲明應為如何之主張？承前述，如甲公司於第三人提出之舉發案審理期間，申請更正，欲將其增修之 B 之相關技術內容於專利說明書、申請專利範圍及圖式均予刪除，經濟部智 慧財產局應否准許其更正？請依就專利舉發審查相關規定，詳述其處理規範及理由為何？

Ans: 專利法施行細則第24條有規定發明專利申請案之說明書有部分缺漏或圖式有缺漏之情事，申請人可申請補正者，若補正之說明書或圖式已見於主張優先權之先申請案，仍以原提出申請之日為申請日。然而，專利法第43條則有專利說明書修正之規定，除誤譯之訂正外，不得超出申請時說明書、申請專利範圍或圖式所揭露之範圍！所以，本案中甲公司於專利說明書、申請專利範圍及圖式均僅揭露原主張優先權日申請案之部分技術內容，當然就無法再申請修正回復全部之技術內容。

事實上，2009年5月18日CAFC全院審理的Abbott Laboratories v. Sandoz, Inc.案討論的就是相同的案例，系爭專利雖然主張日本專利申請案的優先權日，然而，其美國案的申請書中卻只保留原日本案中所列的結晶A，而拋棄了結晶B，CAFC法官認為從其說明書與申請過程都可看出其清楚的意圖，所以專利權人不能透過申請範圍的解讀來復奪結晶B的權利範圍。

45. 甲公司以其所完成之 A 技術內容，分別向我國經濟部智慧財產局申請一發明專利申請案及一新型專利申請案，並同時於各該申請案中聲明其有另一新型（發明）專利申請案。請附具理由，分別回答以下問題：題示情形，如甲公司提出申請案之時間，均為 2012 年 1 月 1 日，其新型專利 申請案經形式審查後核准專利，並於 2012 年 7 月 1 日公告取得新型專利權； 其發明專利申請案現仍處於審查程序中，經濟部智慧財產局如擬准予其發明 專利申請案時，應為如何之

處置？其後續之法律效果，是否因甲公司之選擇 而有所差異？請就其所適用之法規依據及理由說明之。題示情形，如甲公司提出申請案之時間，均為 2013 年 1 月 1 日，其新型專利 申請案經形式審查後核准專利，並於 2013 年 7 月 1 日公告取得新型專利權；其發明專利申請案現仍處於審查程序中，經濟部智慧財產局如擬准予其發明專利申請案時，應為如何之處置？其後續之法律效果，是否因甲公司之選擇 而有所差異？請就其所適用之法規依據及理由說明之。題示情形，如甲公司提出申請案之時間，均為 2014 年 1 月 1 日，其新型專利 申請案經形式審查後核准專利，並於 2014 年 7 月 1 日公告取得新型專利權；其發明專利申請案現仍處於審查程序中，經濟部智慧財產局如擬准予其發明專利申請案時，應為如何之處置？其後續之法律效果，是否因甲公司之選擇 而有所差異？請就其所適用之法規依據及理由說明之。

Ans: 2011年的台灣專利法修正，是在2011年12月21日修正公布，2013年1月1日施行；而2013年的修法是在2013年6月11日修正公布，2013年6月13日施行，而2014年1月22日則修正公布部分條文（第97條之1至第97條之4及第143條），行政院定自2014年3月24日施行。[註：這種像考小學生歷史年代的記憶型題目，實在令人不敢恭維！]

第一小題是2011年修法尚未施行，所以要按2010年舊法來處理，當時專利法第31條規定：同一發明或創作分別申請發明專利及新型專利者，準用前三項規定。所以智慧財產局會讓甲公司決定。

第二小題則適用2011年的修法，當時專利法第33條規定：同一人就相同創作，於同日分別申請發明專利及新型專利，其發明專利核准審定前，已取得新型專利權，專利專責機關應通知申請人限期擇一；屆期未擇一者，不予發明專利。申請人依前項規定選擇發明專利者，其新型專利權，視為自始不存在。發明專利審定前，新型專利權已當然消滅或撤銷確定者，不予專利。

第三小題適用於2014年法條，由於相關法條沒有修正，處理方式會同於第二小題。

46. 甲 於民國（下同）104 年 6 月間發現乙所銷售之 a 產品有侵害甲已取得之 A 新型專利權之虞，乃要求乙停止銷售 a 產品。乙則主張組合證據 1、證據 2 之技術內容 可證明 A 新型專利請求項不具進步性，A 新型專利應予撤銷，而於同年 7 月 1 日 向經濟部智慧財產局提出舉發，經經濟部智慧財產局為舉發不成立之審定。乙不服 該審定，於同年 12 月 1 日向經濟部提起訴願。經濟部訴願決定將原處分撤銷，發 回由經濟部智慧財產局另為適法之處分。甲不服該訴願決定，於 105 年 4 月 1 日 向法院提起行政訴訟，經法院裁定命乙參加訴訟。乙於行政訴訟中又提出證據 3， 主張證據 3 可單獨證明 A 新型專利請求項不具新穎性，且組合證據 1、證據 2、證 據 3 之技術內容亦可證明 A 新型專利請求項不具進步性。試問：法院就乙於行政訴訟中提出證據 3，所主張證據 3 可單獨證明 A 新型專利請求項不具新穎性，且組合證據 1、證據 2、證據 3 之技術內容亦可證明 A 新型專利請 求項不具進步性部分，應否加以審酌？請附理由說明之。承前題，於甲所提起之行政訴訟中，法院得否依職權調查審酌證據 1、證據 2 及 證據 3 以外之其他證據？請附理由說明之。

Ans: 台灣智慧財產案件審理法第三十三條規定，關於撤銷、廢止商標註冊或撤銷專利權之行政訴訟中，當事人於言詞辯論終結前，就同一撤銷或廢止理由提出之新證據，智慧財產法院仍應審酌之。智慧財產專責機關就前項新證據應提出答辯書狀，表明他造關於該證據之主張有無理由。由於用證據3單獨證明 A 新型專利請求項不具新穎性，並非同一撤銷或廢止理由提出之新證據，故不應加以審酌；然組合證據 1、證據 2、證據 3 之技術內容亦可證明 A 新型專利請求項不具進步性部分，係屬同一理由，故應加以審酌。

行政訴訟法第一百二十五條規定，行政法院應依職權調查事實關係，不受當事人主張之拘束；又第一百三十三條規定，行政法院於撤銷訴訟，應依職權調查證據；於其他訴訟，為維護公益者，亦同；另智慧財產案件審理法第八條規定，法院已知之特殊專業知識，應予當事人有辯論之機會，始得採為裁判之基礎；第三十四條規定，於有關智慧財產權之行政訴訟，準用第八條的規定。故法院就同一撤銷或廢止理由，得依職權調查審酌證據 1、證據 2 及 證據 3 以外之其他證據。

47. 發明專利權人甲於 103 年 4 月 1 日將其所有之 A 專利專屬授權予乙，惟未向專利專責機關爲授權登記。嗣甲將 A 專利權讓與丙，並於 103 年 7 月 1 日向專利專責機關完成讓與登記。103 年 8 月 1 日乙以丁侵害 A 專利爲由，起訴請求丁負損害賠償責任。丁則抗辯乙未經現在登記專利權人丙之授權，而先前專利權人甲之授權並未向專利專責機關登記，故乙不得基於專利之授權對其主張專利權侵害之損害賠償。試問：丁之抗辯是否有理由？設若丙另就丁上開侵害 A 專利之事實，起訴請求丁銷毀該被控侵權物，如丁就製造被控侵權物部分並無故意或過失，則丙是否仍得請求丁銷毀被控侵權物？題示情形，丙得否另以其名義，主張丁侵害其所有之 A 專利，起訴請求丁負侵害 A 專利之損害賠償責任？

    Ans: 台灣專利法第六十二條規定：發明專利權人以其發明專利權讓與、信託、授權他人實施或設定質權，非經向專利專責機關登記，不得對抗第三人。所以丁抗辯乙未經現在登記專利權人丙之授權，而先前專利權人甲之授權並未向專利專責機關登記，故乙不得基於專利之授權對其主張專利權侵害之損害賠償，是有理由。

    又台灣專利法第九十六條規定：發明專利權人對於侵害其專利權者，得請求除去之。有侵害之虞者，得請求防止之。發明專利權人對於因故意或過失侵害其專利權者，得請求損害賠償。發明專利權人爲第一項之請求時，對於侵害專利權之物或從事侵害行爲之原料或器具，得請求銷毀或爲其他必要之處置。專屬被授權人在被授權範圍內，得爲前三項之請求。但契約另有約定者，從其約定。甲將專利讓與丙，且項專利專責機構完成登記，所以可請求銷毀和提起損害賠償之訴。

48. 日商 Forever Corporation 爲國內、外著名之相機製造商（以下簡稱 A 公司），自 1980 年創立公司。其相機使用著名之「Forever」商標，行銷全球。A 公司於 1990 年向我國經濟部登記「常青電子股份有限公司」爲其在臺灣子公司之名稱，並向經濟部智慧財產局註冊登記「Forever」、「常青」與「長青」商標，指定使用於相機等電子商品，已爲國內相關事業及消費者所普遍認知。長青實業股份有限公司（以下簡稱 B 公司）爲中部地區一間代工製造嬰兒食品之公司，並無自有品牌。由於其主要業務爲外銷，平日對外均以「Sunny Baby Food Corporation」爲名，其中文公司名稱僅對內與公家機關、國內廠商等行政作業

流程 中使用。A 公司認為 B 公司侵害其商標權,故提起訴訟,請求停止使用「長青」作為中文名稱特取部分,並請求損害賠償。 試問:B 公司以本件「長青實業股份有限公司」公司名稱為營業之行為,是否構成商標之使用?其行為是否侵害 A 公司之「常青」或「長青」商標權?B 公司以「長青實業股份有限公司」為自己公司名稱之行為,是否構成侵害 A 公司之商標權?

Ans: 台灣商標法第五條有規定商標之使用,指的是而有下列情形之一,並足以使相關消費者認識其為商標:一、將商標用於商品或其包裝容器。二、持有、陳列、販賣、輸出或輸入前款之商品。三、將商標用於與提供服務有關之物品。四、將商標用於與商品或服務有關之商業文書或廣告。前項各款情形,以數位影音、電子媒體、網路或其他媒介物方式為之者,亦同。故B公司以「長青實業股份有限公司」公司名稱為營業之行為,應無構成商標之使用。

另台灣商標法第第三十六條規定不受他人商標權之效力所拘束,包括有以符合商業交易習慣之誠實信用方法,表示自己之姓名、名稱,或其商品或服務之名稱、形狀、品質、性質、特性、用途、產地或其他有關商品或服務本身之說明,非作為商標使用者,故其以「長青實業股份有限公司」為公司名稱之行為,應無構成侵害 A 公司之商標權。

49. 甲創作科幻小說「致命危險」,交由乙出版社發行,乙為確保其銷售量,經甲同意找來知名大師丙共同掛名,於書上標示「丙、甲著」。 某劇團欲將該小說改編成歌舞劇,請說明除須得甲之同意外,是否仍應徵得丙之同意。承前題,丁為該歌舞劇創作音樂,嗣後丁將歌劇中部分音樂改編成適合戊樂團演 奏之樂曲,由戊樂團在各地巡迴演出,並由己將演出錄製成 CD 發行。A 購買該音樂 CD 後,於其開設之書店中播放。試問:A 之行為是否侵害丁、戊、己之著作財產權?

Ans: 台灣著作權法第四十條規定,共同著作各著作人之應有部分,依共同著作人間之約定定之;無約定者,依各著作人參與創作之程度定之。各著作人參與創作之程度不明時,推定為均等。另第四十條之一亦規定:共有之著作財產權,非經著作財產權人全體同意,不得行使之。所以改編應徵得丙之同意。

著作權中的公開播送，指基於公眾直接收聽或收視為目的，以有線電、無線電或其他器材之廣播系統傳送訊息之方法，藉聲音或影像，向公眾傳達著作內容。A 購買該音樂 CD 後，於其開設之書店中播放，係屬於公開播送，台灣著作權法第九十二條規定：擅自以公開口述、公開播送、公開上映、公開演出、公開傳輸、公開展示、改作、編輯、出租之方法侵害他人之著作財產權者，處三年以下有期徒刑、拘役，或科或併科新臺幣七十五萬元以下罰金。

50. 張三研發完成「皮箱角輪」，置於桌上，某日友人李四來訪，見到該發明覺得不錯，乃竊取，搶先向經濟部智慧財產局申請發明專利，並於 2012 年 2 月間取得專利。李四取得專利後旋即於同年 3 月 1 日將其專利權專屬授權予王五製造、銷售，運用於王五所製造之旅行箱產品，約定授權期間 5 年，惟未向專利專責機關辦理授權登記。張三於 2012 年 4 月間於市面上看見王五所產銷之產品，經查始知李四早已取 得「皮箱角輪」之專利，甚為生氣，乃對李四提起舉發，撤銷李四之專利，並重新以自己名義提出申請，終於在 2014 年 1 月間取得專利權，請說明：張三在取得專利權後，可否主張李四與王五間之授權契約無效，而要求王五不得繼續實施該專利？可否主張李四之前所收取之授權金為不當得利，而請求返還？在授權期間，王五發現其所實施之專利遭受陳六侵害，乃對陳六主張排除侵害及 損害賠償，但陳六抗辯王五並未為授權登記，不得對其主張權利，請問陳六之抗辯是否有道理？

Ans: 台灣專利法第五十九條規定，發明專利權之效力，不及於非專利申請人所得專利權，因專利權人舉發而撤銷時，其被授權人在舉發前，以善意在國內實施或已完成必須之準備者。而且該被授權人，因該專利權經舉發而撤銷之後，仍實施時，於收到專利權人書面通知之日起，應支付專利權人合理之權利金。

另第六十二條規定發明專利權人以其發明專利權讓與、信託、授權他人實施或設定質權，非經向專利專責機關登記，不得對抗第三人。所以陳六抗辯王五並未為授權登記，不得對其主張權利，所以陳六之抗辯是有道理。

51. 「生分解紙杯」及「可促進淋膜紙製品表層生物分解之環保製法及其製備」二發明 專利為 X 紙業公司（下稱 X 公司）所有。X 公司主張 Y 包裝公司（下稱 Y 公司）未經其同意，製造、販賣「生分解紙杯」產品，又使用上述「可促進淋膜紙製品表層生物分解之環保製法及其製備」專利方法所製成物品，構成侵害其專利，因此起 訴請求 Y 公司停止所有侵害行為，並請求損害賠償。Y 公司則抗辯：其產品所使用之原料與 X 公司使用之原料並不相同，因此製成之物品完全不同。又其所使用之方法並非 X 公司所創，不得因其產品含有部分與 X 公司相同之原料即認為其係以 X 公司之專利方法所製造。請問：就以上侵權訴訟，在物品專利與方法專利之舉證責任的分配情形有無不同？請說明分別應由那方當事人就那些事項負舉證責任？

    Ans： 台灣專利法第九十九條規定，製造方法專利所製成之物在該製造方法申請專利前，為國內外未見者，他人製造相同之物，推定為以該專利方法所製造。前項推定得提出反證推翻之。被告證明其製造該相同物之方法與專利方法不同者，為已提出反證。被告舉證所揭示製造及營業秘密之合法權益，應予充分保障。物品專利侵權的舉證在專利權人，方法專利會先推定以該專利方法所製造，若被告能夠證明是以不同方法時，舉證責任又會回到專利權人。

52. 甲以證據 A 主張乙發明專利權人之發明專利權有撤銷原因，向經濟部智慧財產局提起舉發，請附理由回答下列問題：甲提起之舉發案，如經審定舉發成立，乙就該審定處分提起訴願，案經經濟部訴願決定撤銷原處分，同時決定「舉發不成立」，嗣後甲擬就該訴願決定提起行政訴訟，此時應以何機關為被告？甲提起之舉發案，經審定舉發不成立，再經甲提起訴願亦遭駁回；惟甲提起行政訴訟後，法院撤銷原處分及訴願決定，並發回原處分機關另為適法之決定，請問經濟部智慧財產局再為審定處分時，是否受法院該撤銷判決見解之拘束？

    Ans： 台灣行政訴訟法第二十四條規定，經訴願程序之行政訴訟，其被告為下列機關：一、駁回訴願時之原處分機關。二、撤銷或變更原處分時，為撤銷或變更之機關。甲就該訴願決定提起行政訴訟，因為是經濟部訴願決定撤銷原處分，所以被告為經濟部。

另根據行政訴訟法第二百條第四款的規定，原告之訴雖有理由，惟案件事證尚未臻明確或涉及行政機關之行政裁量決定者，應判命行政機關遵照其判決之法律見解對於原告作成決定。故當甲提起行政訴訟後，法院撤銷原處分及訴願決定，並發回原處分機關另為適法之決定，請問經濟部智慧財產局再為審定處分，是受到法院該撤銷判決見解之拘束。

53. 張三於民國 100 年 6 月 1 日研發完成一項發明，請熟稔專利申請作業的好友李四代為撰寫專利申請書、說明書及申請專利範圍。李四應允但遲未完成，張三屢催未果。 嗣後，張三始得知李四擅自將其發明以自己名義（李四）向經濟部智慧財產局（下稱智慧局）申請並取得專利。該案已公告於智慧局發行之專利公報（發行日期為民國 102 年 3 月 1 日）。試問張三應如何就其發明主張專利法上之權益？請說明之

Ans: 台灣專利法第七十一條規定，發明專利權人為非發明專利申請權人，可依法向專利專責機關提起舉發；又第三十五條規定，發明專利權經專利申請權人或專利申請權共有人，於該專利案公告後二年內，依第七十一條第一項第三款規定提起舉發，並於舉發撤銷確定後二個月內就相同發明申請專利者，以該經撤銷確定之發明專利權之申請日為其申請日。

54. 趙六任職於 A 公司擔任研發工作，任職期間，趙六參加考選部舉辦之經濟部專利審查人員考試，並順利上榜。趙六於離職 A 公司前完成一項發明。何人得就該發明申請專利？設若該申請案提出時，趙六已任職智慧局，趙六之任職對該申請案有何影響？請說明之。

Ans: 台灣專利法第七條規定，受雇人於職務上所完成之發明、新型或設計，其專利申請權及專利權屬於雇用人，雇用人應支付受雇人適當之報酬。但契約另有約定者，從其約定。趙六任職於 A 公司擔任研發工作，任職期間所完成的發明，應屬職務上的發明，A公司得就該發明申請專利。

> 另第十五條規定，專利專責機關職員及專利審查人員於任職期內，除繼承外，不得申請專利及直接、間接受有關專利之任何權益。再根據第十六條的規定，專利審查人員本人或其配偶，為該專利案申請人、專利權人、舉發人、代理人、代理人之合夥人或與代理人有僱傭關係者，應應自行迴避，若有專利審查人員有應迴避而不迴避之情事者，專利專責機關得依職權或依申請撤銷其所為之處分後，另為適當之處分。

55. 王五完成一項機械的改良，擬向智慧局申請專利，以確保其專利權益。王五雖希望取得發明專利，但擔心倘申請發明專利未果，恐致得不到任何專利權益之保障。王五欲知其得否既申請發明專利又申請新型專利，如此，縱令未取得發明專利，仍得擁有新型專利權。請說明之。

Ans: 專利法第33條規定：同一人就相同創作，於同日分別申請發明專利及新型專利，其發明專利核准審定前，已取得新型專利權，專利專責機關應通知申請人限期擇一；屆期未擇一者，不予發明專利。申請人依前項規定選擇發明專利者，其新型專利權，視為自始不存在。發明專利審定前，新型專利權已當然消滅或撤銷確定者，不予專利。所以王五可同時申請發明與新型，再依上述規定於期限內擇一。

56. 某公司甲向某教授乙購買一產品發明進行商品化，該公司負責將該發明商品化之研發工程師某丙發展一套製造該商品之新方法，另一方面委託設計公司某丁設計該產品之外觀。某公司甲向經濟部智慧財產局提出發明專利申請請求物品專利及其製造方法，另案申請設計專利。上述二專利申請書上發明人一欄皆為某公司甲之負責人某戊。該發明專利申請案公開後某乙與某丙才知道自己不是發明人，某丁是在設計專利公告後才得知創作人不是他而是某戊。請問某公司甲有無侵害這些發明人或創作人之姓名表示權？如構成侵權，這些專利有無無效之原因？

Ans: 台灣專利法第七條規定，受雇人於職務上所完成之發明、新型或設計，其專利申請權及專利權屬於雇用人，雇用人應支付受雇人適當之報酬。但契約另有約定者，從其約定。一方出資聘請他人從事研究開發者，其專利申請權及專利權之歸屬依雙方契約約定；契約未約定者，屬於發明人、新型創作人或設計人。但出資人得實施其發明、新型或設計。依第一項、前項之規定，專利申請權及專利權歸屬於雇用人或出資人者，發明人、新型創作人或設計人享有姓名表示權。第九十六條則規定，發明人之姓名表示權受侵害時，得請求表示發明人之姓名或為其他回復名譽之必要處分。

由於該物品係某公司甲所購買而來，並非其發明，所以某乙可依專利法第七十一條規定，以發明專利權人為非發明專利申請權人，依法向專利專責機關提起舉發，而撤銷該產品專利。而某丙與某丁則分別是雇傭關係與受聘關係，只能請求表示發明人之姓名或為其他回復名譽之處分，不會造成專利無效。

57. 某教授甲發明一微電子光柵，於 2011 年 2 月 10 日發表在國際著名學術刊物 IEEE 上；另一方面甲以其發明與數家創業投資公司，成立乙公司，積極將其發明商業化 製成光譜儀，同年 6 月 20 日乙公司在臺北光電展（政府認可）展出含有該發明之光譜儀。乙公司以受讓人之名義於 2011 年 8 月 5 日申請專利。其後發現美國某大公司丙在 2011 年 4 月 15 日公開發表一種相同的光譜儀，在 2011 年 7 月 30 日在美國申請專利，2012 年 6 月 25 日來臺申請專利主張國際優先。試論誰取得該發明之我國專利權？

Ans: 美國某大公司丙在 2011 年 4 月 15 日公開的光譜儀，在 2011 年 7 月 30 日在美國申請專利，2012 年 6 月 25 日來臺申請專利主張國際優先，然此美國勢必會受限於 2011 年 2 月 10 日發表在國際著名學術刊物 IEEE 上的資訊，而不符合新穎性的規定無法取得台灣專利。

乙公司以受讓人之名義於 2011 年 8 月 5 日申請專利，可對於 2011 年 2 月 10 日在國際著名學術刊物 IEEE 的發表，主張六個月的寬限期。但是根據專利法第二十三條之規定，申請專利之發明，與申請在先而在其申請後始公開或公告之發明或新型專利申請案所附說明書、申請專利範圍或圖式載明之內容相同者，不得取得發明專利。所以乙公司亦無法取得台灣專利。

58. 專利法第 41 條規定，發明專利申請人對於申請案公開後，曾經以書面通知發明專利申請內容，而於通知後公告前就該發明仍繼續為商業上實施之人，得於發明專利申請案公告後，請求適當之補償金。試論發明專利權人之補償金請求權的立法目的，及其與專利權被侵害之損害賠償請求權有何不同？

Ans: 台灣專利法第四十一條規定， 發明專利申請人對於申請案公開後，曾經以書面通知發明專利申請內容，而於通知後公告前就該發明仍繼續為商業上實施之人，得於發明專利申請案公告後，請求適當之補償金。其立法的目的就是要對早期公開制形成『暫時權利保護』，因為發明專利申請人尚未取得專利權，無法行使專利法賦予的損害賠償請求權，然而其發明內容業已公告周知，如果不賦予申請人某種程度的保護，則早期公開制度無疑將使發明專利申請人陷於被侵權的境地，導致其求償無門。

因此，讓發明專利申請人在後續取得專利權時，可回過頭來對實施其發明之人請求適當之補償金。

59. 小明以其專題研究成果，撰寫成一份符合新型專利規定之專利文件（下稱甲案），其申請專利範圍技術內容為：一種花瓶，其瓶口係呈橢圓形，瓶底為內凹封閉之圓形，瓶身呈螺旋狀，該花瓶材質為玻璃。經查本國專利公報於甲案申請前，已刊載 4 個與甲案形狀、構造完全相同之花瓶，各前案之材質分別如下所示：前案 1：與甲案完全相同之玻璃。前案 2：習知之陶瓷。前案 3：習知之鋁合金。前案 4：習知之塑膠。當甲案於申請階段。試問，該申請專利之新型是否會准予專利？並請說明其理由。於舉發階段，關於新型專利請求項與舉發證據間，其新穎性及進步性之審查比對原則為何？當甲案於舉發階段，舉發人分別據前案 1 至 4 作為舉發證據。試問，其審查結果分別為何？並請說明其理由，且理由中須具體指明所涉及之專利要件。

Ans: 由於目前台灣新型專利採形式審查，故符合新型專利規定之專利文件即回取得新型專利。新穎性的比對是一比一的比對。

60. 張三於 98 年 11 月 3 日，提出一發明專利申請案（下稱張三案），其說明書所載技術內容為 A、B 及 C，申請專利範圍所載技術內容為 A，自申請日起 18 個月後被公開。甲案：申請人為張三，申請日為 98 年 11 月 4 日，申請專利範圍所載技術內容為 A。乙案：申請人為李四，申請日為 98 年 11 月 11 日，申請專利範圍所載技術內容為 B。丙案：申請人為張三及李四，申請日為 98 年 11 月 18 日，申請專利範圍所載技術內容為 A。丁案：申請人為李四，申請日為 98 年 11 月 3 日，申請專利範圍所載技術內容為 C。上述甲、乙、丙及丁案說明書所載技術內容均為 A、B 及 C，且於無其他核駁理由之情況下；試問，甲、乙、丙及丁案分別與張三案比對，是否會准予專利？並請說明其理由。

Ans: 甲、乙、丙案的申請日均晚於張三案，所以新穎性不足，無法取得專利。丁案與張三案同日申請，各分別請求不同的權利範圍，應該會取得專利。

61. 甲以「3C 產品保護膜之貼附方法」於民國（以下同）99 年 5 月 6 日申請發明專利，經濟部智慧財產局（以下稱智慧財產局）於 100 年 9 月 16 日准予專利，其技術特徵爲「一種遇熱軟化，冷卻後定型不回縮之塑膠膜，以設有黏膠層該側貼附於外殼表面，並以熱風使其軟化密貼於外殼表面，即可在產品表面平整地貼附一層保護膜之方法。」乙發現 99 年 1 月出版之 3C 雜誌，刊載「輕鬆包膜」一文，介紹使用吹風機將膠膜加熱後拉伸延展之方法，99 年 4 月亦有網友上傳「看完後人人都是包神」的手機包膜教學影片，傳授保護膜烘軟密貼之步驟。乙因此認爲甲之「3C 產品外殼保護膜之貼附方法」早已公開，而且是同行或一般人透過學習即可輕易上手之技術，不符專利申請之要件，提出舉發，智慧財產局應如何處理該舉發案？

Ans: 智慧財產局受理舉發後，應將舉發申請書副本送達專利權人甲，限期於副本送達後1個月內答辯，除先行申明理由，准予展期者外，屆期未答辯者，逕予交付審查。舉發審查期間，爲釐清爭點、簡化程序或踐行程序等，通常會進行面詢、通知補提理由、證據及交付答辯等程序。

　　而智慧財產局對於舉發之審查，原則上係就舉發人與專利權人雙方攻擊防禦之爭點進行審查。審查時須先整理爭點，若舉發人於舉發理由中所主張之法條、具體事實及各具體事實與證據間之關係記載不明確，則不能充分瞭解該爭點之內容，必須行使闡明權，使爭點明確。審查人員於舉發聲明範圍內，依雙方攻擊防禦之書面理由及證據進行審查，審查過程中，爲發現眞實認有必要時，應在爭點範圍內依職權調查證據。

62. 張三以 A 技術申請新型專利獲准，隨後張三申請新型專利技術報告，智慧財產局於 99 年 12 月 6 日完成新型技術報告，以 B、C、D 等先前技術比對結果，「無法發現足以否定其專利要件之先前技術文獻」。李四認爲 A 技術之功效僅爲先前已獲准專利之 E、F 專利之相加，無新功效產生，不符申請新型專利要件，提出舉發。智慧財產局於 100 年 10 月 21 日以 E、F 之先前技術爲依據，作成舉發成立之處分。張三主張智慧財產局之新型專利技術報告未發現 A 技術欠缺專利要件，舉發案不應作出與技術報告相反之審定，舉發成立之處分違法。請問張三之主張是否有理由？

Ans: 新型專利技術報告之性質，係屬機關無拘束力之報告，並非行政處分，僅作爲權利行使或技術利用之客觀判斷的參考依據。所以名稱定爲「新型專利技術報告」，而不是「技術審定書」、「技術處分書」。

申請人對新型專利技術報告之比對結果如有不服，因其並非行政處分，所以無法提起行政救濟。

99年8月25日修正公布專利法第103條之修正理由第三項：「三、第1項規定任何人得向專利專責機關申請新型專利技術報告。按新型專利技術報告在功能上具有公眾審查之性質，從而對於申請技術報告之資格，不應予以特別限制，而應使任何人皆能向專利專責機關申請，以釐清該新型專利是否合於專利要件之疑義，惟該新型專利技術報告之性質，係屬機關無拘束力之報告，並非行政處分，僅作爲權利行使或技術利用之參酌。若任何人認該新型專利有不應核准專利之事由，應依修正條文第107條規定提起舉發，始能撤銷該新型專利權。」（立法院第5屆第1會期第17次會議議案關係文書，院總字第474號，政府提案第8633號，第政109至政110頁，91年5月22日印發。立法院第5屆第2會期第16次會議議案關係文書，立法院經濟及能源委員會之審查報告暨條文對照表，第討182至討183頁）是以立法者顯無意使新型專利技術報告具有行政處分之效力。

63. 王五於 100 年 3 月 2 日就其發明之 G 技術向中國大陸申請專利，100 年 5 月 2 日向我國智慧財產局申請專利，並聲明優先權。智慧財產局審查時，發現趙六於 100 年 4 月 6 日針對相同之 G 技術提出專利申請。若 G 技術具備專利要件，智慧財產局應向何人核發專利？又 G 技術獲准專利後，專利權人得否申請修正申請專利範圍？

Ans: 台灣專利法第二十八條規定，申請人就相同發明在與中華民國相互承認優先權之國家或世界貿易組織會員第一次依法申請專利，並於第一次申請專利之日後十二個月內，向中華民國申請專利者，得主張優先權。由於中國大陸是世界貿易組織會員，故王五可主張優先權，而其優先權申請日早於趙六的申請日，智慧財產局應向王五核發專利。

另專利法第六十七條規定，發明專利權人申請更正專利說明書、申請專利範圍或圖式，僅得就下列事項為之：一、請求項之刪除。二、申請專利範圍之減縮。三、誤記或誤譯之訂正。四、不明瞭記載之釋明。更正，除誤譯之訂正外，不得超出申請時說明書、申請專利範圍或圖式所揭露之範圍。依第二十五條第三項規定，說明書、申請專利範圍及圖式以外文本提出者，其誤譯之訂正，不得超出申請時外文本所揭露之範圍。更正，不得實質擴大或變更公告時之申請專利範圍。

64. 甲發明豬的新品種「人豬」，將人類的 DNA 打到豬胚胎，豬隻長大後，其內臟可供人體器官移植之用，且能避免人體產生排斥作用。又乙發明 H 藥，用以治療器官移植時之排斥反應。甲、乙分別就其發明向智慧財產局申請發明專利，智慧財產局應如何處理甲、乙之專利申請案？

Ans: 台灣專利法第二十四條規定，不予發明專利包括：一、動、植物及生產動、植物之主要生物學方法。但微生物學之生產方法，不在此限。二、人類或動物之診斷、治療或外科手術方法。三、妨害公共秩序或善良風俗者。豬的新品種「人豬」係屬於動物，故為不予發明專利之項目，智慧財產局應以非法定標的而予以核駁。

至於治療器官移植時之排斥反應之H藥，則應按實用性、新穎性與進步性予以審查。

65. 甲公司以「驅動多組直流光源之驅動電路」，向經濟部智慧財產局（下稱智慧財產局）申請發明專利，智慧財產局因其不具進步性，核駁其申請。甲公司不服，申請再審查，專利審查人員認為其獨有之迴授設計部分雖具進步性，然卻揭露於專利範圍第 3 項，為依附於第 1 項獨立項之附屬項，而非獨立項。智慧財產局於發出不予專利審查意見書時，同時亦給予甲公司修正專利範圍及答辯機會，惟甲公司僅就先前技術答辯，並未對專利範圍修正。依此事實問：（一）專利申請案有兩項以上請求項時，審查機關應如何審理及決定？（二）如本申請案經再審查後，仍認為欠缺專利要件而核駁其專利申請時，甲公司有何行政救濟管道？

Ans: (一)專利審查基準提到：審查進步性時，應以每一請求項所載之發明的整體為對象，逐項作成審查意見，惟經審查認定獨立項具進步性時，其附屬項當然具進步性，得一併作成審查意見；但獨立項不具進步性時，其附屬項未必不具進步性，仍應分項作成審查意見。本案中專利範圍第 3 項(依附於第 1 項獨立項之附屬項)揭露之迴授設計部分具進步性，不能因為第1項獨立項不具進步性即逕予核駁。(二) 如本申請案經再審查後，仍認為欠缺專利要件而核駁其專利申請時， 甲公司可向經濟部訴願委員會提起訴願，以及後續向智慧財產權法院提出行政訴訟之救濟管道。

66. 甲係 C 大學專任教授，於聘任期間以自己名義將「用於將上皮幹細胞展開在羊膜上的方法以及所得之移植物」向智慧財產局申請發明專利，經智慧財產局審查准予專利，並於公告期滿後，發給發明第 166475 號專利證書（下稱系爭專利）。嗣 C 大學以甲非系爭專利之申請權人，對之提起舉發，案經智慧財產局以舉發事由所引用條文有誤，本案應屬「專利申請權為共有，未由全體共有人提出申請」逕行變更舉發事由，並作 成「舉發成立，應撤銷專利權」之處分。甲不服，提起訴願，經經濟部為撤銷原處分，並發回原處分機關智慧財產局另為適法處分之決定，C 大學不服，遂向智慧財產法院提起行政訴訟，智慧財產法院認為關於專利權歸屬問題係屬私權紛爭。試問：(一) 智慧財產局可否自行變更舉發事由並續行審查？ (二)C 大學如欲以甲非申請權人為舉發事由向智慧財產局提出舉發，依智慧財產法院見解，應先進行那些程序？

Ans: (一)本案智慧財產局以舉發事由所引用條文有誤，本案應屬「專利申請權為共有，未由全體共有人提出申請」逕行變更舉發事由，涉及訴外裁判之情事，所以不可自行變更舉發事由。(二)依智慧財產權法院之見解，本案應先確認專利權之歸屬問題，專利法第7條規定：受雇人於職務上所完成之發明、新型或設計，其專利申請權及專利權屬於雇用人，雇用人應支付受雇人適當之報酬。但契約另有約定者，從其約定。所以需要釐清某甲於 C 大學任教，本案是否屬於職務上之發明？

67. 甲研發完成「皮箱角輪」發明，於 2015 年 5 月 20 日向經濟部智慧財產 局（下稱智慧財產局）提出發明專利申請，2016 年 5 月間甲於市面上看 到乙所產銷之旅行箱，其角輪應會落入甲擬取得專利權之請求項所界定 範圍。經甲之申請，智慧財產局於 2016 年 7 月提早公開「皮箱角輪」 之發明專利申請案；其後，智慧財產局於 2017 年 3 月 1 日公告核准專利權（下稱 X 專利權）。甲為了慶祝 X 專利權獲准及行銷宣傳，免費提供一百個旅行箱給某偏鄉小學少棒隊，作為選手出國比賽之用。次年， 該小學將剩餘而未使用之六十個旅行箱出售給丙運動用品社，丙以限時出清特賣方式銷售該旅行箱。請問：(一) 甲向智慧財產局申請提早公開「皮箱角輪」之發明專利申請案，其目的與重要性為何？（二）甲主張，丙所銷售旅行箱有使用 X 專利權所保護之角輪，構成專利權侵害，是否有理？

Ans：(一)發明專利申請案由於權利尚未審定，無法主張專利權，若申請提前公開專利，則可申請優先審查專利。根據專利法第40條規定，發明專利申請案公開後，如有非專利申請人為商業上之實施者，專利專責機關得依申請優先審查，所以提早公開可依法申請優先審查。發明專利權期限，是從申請日起算20年屆滿，選優先審查有機會先取得專利權！(二)專利法第59條規定之發明專利權之效力所不及，其中第6款規定：專利權人所製造或經其同意製造之專利物販賣後，使用或再販賣該物者。上述製造、販賣，不以國內為限。這就是所謂的權利耗盡或第一次銷售原則，本案中某丙係向專利權人所贈與之國小，購買得具X專利權所保護之角輪，某甲贈與後再經過銷售已經權利耗盡，所以無法主張專利侵害。

68. 甲研發後發現，透過基因重組方式將基因 T 導入花椰菜，可大幅提高花青素含量，分別就如下研究成果提出專利申請：「一種導入基因 T 增強花青素含量之花椰菜育成方法」（X 發明）、「一種包含基因 T 之花椰菜」（Y 發明）。請問：X 發明及 Y 發明是否屬於不予發明專利之態樣？與貿易有關之智慧財產權協定（TRIPs 協定）關於植物相關發明之規定為何？我國對此之規範，是否符合 TRIPs 協定？

Ans: 台灣專利法第24條不予專利之項目，第一款規定：動、植物及生產動、植物之主要生物學方法。但微生物學之生產方法，不在此限。專利審查基準提到：以動物或植物為申請標的者，法定不予專利。對於生產動、植物之方法，前述專利法條款僅排除主要生物學方法，不排除非生物學及微生物學之生產方法，本案Y發明之標的是花椰菜，恐落入不予專利之項目；而X發明之育成方法，並非主要生物學方法，應該屬於可專利性之標的。TRIPs在27.3條規定會員國可排除可專利性之項目，a：治療人類或動物的診斷治療和手術方法；b：除了微生物之外的植物和動物，以及主要為生物學之生產方法，但是TRIPs還提到會員國須以專利、有效的特定系統或是其結合來提供植物品種的保護。從而看來，我國是符合TRIPs之規定。

69. 甲任職於乙包裝公司之研發部門，雙方之僱傭契約約定：「甲於任職期間及自離職日起二年內，只要與任職職務有關、有利用乙方資源或經驗之任何創作，不問是否為職務上所完成之創作，其智慧財產權均歸屬於乙所有」。甲經乙指派而負責「環保吸管」之研發，完成「可生物分解吸管」發明。甲於研發過程發現，只要在吸管原料中再加入 PLA 成分，可增加成品之延展性及作成廚房防油污之保潔膜。請問：針對「保潔膜」之研究成果，其專利申請權及專利權之權益歸屬何人？

Ans: 台灣專利法第7條規定：受僱人於職務上所完成之發明、新型或設計，其專利申請權及專利權屬於僱用人，僱用人應支付受僱人適當之報酬。但契約另有約定者，從其約定。某甲所簽署的僱傭契約，約定與職務有關、利用僱主之資源或經驗之任何創作，本案雖然不是某甲被指定的工作項目，但是卻是在工作之中的靈機一動，接著的問題是某甲如何驗證其保潔膜的可行性？畢竟只有idea是無法申請專利保護的，如果某甲使用公司資源驗證可行性，更是會落入契約之約定，所以專利申請權與權利歸屬，比較偏向於僱主。

70. 甲經過多年研究，發現以乳膠材質製造嬰兒奶嘴，其表面特別柔細，不傷幼兒小口，也不容易破損斷裂，較爲衛生耐用。 如果在甲向經濟部智慧財產局提出發明專利申請之前，國外公開技術文件已經記載採用彈性體材料生產嬰兒奶嘴，可使奶嘴具有表面柔細與不易斷裂破損的功效，請問甲發明的乳膠奶嘴是否仍然具備專利要件而可申請專利？請依照專利審查基準及專利法相關規定說明理由。如果在甲的乳膠奶嘴申請發明專利之前，已有公開技術文件描述生產個別構件之後再行組裝完成之乳膠奶嘴，不過甲運用該專利申請時的先前技術，以一體成型方式生產乳膠奶嘴，並將此一技術特徵明確記載於申請專利範圍各請求項之中，請附具理由說明甲發明的乳膠奶嘴是否具有新穎性與進步性？

Ans: 國外公開技術文件已經記載採用彈性體材料生產嬰兒奶嘴，可使奶嘴具有表面柔細與不易斷裂破損的功效，比較偏向於上位技術的揭露，而本案擬採用乳膠材質製造嬰兒奶嘴，有特定材質達成該功效，必較屬於下位概念，所以新穎性會過關，本案之矽膠奶嘴若能夠呈現有利功效（advantageous effect），並敘明爲達成發明目的，技術手段如何解決所載之問題，像是以產量、品質、精密度、效率、產率的提高，能源、材料、製程的節省，加工、操作、使用上的便利，環境污染的防治及有用特性的發現等予以表現，甚至係藉實驗數據予以呈現時功效，即可能具有專利要件。台灣專利審查基準提到簡單變更，指的是針對申請專利之發明與單一引證之技術內容二者的差異技術特徵，若該發明所屬技術領域中具有通常知識者於解決特定問題時，能利用申請時之通常知識，將單一引證之差異技術特徵簡單地進行修飾、置換、省略或轉用等而完成申請專利之發明者，則該發明爲單一引證之技術內容的「簡單變更」。舉例說：爲了易於組裝，申請專利之發明係該發明所屬技術領域中具有通常知識者，利用申請時之通常知識，將物品之部分元件以一體成型技術予以製作完成者。本案提到：已有公開技術文件描述生產個別構件之後再行組裝完成之乳膠奶嘴，所以如果一體成形有其技術上的困難度，以至於符合輔助判斷因素，像是解決長期存在的問題或是克復技術偏見，即可能具有進步性。

71. 乙提起舉發案，以證據 A 主張系爭專利不具新穎性，經經濟部智慧財產局審定具有新穎性，舉發不成立。於行政訴訟言詞辯論終結前， 乙另提出新證據 B 主張系爭專利不具新穎性，經智慧財產法院審理，認定證據 B 仍不足以推翻系爭專利之新穎性。其後，丙就同一專利另外提起舉發案，以證據 A、B、C 主張系爭專利不具備新穎性與進步性。請附具理由說明 A、B、C 之中有那些證據，對於那些事實有一事不再理之適用，不得再為舉發？

    Ans: 專利法第73條規定舉發，應備具申請書，載明舉發聲明、理由，並檢附證據，第81條規定：下列情事之一，任何人對同一專利權，不得就同一事實以同一證據再為舉發：一、他舉發案曾就同一事實以同一證據提起舉發，經審查不成立者。二、依智慧財產案件審理法第三十三條規定向智慧財產法院提出之新證據，經審理認無理由者。本案中證據A向智財局舉發不成立，證據B經智財法院審理，所以一事不再理，但證據C屬於新證據，可提出舉發。

72. 請根據專利審查基準的相關規定，說明下列兩種金融科技創新是否符合新型之法律定義，可否申請新型專利？ 新型專利申請案 D，申請專利範圍：一種印鑑辨識裝置，包含一光源與一印鑑檔案顯像模組，該光源可將該印鑑檔案投影於待辨識的印文之上。新型專利申請案 E，申請專利範圍：一種筆跡變造鑑識裝置，由固態粉末狀的筆跡顯影劑所組成，可使被遮蓋的原有筆跡重新顯像。

    Ans: 台灣專利審查基準提到：申請專利之新型必須是利用自然法則之技術思想，佔據一定空間的 物品實體，且具體表現於物品上之形狀、構造或組合的創作。申請專利之新型是否符合物品之形狀、構造或組合的規定，應判斷 二項要件，請求項前言部分應記載一物品，主體部分所載之技術特徵必須有一結構特徵（例如形狀、構造或組合），亦即只要有一結構特徵就符合物品之形狀、構造或組合。所以，物品請求項如存在一個以上屬形狀、構造或組合之技術特徵，該新型即符合物品之形狀、構造或組合的規定。若物品獨立項僅描述組成化學物質、組成物、材料、方法等之技術特徵，不論說明書是否敘述形狀、構造或組合之技術特徵，均不符合物品之形狀、構造或組合的規定。本案新型專利申請案D，前序部分為裝置，而主體有光源與印鑑檔案顯像模組，符合新型專利之規定。

本案新型專利申請案E，前序部分雖然亦爲裝置，而主體部分則是由固態粉末狀的筆跡顯影劑所組成，主體爲沒有特定形狀之粉末，故不符合新型專利之規定。

73. 甲教授與乙教授同是丙大學的專任教授，甲教授對外向廠商募集研發經費，捐贈給學校，支應一個研究計畫，由乙教授負責執行該研究計畫，並且成功研發出一技術。丙大學作爲專利申請權人，向經濟部智慧財產局（以下簡稱智慧財產局）申請專利，將甲教授和乙教授均列爲發明人，最後取得專利權。請問：甲教授究竟是否爲發明人？請提出判斷依據說明之。利害關係人是否可以「甲教授不是發明人」作爲舉發事由提起舉發？

Ans: 台灣專利法上只有7處提到發明人，並沒有發明人的相關規定，專利審查基準提到：申請人應於申請書上載明發明人之姓名，至於申請書所載之發明人 是否爲眞正之發明人，應由專利申請案之申請人自負相關法律責任，專利專責機關不作實質認定。美國專利審查基準(MPEP)則說發明人資格可簡單的定義爲：在認定發明人資格的門檻問題就是誰構思(conceive)了發明，唯有對於發明的構思有所貢獻者，才能夠成爲專利的發明人。相對於構思，容易讓人與之混淆的是「付諸實施」(reduction to practice)，不過CAFC先前的判決已明確的指出，在考量定義發明人時是無關於付諸實施，必須是對於構思有貢獻才可成爲發明人。一件發明的產生不外乎經過構思與付諸實施兩大步驟，其中，唯有對於發明的構思有所貢獻者，才能夠成爲專利的發明人。美國法院對於構思的定義，指的是在發明人腦海裡，對於完整(complete)和可運作(operative)的發明，已經形成了明確的(definite)和固定的(permanent)的想法，也就是說當發明已經足夠清楚地讓該技術領域的技藝人士，不用過多的實驗或發明技巧的行使就可付諸實施，就是建立了構思，構思就是認定共同發明人的試金石，而當發明想法已經明確和固定的足以讓該技術領域的技藝人士能夠瞭解，就是完成了構思，發明人並不需要知道發明將來是否能夠按預定的用途來運作，也就是說不用付諸實施來證明發明是可實際運作的。

本案某甲向廠商募集研發經費，是否會若入專利法第7條：一方出資聘請他人從事研究開發者，其專利申請權及專利權之歸屬依雙方契約約定；契約未約定者，屬於發明人、新型創作人或設計人。但出資人得實施其發明、新型或設計。所以本案須做事實之認定。

另專利法第71條規定，發明專利權有下列情事之一，任何人得向專利專責機關提起舉發：一、違反第二十一條至第二十四條、第二十六條、第三十一條、第三十二條第一項、第三項、第三十四條第四項、第六項前段、第四十三條第二項、第四十四條第二項、第三項、第六十七條第二項至第四項或第一百零八條第三項規定者。二、專利權人所屬國家對中華民國國民申請專利不予受理者。三、違反第十二條第一項規定或發明專利權人為非發明專利申請權人。其中21~24條是專利適格性、三要件與擬制新穎性與不予專利；26條是說明書部分；31條先申請與同日申請；32同日申請發明與新型；34條分割；43條修正超範圍；44條翻譯；67條更正和108條改申請，也就是舉發各款並沒有規定因為發明人而提出。

74. 甲公司開發完成一技術，向智慧財產局申請發明專利，原申請之請求項部分內容為：「……另二側（雙側）供應一第三氣流……」核准公告後，經乙公司提起舉發。甲公司發現請求項撰寫有錯誤，應該更正為「……第二側（單側）供應一第三氣流……」，欲申請更正申請專利範圍。請問：申請專利範圍更正的限制為何？本案是否應准予更正？發明專利在舉發過程中，那些時機可以申請更正？

　　Ans:　台灣專利法第67條規定：發明專利權人申請更正專利說明書、申請專利範圍或圖式，僅得就下列事項為之：一、請求項之刪除。二、申請專利範圍之減縮。三、誤記或誤譯之訂正。四、不明瞭記載之釋明。更正，除誤譯之訂正外，不得超出申請時說明書、申請專利範圍或圖式所揭露之範圍。依第二十五條第三項規定，說明書、申請專利範圍及圖式以外文本提出者，其誤譯之訂正，不得超出申請時外文本所揭露之範圍。更正，不得實質擴大或變更公告時之申請專利範圍。本案請求項擬提出更

正，需要看原專利說明書是否支持，尤其從另二側(雙側)更正成第二側(單側)，從字義看來似有實質擴大。發明專利權人經公告取得專利權後，得申請更正說明書、申請專利範圍或圖式；新型專利權人僅得於新型專利技術報告申請案件受理中或訴訟案件繫屬中申請更正；專利權人於舉發案件審查期間僅得於通知答辯、補充答辯或申復期間申請更正。

75. 甲公司於 104 年 6 月 28 日，寄發侵權存證信函給乙公司，告知乙公司 所製造銷售的產品侵害甲公司的專利權；但卻直到 108 年 5 月 14 日，甲公司才對乙公司提起專利侵權訴訟，已經超過專利法的二年消滅時效期間。因此，甲公司於訴訟言詞辯論中，追加主張不當得利向乙公司請求返還利益。請問：本案之專利侵權行為而產生之損害賠償請求權，是否全部均罹於消滅時效？以不當得利請求權和專利侵權之損害賠償請求權二者為救濟手段，有何差別？

Ans: 專利法第96條規定：發明專利權人對於侵害其專利權者，得請求除去之。有侵害之虞者，得請求防止之。發明專利權人對於因故意或過失侵害其專利權者，得請求損害賠償。發明專利權人為第一項之請求時，對於侵害專利權之物或從事侵害行為之原料或器具，得請求銷毀或為其他必要之處置。專屬被授權人在被授權範圍內，得為前三項之請求。但契約另有約定者，從其約定。發明人之姓名表示權受侵害時，得請求表示發明人之姓名或為其他回復名譽之必要處分。第二項及前項所定之請求權，自請求權人知有損害及賠償義務人時起，二年間不行使而消滅；自行為時起，逾十年者，亦同。不當得利請求權指的是民法第179條之不當得利返還請求權（即「無法律上之原因而受利益，致他人受損害者，應返還其利益。」

76. 甲藥廠分別及先後以「一種化合物 a 於製備治療鼻病毒感染藥物之用途」、「醫藥品用容器之外觀」為標的，申請及獲准 A 發明專利權及 B 設計專利權。為了鼻病毒治療藥物上市的查驗登記許可申請，乙藥廠進行必要試驗，前揭行為有實施 A 及 B 專利權。其後，爆發以飛沫傳染及 致死率超過 20% 的鼻病毒疫情，總統經行政院會議之決議發布緊急命令。礙於產能，甲所製造之鼻病毒治療藥物無法滿足全臺用藥需求。請問：甲主張，乙進行試驗而實施 A 及 B 專利權之行為，構成專利權侵害，是否有理？乙欲儘速製造鼻病毒治療藥物以供應全臺

需求，有無機制使乙能實施 A 及 B 專利權？若有此機制，要件、程序及效果之
重點為何？

Ans: 專利法第60規定：發明專利權之效力，不及於以取得藥事法所定藥物查
驗登記許可或國外藥物上市許可為目的，而從事之研究、試驗及其必
要行為。另專利法第87條規定：為因應國家緊急危難或其他重大緊急情
況，專利專責機關應依緊急命令或中央目的事業主管機關之通知，強制
授權所需專利權，並儘速通知專利權人。有下列情事之一，而有強制授
權之必要者，專利專責機關得依申請強制授權：一、增進公益之非營利
實施。二、發明或新型專利權之實施，將不可避免侵害在前之發明或新
型專利權，且較該在前之發明或新型專利權具相當經濟意義之重要技術
改良。三、專利權人有限制競爭或不公平競爭之情事，經法院判決或行
政院公平交易委員會處分。就半導體技術專利申請強制授權者，以有前
項第一款或第三款之情事者為限。專利權經依第二項第一款或第二款規
定申請強制授權者，以申請人曾以合理之商業條件在相當期間內仍不能
協議授權者為限。專利權經依第二項第二款規定申請強制授權者，其專
利權人得提出合理條件，請求就申請人之專利權強制授權。查驗登記免
責權和緊急強制授權，都沒有包括設計專利。

77. 甲以 A 方法向經濟部智慧財產局（簡稱智慧局）申請發明專利獲准。乙 提出舉
發，智慧局以專利舉發審定書為「請求項 1 至 6 舉發成立，應予撤銷。請求項
7 至 10 舉發不成立。」之處分。甲、乙分別就該舉發審定書提起訴願，均遭駁
回，甲、乙仍有不服，各得依何種請求內容，提起何種類型之行政訴訟？法院
對於甲、乙分別提起之行政訴訟，得否合併處理？請附理由詳答之。

Ans: 專利法第77條規定：發案件審查期間，有更正案者，應合併審查及合併
審定。前項更正案經專利專責機關審查認應准予更正時，應將更正說明
書、申請專利範圍或圖式之副本送達舉發人。但更正僅刪除請求項者，
不在此限。同一舉發案審查期間，有二以上之更正案者，申請在先之更
正案，視為撤回。第78條規定：同一專利權有多件舉發案者，專利專責
機關認有必要時，得合併審查。依前項規定合併審查之舉發案，得合併
審定。行政訴訟之基本法理，以撤銷訴訟為例，行政法院係就行政機關

所爲處分是否違法進行審查。據此，行政訴訟時，行政法院爲尊重行政
機關之「第一次判斷權」及「當事人審級利益」，現行實務多數見解亦
認爲行政法院無從課與行政機關「核准申請」之認定。

78. 擁有 A 發明專利的甲授權乙實施該專利，根據二人的授權契約，甲有將 A 發明
專利授權乙實施的義務，作爲乙製造商品的技術，而乙按販賣商品的 數量，應
按件給付權利金予甲。其後 A 發明專利經第三人舉發，經過經濟 部智慧財產局
的審定，認爲 A 發明專利不具新穎性及進步性，因此作成審 定書撤銷該專利。
請說明甲於 A 發明專利被撤銷前取得乙交付的權利金， 是否成立不當得利？

Ans: 專利法第82條第3款規定發明專利權經撤銷確定者，專利權之效力，視
爲自始不存在。難怪有人主張被撤銷前所取得的權利金爲不當得利，可
是交付權利金當下是有專利權的，專利權人領受權利金是有法律上之原
因，似不容易主張不當得利。

79. 甲以「濾網結構」向經濟部智慧財產局（下稱「智慧財產局」）申請新型 專利，
其申請專利範圍共 10 項，並取得專利權。甲嗣後並再向智慧財產 局申請新型
專利技術報告，經智慧財產局比對結果認爲請求項 1 至 5 不具 新穎性（即代碼
1）、請求項 6 至 10 不具進步性（即代碼 2）。智慧財產局發 出技術報告引用
文獻通知函予專利權人甲，甲提出申復說明，惟經智慧 財產局比對，仍作出請
求項 1 至 5 不具新穎性（即代碼 1）、請求項 6 至 10 不具進步性（即代碼 2）
的新型專利技術報告。請附具理由詳答下列問題： 智慧財產局所作出的新型專
利技術報告是否爲行政處分？專利權人甲有無救濟途徑？ 若嗣後舉發人乙，提
出與新型專利技術報告中相同的引用文獻舉發甲 的「濾網結構」新型專利，智
慧財產局審理該舉發案時是否應受新型 專利技術報告的拘束？

Ans: 專利法第115條規定：申請專利之新型經公告後，任何人得向專利專責機
關申請新型專利技術報告。新型專利技術報告之性質，係屬智慧財產局
無拘束力之報告，並非行政處分，僅作爲權利行使或技術利用之客觀判
斷的參考依據。所以名稱定爲「新型專利技術報告」，而不是「技術審
定書」、「技術處分書」，專利法第119條新型專利提起舉發之法條，亦
無技術報告。

80. 甲以「生物製劑」向經濟部智慧財產局（下稱「智慧財產局」）申請發明專利，經智慧財產局審查結果認為無不予專利的事由，作成准予專利的處分。嗣後，乙認為甲之該發明專利欠缺進步性，便對該專利提起舉發，智慧財產局作成舉發不成立的處分，舉發人乙不服，便提起訴願。經訴願機關認為訴願無理由做成駁回訴願之決定，舉發人乙不服訴願決定，向智慧財產及商業法院提起訴訟。請附具理由詳答下列問題：專利權人甲得否參加訴訟？乙要提起訴訟，應以何者為被告？訴願機關若認為訴願有理由，作成撤銷或變更原專利處分之訴願決定，專利權人甲不服訴願決定而提起訴訟，智慧財產及商業法院得否命智慧財產局參加訴訟？

Ans: 現行專利舉發及其救濟制度，專利權人以外之第三人，得以專利權有專利法第71條第1項所定事由，向經濟部智慧財產局提起舉發，主張專利無效；舉發申請經程序審查受理後，將指定專利審查人員進行實體審查，並將審查結果作成審定書。舉發人或專利權人如對審定結果不服，得於30日內向經濟部訴願委員會提起訴願，如不服訴願決定結果，得於2個月內以智慧局為被告，向智慧財產及商業法院提起行政訴訟，如仍不服智慧財產及商業法院判決，可於判決送達後20日內得向最高行政法院提起上訴。現行制度下，智慧財產局在舉發程序中如做出舉發不成立之審定，舉發人係以智慧財產局為被告提起行政訴訟，專利權人僅能以參加人身分參與訴訟。另依智慧財產案件審理法第33條規定，訴訟程序中舉發人得提出新證據，智慧局僅能就審定之作成予以說明，且須對舉發人所提「新證據」進行答辯，專利權人則僅能以「更正」之方式防禦。行政訴訟法第44條規定：行政法院認其他行政機關有輔助一造之必要者，得命其參加訴訟。前項行政機關或有利害關係之第三人亦得聲請參加。

81. 甲為專利權人，因認乙之產品侵害其專利，乃提請民事訴訟求償（下稱 系爭民事訴訟）。乙在系爭民事訴訟中，抗辯甲之專利權有應撤銷之事 由，經智慧財產及商業法院 A 法官審理後，認乙之抗辯不可採信，判決 甲勝訴確定（一審確定）。乙轉而以相同之專利應撤銷事由，對甲之專利 權提出舉發，案經審定舉發不成立，並經訴願駁回。乙乃提起行政訴訟 （下稱系爭行政訴訟），案件又分由包含 A 法官在內組成之合議庭審理。 乙認為 A 法官先前已經在系爭民事

訴訟審理過相同之專利應撤銷事由，如果再次由 A 法官參與系爭行政訴訟之審理，必然對其不利，乃以此為由，聲請 A 法官迴避。請問：乙聲請 A 法官迴避，是否於法有據？請嘗試從行政訴訟法、智慧財產案件審理法以及憲法保障訴訟權之角度分別加以分析。

Ans: 行政訴訟法第19條規定：官有下列情形之一者，應自行迴避，不得執行職務：一、有民事訴訟法第三十二條第一款至第六款情形之一。二、曾在中央或地方機關參與該訴訟事件之行政處分或訴願決定。三、曾參與該訴訟事件相牽涉之民刑事裁判。四、曾參與該訴訟事件相牽涉之法官、檢察官或公務員懲戒事件議決或裁判。五、曾參與該訴訟事件之前審裁判。六、曾參與該訴訟事件再審前之裁判。但其迴避以一次為限。

82. 美商 A 股份有限公司臺灣分公司委由甲專利師，於民國 111 年 1 月 11 日以電子申請方式傳送申請書、外文本（含英文摘要、說明書及申請專利範圍）、基本資料、委任書及申請規費，向專利專責機關提交發明專利申請案，同時主張於 2021 年 1 月 11 日申請之美國專利申請案，作為優先權基礎案並檢送優先權證明文件。提出申請後，甲專利師於翻譯該外文本時，始發現申請時漏未上傳全部圖式，爰於民國 111 年 1 月 18 日以電子方式補正全部圖式（共 20 圖），並於同年 5 月 11 日以電子方式補正中文本。請依上述情境回答下列問題並申論之：專利專責機關審查，核有「美商 A 股份有限公司臺灣分公司」不具有獨立法人格之情事，並通知限期補正。試問甲專利師應如何補正？逾期未補正者，其法律效果為何？甲專利師申請時漏未上傳全部圖式，於申請後始補正全部圖式，應如何主張始可援用原申請之日為申請日？

Ans: 專利法施行細則第24條規定：發明專利申請案之說明書有部分缺漏或圖式有缺漏之情事，而經申請人補正者，以補正之日為申請日。但有下列情事之一者，仍以原提出申請之日為申請日：一、補正之說明書或圖式已見於主張優先權之先申請案。二、補正之說明書或圖式，申請人於專利專責機關確認申請日之處分書送達後三十日內撤回。前項之說明書或圖式以外文本提出者，亦同。

索引

A

B

C

348

國家圖書館出版品預行編目(CIP)資料

智慧財產權導論與專利實務 / 王世仁編著. -- 五版. --

新北市：全華圖書股份有限公司, 2023.09

360面；19×26公分

ISBN 978-626-328-701-3(平裝)

1.CST: 智慧財產權 2.CST: 著作權法 3.CST: 商標法

4.CST: 專利法規

553.433   112014572

智慧財產權導論與專利實務

作　　者：王世仁

發 行 人：陳本源

執行編輯：黃艾家

封面設計：盧怡瑄

出 版 者：全華圖書股份有限公司

郵政帳號：0100836-1號

印 刷 者：宏懋打字印刷股份有限公司

圖書編號：0910304

五版一刷：2023年9月

定　　價：新台幣 450 元

Ｉ Ｓ Ｂ Ｎ：978-626-328-701-3

全華圖書 / www.chwa.com.tw

全華科技網 Open Tech / www.opentech.com.tw

若您對書籍內容、排版印刷有任何問題，歡迎來信指導book@chwa.com.tw

臺北總公司（北區營業處）

地址：23671新北市土城區忠義路21號

電話：(02) 2262-5666

傳眞：(02) 6637-3695、6637-3696

中區營業處

地址：40256臺中市南區樹義一巷26號

電話：(04) 2261-8485

傳眞：(04) 3600-9806（高中職）

　　　(04) 3601-8600（大專）

南區營業處

地址：80769高雄市三民區應安街12號

電話：(07) 381-1377

傳眞：(07) 862-5562

歡迎加入 全華會員

● 會員獨享
會員享購書折扣、生日禮金、紅利積點、不定期優惠活動⋯⋯等。

● 如何加入會員
掃 QRcode 或填妥讀者回函卡直接傳真 (02) 2262-0900 或寄回，將由專人協助登入會員資料，待收到 E-MAIL 通知後即可成為會員。

如何購買 全華書籍

1. 網路購書
全華網路書店「http://www.opentech.com.tw」，加入會員購書更便利，並享有紅利積點回饋等各式優惠。

2. 實體門市
歡迎至全華門市（新北市土城區忠義路 21 號）或各大書局選購。

3. 來電訂購
(1) 訂購專線：(02) 2262-5666 轉 321-324
(2) 傳真專線：(02) 6637-3696
(3) 郵局劃撥（帳號：0100836-1　戶名：全華圖書股份有限公司）
※ 購書未滿 990 元者，酌收運費 80 元。

OpenTech .com.tw 全華網路書店

全華網路書店 www.opentech.com.tw
E-mail: service@chwa.com.tw

※ 本會員制如有變更則以最新修訂制度為準，造成不便請見諒。

讀者回函卡

掃 QRcode 線上填寫 ▶▶▶

姓名： 生日：西元　　　年　　　月　　　日　性別：□男 □女

電話：（　　）　　　　　　　　手機：

e-mail：（必填）

註：數字零，請用 ⊘ 表示，數字 1 與英文 L 請另註明並書寫端正，謝謝。

通訊處：□□□□□

學歷：□高中・職　□專科　□大學　□碩士　□博士

職業：□工程師　□教師　□學生　□軍・公　□其他

學校／公司：　　　　　　　　　　　科系／部門：

· 需求書類：

□ A. 電子 □ B. 電機 □ C. 資訊 □ D. 機械 □ E. 汽車 □ F. 工管 □ G. 土木 □ H. 化工 □ I. 設計
□ J. 商管 □ K. 日文 □ L. 美容 □ M. 休閒 □ N. 餐飲 □ O. 其他

· 本次購買圖書為：　　　　　　　　　　　書號：

· 您對本書的評價：

封面設計：□非常滿意 □滿意 □尚可 □需改善，請說明
內容表達：□非常滿意 □滿意 □尚可 □需改善，請說明
版面編排：□非常滿意 □滿意 □尚可 □需改善，請說明
印刷品質：□非常滿意 □滿意 □尚可 □需改善，請說明
書籍定價：□非常滿意 □滿意 □尚可 □需改善，請說明
整體評價：請說明

· 您在何處購買本書？

□書局　□網路書店　□書展　□團購　□其他

· 您購買本書的原因？（可複選）

□個人需要　□公司採購　□親友推薦　□老師指定用書　□其他

· 您希望全華以何種方式提供出版訊息及特惠活動？

□電子報　□DM　□廣告 （媒體名稱　　　　　　　　）

· 您是否上過全華網路書店？（www.opentech.com.tw）

□是　□否　您的建議

· 您希望全華出版哪方面書籍？

· 您希望全華加強哪些服務？

感謝您提供寶貴意見，全華將秉持服務的熱忱，出版更多好書，以饗讀者。

填寫日期：　　　／　　　／

2020.09 修訂

親愛的讀者：

感謝您對全華圖書的支持與愛護，雖然我們很慎重的處理每一本書，但恐仍有疏漏之處，若您發現本書有任何錯誤，請填寫於勘誤表內寄回，我們將於再版時修正，您的批評與指教是我們進步的原動力，謝謝！

全華圖書　敬上

勘　誤　表

書　號		作　者
頁　數	行　數	書　名
		錯誤或不當之詞句
		建議修改之詞句

我有話要說： （其它之批評與建議，如封面、編排、內容、印刷品質等⋯⋯）